Yoga

PARA

DUMMIES™

Yoga

PARA

DUMMIES™

**Georg Feuerstein
y Larry Payne**

Obra editada en colaboración con Centro Libros PAPF, S.L.U. – España

Edición publicada mediante acuerdo con Wiley Publishing, Inc.
© ...For Dummies y los logos de Wiley Publishing, Inc. son marcas
registradas utilizadas bajo licencia exclusiva de Wiley Publishing, Inc.

© 2010, Centro Libros PAPF, S.L.U.
Grupo Planeta
Avda. Diagonal, 662-664
08034 - Barcelona

Reservados todos los derechos

© 2011, Editorial Planeta Mexicana, S.A. de C.V.
Bajo el sello editorial CEAC M.R.
Avenida Presidente Masarik núm. 111, 2o. piso
Colonia Chapultepec Morales
C.P. 11570 México, D. F.
www.editorialplaneta.com.mx

Primera edición en Granica: diciembre de 2006
Primera edición en Planeta España: febrero de 2011
ISBN: 978-84-329-2095-0

Primera edición impresa en México: mayo de 2011
ISBN: 978-607-07-0754-4

Impreso en los talleres de Litográfica Ingramex, S.A. de C.V.
Centeno núm. 162, colonia Granjas Esmeralda, México, D.F.
Impreso en México – *Printed in Mexico*

¡La fórmula del éxito!

Tomamos un tema de actualidad y de interés general, añadimos el nombre de un autor reconocido, montones de contenido útil y un formato fácil para el lector y a la vez divertido, y ahí tenemos un libro clásico de la serie ...para Dummies.

Millones de lectores satisfechos en todo el mundo coinciden en afirmar que la serie ...para Dummies ha revolucionado la forma de aproximarse al conocimiento mediante libros que ofrecen contenido serio y profundo con un toque de informalidad y en lenguaje sencillo.

Los libros de la serie *...para Dummies* están dirigidos a los lectores de todas las edades y niveles del conocimiento interesados en encontrar una manera profesional, directa y a la vez entretenida de aproximarse a la información que necesitan.

www.paradummies.com.mx

¡Entra a formar parte de la comunidad Dummies!

El sitio web de la colección ...*para Dummies* está pensado para que tengas a mano toda la información que puedas necesitar sobre los libros publicados. También te permite conocer las últimas novedades antes de que se publiquen.

Desde nuestra página web, también, puedes ponerte en contacto con nosotros para resolver las dudas o consultas que te puedan surgir.

Asimismo, en la página web encontrarás muchos contenidos extra, como por ejemplo los audios de los libros de idiomas.

También puedes seguirnos en Facebook (facebook.com/dummies.mx), un espacio donde intercambiar tus impresiones con otros lectores de la colección ... *para Dummies*.

10 cosas divertidas que puedes hacer en www.paradummies.com.mx y en nuestra página de Facebook:

1. Consultar la lista completa de libros ...*para Dummies*.
2. Descubrir las novedades que vayan publicándose.
3. Ponerte en contacto con la editorial.
4. Recibir noticias acerca de las novedades editoriales.
5. Trabajar con los contenidos extra, como los audios de los libros de idiomas.
6. Ponerte en contacto con otros lectores para intercambiar opiniones.
7. Comprar otros libros de la colección en línea.
8. ¡Publicar tus propias fotos! en la página de Facebook.
9. Conocer otros libros publicados por Grupo Planeta.
10. Informarte sobre promociones, presentaciones de libros, etc.

Sobre los autores

El **Dr. Georg Feuerstein** estudia y practica yoga desde la adolescencia y además es practicante de yoga budista. Se ha ganado el respeto internacional por su contribución a la investigación del yoga y la historia de la conciencia, y ha colaborado en muchas revistas, tanto de Estados Unidos como del resto del mundo. Es autor de más de 40 libros, entre ellos *The Yoga tradition, The shambhala encyclopedia of yoga* y *Yoga morality,* que han sido traducidos a ocho idiomas. Desde que se jubiló, en 2004, ha diseñado y dirigido varios cursos de enseñanza a distancia sobre filosofía del yoga para Traditional Yoga Studies, una empresa canadiense fundada y dirigida por su mujer, Brenda (*véase* www.traditionalyogastudies.com).

El **Dr. Larry Payne** es un profesor de yoga internacionalmente reconocido, además de autor, director de talleres y pionero en el campo del yoga terapéutico desde 1980. Descubrió el yoga cuando empezó a sufrir serios problemas de espalda y lesiones provocadas por la práctica en su juventud de deportes de alta competición. Larry es cofundador del plan de estudios de yoga de la Escuela de Medicina de la UCLA. Es "uno de de los profesores de yoga más respetados de Estados Unidos" según *Los Angeles Times*, y "un destacado experto en yoga" según el Dr. Mehmet Oz, la revista *Reader's Digest*, *Web-MD*, *Rodale Press* y la publicación *Yoga Journal*.

En Los Ángeles, Larry es fundador y director de los certificados Yoga terapéutico como tratamiento y el Yoga de la Flor de la Vida de la Universidad Loyola Marymount. Además ejerce como profesor privado de yoga terapéutico especializado en el tratamiento de la espalda. Es coautor de cinco libros y ha grabado la serie de DVD *Yoga Therapy Rx* y *Prime of Life Yoga*. Su página web es www.samata.com.

La revisión técnica de este libro, ha sido realizada por **José Francisco Argente Sánchez**, formador de profesores de yoga, vicepresidente del Comité Pedagógico de la Asociación Española de Practicantes de Yoga (AEPY).

Dedicatoria

De Larry: Quisiera dedicar mi aportación a este libro al amor de mi vida, Merry Aronson, a mi querida familia, Dolly, Harry (ya en el cielo), Chris, Harold, Susan, Lisa, Natale, Maria y a mis estudiantes, que han sido mis mejores maestros.

Agradecimientos de los autores

De parte de Georg: Quisiera agradecer cordialmente a Larry el haber cargado gentilmente con gran parte del peso que ha supuesto preparar esta nueva edición. También quisiera expresar mi agradecimiento a todo el equipo de *For Dummies*, por su trabajo esencial entre bastidores.

De parte de Larry: De no ser por el enorme regalo que es poder trabajar con mi coautor Georg, escribir un libro requiere el trabajo de un pueblo entero, y yo tengo mucho que agradecer a muchas personas. A Merry de MerryMedia, la primera que me animó a hacer la revisión. A Sri T.K.V. Desikachar y a su familia, por haberme inspirado en mi senda del yoga desde 1980. A mi editora, Deborah Myers, por ser simplemente magnífica. A mis consejeros, que siempre están ahí: el profesor Zhou-Yi Qiu, doctor en medicina oriental; el Dr. David Allen; el Dr. Richard Usatine; el Dr. Rick Morris; el Dr. Richard Miller; el Dr. Art Brownstein; el Dr. Mike Sinel; el profesor Sasi Velupillai; Steve Ostrow, abogado; y a mi asistente personal, Jenna Entwistle.

Michael Lewis de Wiley inició este proyecto de revisión, y su paciencia y tenacidad lo han hecho posible. Gracias también a Carol Susan Roth, nuestra agente literaria, y a nuestro equipo editorial de Wiley, liderado por Chrissy Guthrie y Megan Knoll, personas bondadosas y de mucho talento.

También estoy muy agradecido a nuestro fotógrafo, Adam Latham, y a nuestros 21 modelos Jeffrey Aronson, Michael Aronson, Deborah Barry, Holly Beaty, Anna Brown, Chauncey Dennis, Lili Foster, Mia Foster, Terra Gold, Eden Goldman, Anna Inferrera, Marvin Jordana, Chris Joseph; a la familia Ketterhagen, compuesta por Kourtney, Luke, Mangala y Prakash; a Dolly Payne, Tony Ransdell, Heidi Rayden y Vivian Richman.

Sumario

Introducción **1**

Sobre este libro 1

Convenciones usadas en este libro 2

Las partes que puedes saltarte...3

Supuestos tontos 4

La organización de este libro 4

    Parte I: Empezar con buen pie 4

    Parte II: Posturas para mantener y recuperar la salud 5

    Parte III: Yoga creativo 5

    Parte IV: El yoga como estilo de vida 5

    Parte V: Los decálogos 6

Iconos que se usan en este libro 6

Cómo seguir desde aquí 7

Parte I: Empezar con buen pie **9**

Capítulo 1: Introducción al yoga:
lo que necesitas saber **11**

Entender la verdadera naturaleza del yoga 12

    Encontrar la unidad 12

    Encontrarse a sí mismo: ¿eres un yogui (o una yoguini)?........13

Piensa en las opciones: las ocho ramas principales del yoga 14

    Bhakti Yoga: el yoga de la devoción 15

    Hatha Yoga: el yoga de la disciplina física 15

    Jnana Yoga: el yoga de la sabiduría 16

    Karma Yoga: el yoga de la autotrascendencia 16

    Mantra Yoga: el yoga del sonido poderoso 17

    Raja Yoga: el yoga real 17

    Tantra Yoga: el yoga de la continuidad 19

    Yoga gurú: el yoga de la entrega al maestro 19

Los principios de los estilos más importantes del Hatha Yoga........20

Encuentra tu sitio: los cinco enfoques básicos del yoga.................23

El yoga para mantener un buen estado físico............................24
El yoga como deporte 24
El yoga como terapia..24
El yoga como estilo de vida...25
El yoga como disciplina espiritual..25
Aspectos comunes a la mayoría de los enfoques.....................26
Salud, sanación y yoga...27
Conseguir el equilibrio vital gracias al yoga 29

Capítulo 2: Preparados, listos, ¡yoga! **31**
Establecerse una meta para la práctica..31
Escoger entre los diferentes tipos de clases......................................32
Encontrar una clase que se ajuste a ti 33
¿En grupo o particular?...36
¿Cuánto dura una clase de yoga?..37
¿Cuánto me puede costar una clase de yoga?..........................37
Clases mixtas..38
Vestirse para el éxito y otras consideraciones para la práctica
del yoga...38
¿Cómo me visto? 38
Preparar la mochila para el yoga...39
La seguridad es lo primero..40
Cuestiones de comportamiento...41
Saltarse la clase 42
Ser un yogui responsable 43

**Capítulo 3: Lo primero es lo primero: asegúrate una práctica
de yoga fructífera** **45**
Cultivar la actitud apropiada 46
Las ensaimadas, para desayunar...46
Practica a tu ritmo 47
Olvídate del marcador..48
Imagínate en la postura...48
Disfrutar de una práctica de yoga tranquila 49
Derribar el mito de la postura perfecta 49
Escucha lo que el cuerpo te dice...50
Lento, pero seguro..51
La función es más importante que la forma: articulaciones
relajadas 52

Capítulo 4: Relajado como un fideo o el arte de liberar el estrés **55**

La naturaleza del estrés 55
  Corregir las actitudes incorrectas 56
  Alterar los hábitos negativos 57
  Liberar la tensión del cuerpo 58
Técnicas de relajación que funcionan 59
  Trucos para una práctica de relajación eficaz 60
  Relajación profunda: la postura del cadáver 60
  El placer de la tarde 62
  Triángulos mágicos 64
  Relajación antes de dormir 65
  Reductor del insomnio 66
Yoga nidra (sueño consciente) 68
  Formula tu propósito 69
  El ejercicio del yoga nidra 70

Capítulo 5: Respiración y movimiento **73**

La respiración como camino hacia
  la buena salud 73
  Respirar con alta calidad 75
  Relajarse con dos respiraciones profundas 76
  Practicar una respiración yóguica segura 77
  Los beneficios de la respiración yóguica 77
La mecánica de la respiración yóguica 80
  Comprender cómo afectan las emociones al diafragma 81
Apreciar la respiración yóguica completa 82
  Centrarse en la respiración 85
  Valorar el poder de una pausa 85
Cómplices en el yoga: la respiración y el movimiento postural ... 86
  Respirar en cuatro direcciones 86
  Reconocer los papeles del movimiento y la detención
    en las posturas 87
  El milagro del yoga 88
  Preguntas sencillas sobre respiración y movimiento 89
La respiración yóguica sonora 91
Practicar el control de la respiración de modo tradicional 93
  Respiración alterna de los orificios nasales 94
  La respiración refrescante 95
  Sitkari: inhalar por la boca 96
  Kapalabhati: limpieza del cerebro frontal 96

Parte II: Posturas para conservar y recuperar la salud 99

Capítulo 6: Por favor, quédate sentado 101

Entender la filosofía de las posturas yóguicas 102
Las diferentes posturas sedentes 104
    Postura sedente en silla 104
    La postura fácil: *sukhasana* 105
    La postura del rayo: *vajrasana* 106
    La postura próspera: *svastikasana* 108
    La postura perfecta: *siddhasana* 109

Capítulo 7: En pie 113

Identificar a ese ser con dos piernas 113
Mantenerse firme 114
Prueba tú mismo 116
    La postura de la montaña: *tadasana* 116
    Flexión hacia delante en posición en pie: *uttanasana* 118
    Media flexión hacia delante: *ardha uttanasana* 119
    Flexión asimétrica hacia delante: *parsva uttanasana* 120
    Postura del triángulo: *utthita trikonasana* 122
    Postura del triángulo girado: *parivritta trikonasana* 123
    Guerrero I: *virabhadrasana I* 124
    Guerrero II: *virabhadrasana II* 126
    Flexión hacia delante con las piernas separadas:
      prasarita pada uttanasana 127
    Postura de la mitad de la silla: *ardha utkatasana* 128
    Postura del perro invertido: *adhomukha svanasana* 129

Capítulo 8: Firme como un árbol: controlar el equilibrio ... 131

Llegar a las raíces de la postura 131
Posturas de equilibrio para fortalecerse con elegancia 132
    El guerrero en la pared: *virabhadrasana*, tercera variante ... 133
    El gato en equilibrio 134
    La postura del árbol: *vrksasana* 135
    El *karate kid* 136
    Talones en las nalgas en posición en pie 137
    El arco en elevación 138

Capítulo 9: Abdominales en estado puro 141

Cuidar el abdomen, ese centro de negocios 142

Ejercitar los abdominales 142
    Ejercicio de presión 143
    Abdominales yóguicos 144
    Abdominales con la espalda hacia atrás 145
    Abdominales con una pierna extendida 146
    Postura de la espalda arqueada 147
    La exhalación sonora 149

Capítulo 10: El mundo cabeza abajo 151

Subir las piernas en las inversiones 152
    Piernas sobre la silla 152
    Piernas en alto contra la pared 153
    El bebé feliz 154
    Flexión hacia delante con las piernas separadas
        sobre la pared 155
Trío de posturas de hombro 157
    La media postura sobre los hombros sobre la pared 157
    La media postura sobre los hombros al revés
        sobre la pared 159
    Postura de medio hombro: *viparita karani* 160

Capítulo 11: Cuidado, que vienen curvas 163

Cómo fortalecer la columna (y otras explicaciones) 163
Flexiones hacia atrás 165
    La cobra I 166
    La cobra II: *bhujangasana* 167
    La cobra III 168
    La langosta I: *salabhasana* 169
    La langosta II 170
    La langosta III: la postura de Supermán 172
Flexiones laterales 173
    Flexión lateral sedente 173
    Flexión lateral a gatas 174
    Flexión lateral plegada 175
Flexiones hacia delante 176
    Flexión hacia delante en postura sedente:
        pascimottanasana 177
    Postura de cabeza sobre la rodilla: *janu sirsana* 178
    El volcán: *mahamudra* 180
    Flexión hacia delante con piernas separadas:
        upavista konasana 181

Capítulo 12: Torsiones... ¡que empiece el baile! 183

Prueba algunas torsiones simples 184
   Torsión fácil en la silla 184
   Torsión fácil en el suelo 185
   La torsión del sabio 187
Torsiones en posición de tendido 188
   Torsión en tendido supino con las piernas flexionadas 188
   La navaja suiza 189
   Torsión en tendido supino con las piernas extendidas:
     jathara parivritti 190

**Capítulo 13: Postura dinámica: la secuencia rejuvenecedora
y el Saludo al Sol** 193

Calentar para el Sol: rejuvenecerse en 9 pasos 194
El Saludo al Sol de rodillas y en 7 pasos 195
Hacia el Saludo al Sol en 12 pasos 198

Capítulo 14: Una rutina recomendada para principiantes 203

Un comienzo lento y sabio 203
Una rutina divertida para principiantes 204
   Postura del cadáver 205
   Elevación de brazos en posición acostada .205
   Postura de rodillas sobre el pecho 206
   Postura del perro 207
   Postura del niño 207
   El guerrero I 208
   Flexión hacia delante en pie 209
   Postura del triángulo invertido 210
   Flexión hacia delante con las piernas separadas 211
   El *karate kid* 212
   El retorno a la postura del cadáver 213
Superar el nivel inicial 213

Parte III: Yoga creativo *215*

Capítulo 15: Diseña tu programa de yoga 217

Aplicar las reglas de secuenciación 218
Empieza por el calentamiento 219
   Posturas de calentamiento en posiciones de tendido 221
   Posturas de calentamiento en pie 227

Posturas sedentes de calentamiento 231
Escoger las posturas principales y de compensación....................233
Fortalecerse con asanas convencionales 233
Equilibrarse con posturas de compensación.........................234
Descanso y relajación 238
Cuándo descansar y reanudar la marcha 239
Posturas de descanso 239
Crear una rutina de yoga con la fórmula clásica.........................242
Un festival de posturas: la rutina de acondicionamiento
de 30 o 60 minutos 243
Sacar el máximo partido: rutina de 15 minutos 254
Satisfacer el apetito con una estimulante rutina
de 5 minutos 256

Capítulo 16: Nunca es demasiado pronto: yoga para antes del parto y después de él 257

El yoga y el embarazo son compatibles 257
Disfrutar del yoga mientras tú y el bebé crecéis 259
Precauciones durante el embarazo 259
Posturas perfectas para el embarazo 260
Postura tendida de lado...261
El gato y la vaca..261
La postura del zapatero: *badda konasana* 262
Una rutina prenatal rápida y segura....................................263
Seguir con la práctica después del parto 267

Capítulo 17: Yoga para niños y adolescentes 269

Material para niños: yoga divertido para jovencitos......................270
Activar la imaginación: acercarse a las posturas
como lo haría un niño...270
Las posturas preferidas 271
Facilitar el paso a la edad adulta: yoga para adolescentes.............283
El antídoto para el estrés en tu agitada vida.........................283
Entrénate para la vida y mucho más....................................284
Rutinas de yoga para jóvenes inquietos....................................286
Rutina en pie..286
Rutina en el suelo...289

Capítulo 18: Nunca es demasiado tarde: el yoga en la flor de la vida y en la madurez.................293

Los beneficios del yoga para las personas de mediana edad
y mayores..294

Lidiar con la menopausia...294
No solo cosas de mujeres: la andropausia 295
Huesos de acero..295
Empezar el yoga de la flor de la vida con la mentalidad
adecuada...295
Rutinas fáciles para personas de mediana edad 296
Rutina del yoga de la flor de la vida: nivel I.............................297
Rutina del yoga de la flor de la vida: nivel II............................300
Yoga para personas mayores 304
El valor de la silla: rutinas seguras para adultos............................305
Rutina el valor de la silla: nivel I 305
Rutina el valor de la silla: nivel II 311

Capítulo 19: Accesorios simples: cómo y por qué 319

Las ventajas y desventajas de utilizar accesorios 320
Ventajas de utilizar accesorios...320
Los accesorios y sus desventajas...321
A la caza del accesorio casero 321
Trabajar con la pared 321
La cobija no es solo para taparse 322
Escoger una silla cómoda 323
Un cinturón para estirarse..323
Comprar algunos accesorios 323
Mejorar las posturas con la ayuda de bloques 324
Apoyarse en un *bolster* 325
Las bolsas para los ojos y sus múltiples aplicaciones...........325
Accesorios para posturas invertidas 326

Parte IV: El yoga como estilo de vida 329

Capítulo 20: El yoga a lo largo del día 331

Vivir el día de forma yóguica 332
Encara un día yóguico...332
Practicar el yoga durante el día..335
Incorporar el yoga a las rutinas nocturnas 336
Dormir en paz con un sueño lúcido 336
Incrementar la conciencia con el despertar lúcido.................338
La atención consciente durante el sueño profundo................338
Encuentra tu ser superior al descubrir el verdadero yo.................339
Obsérvate a ti mismo...340
Entiéndete a ti mismo..340

Practica la autodisciplina 341
Trasciéndete a ti mismo..341
Caminar por el sendero óctuple con disciplina moral 341
Prometer no hacer daño 342
Decir siempre la verdad 343
Robar es algo más que quitar lo material..................................345
Practicar la castidad de pensamiento y de acto....................345
Tener más al vivir con menos 346
Añadir otras prácticas morales..347
Ejercer la autodisciplina yóguica 348
Purificar cuerpo y mente 348
Calmar la búsqueda mediante la satisfacción.......................349
Concentrarse con austeridad...349
Compaginar la investigación y el estudio personal.............350
Relacionarse con un principio superior 351

Capítulo 21: La meditación y las cotas más altas del yoga 353

Qué es la concentración 354
Descubrir tu esencia...355
Centrarse cada vez más 356
Practicar la meditación...357
Familiarizarse con los chacras, tus ruedas de la fortuna.......358
Instrucciones breves para una meditación provechosa.........359
Mantener la postura corporal adecuada 362
Superar los obstáculos de la meditación................................363
Añadir sonidos a la meditación 363
Respirar de forma consciente 365
Meditar y caminar..366
Trabajar hacia el éxtasis 367
Alcanzar la iluminación 368

Capítulo 22: Terapia de yoga: el Dr. Yoga te visita 369

Lo que necesitas saber sobre la terapia de yoga 369
Cómo encontrar un buen terapeuta de yoga 371
Qué esperar de un terapeuta de yoga....................................372
Plan en cinco pasos para tener una espalda sana........................372
Terapia de yoga como tratamiento para la zona lumbar 373
Zonas lumbares que necesitan arquearse más........................374
Zonas lumbares que necesitan doblarse más..........................374
Rutina para la zona lumbar 375
Terapia yóguica como tratamiento para el cuello
y la zona superior de la espalda 392

Lo que se debe y lo que no se debe hacer.............................392
Rutina para la zona superior de la espalda 393

Parte V: Los decálogos *403*

Capítulo 23: Diez trucos para una excelente práctica del yoga 405

Entender el yoga...405
Sé claro (y realista) con tus metas y necesidades 406
Comprométete a crecer 406
Persevera en este largo camino...407
Buenos hábitos desde el principio...407
Varía la rutina para evitar el aburrimiento...................................407
Convierte la atención y la respiración en tus aliadas......................408
Hazlo lo mejor que puedas y olvídate de lo demás 408
Deja que el cuerpo hable 409
Comparte el yoga..409

Capítulo 24: Diez buenas razones para practicar yoga.........411

El yoga te ayuda a mantener, recuperar y mejorar la salud.............411
El yoga te mantiene en forma y te aporta energía...........................412
El yoga equilibra la mente 412
El yoga es una potente ayuda para el crecimiento personal 413
El yoga es completo y motivador 413
El yoga ayuda a armonizar las relaciones personales 413
El yoga estimula la conciencia...414
El yoga encaja bien con otras disciplinas 414
El yoga es una actividad sencilla y práctica 414
El yoga es liberador..415

Apéndice: Otras fuentes sobre el yoga 417

Organizaciones..417
    España...417
    Latinoamérica...418
    Estados Unidos...419
Programas académicos y cursos de formación de profesores.......420
    España...420
    Latinoamérica...420
    Estados Unidos y Canadá 421
Otras organizaciones importantes 422

España 422
Estados Unidos y Canadá 423
Europa 424
Australia y Nueva Zelanda 424
La India..424
Accesorios de yoga..425
España 426
Estados Unidos...426
Páginas web...426
En español..426
En inglés 427
Bibliografía sobre yoga 427
Obras de referencia e introducciones generales 428
Hatha Yoga (principiantes y avanzados)................428
Raja Yoga (clásico), jnana, bhakti y karma............429
Tantra Yoga y kundalini.......................................429
Meditación, mantras y oración 429
Yoga para el embarazo y los niños 430
Terapia de yoga 430
Publicaciones periódicas..431
En español..431
En inglés 432
Ver y oír: recursos en vídeo, DVD y audio......................433
Recursos de audio 433
DVD y vídeos de Hatha Yoga y meditación.............433
DVD de terapia de yoga y puesta en forma general de Larry
Payne (en inglés)..434

Índice **435**

Introducción

oy en día, más de 15 millones de personas practican el yoga de una manera o de otra. Hay muchísimos practicantes en todo el mundo. Sin embargo, el yoga no es una moda, porque está en Occidente desde hace al menos más de cien años y tiene una historia de unos cinco mil años. Está claro que vino para quedarse, así que no te preocupes porque no has invertido en un fenómeno pasajero que desaparecerá dentro de seis meses.

El yoga podrá tener unos cinco mil años de antigüedad, pero la ola del yoga moderno no empezó hasta la década de 1960, en gran parte gracias a Richard Hittleman y a sus programas de televisión *Yoga for health*. En la década de 1970 apareció otro programa, el de Lilias Folan, titulado *Lilias, yoga and you*. Durante esta época también se hizo popular la meditación trascendental (una forma de yoga) en gran medida, gracias a los Beatles. Esta modalidad atrajo a cientos de personas que buscaban una manera de reducir el estrés y una vida con más sentido.

El yoga ha proporcionado salud y paz mental a millones de personas, y también puede aportártelas a ti. Te animamos a que lo explores y lo estudies en profundidad, con esta segunda edición de *Yoga para Dummies* como guía. Las posturas yóguicas son un excelente punto de partida, pero son solo la superficie de una tradición polifacética. En esencia, el yoga es una eterna respuesta para aquellos que buscan sentido a la vida y ese tesoro escurridizo que es la tranquilidad perdurable.

Sobre este libro

Quizá esta segunda edición de *Yoga para Dummies* sea el primer libro sobre yoga que haya caído en tus manos. En ese caso, podemos afirmar sin temor a equivocarnos que estás empezando desde el punto apropiado. No obstante, es más probable que ya hayas hojeado otros (hay infinidad de libros de ejercicios de yoga publicados). No todos son profundos ni útiles. Entonces, ¿por qué deberías empezar a leer seriamente este? Tenemos dos respuestas para darte.

En primer lugar, la información que encontrarás en esta segunda edición de *Yoga para Dummies* está basada en nuestra práctica y en nuestro estudio exhaustivo del yoga. Uno de nosotros (Georg) goza de reconocimiento internacional como experto en la tradición yóguica y es autor de muchos libros fundamentales sobre este tema (consulta el apéndice); además ha diseñado un manual de entrenamiento para profesores sobre filosofía yóguica que sirve de referencia a muchos profesores de siete países. El otro autor (Larry) dirige un programa universitario de entrenamiento en yoga terapéutico para profesores en la Universidad Loyola Marymount; es un profesor experimentado de yoga además de terapeuta en Los Ángeles, donde enseña y da respuesta a las necesidades de salud de sus clientes, en especial los dolores de espalda. También ha producido una serie en DVD sobre yoga (encontrarás la referencia en el apéndice). En este libro fusionamos nuestras experiencias y de él ha surgido una obra introductoria fiable y sencilla que también puede servirte como referencia permanente.

En segundo lugar, estamos dispuestos a motivarte para que practiques esta disciplina, que ha obrado pequeños y grandes milagros. Hemos dedicado nuestras vidas a poner el yoga a disposición de aquellos que se preocupan por la salud y la integridad del cuerpo y la mente. En pocas palabras (y sin ánimo de querer hacernos los importantes), estás en las mejores manos.

Este libro te guiará lentamente, paso a paso, hacia el interior de la cueva del tesoro que es el yoga. ¡Y es un camino maravilloso! Descubrirás cómo fortalecer la mente y liberar el extraordinario potencial que tiene tu cuerpo. Un cuerpo sano requiere una mente sana, y nosotros te enseñaremos a mejorar o a recuperar la salud y la integridad de ambos.

Tanto si estás interesado en adquirir más flexibilidad, estar en mejor forma y reducir el nivel de estrés como si buscas llevar una vida más placentera y feliz, en este libro te daremos unos cuantos consejos y ejercicios prácticos para que empieces por el buen camino.

Por encima de todo, nos hemos propuesto que este libro sea útil e interesante para las personas más atareadas. Si después de leerlo empiezas a tomarte más en serio la práctica y el estudio del yoga, te animamos a que vayas a clase con un profesor con formación y experiencia. Este libro es una guía estupenda, pero no hay nada que pueda reemplazar a un profesor.

Convenciones usadas en este libro

Para ayudarte en tu camino, hemos utilizado algunas convenciones:

✔ El texto en **negrita** resalta la importancia de las palabras clave en las listas de puntos destacados e identifica los pasos que debes seguir en las listas numeradas.

✔ Los términos nuevos aparecen en _cursiva_ y normalmente van seguidos de una definición, también los términos en otras lenguas diferentes del castellano, entre ellos los nombres de las posturas. No así los tipos de yoga; ya que no tienen traducción.

✔ La versión inglesa utiliza la palabra _yoga_ siempre en mayúscula para enfatizar y hacer saber que es una palabra importante como zen, hinduismo o budismo. En español, sin embargo, conservaremos esta palabra en minúscula. Los adjetivos masculino y femenino de esta palabra son _yóguico_ y _yóguica_, respectivamente.

✔ _Yogui_ (si es hombre) y _yoguini_ (si es mujer) son las personas que se dedican al equilibrio del cuerpo y la mente mediante la práctica del yoga. Como alternativa, también utilizamos el término _practicante de yoga_.

✔ Aunque proporcionamos información básica de todas las ramas del yoga, en este libro nos centramos en el Hatha Yoga, la rama que trabaja principalmente a través de posturas corporales, ejercicios de respiración y otras técnicas similares.

✔ Utilizamos las palabras _postura_ y _posición_ indistintamente, aunque empleamos la palabra _postura_ para los nombres de posiciones concretas. Posiciones sedentes son las que se practican estando sentado (o similar, en posición de sedestación). Las posturas en pie son aquellas que se practican en bipedestación.

Un último apunte: lee todas las instrucciones cuando vayas a empezar los ejercicios. No te limites a echar un vistazo a las ilustraciones ni creas que puedes imitarlas con facilidad. Aunque las fotografías son muy útiles, no podrás saber a través de ellas todo lo necesario para llevar a cabo la práctica del yoga con seguridad y eficacia.

Las partes que puedes saltarte

Debemos admitir que esperamos que leas cada una de las palabras escritas en este libro a lo largo de tu camino yóguico. Aunque también es cierto que algunos fragmentos son meramente informativos y han sido escritos para hacerte pensar. Dichos fragmentos van acompañados del icono _información técnica_ o están en formato de texto encuadrado (unos recuadros en gris claro). Estas curiosidades informativas son interesantes e importantes, aunque no son imprescindibles para practicar las posturas. Puedes saltártelas, pero vuelve para leerlas, ¡te alegrarás de hacerlo!

Supuestos tontos

No estamos aquí para juzgarte, pero hemos deducido algunas cosas sobre ti, que eres el lector. En primer lugar, deducimos que estás interesado en los beneficios que puede reportarte la práctica del yoga. En segundo lugar, asumimos que no tienes mucha experiencia en este tema (si es que tienes alguna). En tercer y último lugar, damos por sentado que tienes curiosidad y ganas de aprender más. Eso es todo. Así de simple. Si entras en alguna de estas categorías, ¡la segunda edición de *Yoga para Dummies* está hecha para ti!

La organización de este libro

Este libro está organizado según el diseño de la colección ...*para Dummies*. Como tal, da respuesta a las cuestiones importantes que necesitas saber para practicar el yoga con éxito.

Yoga para Dummies está dividido en cinco partes. Esto es lo que podrás encontrar:

Parte 1: Empezar con buen pie

En esta primera parte allanamos el terreno para las explicaciones y las prácticas que se desarrollan a lo largo del libro; en ella se explican algunos aspectos fundamentales antes de empezar con las posturas. En el capítulo 1 explicamos qué es el yoga y aclaramos algunos conceptos erróneos. También presentamos los cinco enfoques básicos y doce ramas principales del yoga y analizamos su relación con la salud y la felicidad. En el capítulo 2 te ofrecemos algunos consejos prácticos para empezar con el ejercicio personal del yoga y te mostramos cómo hacerlo de forma efectiva y segura. Más concretamente, respondemos a todas las preguntas relativas a la participación en una clase o por tu cuenta. En el capítulo 3 te aclaramos qué necesitarás para la preparación de una sesión de yoga, como, por ejemplo, tener un estado mental correcto. El capítulo 4 expone con detalle el arte de la relajación, fundamental para desarrollar una práctica del yoga con éxito. En el capítulo 5 destacamos la importancia de respirar correctamente, ya sea durante la ejecución de las posturas o como práctica habitual.

Parte II: Posturas para mantener y recuperar la salud

En la segunda parte saltamos directamente a las posturas del yoga. En los capítulos que van del 6 al 13 descubrirás las posturas sedentes, en pie, los ejercicios de equilibrio, ejercicios especiales de abdominales, posturas invertidas, flexiones y torsiones, así como el conocido movimiento dinámico llamado *Saludo al Sol*. En el capítulo 14 te proponemos una rutina breve, de duración determinada y especialmente diseñada para principiantes.

Parte III: Yoga creativo

Con el capítulo 15 añadimos un poco de sazón y te proponemos una fórmula clave para diseñar rutinas completas de principio a fin, de diferente duración, así como unas normas para garantizarte una práctica segura y placentera. En los capítulos 16, 17 y 18 nos sumergimos en el yoga dirigido a personas de diferentes edades y estados –desde embarazadas hasta personas mayores– y damos indicaciones, sugerimos posturas y destacamos rutinas para que todos los yoguis en potencia encuentren la que más se ajuste a sus necesidades. En el capítulo 19 explicamos el uso de los accesorios y repasamos brevemente algunos simples, como paredes, sillas, cinturones y bloques, que te harán más fáciles las posturas.

Parte IV: El yoga como estilo de vida

Cuando el yoga se convierte en un nuevo estilo de vida, la práctica va más allá de la sesión diaria. En esta parte te explicamos cómo adoptar el cambio y por qué vale la pena hacerlo. Como mostramos en el capítulo 20, el yoga tiene mucho que decir y hacer con respecto de las actitudes mentales positivas en el trabajo, el tiempo libre, la dieta, la familia y otras personas. En el capítulo 21 te invitamos a conocer el arte de la meditación. Si las posturas son el esqueleto del yoga, la meditación es el corazón de esta disciplina. La meditación regular te pondrá en contacto con la felicidad y la paz que reside en la condición natural de tu mente. En el capítulo 22 abordamos el uso del yoga como terapia para hacer frente a los dolores más comunes; en él presentamos posturas seguras para aliviar el dolor de espalda. También ofrecemos un programa en cinco pasos para ayudarte a prevenir el dolor de espalda crónico. También te explicamos cómo puedes encontrar un buen terapeuta de yoga.

Parte V: Los decálogos

Todos los libros de la serie *...para dummies* incluyen una sección de decálogos, y este no va a ser menos. Te proporcionamos varias listas con información práctica y útil. En el capítulo 23 te damos algunos consejos para la práctica plácida y eficaz del yoga, centrada en la relajación. En el capítulo 24 se exponen diez buenas razones para practicar yoga. Por último, en el apéndice encontrarás varios listados de sitios donde puedes iniciar tus clases y un listado amplio de recursos de todo tipo (libros, música, audiovisuales...) para que sigas con la investigación y el estudio.

Iconos que se usan en este libro

Te habrás dado cuenta de que el libro está salpicado de pequeños iconos en los márgenes. Te serán útiles para encontrar de forma rápida la información que no quieras olvidar (o que, quizá en algunos casos no quieras volver a leer).

A continuación está la lista de iconos que utilizamos en este libro:

Este icono señala la información útil que te facilitará el aprendizaje del yoga.

Asegúrate de comprobar la información señalada por este icono, ya que advierte de posibles peligros que es mejor evitar.

Este icono señala la información técnica interesante, pero probablemente no indispensable para entender el mundo del yoga. Aunque con ella podrás impresionar a tus amigos en la próxima cena.

Los párrafos que están junto a este icono deben ser recordados. Quizá quieras subrayarlos o marcarlos para localizarlos rápidamente.

Cómo seguir desde aquí

La nueva edición de *Yoga para Dummies* tiene un doble propósito: ser una guía introductoria y un libro de referencia para principiantes. Puedes leer capítulos en el orden establecido y practicar con nosotros, o si lo prefieres puedes leer fragmentos de un capítulo que te interesen en un momento concreto, como, por ejemplo, los que tratan el estilo de yoga o el tipo de clases que son más adecuadas para tus necesidades, o los que hablan de los accesorios útiles para que la práctica sea más fácil.

Si eres nuevo en esto del yoga, te recomendamos que emplees algo de tiempo en leer el sumario. Quizá quieras hojear un poco el libro para hacerte una idea de la estructura y el enfoque que le hemos dado.

Si, por el contrario, el yoga no es algo nuevo en tu vida y simplemente quieres refrescar la memoria, este libro también te servirá como guía fiable para responder a tus preguntas. Lo único que debes hacer es localizar la información que necesitas en el índice o consultar el apéndice, donde hemos incluido una gran variedad de fuentes de información sobre temas concretos relacionados con el yoga. ¿A qué esperas? ¡Lánzate!

Parte I
Empezar con buen pie

The 5th Wave   Rich Tennant

"BIEN, LA RESPIRACIÓN LA HAS ENTENDIDO, PERO... ¿NO ESTARÍAS MÁS CÓMODO CON OTRA ROPA?"

En esta parte...

La disciplina del yoga es muy extensa y tiene enfoques muy variados. De la misma manera que antes de dar un paseo estudiaríamos un mapa para no correr el riesgo de perdernos, antes de empezar con el yoga es importante saber qué es y cómo funciona. Así podrás asegurarte de que la práctica del yoga sea entretenida y segura.

En esta primera parte te mostramos un camino por el cual podrás dar tus primeros pasos en este viaje de descubrimiento emocionante y que te llenará de satisfacción. Tratamos algunos aspectos fundamentales que te serán de ayuda a medida que aumentes la práctica en las posturas de yoga: indicaciones para realizarlo de forma segura, técnicas de relajación y respiración consciente, y coordinación de la respiración y el movimiento.

Capítulo 1

Introducción al yoga: lo que necesitas saber

En este capítulo

► Derribaremos los mitos sobre el yoga

► Desmenuzaremos la palabra *yoga*

► Exploraremos los principales estilos, ramas y enfoques del yoga

► Entenderemos los principios yóguicos del ser

► Aprenderemos, con la ayuda del yoga, a controlar el cuerpo, la mente, la salud y la vida

Hace unas cuatro o cinco décadas, todavía había personas que confundían la palabra *yoga* con *yogur*. Hoy en día es una palabra que nos es familiar. Sin embargo, el hecho de que casi todo el mundo haya oído la palabra *yoga* no significa que se sepa qué es exactamente. Todavía hay quien tiene un concepto equivocado, incluso entre quienes lo practican. Por eso aprovechamos este capítulo para aclarar la confusión y explicar en qué consiste realmente y de qué manera actúa sobre la salud y la felicidad. También te ayudaremos a ver que el yoga, con sus diferentes enfoques y ramas, tiene algo que ofrecernos.

Sea cual sea tu edad, tu peso, tu flexibilidad o tus creencias, podrás practicar esta disciplina y disfrutar de sus beneficios. Aunque el yoga nació en la India, es para toda la humanidad.

Entender la verdadera naturaleza del yoga

Siempre que oigas decir que el yoga es *simplemente* esto o *simplemente* aquello, pon tu sistema de alarma en funcionamiento. El yoga es demasiado extenso como para reducirlo a una sola cosa. Es como un rascacielos con muchas plantas y gran cantidad de habitaciones y salas en cada nivel. No es solo un tipo de gimnasia, ni un entrenamiento físico, como tampoco una técnica para aprender a respirar o una manera de controlar el peso. No es únicamente una forma de eliminar el estrés o de meditar, ni siquiera es solo una tradición espiritual de la India.

El yoga es todo eso y mucho más. De hecho, es lo mínimo que se puede esperar de una tradición que tiene cerca de cinco mil años de antigüedad. El yoga incluye ejercicios físicos que se parecen a la gimnasia y que, incluso, se han incorporado a la gimnasia occidental. Estos ejercicios posturales te ayudarán a ponerte en forma, a controlar el peso y a reducir el estrés. También ofrece una gran variedad de prácticas de meditación, que, unidas a las técnicas de respiración que ejercitan los pulmones y calman el sistema nervioso, te cargarán de energía el cerebro y el resto del cuerpo.

También puedes utilizar el yoga como un sistema eficiente para cuidar de tu salud, útil tanto para recuperarla como para conservarla. Esta disciplina tiene cada vez más adeptos entre los médicos y no son pocos los que lo recomiendan, no solo para reducir el estrés, sino también como método de ejercicio sano y seguro o como terapia física (especialmente indicada para la espalda y las rodillas).

Sin embargo, el yoga es algo más que un método para recuperar la salud o una forma de prevenir las dolencias. El yoga contempla la salud desde un punto de vista más amplio, holístico, que apenas está empezando a ser descubierto por la medicina más moderna. Este punto de vista se apoya con firmeza sobre el puntal de la valiosa influencia de la mente y de las actitudes psicológicas en la salud física.

Encontrar la unidad

La palabra *yoga* proviene del sánscrito, idioma hablado por los brahmanes, la elite tradicional religiosa de la India. Significa 'unión' o 'integración', y también 'disciplina'; de ahí que se conozca el sistema del yoga como *disciplina integradora* o que *pretende unir diferentes niveles.*

En primer lugar, porque busca la unidad entre cuerpo y mente, elementos que solemos separar. Algunas personas están crónicamente *fuera del cuerpo*, no pueden sentir los pies o el suelo que está debajo de ellos, y viven como fantasmas por encima de sus cuerpos. Son incapaces de hacer frente a las presiones cotidianas; el estrés los abruma. A menudo se sienten confundidos y no entienden sus propias emociones. Tienen miedo de la vida y se sienten heridos con facilidad.

El yoga también busca la unidad entre los planos racional y emocional. Algunas personas suelen reprimir sus emociones y no expresan sus verdaderos sentimientos. Al contrario: los racionalizan para ocultarlos. Esta forma de evitar la realidad puede convertirse en un grave problema para la salud. Si no somos capaces de mostrar sentimientos como la ira, por ejemplo, se transformará en una frustración que nos comerá por dentro.

El yoga puede ayudarte a crecer como persona porque:

- ✔ **Puede ponerte en contacto con tus verdaderos sentimientos y equilibrar tu vida emocional.**

- ✔ **Con él podrás comprender y aceptar la persona que eres, con paz y tranquilidad.** No tendrás que fingir que eres otra persona ni hacer de tu vida un conjunto de papeles que deben interpretarse según el momento.

- ✔ **Podrás ser más capaz de identificarte y comunicarte con las personas que te rodean.**

El yoga es una excelente herramienta de integración psicológica. Con ella te darás cuenta de que formas parte de un gran todo, de que no eres un islote aislado. Los seres humanos no podemos crecer en soledad; hasta la persona más independiente tiene una deuda con el prójimo. Después de que tu cuerpo y tu mente se hayan conectado, la unidad con los demás surgirá naturalmente. Los principios morales del yoga lo abarcan todo, y te animarán a buscar la afinidad con los seres y con las cosas que están a tu alrededor. En el capítulo 20 de este libro incidiremos más en este tema.

Encontrarse a sí mismo: ¿eres un yogui (o una yoguini)?

Tradicionalmente se conoce con el nombre de *yogui* (si es hombre) o *yoguini* (si es mujer) a aquellas personas que se dedican a la disciplina de equilibrar el cuerpo y la mente mediante el yoga. En este libro utilizaremos ambos términos, aunque también emplearemos el término *practicante de yoga*. En nuestro libro, practicar las posturas de yoga es un paso en la dirección correcta, pero no convertirá a una persona en *yogui* o *yoguini*. Para ello, tendrás que adoptar el yoga como una disciplina espiritual de transformación. Los yoguis y yoguinis que han logrado un dominio completo del yoga son conocidos como *adeptos*. Si un adepto también enseña (no todos lo hacen), es conocido con el nombre de *gurú*. Esta palabra proviene del sánscrito y significa literalmente 'persona de gran peso'. Según las tradicionales fuentes esotéricas, la sílaba *gu* significa 'oscuridad espiritual' y *rú* hace referencia a la acción de disipar o eliminar. Así, un gurú es un maestro que encamina al estudiante desde la oscuridad hacia la luz.

Son muy pocos los occidentales que han conseguido dominar el yoga totalmente, en gran parte porque se trata de un movimiento relativamente joven en Occidente. De manera que, ¡cuidado con aquellos que dicen estar iluminados o que afirman tener un título de gurú! No obstante, habida cuenta del papel que desempeña la enseñanza del yoga fuera de su tierra natal, la India, podremos encontrar muchos instructores o profesores de yoga muy válidos que podrán servir de guía a los principiantes. Eso esperamos conseguir con este libro: servir de guías.

Piensa en las opciones: las ocho ramas principales del yoga

Cuando uno echa un vistazo a la tradición del yoga, ve una docena de líneas de desarrollo principales, de las cuales se ramifican otras subdivisiones. Imagina que el yoga es un árbol enorme con ocho ramas; cada rama tiene su propio carácter, que es único, pero a la vez forma parte íntegra del árbol. Con tantos senderos diferentes, seguramente encontrarás uno que se adapte a tu personalidad, a tu estilo de vida y a tus metas. En este libro nos centramos en el Hatha Yoga, la rama más conocida, pero, a la vez, evitamos cometer el error típico de reducirlo a un simple entrenamiento físico. Por lo tanto, también hablaremos de la meditación y de los aspectos espirituales del yoga.

He aquí las siete ramas principales del yoga ordenadas alfabéticamente:

✔ **Bhakti Yoga.** El yoga de la devoción.

✔ **Hatha Yoga.** El yoga de la disciplina física.

✔ **Jnana Yoga.** El yoga de la sabiduría.

✔ **Karma Yoga.** El yoga de la trascendencia de uno mismo.

Sentirse iluminado

Para captar la naturaleza de la iluminación, siéntate en una habitación cálida con la mayor tranquilidad posible, con las manos sobre las rodillas. Ahora, siente toda la piel y el aire que rodea el límite del cuerpo. A medida que vayas tomando más conciencia de las sensaciones físicas, presta especial atención a la conexión entre la piel y el aire. Después de un rato te darás cuenta de que, en realidad, no existe un límite tan marcado entre ambos. En la imaginación, puedes extenderte más y más allá de la piel en el espacio que te envuelve. ¿Dónde terminas y dónde empieza el espacio? Esta experiencia puede darte una idea de la interminable amplitud de la iluminación, que no conoce límites.

✔ **Mantra Yoga.** El yoga del sonido poderoso.

✔ **Raja Yoga.** El yoga real.

✔ **Tantra Yoga (comprende el Laya Yoga y el Kundalini Yoga).** El yoga de la continuidad.

Debemos añadir a esta lista como rama en sí misma el *yoga gurú*, el yoga de la entrega a un maestro.

En los párrafos siguientes se describen las siete ramas y el yoga gurú.

Bhakti Yoga: el yoga de la devoción

Los practicantes de Bhakti Yoga creen que un ser supremo (el Divino) trasciende sus vidas, y se sienten llamados a conectarse o incluso a fusionarse completamente con ese ser supremo mediante actos de devoción. Entre las prácticas del Bhakti Yoga encontramos las ofrendas florales, el canto de himnos de alabanza y la meditación acerca del Divino.

Hatha Yoga: el yoga de la disciplina física

Todas las ramas del yoga pretenden llegar a la misma meta: la iluminación (*véase* el capítulo 21). Sin embargo, el Hatha Yoga se acerca a esta meta utilizando el cuerpo como mediador, en vez de hacerlo mediante la mente o las emociones. Los practicantes de Hatha Yoga creen que si no purifican y preparan sus cuerpos adecuadamente, es casi imposible alcanzar los más altos niveles de meditación. Sería lo más parecido a intentar llegar a la cima del Everest sin el equipo necesario para hacerlo. En este libro nos centramos en esta rama del yoga.

El Hatha Yoga, tan popular hoy en día, es mucho más que la práctica de posturas corporales. Como cada una de las formas del yoga auténtico, es un camino espiritual.

Jnana Yoga: el yoga de la sabiduría

El Jnana Yoga enseña el no dualismo, basado en la idea de que la realidad es una, y que, por lo tanto, nuestra percepción de que existen muchos fenómenos es un error de concepto elemental. ¿Qué piensas de la silla o del sofá donde te has sentado? ¿Es o no es real? ¿Y de la luz que llega a tu retina? ¿No es acaso real? Según los maestros del Jnana Yoga, todas estas cosas son reales en nuestro nivel de conciencia actual, pero no forman parte, en última instancia, de una realidad paralela o distinta. Después de la iluminación, todo confluye en la unidad, y uno se funde con el espíritu inmortal.

Karma Yoga: el yoga de la autotrascendencia

El principio más importante del Karma Yoga es actuar sin egoísmo, sin sentimiento de pertenencia y con integridad. Quienes practican este tipo

Buen karma, mal karma, ningún karma

El término sánscrito *karma* significa literalmente 'acción'. Hace referencia a la actividad en general, pero también a la "acción invisible" del destino. Según el yoga, cada acción del cuerpo, del habla y de la mente genera consecuencias visibles e invisibles. A veces, las consecuencias invisibles –el destino– son mucho más importantes que las repercusiones obvias. No pienses en el karma como en una especie de destino ciego. Siempre serás libre de tomar decisiones. El propósito del Karma Yoga es controlar cómo actúas en el mundo, de manera que dejes de estar limitado por el karma. Los practicantes de todos los tipos de yoga no buscan únicamente evitar el mal karma (negro), sino ir más allá del buen karma (blanco), hacia la ausencia total de él.

de yoga creen que todas las acciones, ya sean corporales, vocales o mentales, tienen consecuencias a largo plazo, y de ellas debemos responsabilizarnos.

Mantra Yoga: el yoga del sonido poderoso

El Mantra Yoga emplea el sonido para armonizar el cuerpo y centrar la mente. Se trabaja con *mantras*, que pueden consistir en sílabas sueltas, palabras o frases. Tradicionalmente, los practicantes de esta rama reciben un mantra de su maestro en el contexto de una iniciación formal. Se les pide que lo repitan con la mayor frecuencia posible y que lo mantengan en secreto. Muchos profesores occidentales consideran que la iniciación no es necesaria y que cualquier sonido cumple bien su función. Incluso se puede coger una palabra cualquiera, como *amor*, *paz* o *felicidad*, aunque desde un punto de vista tradicional, esas palabras son, estrictamente hablando, no mantras.

Raja Yoga: el yoga real

Raja Yoga significa literalmente 'yoga real' y también es conocido como *yoga clásico*. Si pasas bastante tiempo en ambientes relacionados con el yoga, es posible que oigas hablar del sendero óctuple, descrito en el *Sutra Yoga* de Patanjali, el texto por excelencia del Raja Yoga. Ashtanga Yoga es otro nombre utilizado para designar esta tradición yóguica, el yoga de las ocho ramas (de *ashta*, 'ocho', y *anga*, 'rama'; no hay que confundir esta tradición con el estilo de yoga conocido como *Ashtanga Yoga*, del cual hablamos más en el apartado "Los principios de los estilos más importantes del Hatha Yoga" en este mismo capítulo). Las ocho ramas de esta importante corriente, diseñadas para conducir a la iluminación o liberación, son las siguientes:

✔ **Yama.** Disciplina moral que consiste en evitar hacer daño, mentir, robar, cometer actos impuros y ser codicioso (estas cinco virtudes se tratan en el capítulo 20).

✔ **Niyama.** Significa 'autocontrol', y consiste en practicar las cinco virtudes de la pureza, la satisfacción, la austeridad, el estudio de uno mismo y la devoción por un principio superior.

✔ **Asana.** Postura cuyos objetivos principales son la meditación y la salud.

Om, la sílaba sagrada

El mantra más conocido, utilizado tanto por hindúes como por budistas, es la sílaba sagrada *om* (se pronuncia *aummm*). Es el símbolo de la realidad absoluta, el yo o espíritu. Está compuesta por las letras *a*, *u* y *m*, y debe prolongarse la *m* con una ligera vibración nasal.

La *a* corresponde al estado de vigilia; la *u* a la etapa del sueño; y la *m* al estado de sueño profundo; el sonido nasal representa la realidad suprema. En el capítulo 21, en el que tratamos la meditación, te enseñaremos otros mantras tradicionales.

✔ **Pranayama.** Control de la respiración que sirve para aumentar y equilibrar la energía mental, para estimular a su vez la salud y la concentración mental.

✔ **Pratyahara.** Inhibición sensorial que sirve para interiorizar la conciencia y preparar así la mente para las diferentes fases de la meditación.

✔ **Dharana.** Concentración o focalización mental ampliada, fundamental para la meditación yóguica.

✔ **Dhyana.** Meditación, la práctica principal del nivel superior del yoga (esta práctica y la samadhi se explican con más detalle en el capítulo 21).

> ✔ **Samadhi.** Éxtasis, o la experiencia a través de la cual uno se fusiona interiormente con el objeto de contemplación. Este estado es superado por la iluminación real o liberación espiritual.

Tantra Yoga: el yoga de la continuidad

El Tantra Yoga es la rama más compleja y posiblemente la menos comprendida. Tanto en la India como en Occidente, es frecuente la confusión de esta rama con una variedad de sexo *espiritualizado*. Pese a que algunas escuelas de Tantra Yoga utilizan algunos rituales sexuales, no son una práctica habitual en la mayoría de centros donde se enseña yoga. Realmente, el Tantra Yoga es una disciplina espiritual estricta que incluye rituales bastante complejos y visualizaciones de deidades detalladas. Estas divinidades son visiones de lo divino o del equivalente a los ángeles del cristianismo, y son invocados para que ayuden al practicante de yoga durante su proceso de contemplación.

Otro nombre común para el Tantra Yoga es *Kundalini Yoga*; esta última palabra significa literalmente 'la que se enrosca', y hace referencia al secreto "poder de la serpiente", que el Tantra Yoga pretende activar: la energía espiritual latente almacenada en el cuerpo humano. Si sientes curiosidad acerca de este aspecto del yoga, te resultará interesante leer la narración autobiográfica de Gopi Krishna (en el apéndice) o el libro *Tantra: The path of ecstasy* ('Tantra, el sendero del éxtasis'), de Georg Feuerstein (reseñado en el apéndice). Cabe señalar que Kundalini Yoga es también el nombre de un estilo del Hatha Yoga; aclaramos esta cuestión más adelante en este mismo capítulo en el apartado "Los principios de los estilos más importantes del Hatha Yoga".

Yoga gurú: el yoga de la entrega al maestro

En el yoga gurú, el maestro es el eje central de la práctica espiritual. Así pues, se espera que ese maestro esté iluminado o al menos bastante cerca de la iluminación (el tema de la iluminación se trata en el capítulo 21). En el yoga gurú, se honra al gurú y se medita sobre él o ella hasta que se produce una fusión. Puesto que se considera que el gurú está fusionado con la realidad suprema, esta fusión duplica su realización espiritual en ti.

Pero, por favor, ¡no te fusiones con demasiada facilidad! Este tipo de yoga es relativamente raro en Occidente, por lo que es recomendable que seas cauto a fin de evitar posibles fraudes.

Los principios de los estilos más importantes del Hatha Yoga

En este viaje hacia la modernidad, el yoga ha sufrido muchas transformaciones. Una de ellas fue el Hatha Yoga, que surgió en torno al año 1100 d. C. Sin embargo, las adaptaciones más significativas tuvieron lugar en las últimas décadas, particularmente para satisfacer las necesidades y los deseos de los estudiantes del mundo occidental. De los muchos estilos del Hatha Yoga que podemos encontrar hoy, los siguientes son los más conocidos:

✔ **Iyengar Yoga.** Es el enfoque de Hatha Yoga más reconocido. Lo creó B. K. S. Iyengar, cuñado de T. S. Krishnamacharya (1888-1989) y tío de T. K. V. Desikachar. Este estilo se caracteriza por la precisión en la práctica y por el empleo de numerosos materiales en las sesiones. Iyengar ha enseñado a miles de profesores, muchos de los cuales ejercen en Estados Unidos. El Ramamani Iyengar Memorial Yoga Institute, fundado en 1974 y dedicado a su última esposa, Ramamani, está en Pune, en la India.

✔ **Viniyoga.** Es el enfoque desarrollado por Shri Krishnamacharya. Le tomó el relevo su hijo T. K. V. Desikachar. La fuerza de este enfoque reside en la respiración y en la práctica del yoga de acuerdo a las necesidades y capacidades individuales de cada persona. Actualmente, este enfoque se asocia, en Estados Unidos, a Gary Kraftsow y al Instituto Americano de Viniyoga (AVI son sus siglas en inglés); Desikachar ha diseminado su enfoque junto con su hijo Kausthub y bajo el nuevo abrigo de The Krishnamacharya Healing and Yoga Foundation (KHYF), con sede en Chennai (antes, Madrás), en la India. Como profesor de los conocidísimos maestros de yoga B. K. S. Iyengar, K. Pattabhi Jois e Indra Devi, se puede decir que T. S. Krishnamacharya inició un auténtico renacimiento del Hatha Yoga en la era moderna que todavía continúa hoy.

✔ **Ashtanga Yoga.** Fue creado por Shri Krishnamacharya y lo enseñó K. Pattabhi Jois, que nació en 1915 y falleció en 2009. Tenía una visión moderna lo suficientemente influyente como para captar la atención de los estudiantes occidentales a su Instituto de Ashtanga Yoga de Mysora, en la India. Fue uno de los principales discípulos de T. S. Krishnamacharya, quien, aparentemente, lo instruyó para que enseñara las secuencias conocidas como ashtanga o yoga dinámico. Este estilo es, de lejos, el más gimnástico de las tres versiones de Hatha Yoga, y recupera la esencia de T. S. Krishnamacharya combinando posturas y respiración. El Ashtanga Yoga se aleja del sendero óctuple de Patanjali (también llamado *Ashtanga Yoga*), aunque teóricamente está basado en él (en el apartado "Piensa en las opciones: las ocho ramas principales del yoga" explicamos la tradición del Ashtanga Yoga).

El yoga dinámico es el término genérico para cualquier estilo que siga de cerca el Ashtanga Yoga, pero no tiene una serie de posturas establecidas. Hace hincapié en la flexibilidad y en la fuerza y fue por esta vía por la que entraron las posturas yóguicas en los gimnasios. Beryl Bender Birch, Bryan Kest, Baron Baptiste y Sherri Baptiste Freeman están muy relacionados con el yoga dinámico. De forma similar, el yoga vinyasa y el yoga flow, desarrollados por Ganga White y Tracey Rich, también son variantes del Ashtanga Yoga.

✔ **Anusara Yoga.** Esta variante con profundas raíces en el Iyengar Yoga se ha hecho muy popular en poco tiempo. Fue creado en 1997 por el profesor de yoga norteamericano John Friend, y su atractivo está en su enfoque centrado en el corazón. Está basado en las tres aes –actitud, alineación y acción– y pretende convertir la gracia *(anusara)* en una postura y dar así al Hatha Yoga una fuerza espiritual.

✔ **Kripalu Yoga.** Generado por Swami Kripalvananda (1913-1981) y desarrollado por su discípulo, el yogui Amrit Desau, consta de tres etapas adaptadas a las necesidades de los estudiantes occidentales. La primera etapa pone el acento en la alineación postural y en la coordinación de la respiración y el movimiento; se mantienen las posturas solo durante un corto espacio de tiempo. La segunda etapa añade la meditación y prolonga las posturas. En la última etapa, la práctica de las posturas se convierte en meditación en movimiento y espontánea.

✔ **Yoga integral.** Desarrollado por Swami Satchidananda (1914-2002), un discípulo del conocido maestro Swami Sivananda de Rishikesh, la India. Swami Satchidananda debutó en el festival Woodstock en 1969, donde enseñó a la generación de los sesenta a cantar la sílaba *om*. Desde entonces ha seguido atrayendo a miles de estudiantes. Como sugiere su nombre, este estilo pretende integrar los distintos aspectos del cuerpo y de la mente mediante una combinación de posturas, técnicas de respiración, relajación profunda y meditación.

✔ **Sivananda Yoga,** Es la creación de Swami Vishnu Devananda (1927-1993), también discípulo de Swami Sivananda de Rishikesh, la India, quien fundó el Centro Vedanta de Sivananda Yoga de Montreal en 1959. Ha instruido a más de 6.000 profesores, por lo que hay muchísimos centros de Sivananda Yoga en diferentes partes del mundo. Esta corriente comprende una serie de 12 posturas, la secuencia del Saludo al Sol, ejercicios de respiración, de relajación y entonación de mantras.

✔ **Ananda Yoga.** Esta corriente está fundamentada en las enseñanzas de Paramahansa Yogananda (1893-1952) y fue desarrollada por Swami Kriyananda (Donald Walters), uno de sus discípulos. Este estilo tranquilo prepara al estudiante para la meditación. Sus características particulares son las afirmaciones asociadas a las posturas. Este estilo de yoga comprende los excepcionales ejercicios de energización de Yogananda, desarrollados en 1917, que consisten en dirigir, de forma consciente, la energía corporal (fuerza vital) a los órganos y las extremidades del cuerpo.

✔ **Kundalini Yoga.** No se trata únicamente de un enfoque independiente, sino de un estilo de Hatha Yoga, creado por el maestro sij Yogi Bhajan (1929-2004). Su objetivo es despertar el poder de la serpiente *(kundalini)* mediante posturas, control de la respiración, cánticos y meditación. Yogi Bhajan, quien se trasladó a Estados Unidos en 1969, es el fundador y director espiritual de *Healthy, Happy, Holy Organization* (también conocida como 3HO y que significa 'organización saludable, feliz y sagrada'), una entidad con sede en Los Ángeles y con muchos centros de enseñanza en todo el mundo. (Hablamos del Kundalini Yoga en el apartado "Piensa en las opciones: las ocho ramas principales del yoga", en este capítulo.)

✔ **Yoga del lenguaje oculto.** Esta corriente fue desarrollada por Swami Sivananda Radha (1911-1995), una discípula alemana de Swami Sivananda. Este estilo tiene como objetivo promover no solo el bienestar físico, sino también el conocimiento de uno mismo mediante la exploración del simbolismo de las posturas.

✔ **Yoga psicosomático.** Esta variante del yoga fue creada por Eleanor Criswell, profesora de psicología por la Universidad Estatal de Sonoma, en California, que enseña yoga desde principios de la década de 1960. El yoga psicosomático es un enfoque integrado para el desarrollo armónico entre cuerpo y mente, basado tanto en los principios yóguicos tradicionales como en las investigaciones de la psicofisiología moderna. Este delicado enfoque pone el acento en la visualización, en el movimiento muy lento para iniciar y terminar las posturas, en la respiración consciente, en la atención y en la relajación frecuentes entre posturas.

✔ **Moksha Yoga.** En su origen, estaba basado en el Bikram Yoga (en el punto siguiente) y es muy apreciado en Canadá. Se basa en la adopción de posturas tradicionales en una habitación caldeada alternadas con períodos de relajación. Defiende una filosofía ecologista.

✔ **Bikram Yoga.** Es el estilo enseñado por Bikram Choudhury, quien alcanzó la fama como profesor entre las estrellas de Hollywood. Da clases en el Yoga College de la India en Bombay y en otros lugares, como San Francisco y Tokio. Este estilo, que consta de 26 posturas, es bastante enérgico y requiere cierto nivel de entrenamiento para poder participar de manera adecuada, sobre todo porque debe practicarse en una habitación con un nivel de temperatura bastante alto.

También habrás oído hablar de otros estilos de yoga, como el yoga tri (desarrollado por Kali Ray), el yoga del loto blanco (desarrollado por Ganga White y Tracey Rich), el yoga jivamukti (desarrollado por Sharon Gannon y David Life), el yoga ishta (acrónimo de *Integrated Science of Hatha, Tantra and Ayurveda*, desarrollado por Mani Finger), el yoga forrest (una mezcla del Hatha Yoga e ideas de los indios norteamericanos, creado por Ana Forrest) y el yoga de la flor de la vida (creado por mí, Larry), para personas de mediana edad y mayores.

El *yoga caliente*, en realidad, no es un estilo en sí mismo, sino que se practica en una habitación a una temperatura muy alta (entre 32 y 38°C). Normalmente se refiere tanto al Ashtanga Yoga como al Bikram Yoga.

Encuentra tu sitio: los cinco enfoques básicos del yoga

Desde que el yoga, originario de la India, hizo su aparición en el hemisferio occidental en el siglo XIX ha sufrido varias transformaciones. Hoy en día, el yoga se practica con cinco enfoques generales:

✔ Como una forma de mantener la forma física y la salud.

✔ Como un deporte.

✔ Como una terapia corporal.

✔ Como un estilo de vida completo.

✔ Como una disciplina espiritual.

Los tres primeros enfoques se agrupan, por lo general, dentro de la categoría de yoga postural, que contrasta con la del yoga tradicional (los dos últimos). Como indica su nombre, el yoga postural se centra en las posturas del yoga, y a veces se limita a ellas. El yoga tradicional, por el contrario, tiene como objetivo mantenerse fiel a las enseñanzas tradicionales, tal y como se transmitían antiguamente en la India. A continuación analizaremos brevemente en qué consisten esas cinco aproximaciones.

El yoga para mantener un buen estado físico

Este primer enfoque es el más popular y el más empleado por los practicantes de yoga occidentales. También es la modernización más profunda del yoga tradicional; en concreto, una modificación del Hatha Yoga tradicional. Se centra, sobre todo, en la flexibilidad, la resistencia y la fuerza del cuerpo humano. El entrenamiento físico es la puerta que conduce a la mayoría de personas al mundo del yoga y el camino que después lleva a algunos a descubrir que el Hatha Yoga es una tradición espiritual profunda. Desde los tiempos más antiguos, los maestros de yoga han hecho hincapié en la necesidad de que nuestro cuerpo esté sano, aunque también han ido más allá y han dado importancia a la mente y a otros aspectos vitales del ser.

El yoga como deporte

Este enfoque se ha convertido en una práctica muy conocida en algunos países de Latinoamérica. Muchas de las personas que lo practican son excelentes deportistas, dominan a la perfección cientos de posturas yóguicas extremadamente difíciles y demuestran sus habilidades y su belleza física en competiciones internacionales. Sin embargo, este nuevo deporte, que puede considerarse también una forma de arte, ha sido objeto de muchas críticas procedentes de los practicantes del yoga más tradicional, que consideran que la competición no tiene sentido en una disciplina como el yoga. Pese a todo, el enfoque deportivo ha dado a conocer el yoga en muchas partes del mundo, por lo que no vemos nada de malo en que existan competiciones amistosas, siempre y cuando los participantes mantengan su nivel de competitividad bajo control.

El yoga acrobático, una moda cada vez más extendida, consiste, como su nombre indica, en la realización de movimientos acrobáticos en pareja, y se incluye en la categoría del yoga como deporte. Solo las personas con mejor condición física y muy flexibles son capaces de practicar esta moderna modalidad sin lesionarse. Los puristas, sin embargo, consideran que sus defectos son la falta de espiritualidad e intención ética que existe en este estilo de Hatha Yoga.

El yoga como terapia

El tercer enfoque aplica las técnicas yóguicas a recuperar la salud o todas las funciones físicas y mentales de nuestro cuerpo. En los últimos tiempos, algunos profesores occidentales han empezado a utilizar prácticas yóguicas con fines terapéuticos. Aunque la idea del yoga como terapia es muy antigua, nombrarlo así es bastante reciente. Tanto es así, que el yoga como terapia se considera una disciplina profesional totalmente nueva, para la cual los profesores han debido ampliar sus conocimientos y capacidades. El yoga tradicional está indicado para personas que no padecen enfermedades ni tienen discapacidades que requieran una atención especial o medicamentos. Sin embargo, el yoga terapéutico sí es aplicable a esas contingencias especiales. Por ejemplo, esta modalidad podría ayudarte a aliviar muchos dolores habituales. En el capítulo 22 mostramos algunas técnicas yóguicas básicas para calmar los dolores de espalda más frecuentes.

El yoga como estilo de vida

El yoga como estilo de vida es el enfoque del yoga tradicional. Practicar yoga un par de veces a la semana durante al menos una hora es, indudablemente, mucho mejor que no hacerlo. Además, puede ser muy beneficioso incluso si se practica únicamente como entrenamiento físico o yoga postural. Sin embargo, si lo adoptamos como forma de vida obtendremos todo el potencial real que esta disciplina puede ofrecernos. Esto es, vivirlo y practicarlo todos los días, ya sea mediante ejercicios físicos o a través de la meditación, pero, sobre todo, aplicar su sabiduría a la vida diaria y hacerlo con lucidez, con conciencia. El yoga puede enseñarnos muchas cosas acerca de cómo deberíamos comer, dormir, trabajar o relacionarnos con los demás, entre otros aspectos. Pone a nuestro alcance un amplio sistema de vida consciente y eficiente.

En la actualidad, el yoga como forma de vida implica cuidar de nuestro medio, que está amenazado, principio que sobre todo queda reflejado en el yoga verde (en el recuadro "Sanar el planeta mediante el yoga verde", en este mismo capítulo, hay más información). No hace falta ser una superestrella del yoga para llevar este estilo de vida. Puedes empezar hoy y bastará con que alteres un poco tu agenda y tengas presentes tus metas y propósitos. Cuando sea propicio, haz más cambios positivos, de uno en uno. En el capítulo 20 encontrarás más información sobre cómo adaptarlo a tu vida cotidiana.

El yoga como disciplina espiritual

El yoga como estilo de vida (tratado en el punto anterior) pretende procurar una vida sana, llena, funcional y satisfactoria. El quinto y último enfoque que proponemos, el yoga como disciplina espiritual, tiene en cuenta todos estos aspectos y además, la idea tradicional de la iluminación, es decir, el descubrimiento de la naturaleza espiritual de uno mismo. Es frecuente que se considere este enfoque como equivalente del yoga tradicional. En el capítulo 21 tratamos el viaje hacia la iluminación con más detalle.

Últimamente se usa y abusa del adjetivo *espiritual*, por lo que creemos necesario explicar cómo lo utilizamos en este libro. *Espiritual* hace referencia al espíritu, a la verdadera naturaleza de cada uno. En el yoga, ese espíritu recibe los nombres de *atman* o *purusha*.

De acuerdo con la filosofía yóguica del no dualismo (basada en una realidad), el espíritu es uno y el mismo para todos los seres y todas las cosas. No tiene forma, es inmortal, es superconsciente e infinitamente feliz. Es trascendental porque existe más allá del límite del cuerpo y la mente. Uno descubre este espíritu en el momento de la iluminación.

Aspectos comunes a la mayoría de los enfoques

La mayoría de los enfoques tradicionales del yoga o de los orientados hacia lo tradicional comparten dos prácticas fundamentales: el desarrollo de la conciencia y la relajación.

✔ La *conciencia* es la singular capacidad humana de prestar atención a algo, de estar presentes de forma consciente. El yoga es un entrenamiento de la atención. Para entender bien a qué nos referimos, intenta hacer este ejercicio: durante el minuto siguiente, presta atención a la mano derecha. Es decir, siente la mano derecha y no hagas nada más. Es muy probable que tu mente se distraiga al cabo de unos segundos. El objetivo del yoga es controlar esa atención y evitar la distracción.

✔ La *relajación* es la liberación consciente de las presiones inútiles y perjudiciales para el cuerpo humano.

La conciencia y la relajación son un binomio inseparable en la disciplina del yoga. Si no aplicamos la conciencia y la relajación al yoga, los ejercicios serán eso, simples ejercicios.

Es habitual que a la conciencia y a la relajación se añada una tercera práctica: la *respiración consciente*. Normalmente, la respiración funciona de forma automática. En el yoga, sin embargo, la respiración es consciente, por lo que se convierte en una excelente herramienta para entrenar el cuerpo y la mente. Trataremos estos aspectos con más profundidad en el capítulo 5.

Salud, sanación y yoga

La fuente de salud y felicidad reside en ti. Los agentes externos como los médicos, los terapeutas o los medicamentos pueden ayudarte a superar las crisis, pero tú eres el principal responsable de tu salud y de tu felicidad. En los siguientes apartados te demostramos cómo el yoga puede ayudarte a movilizar esa fuerza interior necesaria para vivir responsable y sabiamente.

¿Qué es la salud? Muchas personas responden a esta pregunta diciendo que es lo opuesto a la enfermedad, pero la salud es más que la ausencia de dolencias, es un estado positivo del ser. La salud es plenitud. Estar sano no se reduce a la idea de tener un cuerpo que funcione bien y una mente sana, sino también significa apasionarse por la vida, conectarse de forma vital con el entorno físico y social, en definitiva, estar sano se traduce en ser feliz.

La vida es movimiento constante. Por lo tanto, uno no debería esperar que la salud sea algo estático. Cada vez es más difícil conseguir un grado

CONSEJO

¿Algo por nada a cambio?

Uno obtiene del yoga lo que invierte en él. Existe un término informático que puede aplicarse a la práctica del yoga: *gigo,* que significa 'basura que entra, basura que sale' (en inglés, *garbage in, garbage out*). De él se puede extraer una verdad muy simple: la calidad de una causa determina la calidad del efecto, es decir, lo que uno obtiene de cualquier intento o esfuerzo será tan bueno como lo que se haya invertido en este. O dicho de otra forma:

✔ No pretendas gozar de buena salud si te alimentas con comida rápida.

✔ No pretendas ser feliz si tu comportamiento es miserable.

✔ No pretendas obtener buenos resultados si practicas el yoga con mediocridad.

✔ No pretendas obtener algo a cambio de nada.

El yoga es una herramienta excelente, pero es necesario aprender a utilizarla de forma adecuada. Podrás tener el ordenador más moderno, pero si solo lo usas como máquina de escribir, no será más que eso.

óptimo de salud porque nuestro entorno es muy tóxico. La salud perfecta es un espejismo. A lo largo de la vida, tu estado de salud sufrirá varias transformaciones inevitables; incluso un corte en un dedo, algo aparentemente inocuo, altera el equilibrio temporalmente. El cuerpo reaccionará al corte movilizando todas las fuerzas bioquímicas necesarias para proceder a la curación. La práctica habitual del yoga crea las condiciones óptimas para la *autocuración*. El cuerpo desarrolla un equilibrio básico, con un sistema inmunitario más eficiente, que permite estar sano durante más tiempo y curarse más deprisa.

El yoga está más relacionado con la sanación que con la curación. Como un buen médico, el yoga tiene en cuenta las causas más profundas en vez de poner una tirita en la superficie de los síntomas. Con frecuencia, estas causas están en nuestra mente y en nuestra manera de vivir y de pensar. Esa es la razón por la que los maestros de yoga recomiendan que uno se comprenda a sí mismo. La mayoría de las personas tiende a mostrar pasividad en todo lo relacionado con la salud. Simplemente se limitan a esperar a que algo vaya mal y después confían en una pastilla o en su médico para solucionar el problema. El yoga, en cambio, nos anima a tomar la iniciativa de prevenir las enfermedades, de recuperar o mantener nuestra salud. Sin embargo, controlarla no debe ser sinónimo de automedicación (lo cual puede ser muy peligroso); se trata, sencillamente, de ser responsables. Un buen médico podrá afirmar que la buena disposición del paciente y su participación activa en el proceso facilitan muchísimo la curación de una enfermedad. Por ejemplo, una persona puede tomar varios tipos de medicación para tratar una úlcera estomacal, pero si no aprende a comer bien, a dormir de forma adecuada, a evitar el estrés y a tomarse la vida con más tranquilidad, es bastante probable que la úlcera reaparezca. Será necesario que cambie su estilo de vida si de verdad quiere curarse.

El yoga pretende hacernos ver que el camino a la felicidad, a la salud y el sentido de la vida residen en nuestra dicha interior. Esta dicha es la verdadera naturaleza del espíritu o el ser trascendental (puedes consultar el apartado "El yoga como disciplina espiritual" en este capítulo). La dicha es como una par de gafas para ver en tres dimensiones, a través de las cuales captamos los colores llamativos de la vida y nos motiva a aceptarla en todas sus formas.

Conseguir el equilibro vital gracias al yoga

La tradición india se refiere al yoga como la "disciplina del equilibrio", otra manera de expresar el ideal de la unidad a través del yoga. Si queremos que todo funcione de forma óptima, todo en nosotros debe ser armónico. Una mente sin armonía es en sí misma molesta y, lo que es peor, tarde o temprano provoca problemas físicos. Un cuerpo desequilibrado puede desfigurar las emociones y los procesos mentales con mucha facilidad. Si tienes una mala relación con las personas de tu entorno, este malestar no solo hará mella en ti, sino que también se hará patente en los demás. Y cuando nuestras relaciones con el entorno físico no son armoniosas, las consecuencias son graves para todos.

Existe un ejercicio de yoga que es simple y bonito: el árbol (descrito en el capítulo 9). Mejorará tu sentido del equilibrio y favorecerá la tranquilidad interior. Incluso cuando las circunstancias de la naturaleza provocan que un árbol crezca torcido, el árbol siempre busca el equilibrio haciendo que una de sus ramas crezca en sentido opuesto a la inclinación. Con esta postura estarás en pie como un árbol, en perfecto equilibrio.

El yoga te permite aplicar este principio a la vida. Cuando las exigencias y los desafíos de la vida te obliguen a inclinarte en una dirección, tu fuerza interior y tu paz mental harán de contrapeso. Al elevarte por encima de cualquier adversidad, sentirás que siempre pisas tierra firme.

Sanar el planeta mediante el yoga verde

Los problemas medioambientales que nos azotan a diario hacen que cada vez más yoguis apliquen las pautas éticas del yoga a intentar mejorar la salud del planeta. Este enfoque ecologista se explica en un libro de Brenda Feuerstein y mío (Georg), titulado *Green yoga* (Traditional yoga studies).

El yoga verde aboga por una conciencia ambiental y cierta dosis de activismo en asuntos medioambientales. Se centra en una profunda veneración por la vida y defiende un estilo vital de simplicidad voluntaria; cree firmemente que ha llegado el momento de que el yoga sirva para algo más que los intereses personales.

Si quieres que tu yoga sea verde, intenta compartir el coche o ir en bici a la próxima clase, o utiliza material respetuoso con el medio ambiente para las clases de yoga. Además, puedes aprenderte este lema: ¡Reduce, reutiliza y recicla!

Capítulo 2

Preparados, listos, ¡yoga!

- -

En este capítulo

▶ Tomar la decisión de practicar yoga

▶ Descubrir qué estilo, qué clase y qué profesor de yoga te van mejor

▶ Prepararse para una sesión de yoga

- -

Este capítulo te dará las claves de la preparación para la práctica del yoga, tanto si optas por hacerlo en grupo como por tu cuenta. Hablaremos de las metas, del equipamiento adecuado y de cómo encontrar tiempo para dedicárselo al yoga, entre otras cosas.

Asegúrate de tener la preparación física suficiente antes de empezar esta nueva experiencia con el yoga o con cualquier otra actividad física. Consulta a tu médico, sobre todo si tienes algún problema de salud. Aunque sufras hipertensión, artritis, dolor crónico de espalda o problemas de corazón, no solo puedes hacer yoga, sino que será beneficioso para tu cuerpo. En casos más graves, es probable que tengas que trabajar con algún terapeuta de yoga para que te indique las rutinas apropiadas y haga un seguimiento del progreso.

Establecerse una meta para la práctica

Antes de empezar a pensar en las clases y el material que necesitarás, toma aire, espira lentamente y hazte la siguiente pregunta: ¿qué espero de mi experiencia con el yoga? Ten en cuenta las siguientes preguntas:

✔ ¿Quiero probar el Hatha Yoga simplemente porque está de moda?

✔ ¿Espero encontrar una manera de aclarar la mente y eliminar el estrés?

✔ ¿Mi principal interés es el entrenamiento físico?

✔ ¿Quiero tener un cuerpo más flexible?

✔ ¿Siento curiosidad por la meditación?

✔ ¿Me interesan los aspectos del yoga?

✔ ¿Tengo problemas de salud, como dolor de espalda o hipertensión, y espero que el yoga me ayude a aligerarlos?

Obviamente, si tus objetivos son enteramente espirituales, deberías escoger la rama del yoga que se adapte mejor a esas metas. Quizá puedan serte de ayuda los estilos bhakti, jnana, raja, karma o tantra. En el capítulo 1 podrás ver en qué consiste cada uno; luego, tendrás que buscar información en otros libros, ya que este se centra en el Hatha Yoga, la rama más popular en Occidente. Si tu objetivo principal es mejorar la salud o conseguir un bienestar completo, o si quieres estar en forma y adquirir flexibilidad, deberás seleccionar el estilo de Hatha Yoga que más se adapte a ti (en el capítulo 1 encontrarás más información).

Una vez que tengas claras tus motivaciones y expectativas, ve más allá: escríbelas. Pon por escrito tus metas, de manera que puedas centrarte en tus necesidades concretas. Por ejemplo, quizá quieras gestionar mejor el estrés. Para conseguirlo, deberás tener en cuenta tus necesidades particulares. Si eres una madre muy ocupada y solo tienes media hora de tiempo por las noches y entre semana, y alguna hora algunos domingos, tu necesidad es, obviamente, tener un programa de yoga sencillo.

Escoger entre los diferentes tipos de clases

Así pues, has decidido empezar a hacer yoga. ¿Qué es lo mejor que puedes hacer? Lo más sencillo es ponerse en manos de un profesor o practicarlo en una clase, en vez de embarcarse en la aventura de hacerlo por libre. Aunque puedes intentar algunas prácticas básicas de este libro (¡para eso está!), una rutina de yoga segura y fiable requiere la instrucción adecuada de un profesor cualificado. Los siguientes apartados te ayudarán a determinar qué tipo de clase estás buscando.

Sin excusas, por favor

La mayoría de nosotros somos conscientes de que las 24 horas que tiene un día vuelan. Sin embargo, si observamos con detenimiento en qué las empleamos, nos daremos cuenta de que no todo lo que hacemos es necesario; es posible que estemos desperdiciando la oportunidad de recargar las pilas o de conectar con nuestra fuente interna de felicidad en los momentos de ocio. Si has cogido este libro y estás leyendo estas líneas, quiere decir que tienes tiempo suficiente para practicar yoga con frecuencia.

Si crees que no eres capaz de practicar el Hatha Yoga porque requiere demasiada flexibilidad o mucha resistencia física, presta atención a esta verdad: ¡puedes ser más duro que una tabla y aun así sacarle partido al yoga! Las posturas yóguicas te ayudarán a ser más flexible, empieces por donde empieces. No dejes que las fotos de algunos libros de yoga te intimiden, porque, generalmente, se trata de imágenes de practicantes avanzados. Este libro se centra en las necesidades de los principiantes. Después de haber dado los primeros pasos, el siguiente gran salto no te parecerá tan inalcanzable.

Muchos centros de yoga ofrecen cursos de iniciación (de entre cuatro y seis semanas), muy útiles para tener una primera toma de contacto. Después de unas cuantas clases y con el consejo de un instructor, podrás continuar practicando y adentrándote en el mundo del yoga por tu cuenta (hay más información en el apartado "Saltarse la clase", en este mismo capítulo). En ese caso, quizá quieras que un profesor supervise de cuando en cuando tu progreso, para comprobar que no has adquirido malos hábitos al practicar las posturas y otros ejercicios.

Encontrar una clase que se ajuste a ti

Si vives en una ciudad grande, lo más seguro es que puedas escoger entre varios tipos de clases en grupo. Pero si vives en una ciudad pequeña, la oferta será menos variada. A continuación te mostramos algunas sugerencias para que encuentres la clase que más se ajuste a tus necesidades:

✔ Comenta con tus amigos que quieres ir a una clase de yoga; quizá alguno de ellos te hable de sus clases o de su profesor.

✔ Consulta las asociaciones o los grupos de ámbito regional o nacional (algunos están en el apéndice de este libro).

✔ Echa un vistazo en los tablones de anuncios de las tiendas de la llamada 'comida sana' y en los centros de educación para adultos.

✔ Visita los recursos de Internet que aparecen en el apéndice.

✔ Averigua qué posibilidades ofrecen en los centros deportivos más cercanos (pero antes de asistir a la primera clase, asegúrate de que el profesor esté cualificado, que ha tenido una formación adecuada y que puede certificarlo).

✔ Pregunta en la biblioteca o en el centro cívico de la zona en la que vives.

✔ Busca en las páginas amarillas o en guías similares.

Escoger la clase y el profesor

Antes de comprometerse a asistir a un curso o a una serie de clases de yoga, es recomendable visitar varios lugares donde se impartan y conocer a los profesores. Algunos centros facilitan el número de teléfono de los profesores, por lo que puedes tener una conversación con ellos. Cuando visites un centro o una clase de yoga, déjate guiar por tu intuición. Observa si las personas que te atienden lo hacen bien y fíjate también en cómo te sientes con los practicantes que asisten a las clases. Visita las instalaciones y siente la energía del lugar. A veces (no siempre), uno suele acertar con sus primeras impresiones. Algunos profesores incluso te dejan asistir a una primera clase simplemente para observar, aunque muchos otros consideran que esto puede distraer a sus alumnos.

Lleva una lista a tu primera visita. No te dé vergüenza ser tan meticuloso. Si no quieres llamar la atención, memoriza los puntos que quieras comprobar. Te sugerimos algunos:

✔ ¿Qué ambiente se percibe en el edificio o en la clase?

✔ ¿Cuál es mi impresión del profesor?

✔ ¿Prefiero una profesora o un profesor?

✔ ¿Qué formación y experiencia tiene el profesor?

✔ ¿Gozan el centro y el profesor de una buena reputación?

✔ ¿Cómo respondo ante los demás estudiantes?

✔ ¿Se ajusta el programa a mis necesidades?

✔ ¿Hay muchos practicantes en una misma clase? ¿Podré recibir del profesor la atención necesaria?

✔ ¿Me sentiré bien al asistir con frecuencia?

✔ ¿Puedo permitirme las clases?

Cuando visites el centro, no dudes en preguntar al profesor y a los empleados todo aquello que te preocupe. En concreto, pregunta qué estilo de Hatha Yoga se practica allí. Algunos estilos, sobre todo el ashtanga o yoga dinámico, exigen una preparación física especial. En cambio, hay otros estilos más relajados. En este libro abogamos por estos últimos. Sin embargo, entendemos que algunas personas con mucha energía pueden sentirse atraídas por programas de yoga similares a entrenamientos físicos, que, por lo tanto, requieren fuerza, resistencia y gran flexibilidad, y hacen sudar mucho.

Si no estás familiarizado con el estilo de una escuela en particular, no dudes en pedir que te expliquen en qué consiste (consulta el listado de diferentes estilos del capítulo 1). Los practicantes de yoga suelen ser personas amigables y con disposición para responder a tus preguntas y calmar tu mente. Si no es ese el caso, marca una cruz en la casilla correspondiente de tu lista mental. Recuerda que, hasta la persona más agradable, incluso un practicante de yoga, puede tener un mal día. Pero si no te sientes cómodo ni bienvenido en tu primera visita, es probable que no te sientas mejor tratado más adelante.

Consigue un curso correspondiente a tu nivel

Si eres novato, busca un curso para principiantes. Te sentirás más cómodo en un curso con personas que tengan el mismo nivel que tú, que en

¿Qué hace bueno a un profesor?

Un buen profesor de yoga debería ser un buen ejemplo de lo que es el yoga en sí: una persona equilibrada que no solo es hábil con las posturas, sino también amable y considerado con los demás, con capacidad de adaptación a las necesidades de sus alumnos y atento a las de cada uno de ellos. Comprueba las credenciales del profesor para asegurarte de que ha recibido la formación adecuada o si tiene algún título que certifique su preparación en alguna de las tradiciones yóguicas. Consulta el capítulo 23 y el apéndice, allí encontrarás nuestras recomendaciones acerca de algunas de las organizaciones de yoga más arraigadas.

Nuestra recomendación es que evites a aquellos profesores que solo han asistido a algunos talleres de yoga en los que han recibido sus diplomas tras un curso de tres días. Podrán ser excelentes instructores de aerobic, pero no sabrán nada de yoga. Evita también aquellos profesores que parecen sargentos o cualquiera que te intimide al cuestionar tu nivel al ejecutar las posturas; y, por supuesto, bajo ningún concepto permitas que un instructor te obligue a hacer una postura que no sea cómoda o que te cause dolor.

uno donde los practicantes avanzados adoptan posturas complicadas con elegancia y facilidad. Sea cual sea el nivel de la clase, no te sientas cohibido. Ningún estudiante avanzado te observará para ver cómo lo hace el "nuevo". Al contrario, es posible que recibas sonrisas de ánimo.

Es frecuente que las clases para principiantes se anuncien como *yoga fácil* o *iniciación al yoga*.

Si eres principiante, no te recomendamos las clases con muchos estudiantes (de más de 20), como tampoco las clases con practicantes de diferentes niveles, donde se mezclan los nuevos con los de cursos posteriores, ya que es probable que el profesor no pueda prestarte la atención necesaria para garantizarte una seguridad. Ten en cuenta, sin embargo, que los profesores con mucha experiencia son bastante apreciados, y sus clases suelen estar muy concurridas. Deberás decidir cuál es tu prioridad: ¿una atención más personalizada o un profesor con una gran experiencia?

¿En grupo o particular?

Decide si quieres aprender yoga en grupo o si prefieres un profesor particular. En la práctica, muchas personas empiezan con clases en grupo porque son más económicas y porque practicar con otras personas motiva más. Sin embargo, si puedes permitirte unas clases individuales, aunque no sean muchas, podrás sacarles mucho provecho. Si tienes algún problema serio de salud, es importante y recomendable que practiques con un profesor-terapeuta de yoga.

He aquí algunas ventajas de recibir clases particulares:

- ✔ La atención es personalizada.
- ✔ Tendrás la oportunidad de interactuar más con el profesor.
- ✔ Podrás llevar a cabo rutinas más variadas y con una correcta supervisión.
- ✔ Podrás trabajar de forma más intensiva aquellos ejercicios que te resulten más difíciles.
- ✔ Si eres tímido o te distraes con facilidad, no tendrás que preocuparte por la presencia de otras personas.

Y he aquí las ventajas de las clases colectivas:

✔ Recibirás el apoyo de otras personas.

✔ Tu motivación aumentará al ver que otros consiguen mejorar.

✔ Podrás conocer buenos amigos que compartan tus aficiones.

✔ Son más económicas.

Clases en casa y en estudios

Muchos profesores de yoga de todo el mundo ofrecen sesiones en sus casas o en talleres particulares. Que esto no te desanime, quizá sea una buena oportunidad. Lo que anima a muchos profesores a trabajar de esta manera es que así evitan el aspecto mercantil y la dedicación que supone administrar un gran centro. Por lo general, en los talleres se crea un ambiente de grupo; además, podrás esperar una atención más intensa y personalizada por parte del profesor, porque los grupos son más reducidos que en los centros.

¿Cuánto dura una clase de yoga?

El tiempo de duración de una clase en grupo puede variar entre 50 y 90 minutos. Las clases de yoga que se imparten en centros deportivos, gimnasios y las clases especiales para grupos de empresa rondan los 50 o 60 minutos de duración. Sin embargo, las clases para principiantes impartidas en los centros de yoga suelen tener una duración de entre 75 y 90 minutos. Las clases particulares suelen ser de una hora, aproximadamente.

¿Cuánto me puede costar una clase de yoga?

En general, las clases en grupo son bastante accesibles. Las más baratas suelen ser las de los centros cívicos, clubs para personas mayores y centros educativos para adultos. Las clases de las asociaciones juveniles suelen tener precios razonables, y, quizá el gimnasio o el club al que acudas tenga clases de yoga gratuitas como parte de las actividades.

Los precios son muy variables. Hay centros que los facilitan por teléfono y también pueden ser consultados por Internet. Cada vez hay más centros de yoga con página web (en el apéndice aparecen algunas pistas); en esas páginas, por lo general, no se mencionan los precios, pero tienen una dirección de correo electrónico o un teléfono para hacer este tipo de consultas. Si lo que quieres es inscribirte durante un tiempo en un centro, pregunta por los abonos, porque pueden salir a cuenta. Las clases particulares, obviamente, serán un poco más caras que las colectivas y el precio es muy variable, por lo que resulta imposible dar una estimación.

Si notas que algunos centros tienen cierto "tufillo" mercantilista, es bastante probable que tu olfato no te esté engañando. Si lo que cobran en un centro de yoga te parece excesivamente caro, busca otro lugar más adecuado a tus posibilidades. En algunos sitios, puedes encontrar clases gratuitas o a precios muy reducidos, sobre todo en organizaciones y asociaciones subvencionadas.

Clases mixtas

La mayoría de clases de yoga son mixtas, con un promedio de siete mujeres y tres hombres por sesión. Sin embargo, algunos estilos más dinámicos de Hatha Yoga atraen casi el mismo número de hombres que de mujeres.

Vestirse para el éxito y otras consideraciones para la práctica del yoga

Después de haber escogido el tipo de clase al que asistirás, es probable que tengas ganas de coger la mochila y lanzarte a esa primera sesión. En los siguientes apartados daremos respuesta a tus preguntas acerca de qué llevar y cómo estar seguro (y cómo caer bien a los compañeros) en tu primera clase de yoga en grupo.

¿Cómo me visto?

Los practicantes de yoga utilizan prendas muy diferentes para sus ejercicios. Lo que lleven dependerá del nivel de dificultad de la clase y de la temperatura de la sala. Por supuesto, también dependerá de la expresión corporal. Hay algunos grupos un tanto excéntricos que practican el yoga completamente desnudos, lo cual no es muy buena idea, porque algunas personas se distraen. Además, de esa forma es muy fácil resfriarse. Incluso cuando practiques por tu cuenta, es muy probable que te resulte mejor cubrirte la zona lumbar y el abdomen. Por lo menos, esa es la manera tradicional de practicar el yoga.

Las mujeres suelen llevar mallas, sudaderas, pantalones y camisetas cortas. Los hombres usan pantalones cortos, sudaderas y camisetas con mangas o sin ellas.

La clave es llevar prendas limpias, simples y cómodas, que te permitan moverte y respirar libremente. A algunas personas les gusta estar a la moda y llevar las prendas más modernas, pero no lo aconsejamos.

Si practicas al aire libre o en una sala con poca calefacción, quizá sea mejor llevar varias capas de ropa que puedas ir quitándote durante la clase y volver a ponerte en la última parte, durante la relajación o la meditación.

Preparar la mochila para el yoga

Antes de ir a la clase deberás tener en cuenta el tipo de suelo en el que practicarás. Si es de moqueta o está cubierto con alfombras, bastará con una toalla o un aislante de espuma (en el capítulo 19 encontrarás la descripción de estas colchonetas y otros artículos). En cambio, si es de madera, necesitarás algo más acolchado, sobre todo para las rodillas. En ese caso, te aconsejamos que lleves una colchoneta más gruesa o alguna alfombra que sea un poco más ancha que tu espalda y un poco más larga que tu estatura. Si eres friolero, lleva una manta para cubrirte durante la relajación final. Una manta doblada en cuatro también puede ser útil como almohada para la cabeza cuando tengas que tumbarte en el suelo. A medida que el profesor conozca tus necesidades podrá aconsejarte sobre otros accesorios útiles. Como ya comentamos en el capítulo 1, algunas modalidades de yoga, como es el caso del Iyengar Yoga, utilizan más accesorios que otras. En la lista siguiente detallamos algunos objetos que puedes llevar a clase:

✔ Tu propia colchoneta de yoga o una alfombra pequeña.

✔ Una toalla.

✔ Una manta.

✔ Prendas extra para cubrirte en caso de que haga frío o quitártelas en caso de que haga calor.

✔ Una botella de agua (para mantener el equilibrio de los electrolitos después de la sesión); te recomendamos que utilices un recipiente metálico con agua filtrada.

✔ Entusiasmo, motivación y buen humor.

Si vas a tomarte el yoga en serio (y te preocupa la higiene), te recomendamos que hagas una pequeña inversión y adquieras tu propia colchoneta y otros objetos que puedas necesitar. Aunque la mayoría de los centros ponen ese material a tu disposición, quizá prefieras llevar el tuyo. Si alguna vez coges la última colchoneta del montón después de una clase en la que se ha sudado mucho, sabrás a qué nos referimos.

La seguridad es lo primero

La actitud personal es el factor más importante para la seguridad en una clase de yoga. Si desde un principio comprendes que no se trata de competir con los demás practicantes ni con el profesor, y que debes evitar lastimarte, disfrutarás de una práctica segura. La máxima popular que dice que "para presumir hay que sufrir" no puede aplicarse al yoga. Quizá sea más correcto decir que "no se gana nada con dolor negativo".

Por *dolor negativo* se entiende la molestia que puede causarnos dolor o aumentar la probabilidad de sufrir una lesión. Si no has practicado ejercicio de ningún tipo durante un tiempo, lo más lógico es que al principio tu cuerpo oponga algo de resistencia. También es probable que tengas agujetas al día siguiente, lo cual querrá decir que el cuerpo se está adaptando a la nueva práctica. La clave para evitar lesiones está en moverse con delicadeza. Es mejor trabajar de forma suave que lamentar una rotura de ligamentos. Un buen profesor siempre te recordará que adoptes las posturas con suavidad y que trabajes de forma creativa con la resistencia física del cuerpo. No hacer daño es una importante virtud moral del yoga, algo que debe cumplirse con todos los seres vivos, ¡incluso con uno mismo!

Si tienes alguna limitación física (intervenciones quirúrgicas recientes, problemas en las rodillas, en el cuello o en la espalda, entre otros) asegúrate de que las personas del centro y tu profesor lo sepan antes de iniciar las clases. El profesor debe dividir su atención entre todos los alumnos, por lo que si le informas evitarás lesionarte.

Buscar tiempo para el yoga

Durante siglos, las horas más comunes para practicar el yoga han sido dos: a la salida del Sol y al atardecer, por ser los momentos más propicios del día. Sin embargo, hoy en día los estilos de vida ajetreados pueden ser un obstáculo para nuestras mejores intenciones, de manera que sé práctico y programa la sesión de yoga para el momento que más te convenga. Pero ten en cuenta, a efectos estadísticos, que si la programas para alguna hora de la mañana tendrás un 30% más de posibilidades de llevarla a cabo. No obstante, es más importante cumplir lo que te hayas propuesto que ceñirse a un horario estricto.

Practicar a una hora similar todos los días te ayudará a crear un buen hábito, por lo que te será más fácil mantener la constancia.

Si el profesor insiste en que hagas un ejercicio o un programa con el que te sientes muy incómodo o incluso te resulta doloroso, haz una pausa sobre la colchoneta o da un pequeño paseo por la clase. Mantén la calma y remite tu queja a la persona del centro más indicada después de la clase. Por suerte, estas situaciones son poco frecuentes.

Cuestiones de comportamiento

Como en todas las situaciones sociales, la educación implica sensibilidad hacia los demás; esas mismas reglas de conducta responsable también se aplican en las sesiones de yoga. Antes de acudir a clase, repasa estas normas básicas de cortesía:

✔ Sé puntual; llegar "elegantemente tarde" es de mala educación y puede molestar a los demás.

✔ Si has llegado pronto y hay estudiantes de la clase anterior que están en la parte de relajación o meditación, respeta el silencio.

✔ Deja fuera de la clase los zapatos, el chicle, el teléfono móvil, el busca y las actitudes groseras.

✔ Evita fumar y tomar bebidas alcohólicas antes de la clase.

✔ Dúchate y ve al baño antes de cada sesión.

✔ Procura hablar lo mínimo en las clases; hay personas que llegan antes para meditar o para estar sentados tranquilamente.

✔ Si el suelo de la sala es resbaladizo, asegúrate de quitarte los calcetines (y de no dejarlos junto a la cara de tu vecino). Si te dan vergüenza tus pies, recuerda que sus 26 huesos realizan un trabajo ejemplar al sostener el cuerpo durante todo el día. Además, en la sala todos estarán lo suficientemente ocupados como para fijarse en ellos.

✔ Evita llevar joyas.

✔ Asegúrate de que (ejem), tus partes pudendas estén debidamente cubiertas si llevas pantalones cortos y sueltos, o incluso si, a pesar de nuestra recomendación de no hacerlo, llevas ropa muy ajustada.

✔ No utilices perfumes ni colonias.

✔ Evita comer ajo el día que acudas a clase.

✔ Siéntate junto a la ventana o cerca de la puerta si te falta mucho el aire.

✔ Si tienes problemas de oído, siéntate cerca del profesor; algunos hablan muy bajo para crear un ambiente tranquilo.

✔ Si has utilizado algún objeto durante la clase, déjalo a un lado con cuidado.

✔ Paga a tu profesor puntualmente, sin que tenga que recordártelo.

Saltarse la clase

Tradicionalmente, el yoga se transmite de maestro a alumno. Sin embargo, algunos yoguis expertos son autodidactas. Estos espíritus independientes han sentado un precedente para aquellos a quienes les gusta explorar nuevos territorios por su propio pie. Si vives en una zona aislada y no puedes acceder fácilmente a un profesor de yoga o a una clase, no te desanimes. Habrá opciones a tu alcance que puedan servirte para iniciar el viaje yóguico. Aquí tienes algunas pistas por donde buscar:

✔ Casetes.

✔ Libros.

✔ CD.

✔ DVD.

✔ Revistas.

✔ Boletines de noticias.

✔ Periódicos.

✔ Televisión.

✔ Vídeos.

Puesto que el yoga es una técnica motriz, muchas personas que no tienen acceso a un profesor utilizan DVD o cintas de vídeo para aprender. Si te decantas por esta forma de aprendizaje, te recomendamos que aprendas una rutina y poco a poco dejes de observar la pantalla para centrarte en la voz del instructor. En el yoga, el trabajo interno es más importante que el externo, y en este caso las imágenes pueden interferir en ese proceso. Oír una voz será mejor. Según el yoga, el sentido de la vista es muy activo, incluso agresivo, mientras que el oído es un receptor más pasivo. Por eso los CD y las cintas también pueden ser útiles, siempre y cuando vayan acompañados de ilustraciones.

Nosotros opinamos que es mejor un buen libro de yoga que los artículos de revistas o de periódicos, simplemente porque la redacción de un libro exige una consideración más profunda y detallada de la materia, así como de su presentación. Además, tiene menos publicidad. En el apéndice encontrarás un listado de libros que nosotros recomendamos. Sin embargo, no menosprecies el valor de un boletín informativo de un estudio de yoga, sobre todo si lo recibes por correo electrónico. Estas publicaciones pueden ser un buen hallazgo si vienen de una fuente fiable.

La desventaja del estudio sin profesor está en que al principio no te resultará fácil distinguir entre una postura bien o mal ejecutada. Necesitarás tiempo para entender cómo responde el cuerpo ante las dificultades que presente una postura y para determinar la manera en la que debas corregirte. Algunas personas utilizan un espejo, pero aun así, la mitad de la información se pierde por el camino y, lo que es más importante, externaliza demasiado el proceso.

Empieza a sentirte cómodo observándote desde el interior, sintiendo tu cuerpo desde dentro. Hasta que lo consigas, y siempre que te sea posible, déjate ayudar por un profesor, porque te observará objetivamente, desde todas las perspectivas, y podrá darte información valiosa sobre las resistencias y las necesidades concretas de tu cuerpo.

Ser un yogui responsable

El yoga puede practicarse durante las 24 horas del día, como veremos en el capítulo 20. Sin embargo, incluso los yoguis más expertos practican algunas posturas y otros ejercicios parecidos solo durante algunas horas al día (y, por supuesto, algunos no hacen ejercicios físicos de ningún tipo

Comer antes de la clase

Tanto si vas a practicarlo por tu cuenta como en una clase, los consejos sobre la alimentación óptima en relación con la práctica del yoga son parecidos a los que se dan para cualquier otra actividad física. Aunque ingieras una comida ligera, como puede ser fruta o jugo, deja pasar una hora antes de la clase. En el caso de que comas hortalizas o cereales, el tiempo recomendable es de dos horas, y de tres a cuatro horas para la ingesta de carnes y otras comidas más pesadas. Comer después de clase también está bien, incluso es posible que tengas más apetito.

y se dedican en exclusiva a la meditación). Hay quienes adquieren el yoga como una rutina más que pasa a formar parte de sus actividades; hay muchas otras personas, sin embargo, que no son capaces de llevar este hábito a la práctica. No obstante, si vas a clase aunque sea dos veces a la semana, puede resultarte muy productivo; incluso asistir a una clase grupal una vez a la semana aportará a tu vida agitada un poco de equilibrio. También puedes aprovechar algunos momentos del día para practicar posturas o ejercicios de respiración (en el coche, en la pausa del café, en la oficina o mientras haces la compra).

El tiempo que dediques a la práctica de posturas dependerá enteramente de tus metas y de tu estilo de vida. Por desgracia, cuanto más tiempo te exijan el trabajo, las tareas domésticas y la vida social, menos tiempo tendrás para el yoga. Una buena manera de empezar –y una meta realista– es dedicarle un mínimo de 15 minutos un par de veces por semana, e ir aumentando hasta los 30 minutos a lo largo de tres meses. Si puedes dedicarle más tiempo, intenta practicarlo a diario. Pero fíjate siempre metas realistas, para que no se convierta en un motivo de estrés que te haga dejarlo antes de haber probado sus ventajas. Además, recuerda que, incluso si no tienes mucho tiempo durante la semana, ¡podrás aplicar lo que hayas aprendido en cada sesión cuando quieras y donde quieras!

La cantidad de tiempo que dediques al yoga es una cuestión personal, por lo que no debes sentirte culpable por tu decisión. El sentimiento de culpa es contraproducente y no tiene cabida en la práctica de esta disciplina.

Capítulo 3

Lo primero es lo primero: asegúrate una práctica de yoga fructífera

En este capítulo

▶ Acercarse al yoga con una actitud saludable

▶ Dejar a un lado la competitividad

▶ Descifrar nuestro propio lenguaje corporal y mental

▶ Practicar a tu manera y sin remordimientos

*E*n el yoga, *aquello* que hagas y *cómo* lo hagas tiene la misma importancia, y tanto la mente como el cuerpo contribuyen. El yoga respeta el hecho de que el ser humano no es solo un cuerpo físico, sino también un *cuerpo-mente psicofísico*. Una participación mental completa, incluso para el ejercicio físico más sencillo, permite conectarnos con nuestro potencial más profundo como seres humanos.

Este capítulo trata sobre la adopción de la actitud correcta respecto de la práctica, que es, en definitiva, la mejor preparación para evolucionar en el yoga. Te animamos a que marques tu propio paso, sin obligarte ni exponerte a lesiones, y a que dejes el espíritu competitivo para otras facetas de la vida. También queremos hacer hincapié en que la función es más importante que la forma, y te proponemos que versiones la forma que se describe de las posturas para que se adapte a tus necesidades. El yoga es una disciplina creativa que te hará emplear todos los poderes de la mente para explorar y disfrutar de todas las posibilidades.

Cultivar la actitud apropiada

Las *actitudes* son tendencias duraderas de la mente y nos muestran tal y como somos, como nos comportamos y como hablamos. El yoga te animará a examinar todas las actitudes básicas frente a la vida y descubrirás cuáles son incorrectas, de manera que puedas reemplazarlas por las apropiadas.

Una actitud que vale la pena cultivar es el equilibrio en todo, una importantísima virtud yóguica. En este sentido, una actitud equilibrada se traducirá en que busques que tu progreso en el yoga se paulatino, en vez de desear la perfección al instante. También significa que no deberás basar la práctica en conceptos preconcebidos incorrectos, como la noción errónea de que el yoga es una forma de *hacer nudos con el cuerpo*. Muy al contrario: lo que esta disciplina pretende es desanudarte emocional, intelectual y corporalmente. En los siguientes apartados te mostramos algunas líneas para adoptar la actitud ideal.

Las ensaimadas, para desayunar

Muchas personas se desaniman cuando ven portadas de revistas con fotografías de practicantes de yoga en posturas avanzadas y con las extremidades hechas un nudo. Lo que no enseñan estas revistas es que la mayoría de yoguis practican durante muchas horas al día y durante muchos años para conseguir ese nivel de destreza. ¡Créenos! No hay que adoptar la forma de una ensaimada o de un cruasán con los cuernos juntos para

La simbología de los números

Según los textos tradicionales en sánscrito del Hatha Yoga, existen 8.400.000 posturas, el equivalente al número de especies de seres vivos, de las que solo 84 son útiles para los humanos y únicamente 32 son especialmente importantes.

El número 84 tiene un valor simbólico y es el resultado de multiplicar 12 por 7. El número 12 representa un ciclo cronológico completo, como los 12 meses del año o los 12 signos zodiacales. El número 7 representa la totalidad estructural, como los 7 centros de energía o *chacras* del cuerpo humano (*véase* el capítulo 20).

sacarle al yoga el mayor de los provechos. Los beneficios que se obtienen vienen de la práctica en un nivel adecuado a cada persona y no por avanzarse y adoptar una postura considerada ideal.

En el capítulo 1 mencionamos que una de las opciones del yoga es su práctica como deporte. Bien. Aunque existen más de 2.000 posturas posibles, muchas de ellas requieren grandes dosis de fuerza y flexibilidad, tantas, que solo los gimnastas más entrenados serían capaces de ponerlas en práctica. Si bien estas posturas son muy bonitas, no son más beneficiosas para la salud que las 20 posiciones básicas que llevan a cabo la mayoría de los practicantes en sus rutinas diarias. Así que, a menos que tengas la intención de presentarte a algún certamen de yoga deportivo, no debes preocuparte por todas estas posturas sofisticadas, ya que muchas de ellas son nuevas. Los maestros de yoga dominan las suficientes, que son, por otra parte, las que se han afianzado a lo largo de miles de años.

Practica a tu ritmo

Algunas personas parecen hechas de goma. Si tú (como la mayoría) no tienes forma de espagueti, necesitarás practicar con regularidad para aumentar la fuerza muscular y la flexibilidad. Por lo tanto, nuestra sugerencia es que el acercamiento sea gradual. En los capítulos del 6 al 13 encontrarás todos los pasos preparatorios e intermedios para llevar a cabo varias posturas. El antiguo maestro T. S. Krishnamacharya de Chenai (la India), gracias a quien conocemos muchas de las orientaciones más conocidas del Hatha Yoga, puso el acento en la importancia de adaptar la enseñanza a las necesidades de cada persona y aconsejó a los profesores que tuvieran en cuenta la edad, las aptitudes físicas, el estado emocional y la profesión de sus estudiantes. Nosotros estamos de acuerdo con esta forma de proceder y, además, te damos este consejo sencillo: avanza con suavidad, pero con decisión.

Hay que advertir, una vez más, que si quieres aprender el yoga a partir de la lectura de libros, tienes que escoger bien. ¿Las descripciones de los ejercicios incluyen todos los pasos para ejecutar una postura de forma cómoda? Pedirle a un principiante de mediana edad que imite la forma final de muchas de las posturas sin indicarle los pasos intermedios es conducirlo al fracaso total. Por ejemplo, en casi todos los libros de Hatha Yoga (excepto en este), verás que la postura sobre la cabeza es una de las más representadas. En el mundo occidental, esta postura se ha convertido en algo parecido a un símbolo. Y es verdad que las posturas sobre la cabeza son muy poderosas, pero también que forman parte de las prácticas más avanzadas. Como en este libro para principiantes se recogen ejercicios alcanzables y seguros, hemos preferido no incluirla. En el capítulo 10, donde explicamos las prácticas invertidas seguras, ampliamos las razones que nos llevaron a tomar esta decisión. A cambio, representamos algunas adaptaciones más fáciles y que no entrañan ningún riesgo.

Olvídate del marcador

Los niños del mundo occidental suelen crecer en ambientes muy competitivos. Desde su infancia, se les presiona para que hagan más, trabajen duro y ganen. Los gimnastas jóvenes crecen con ese espíritu de competitividad. A pesar de que la competencia ocupa su lugar en la sociedad, este tipo de comportamientos no casan con la práctica del yoga.

El yoga se asocia a la paz, a la tranquilidad, a la armonía, es decir, a todos los aspectos contrarios a la mentalidad competitiva. El yoga no nos exige que luchemos contra nadie, y menos contra nosotros mismos, ni que lleguemos a ninguna meta cueste lo que cueste. Al contrario: el yoga nos invita a ser amables con nosotros mismos y con los demás, y, sobre todo, a colaborar con nuestro cuerpo, más que a forzarlo o a enfrentarnos a nuestra mente.

Tenemos una anécdota curiosa que nos servirá para ilustrar lo que decimos. Hace muchos años, un señor de mediana edad asistió a una de nuestras clases. Era un hombre bastante amable, pero muy competitivo y exigente consigo mismo. Nada más empezar, nos informó de que tenía la intención de aprender la postura del loto en las semanas siguientes, y se esforzaba mucho para conseguirlo. Nosotros le aconsejamos más de una vez que fuera más despacio. Al poco tiempo dejó de asistir a clase, y nunca más volvió. Después nos enteramos, por un amigo común, de que en su afán competitivo le había pedido a su mujer que se le sentara sobre las piernas para, de esa manera, forzar la consecución de la postura en cuestión. Ni que decir tiene que el peso le provocó lesiones muy graves en ambas rodillas.

Imagínate en la postura

Te aconsejamos que te formes una imagen mental antes de ejecutar cada postura. Por ejemplo, antes de realizar la cobra, la postura de hombros o el triángulo, emplea diez segundos e imagínate mentalmente haciendo los movimientos hasta la postura final. Visualízalo de la forma más real posible, ¡activa el poder de la mente!

Para presumir no hay que sufrir

A menudo, la idea, equivocada, de que "para presumir hay que sufrir" refuerza la competitividad. Pese a que el dolor y la incomodidad forman parte de la vida, no tenemos que exponernos a ellos. El yoga no nos exige ser masoquistas, sino todo lo contrario. La meta del yoga es superar el sufrimiento. Por lo tanto, no debes castigar el cuerpo sino ejercitarlo con suavidad. Nuestro lema es "para presumir no hay que sufrir".

Disfrutar de una práctica de yoga tranquila

A medida que experimentes nuevas posturas empezarás a tomar conciencia de las comunicaciones que tienen lugar entre el cuerpo y la mente. ¿Sientes que has abandonado el mundo agitado que te rodea y has entrado en otro en el que te sientes cómodo y en confianza con tu fuerza, tus movimientos y tu estabilidad? ¿O estás ansioso y pendiente del tiempo que pasa lentamente, y la torpeza física o una tensión se apoderan de tus movimientos? Escucha tus ritmos y date cuenta de la importancia que tienen para que la experiencia con el yoga sea placentera, tranquila y segura. Este mensaje positivo es un pilar fundamental para la práctica del yoga.

Derribar el mito de la postura perfecta

Algunas escuelas modernas de Hatha Yoga se atribuyen el mérito de enseñar las posturas perfectas, que te van a ir como anillo al dedo. Pero, ¿cómo puede ser una postura igual de perfecta para un deportista de 15 años que para un jubilado de 60? Además, estas escuelas divergen acerca de lo que se entiende por postura perfecta. Así que, hablando claro, la postura perfecta es un mito perfecto.

Como explicó el gran maestro Patanjali hace al menos 2.000 años, la postura solo requiere dos condiciones: que sea firme y que sea cómoda. A continuación ampliamos estas dos características:

✔ Postura firme. Es la que mantenemos estable durante un período, aunque la clave no está en congelar el movimiento. La postura será estable cuando la mente también lo sea. Mientras los pensamientos vaguen errantes, incluidos los negativos, el cuerpo también acusará esta inestabilidad. A medida que adquieras la capacidad de observarte, empezarás a darte cuenta del infinito carrusel que es la mente y notarás la tensión del cuerpo. En el yoga, esa tensión recibe el nombre de *inestabilidad.*

✔ Postura cómoda. Se dice que una postura es cómoda cuando uno la disfruta y le sirve de estimulante, en vez de ser aburrida y molesta. Una postura así aumenta el principio de claridad (*sattva*) que está presente en cada uno de nosotros. Sin embargo, no debemos confundir comodidad con una postura encorvada y floja. La alegría y la *sattva* están íntimamente conectadas. Cuanto más presente esté la *sattva* en el cuerpo y en la mente, más relajado y feliz estarás.

Aunque en un principio Patanjali se refería a las posturas de la meditación, su fórmula puede aplicarse por igual a todas las posturas.

Escucha lo que el cuerpo te dice

Nadie conoce más tu cuerpo que tú. Cuanto más practiques el yoga, más consciente serás de tus limitaciones y tus fuerzas con cada postura. Cada ejercicio es un reto en sí mismo. Te sentirás animado a explorar y a ampliar tus fronteras físicas y emocionales sin riesgo de lesionarte o de sufrir más tensión.

Algunos profesores hablan de la práctica en el límite, el punto en el que la intensidad de una postura supone un reto, pero no nos causa dolor ni una incomodidad fuera de lo habitual. La idea es desplazar ese límite lenta y gradualmente hacia nuevos territorios. Cultiva la observación de ti mismo y presta atención a la información que el cuerpo te proporciona para ser capaz de practicar en el límite.

Cada sesión de yoga es un ejercicio de observación sin prejuicios. Escucha lo que el cuerpo te dice. Entrénate para darte cuenta de las señales que viajan sin cesar desde los músculos, los tendones, los ligamentos, los huesos y la piel hacia el cerebro. En vez de recitar un monólogo interior centrado en la mente y sin conciencia física, mantén un diálogo con el cuerpo. Presta mucha atención a las señales que proceden del cuello, de la zona lumbar, de los músculos de la mandíbula, del abdomen y de cualquier zona problemática.

Para evaluar la intensidad de dificultad de una postura de yoga, utiliza una escala del uno al diez, donde el diez represente el límite de dolor tolerable. Imagina que al sobrepasar el nivel ocho se enciende una luz roja y salta una alarma. Observa las señales que recibes del cuerpo y memorízalas, y en especial la respiración. Si notas que en este nivel te cuesta respirar, es indicativo de que estás cruzando el límite, hablando de forma abstracta. Nadie mejor que tú sabrá oír e interpretar lo que el cuerpo esté intentando decirte en ese preciso instante.

Es común que los principiantes sientan algunos temblores cuando adoptan ciertas posturas de yoga. Por lo general, notarás un movimiento involuntario en las piernas o en los brazos, pero no es motivo para preocuparse, siempre y cuando no sientas dolor. Los temblores solo indican que los músculos están funcionando en respuesta a una nueva exigencia. En vez de concentrarte en la sensación de estar convirtiéndote en un molde lleno de gelatina, intenta alargar un poco las respiraciones y centra la atención en el interior. Si los temblores son cada vez más frecuentes y superan la escala de Richter, relájate un poco o deshaz la postura.

Lento, pero seguro

Todos los movimientos de las posturas están pensados para ser ejecutados con lentitud. Aunque por desgracia, la mayoría de nosotros funcionamos con el piloto automático y nuestros movimientos suelen ser inconscientes, muy rápidos y no particularmente gráciles. Por lo general, no somos conscientes de nuestros cuerpos, aunque las posturas yóguicas nos ayudan a adoptar una actitud diferente. Algunas de las ventajas de moverse con lentitud son las siguientes:

✔ Ganarás en atención, lo que te permitirá oír lo que el cuerpo te dice y practicar en el límite.

✔ Practicarás de forma más segura, ya que moverse más lentamente reduce el riesgo de sufrir torceduras, esguinces, desgarros musculares, roturas de ligamentos o alteraciones cardíacas.

✔ Conseguirás relajarte con más rapidez.

✔ Tendrás mayor capacidad respiratoria y, en general, mejorará tu respiración.

✔ El esfuerzo se distribuirá mejor entre todos los grupos de músculos.

Para obtener mejores resultados, practica las posturas con lentitud, con ritmo uniforme, mientras te centras tranquilamente en la respiración y en el movimiento postural (en el capítulo 5 encontrarás más información sobre la respiración y el movimiento). Resiste la tentación de acelerar el ritmo, y en vez de eso, disfruta de cada postura. Relájate y céntrate en el aquí y ahora. Si te cuesta respirar o empiezas a cansarte, descansa un poco hasta que estés listo para seguir.

Si por algún motivo crees que estás cumpliendo el programa con mucha prisa, haz una pausa y pregúntate por qué llevas ese ritmo acelerado. Si de verdad vas escaso de tiempo, reduce el programa y céntrate en unas cuantas posturas. Si no puedes aguantar la sensación de presión por la falta de tiempo, es mejor que aplaces la sesión de yoga y practiques la respiración consciente (se explica en el capítulo 5) mientras resuelves lo que tenías pendiente.

Si estás adelantando el programa porque te aburre o porque estás distraído, haz una pausa y recuerda el motivo que te llevó a practicar yoga. Renueva esa motivación diciéndote que tienes tiempo suficiente para terminar la sesión. El aburrimiento no es más que una desconexión de las experiencias corporales y quiere decir que no estás viviendo el momento presente. Participa completamente en el proceso. Si necesitas un recordatorio mental más, utiliza una de las técnicas de relajación que se describen en el capítulo 4 para desacelerarte. Como explicamos en el capítulo 5, la respiración yóguica completa en una de las posturas de descanso tiene también un efecto calmante estupendo.

La función es más importante que la forma: articulaciones relajadas

En el yoga, como en la vida, la función es más importante que la forma. Por lo tanto, lo que nos beneficia es la función de las posturas, y no su forma. Los principiantes, en particular, necesitan adaptar las posturas para disfrutar de su función y sus beneficios desde el principio.

Existe un recurso adaptativo muy útil que se conoce con el nombre de *articulaciones relajadas*, y que consiste en darse permiso para flexionar levemente las piernas y los brazos, lo cual permite mover la columna con más facilidad, y que es, a su vez, el objetivo de muchas posturas y el secreto para que no duela la columna.

Por ejemplo, la función mecánica principal de una flexión hacia delante, al estar de pie, consiste en estirar la zona lumbar. Si esa zona de tu espalda está en condiciones óptimas, realiza esta postura para principiantes para que sepas a qué nos referimos:

1. **En pie, y sin forzar absolutamente nada, inclínate hacia delante e intenta colocar la cabeza sobre las rodillas; las manos deben sostener la parte trasera de los tobillos (como en la figura 3-1a) o estar extendidas sobre el suelo.**

   Pocas personas pueden adoptar esta postura, sobre todo si son principiantes.

2. **A continuación, incorpórate. Separa un poco los pies hasta alinearlos con las caderas, e inclínate una vez más hacia delante; deja que las piernas se flexionen hasta que las manos toquen el suelo y la cabeza toque las rodillas (como en la figura 3-1b).**

Cuando vayas a incorporarte, hazlo lentamente, sin rebotar arriba y abajo, como hacen la mayoría de las personas. ¡No somos cuerdas elásticas!

A medida que adquieras flexibilidad (¡y lo conseguirás!) endereza poco a poco las piernas hasta adoptar la postura ideal. Es común que algún valiente de fin de semana se lastime la espalda al intentar emular a su joven profesor en esa postura, pero en versión sentados, con las piernas extendidas y empujando demasiado.

Figura 3-1: Postura de flexión hacia delante, con articulaciones relajadas y sin ellas

a

b

Capítulo 4

Relajado como un fideo o el arte de liberar el estrés

• •

En este capítulo

▶ Entender la naturaleza del estrés y gestionarlo

▶ Relajar el cuerpo mediante ejercicios mentales y físicos

• •

*L*a vida en general, y no solo la moderna, es de por sí estresante. Incluso un objeto inerte, como una roca, puede experimentar cierto grado de estrés. Sin embargo, no todo el estrés es malo. La cuestión es saber si te ayuda o te martiriza.

Los psicólogos distinguen entre estrés positivo y negativo. El yoga puede ayudarte a reducir el negativo y a aumentar el positivo, el que mejora nuestras vidas. Por ejemplo, un reto creativo que estimula nuestra imaginación y activa nuestro entusiasmo, pero que no nos provoca ansiedad o insomnio, es un acontecimiento positivo. Incluso una celebración puede ser, en sentido estricto, estresante, aunque no es el tipo de estrés negativo (al menos, no si es en dosis controladas). Por otra parte, no hacer nada y aburrirse hasta llorar son manifestaciones de estrés negativo.

La naturaleza del estrés

El estrés forma parte de nuestras vidas. Algunos cálculos indican que el 80% de las enfermedades las genera el estrés. El endocrinólogo Hans Selye, pionero en las investigaciones sobre el estrés, distinguió tres fases: alarma, resistencia y agotamiento. La alarma puede ser un hecho sin importancia, como el cambio brusco de temperatura al salir de una casa con calefacción o recibir una llamada desagradable. Ambas situaciones exigen que el cuerpo haga un ajuste, que es una manera de resistencia. Cuando esta exigencia se prolonga demasiado en el tiempo, el cuerpo inicia la fase de agotamiento, que puede terminar en una crisis que afecte al cuerpo y a la mente, y manifestarse en forma de trastorno cardíaco, de hipertensión, de fallo en el sistema inmunitario o de enfermedad mental.

El estrés negativo genera un desequilibrio entre el cuerpo y la mente, tensa los músculos y provoca una respiración acelerada y superficial. En las situaciones de estrés, las glándulas suprarrenales trabajan intensamente y se reduce el nivel de oxígeno en la sangre, lo que provoca que las células no reciban la energía suficiente. El estrés constante activa una respuesta de lucha o huída, que te conduce a un estado de alerta crónico, el cual consume mucha energía corporal.

Debido a las inexorables demandas de la vida moderna (trabajo, ruido, contaminación...), muchas personas sufren de estrés crónico. ¿Cómo podemos manejarlo de forma eficaz? El yoga nos presenta una solución triple:

✔ Corregir las actitudes que nos causan estrés.

✔ Cambiar aquellos hábitos que nos generan estrés.

✔ Liberar la tensión corporal acumulada con regularidad.

El estrés puede darse incluso sin que tenga lugar un episodio desagradable. Una fiesta de cumpleaños puede estresarnos porque a menudo suele ir acompañada de una ansiedad oculta (como por ejemplo, el hecho de cumplir un año más). El estrés se acumula, y a veces de forma tan gradual que ni siquiera nos damos cuenta, hasta que es demasiado evidente y aparecen los síntomas.

Corregir las actitudes incorrectas

El enfoque integral del yoga trabaja tanto el cuerpo como la mente y nos ofrece antídotos eficaces para la clase de actitudes que nos hacen proclives al estrés. Algunas de estas actitudes son el egoísmo, la competitividad llevada al extremo, el afán de perfeccionismo y la sensación de tener que cumplir con todo ahora y sin la ayuda de nadie. El yoga pretende, en todo sentido y situación, reemplazar los pensamientos y las actitudes negativas por un temperamento mental positivo, nos pide, en definitiva, que seamos amables con nosotros mismos. La práctica del yoga te ayudará a entender que todo tiene su lugar y su momento justos.

Donde vaya mi ego, allá voy

La principal fuente de estrés es el ego, o lo que los maestros de yoga llaman el *fabricante del yo (ahamkara)*, de *aham* ('yo') y *kara* ('fabricante'). Desde el punto de vista del yoga, el ego es un concepto erróneo, que hace que nos identifiquemos con nuestro cuerpo individual antes que con el universo como un todo. Como consecuencia, tenemos miedo a la muerte y sentimos apego por el cuerpo y la mente. Este apego, que es un claro instinto de supervivencia, da lugar a todas esas emociones e intenciones que conforman el juego de la vida. Mantener en funcionamiento este centro artificial, que es el ego, es en sí algo estresante. Los maestros de yoga creen que solo si uno abandona el ego será capaz de disfrutar de más paz y felicidad. ¡Deja que la felicidad fluya!

Si a ti, como a tantas otras personas con estrés, te cuesta pedir ayuda, el yoga hará que te des cuenta de que todos los seres humanos dependen de las personas que los rodean. Si eres de naturaleza desconfiada, te pondrá en contacto con esa parte de tu psique que tiende de forma natural a confiar en la propia vida. Te mostrará que no es necesario sentirse atacado en todo momento, porque la vida real –tu identidad espiritual– nunca podrá ser dañada ni destruida.

Alterar los hábitos negativos

Puedes estar seguro de que todo lo que está en el universo sigue un modelo de flujo y reflujo. Las estaciones cambian, y con el tiempo los bebés se convierten en adultos. La sabiduría yóguica nos recomienda adoptar los mismos patrones naturales en la vida personal. Quizá estemos casi siempre serios, pero también necesitamos jugar. De hecho, necesitamos contar con un tiempo en el que simplemente *seamos*, sin expectativas y sin culpabilidad. Tomarse un tiempo únicamente para ser es bueno para la salud física y mental. Trabajo y descanso, tensión y relajación, son parejas inseparables.

Algunas personas suelen sumergirse en horarios febriles porque no pueden imaginarse una alternativa con tiempo libre. Se asustan con la idea de bajar el ritmo. Sin embargo, el dinero y el estatus no lo son todo: la calidad de vida es muchísimo más importante. Además, como el estrés perjudica la salud, de todos modos después acabaremos teniendo que bajar el ritmo, y recuperar la salud puede llegar a ser muy costoso. El yoga nos da una base de tranquilidad para enfrentarnos a los miedos de forma eficiente, siempre que lo apliquemos en el sentido mental y no solo en el sentido físico.

La sabiduría interior nos dice que el cuerpo y la mente están sujetos al cambio y que nada a nuestro alrededor permanece siempre igual. Por tanto, aferrarse con ansiedad a las cosas no tiene sentido. El yoga nos recomienda que recordemos constantemente nuestra naturaleza espiritual, que está más allá del mundo de cambios y de felicidad infinita. Sin embargo, también nos recomienda que nos preocupemos por los demás y por el mundo en el que vivimos, pero teniendo en cuenta al mismo tiempo que no podemos bañarnos dos veces en el mismo río.

Por ejemplo, si eres madre, amarás y cuidarás de tus hijos. Pero si, además, practicas el yoga, no sucumbirás a la creencia de que tus hijos son de tu propiedad. En vez de eso, siempre serás consciente de que tienen su vida, la cual puede ser algo diferente a la tuya, y que lo único que puedes hacer es ser la mejor guía en su camino.

Por supuesto, puedes aplicar muchas medidas concretas, que se describen en libros sobre gestión del estrés, para reducir las situaciones estresantes. Entre esas sugerencias están, por ejemplo, la de no esperar al último minuto para empezar o terminar proyectos, mejorar la comunicación con los demás, evitar los enfrentamientos y aceptar que vivimos en un mundo imperfecto.

La práctica diaria del Hatha Yoga, en especial los ejercicios de relajación, podrá ayudarte a alargar el sentimiento de paz o tranquilidad durante el resto del día, aunque la sesión haya terminado. Escoge algunas actividades o situaciones que repitas varias veces al día como recordatorios para relajarte de forma consciente. Por ejemplo, cuando vas al baño, en el semáforo en rojo, cuando te sientas, cuando abres o cierras una puerta, cuando miras el reloj o al colgar el teléfono. En esos momentos, exhala profundamente y relájate de forma consciente, y recuerda el sentimiento de paz que tuviste en la sesión de yoga.

Liberar la tensión del cuerpo

El yoga tiene como objetivo liberar la tensión mediante las diferentes técnicas, entre las cuales se incluyen los ejercicios de respiración y las posturas, y, sobre todo, las técnicas de relajación. Las primeras son una forma de relajación activa o dinámica, y estas últimas son formas pasivas o receptivas.

Suéltate

El yoga enseña a cultivar la *respuesta de la relajación* durante el día y a dejar de controlar lo que pase. Esta frase fue acuñada por el Dr. Herbert Benson, uno de los primeros que habló de la epidemia invisible de hipertensión (presión arterial alta) provocada por el estrés. En su libro *The relaxation response* (La respuesta de la relajación), publicado por Harper Paperbacks, se refiere a la relajación como "una capacidad humana universal" y un "don innato excepcional, pero abandonado".

El yoga te enseña a avivar esa capacidad en desuso que habita en el cuerpo y en la mente. El equivalente yóguico de la respuesta de la relajación es *vairagya*, que literalmente quiere decir 'desapasionamiento' o 'desapego'. Nosotros lo llamamos *soltarse*. Apasionarse por lo que uno hace (en vez de tener una actitud indiferente) es bueno, pero la pasión le abre la puerta al sufrimiento cuando te aferras demasiado a las personas, a las situaciones y al resultado de las acciones. Para la mayoría de las personas, esta es una lección difícil de aprender; incluso es posible que nunca la aprendan. Puedes empezar en cualquier momento; ¿y qué mejor ocasión que ahora mismo?

El yoga recomienda una actitud de desapego interior en todos los sentidos. Pero esta actitud no surge del aburrimiento, del fracaso, del temor o de una actitud neurótica, sino de la sabiduría interior. Por desgracia, no podemos meter la mano en ese pozo de sabiduría siempre que queramos, sino que deberemos adquirirla, bien sea poco a poco, de forma rápida mediante el estudio inteligente de la tradición yóguica. Este último enfoque implica escuchar directamente las enseñanzas de auténticos maestros o estudiarlas en los libros. Encontrarás muchos libros con las enseñanzas traducidas del sánscrito, de manera que puedan entenderlas los estudiantes actuales.

Técnicas de relajación que funcionan

En sánscrito, *shaithilya* es el término que designa la relajación; se pronuncia *shai-til-ya* y quiere decir 'aflojar'. Se refiere a aflojar las tensiones corporales y mentales, es decir, todos los nudos que hacemos cuando no nos dejamos llevar por el flujo de la vida. Mantener los músculos en constante estado de alerta consume muchísima energía, que, de esa manera, no está disponible cuando los músculos realmente la necesitan. La relajación consciente entrena los músculos para que estén distendidos cuando no estemos utilizándolos. De esta manera, los músculos permanecen en un estado receptivo a las señales del cerebro para poder contraerse y llevar a cabo las actividades cotidianas.

Trucos para una práctica de relajación eficaz

La relajación no es exactamente lo mismo que estar sin hacer nada. A veces, cuando creemos que no estamos haciendo nada, en realidad estamos contrayendo casi inconscientemente una serie de músculos que no utilizamos en ese momento. La relajación es una tarea consciente a caballo entre el esfuerzo y la quietud. Para relajarse de verdad, tienes que entender y practicar esa habilidad.

La relajación no nos exige el uso de ningún objeto, pero aquí van algunos consejos que quizá te ayuden:

✔ Practica en un ambiente tranquilo donde no puedan interrumpirte ni otras personas, ni el teléfono.

✔ Coloca un pequeño cojín bajo la cabeza y uno mayor bajo las rodillas para que puedas tumbarte de espaldas con más apoyo y comodidad. También puedes usar una manta doblada.

✔ Asegúrate de que el cuerpo esté a una temperatura adecuada. Si es necesario, calienta la habitación o utiliza una manta. Evita tumbarte sobre el suelo frío, ya que no es bueno para los riñones.

✔ No practiques las técnicas de relajación después de haber comido.

Relajación profunda: la postura del cadáver

Una de las posturas más simples y a la vez más complicadas es la del cadáver (*savasana*, de *sava* y *asana*) o hacer el muerto (*mritasana*, de *mrita* y *asana*). Esta postura es la más sencilla, porque no hay que emplear ninguna parte del cuerpo, y también es la más difícil, precisamente porque exige que nos estemos quietos, sin mover ni un dedo. La postura del cadáver es un ejercicio en el que la mente actúa por encima de la materia. Los únicos objetos necesarios son el cuerpo y la mente.

Si eres una persona inquieta, la práctica del *asana* te ayudará a que la postura del cadáver sea más accesible.

Estos son los nueve pasos que hay que seguir:

1. **Túmbate de espaldas, con los brazos extendidos y relajados a los lados, y con las palmas hacia arriba (o hacia abajo, como te sea más cómodo).**

   Si lo necesitas para estar cómodo, ponte un cojín pequeño o una manta doblada bajo la cabeza y otro mayor bajo las rodillas.

2. **Cierra los ojos.**

   Fíjate en cómo es la postura del cadáver en la figura 4-1.

3. **Proponte claramente que vas a relajarte.**

   A algunas personas les gusta imaginarse en una playa de arena blanca en un día soleado.

4. **Haz un par de inhalaciones profundas y alarga las exhalaciones.**

5. **Contrae los músculos de los pies durante un par de segundos y después relájalos conscientemente.**

   Haz lo mismo con los gemelos, los músculos de muslos, nalgas, abdomen, pecho, espalda, manos, antebrazos, brazos, hombros, cuello y cara.

6. **Haz un repaso de todos los músculos, desde los pies hasta la cara, para comprobar que están relajados.**

   Es normal notar leves tensiones alrededor de los ojos y en los músculos de la cara. Relaja también la boca y la lengua.

7. **Céntrate en la creciente sensación corporal de no tener tensiones y deja que la respiración fluya libremente.**

8. **Al final de la sesión, antes de abrir los ojos, hazte la promesa de conservar esa sensación de relajación el mayor tiempo posible.**

9. **Abre los ojos e incorpórate lentamente.**

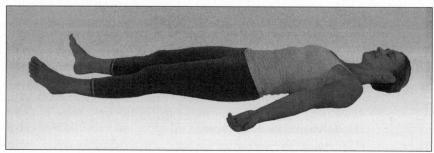

Figura 4-1:
La postura del cadáver es la más conocida

Practica de 10 a 30 minutos; cuando más dure, mejor será. ¡Pero cuidado! Relajarse durante mucho tiempo puede dejarte adormilado.

Terminar la relajación tranquilamente

Es bueno dejar que la relajación termine por sí sola, el cuerpo sabrá cuándo se ha recargado lo suficiente y abandonará ese estado de forma natural. No obstante, si tienes un tiempo limitado para el ejercicio, activa el reloj mental para hacer unos 15 o 20 minutos de relajación, o los que sean necesarios después de haber cerrado los ojos.

Si necesitas que un sonido te devuelva a la conciencia ordinaria, utiliza un despertador o una alarma, pero comprueba que no esté muy alto para no asustarte y que la adrenalina aumente bruscamente.

Permanecer despierto durante la relajación

Si crees que puedes quedarte dormido durante esta postura, intenta mantener los pies más juntos. Además, presta atención a la respiración de tanto en tanto y comprueba que sea uniforme y no forzada. Las siestas son muy buenas, pero si sufres de insomnio te recomendamos que no duermas (en los apartados "Relajación antes de dormir" y "Reductor del insomnio" de este mismo capítulo encontrarás buenos ejercicios para combatir el insomnio). En cualquier caso, las ventajas de la relajación consciente son mayores que las de cualquier siesta. Lo bonito de la relajación es que estás consciente durante la experiencia y puedes controlarla hasta cierto punto. Mediante la relajación estás más en contacto con el cuerpo, lo cual te beneficia para el resto del día: podrás detectar con mayor facilidad el estrés y la tensión, por lo que podrás ponerle remedio antes. Además, evitarás el riesgo de sentirte amodorrado al despertarte de un sueño profundo en el que hayas caído sin darte cuenta. Recuerda que dormir no significa estar relajado. Ese es el motivo por el que algunas personas se despiertan con la sensación de haber trabajado durante el sueño.

El placer de la tarde

Cuando tus energías disminuyan por la tarde, intenta practicar el siguiente ejercicio, que es excelente para liberar el estrés. Puedes hacerlo en casa o en un lugar tranquilo en la oficina. Lo único que debes hacer es procurar que no te interrumpan. Para este ejercicio necesitarás una silla de estudio, una o dos mantas, y una toalla o una bolsa para los ojos (en el capítulo 19 encontrarás más información sobre este accesorio). Dura entre 5 y 10 minutos.

1. **Túmbate de espaldas y coloca los pies sobre una silla y mirando hacia ti (como en la figura 4-2).**

   Asegúrate de que tanto la postura de la espalda como la de las piernas te resulten cómodas. Las piernas deben estar separadas al menos unos 40 o 50 cm. Este ejercicio también puede hacerse en el borde de la cama. Si tampoco así estás cómodo, ponte en el suelo con las piernas flexionadas. Si la parte posterior de la cabeza no se apoya del todo en el suelo y sientes tensión en el cuello y en la garganta, o si la barbilla apunta hacia el techo, colócate una manta doblada o un cojín pequeño bajo la cabeza.

2. **Cúbrete el cuerpo desde el cuello hasta la cintura con una de las mantas.**

   No dejes que el cuerpo se enfríe demasiado rápido, porque no solo sería desagradable y podría interrumpir la relajación, sino que, además, se te podrían agarrotar los músculos y afectar a los riñones.

3. **Colócate sobre los ojos la toalla doblada o la bolsa.**

4. **Descansa unos segundos y acostúmbrate a la posición.**

5. **Imagina que tienes un gran globo en el estómago. Cuando respires por la nariz, expande el globo imaginario en todas las direcciones. Al exhalar por la nariz, libera el aire del globo.**

   Repite este paso varias veces hasta que te resulte fácil de hacer.

6. **Respira libremente y empieza a hacer la exhalación cada vez más larga.**

Figura 4-2:
Túmbate de espaldas y apoya los pies sobre una silla

Respira libremente y exhala eternamente.

7. **Repite el paso número 6 al menos 30 veces.**

8. **Cuando termines el ejercicio, deja que la respiración vuelva a la normalidad y descansa durante un minuto, más o menos, a la vez que disfrutas de la sensación de relajación.**

Incorpórate con lentitud.

Triángulos mágicos

La siguiente técnica de relajación utiliza el poder de la imaginación. Si puedes imaginar cosas fácilmente, este ejercicio te parecerá entretenido y refrescante. Necesitarás una silla, una manta (si te hace falta), y cinco minutos de tiempo.

1. **Siéntate en una silla, con los pies descalzos apoyados en el suelo y haz que las manos descansen con comodidad en la falda, sobre las rodillas, tal y como se muestra en la figura 4-3.**

Si no te sientes cómodo al apoyar los pies en el suelo, coloca una manta debajo de ellos.

2. **Respira por la nariz, pero permite que la respiración fluya libremente.**

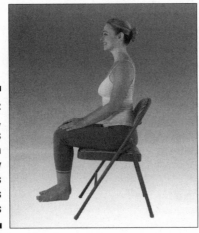

Figura 4-3:
Siéntate, apoya los pies en el suelo y las manos sobre las rodillas

3. **Cierra los ojos y centra la atención en la mitad de tu frente, justo a la altura de las cejas.**

   Intenta no arrugar la frente ni bizquear.

4. **Visualiza, tan vívidamente como te sea posible, un triángulo que conecte el punto en mitad de la frente con las palmas de las manos.**

   Registra (pero no pienses en ello) cualquier sensación o color que aparezca en la pantalla mental mientras conservas en la mente la imagen del triángulo. Mientras tanto, haz entre 8 y 10 respiraciones y, después, deja que el triángulo se disipe.

5. **Visualiza otro triángulo que vaya desde el ombligo hasta los dedos gordos de los pies.**

   Retén la imagen durante 10 o 12 respiraciones. Si te resulta difícil conectar alguna parte del triángulo mental, concéntrate en esa parte hasta que se forme el triángulo.

6. **Con los ojos cerrados, visualiza otra vez el primer triángulo (frente y palmas de las manos) y de manera simultanea visualiza el segundo triángulo (ombligo y dedos gordos de los pies).**

   Este último paso exige un poco más de concentración. Intenta visualizar ambos triángulos durante unas 12 o 15 respiraciones y después deja que se disipe.

Relajación antes de dormir

Si quieres disfrutar de un sueño profundo o si sufres de insomnio (pero no quieres contar ovejas), el siguiente ejercicio podrá ayudarte. Muchos practicantes no consiguen terminarlo porque se quedan dormidos. Para hacerlo necesitarás los siguientes objetos: una cama o cualquier otro sitio cómodo para dormir, dos almohadas y una o dos mantas. Dura entre 5 y 10 minutos.

1. **Prepárate para dormir y vete a la cama. Túmbate de espaldas y cúbrete con las mantas.**

   Las piernas pueden estar extendidas o flexionadas a la altura de las rodillas; los pies deben estar apoyados sobre el colchón.

2. **Ponte una almohada o una manta doblada bajo la cabeza; deja la otra manta cerca.**

3. **Con los ojos cerrados, empieza a respirar por la nariz; intenta que la exhalación dure el doble que la exhalación.**

La respiración debe ser suave, no forzada. Además, intenta no dirigir la respiración a ninguna parte directa del cuerpo. Deja que el ritmo de respiración sea fácil para poder mantenerlo.

4. **Sigue echado durante 8 respiraciones; después rueda hacia el lado derecho y coloca la segunda almohada entre las piernas.**

Ahora utiliza el mismo ritmo de respiración que en el paso anterior durante 16 respiraciones.

5. **Por último, cambia al lado izquierdo (con la almohada entre las piernas) y utiliza el ritmo de respiración durante 32 respiraciones.**

Reductor del insomnio

Este ejercicio es para aquellos que sufren de insomnio pero tienen una imaginación muy activa. En vez de observar cómo la mente crea un cuento cuando no puedes dormir por la noche, intenta reconducir esa imaginación para quedarte completamente dormido. A continuación te mostramos cómo hacerlo.

Si eres claustrofóbico es posible que este ejercicio no te funcione. Pero antes de abandonar, quizá quieras intentar evocar los sentimientos de seguridad y comodidad que sentiste en el vientre materno.

1. **Prepárate para dormir y recuéstate de forma cómoda en la cama, en la posición que prefieras.**

2. **Con los ojos cerrados, respira regularmente por la nariz durante unos minutos.**

3. **Ahora intenta visualizarte envuelto cómodamente en un capullo protector de color violeta.**

4. **Mientras te sientes seguro en el ambiente de color violeta, imagina una fina línea de luz blanca que se extienda desde la coronilla hasta el plexo solar, justo debajo del ombligo.**

Esta técnica funciona incluso si estás en un avión y con el ruido de los motores. Solo tendrás que pedirle al personal de vuelo que no te despierte mientras duermas.

Insomnio

El insomnio es un trastorno mucho más extendido de lo que se cree. Puede originarse por causas somáticas, psicológicas, sociales o del entorno. Algunas causas pueden ser el diagnóstico, o la ausencia de diagnóstico, de una enfermedad crónica, una enfermedad temporal (como la gripe), un dolor o la reacción a un medicamento. La ansiedad en general, la depresión, la ira o el estado de alerta (como el estar despierto por un bebé) son causas que pueden provocar insomnio. Como causas sociales están los hábitos de acostarse demasiado tarde o que pase poco tiempo entre la cena y la hora de irse a dormir. Vivir en una zona ruidosa o en un hogar con problemas también pueden causar la aparición de insomnio.

Como es lógico, querrás descartar si lo que causa el insomnio es una enfermedad crónica o la reacción a un fármaco, por lo que te aconsejamos que consultes a un médico o a un farmacéutico, si lo crees necesario. Sabrás si estás ansioso, deprimido o demasiado alerta, y si tus costumbres influyen o no en tus hábitos de sueño y en tu bienestar. Sin embargo, aquí te mostramos algunos hábitos del sueño que pueden ser en sí mismos un obstáculo para descansar bien por la noche:

✔ Tener miedo al insomnio y alimentar ese prejuicio equivocado de que si no duermes ocho horas diarias puedes morirte, volverte literalmente loco o volverte una persona inoperante. Por lo general, estos extremos no se dan. Sin embargo, tales expectativas mentales programan el cuerpo para que las profecías se cumplan. De todos modos es bastante frecuente que las personas insomnes duerman muchas más horas de las que creen, especialmente las personas mayores, que juran no haber dormido en días, pero pueden echarse una cabezadita después de comer o en cualquier otro momento del día.

✔ Controlar el reloj de manera ansiosa. Lo mejor es colocar el reloj en un lugar donde no se pueda ver la hora o donde no puedas cogerlo.

Para combatir el insomnio, procura:

✔ Hacer las paces contigo mismo o con los que te rodean antes de irte a dormir. Aunque ese es de por sí un buen hábito.

✔ No te obligues a dormir. Saber cuál es el ritmo personal diurno puede serte útil. Algunas personas pueden irse a la cama a las nueve de la noche, pero hay otras que tienen unas cuantas horas más de actividad porque se levantan un poco más tarde. Si te vas a dormir dos horas antes de lo habitual no debería sorprenderte encontrarte echado y contando ovejas. Sé consciente de cuál es tu ritmo corporal o, mejor, tus ritmos.

✔ Haz ejercicio. ¡El yoga podría ser la solución!

✔ No duermas siestas durante el día.

✔ Evita comer, leer o ver la televisión en la cama, entre otras actividades.

✔ Intenta irte a dormir al mismo tiempo que el resto de la familia. Haz que sea un buen hábito.

✔ Levántate si no puedes dormir y siéntate en otra habitación. Intenta volver a la cama cuando empieces a tener sueño. Haz este cambio de escenario tantas veces como sea necesario en vez de dar vueltas en la cama eternamente.

✔ Reduce una hora de las ocho que sueles dormir. Eso te hará estar más predispuesto a dormir la noche siguiente.

Desaconsejamos tomar pastillas para dormir, porque condicionan el cuerpo. Si crees que necesitas algún remedio, prueba con los aceites de hierbas (en forma de masajes en los pies o en todo el cuerpo), la acupresión o la homeopatía. No obstante muchos practicantes de yoga han notado una importante mejoría después de varias semanas de práctica diaria.

Yoga nidra (sueño consciente)

Si el cuerpo y la mente son lentos a la hora de reducir el ritmo para conseguir el descanso merecido, esta es una técnica excelente para llevar al día tu cuota de sueño, ¡animarás a Morfeo para que te visite con asiduidad! El sueño consciente es una técnica de relajación buenísima que podrás poner en práctica cuando adquieras un cierto control de la respuesta de la relajación (de la que hablamos anteriormente en el apartado "Suéltate"). Cuando se practica con éxito, esta técnica es tan restauradora como dormir, aunque con la diferencia de que se está consciente de principio a fin.

Para entrar en el yoga nidra tienes que ir escuchando una serie de instrucciones, algo parecido a una meditación guiada. Un amigo puede leerlas, aunque usar una grabación, incluso de tu propia voz, es más práctico.

Una manera de practicarlo es centrarse en una sucesión bastante rápida de las diferentes partes del cuerpo. Repasa mentalmente cada parte e intenta sentirla de forma tan diferenciada como te sea posible.

Al principio, es posible que te resulte difícil sentir algunas partes del cuerpo. Pero no te desanimes por ello y sigue haciendo que la atención pase de unas partes a otras con bastante rapidez. Con la práctica podrás incorporar a ese circuito los órganos internos y todos los estados mentales.

Es mejor practicar esta técnica antes de dormir porque es extraordinaria para tener un sueño lúcido y experiencias extracorpóreas durante él. Con *sueño lúcido* nos referimos a ese tipo de sueño en el que uno es consciente de estar soñando. Los grandes maestros del yoga permanecen conscientes incluso durante el sueño profundo. Así, solo el cuerpo y el cerebro están profundamente dormidos, mientras nuestra conciencia sigue funcionando.

Formula tu propósito

El yoga nidra es una herramienta excelente para reprogramar el cerebro. Si lo haces correctamente, puede acelerar el crecimiento espiritual o interior. Te permitirá cultivar buenos hábitos y actitudes. Primero considera qué actitud o qué hábito concreto quieres reemplazar por otros que sean positivos. Esta fase es la de formular el propósito. Tómate el tiempo para pensar qué es lo que quieres cambiar de ti mismo.

Expresa el propósito de la siguiente manera: "Seré más esto o lo otro". Esta formulación afirma la futura trayectoria vital al hacer uso del subconsciente. Algunas buenas intenciones pueden ser querer convertirse en una persona más paciente, más tolerante o más cariñosa. Te recomendamos que escojas un propósito que no se contradiga con ninguna de las grandes virtudes del yoga, de las cuales hablamos en el capítulo 20. Además, intenta que sea realista y concreto. Un propósito como "voy a sentirme iluminado" es bastante concreto, pero quizá no demasiado realista. Por contraste, una expresión como "seré mejor persona" es demasiado vaga. Algo mejor sería una más en la línea de "voy a estar más relajado conmigo mismo", "seré más tolerante con los demás" o "voy a convertirme en una persona más paciente". Es mejor que sea algo que puedas seguir a rajatabla hasta cumplirlo, que no que se trate de un propósito fácil de abandonar porque es demasiado indefinido o inalcanzable.

Cuando formules el propósito, intenta evocar el sentimiento correspondiente en el interior, de manera que sepas qué se siente al querer, al ser paciente o al perdonar, por poner algunos ejemplos.

Después de haberte fijado un propósito, aplícalo durante el ejercicio de yoga nidra (descrito en el apartado siguiente), repitiéndolo cuando se indica.

El ejercicio del yoga nidra

Los siguientes pasos te indicarán como practicar el yoga nidra:

1. **Escoge un propósito claro (tal y como se describe en el apartado anterior) y túmbate de espaldas, con los brazos extendidos junto al cuerpo (o como te sea más cómodo).**

   Coloca una almohada o una manta doblada bajo la nuca para apoyarte y otra almohada o manta bajo las rodillas para estar más cómodo. Observa la figura 4-1 de este capítulo.

2. **Cierra los ojos.**

3. **Repite tres veces el propósito que escogiste en el paso 1.**

4. **Haz dos inhalaciones profundas y acentúa las exhalaciones.**

5. **Empieza por el lado derecho; desplaza tu atención por todas las partes del cuerpo de ese lado (miembro por miembro) en una sucesión rápida.**

   Sigue esta progresión: cada uno de los dedos, la palma de la mano, el dorso de la mano, toda la mano, el antebrazo, el codo, el brazo, la articulación del hombro, el cuello, cada parte de la cara (la frente, los ojos, la nariz, la barbilla...), la oreja, el cráneo, la garganta, el pecho, el lado correspondiente de la caja torácica, el omoplato, la cintura, el estómago, la parte baja del abdomen, los genitales, la nalga, toda la columna, el muslo, la parte frontal y posterior de la rodilla, la espinilla, la pantorrilla, el tobillo, la parte superior del pie, el talón, la planta y cada uno de los dedos.

6. **Toma conciencia del cuerpo como un todo.**

7. **Repite la rotación del paso 5 en el lado izquierdo, y termina como en el paso 6.**

8. **Repite la secuencia de los pasos 5, 6 y 7 una o más veces hasta que consigas un nivel de relajación adecuado.**

9. **Sigue en ese estado de conciencia del cuerpo como un todo y del espacio que lo rodea; siente esa quietud y esa paz.**

10. **Reafirma el propósito inicial tres veces.**

11. **Prepárate mentalmente para volver a la conciencia normal.**

12. **Mueve los dedos con mucha suavidad durante unos momentos, respira profundamente y después abre los ojos.**

La práctica del yoga nidra no tiene un tiempo límite, a menos que te impongas uno. Lo normal es que despiertes del sueño consciente de forma natural, no importa si ha durado 15 minutos o una hora. O quizá te quedes dormido. Si luego tienes cosas que hacer, mejor programa un despertador para despertarte con suavidad. ¡No tengas prisa! Tómate el tiempo necesario para reincorporarte al mundo real.

Yo (Georg) tengo una fe ciega en esta práctica. Es la mejor técnica yógica para el cambio personal en el nivel inicial. La única técnica que es más transformadora es el estado de superconciencia *(samadhi)*. Se pueden comprar algunas grabaciones para practicar el yoga nidra, pero no te sorprendas si algunas instrucciones son diferentes según la grabación.

Capítulo 5

Respiración y movimiento

En este capítulo

▶ Entender los conceptos básicos de la respiración

▶ Conocer los detalles de los mecanismos de respiración

▶ Unir la respiración y el movimiento postural

▶ Añadir sonidos a la práctica de las posturas

▶ Conocer métodos tradicionales de control de la respiración

Los maestros de yoga descubrieron la utilidad de la respiración hace miles de años, y en el Hatha Yoga han perfeccionado un sistema para controlar la respiración de forma consciente. En este capítulo te revelamos los secretos. En la antigua lengua sánscrita, la palabra utilizada para *respiración* es la misma que para el concepto *vida*: *prana*. Esto nos ofrece una pista de lo importante que es la respiración para el bienestar. El yoga sin el *prana* es como poner una olla vacía al fuego y esperar que más tarde haya en su interior una comida deliciosa. En este capítulo te enseñamos a utilizar la respiración consciente junto con las posturas del yoga, y también te mostramos algunos ejercicios de respiración que podrás hacer sentado en una silla o en cualquiera de las posturas sedentes del yoga.

La respiración como camino hacia la buena salud

Piensa en la respiración como si fuera tu amigo más íntimo. La respiración te acompaña desde el momento en que naciste, y lo hará hasta que abandones este mundo. En un día normal, uno llega a hacer entre 20.000 y 30.000 respiraciones. Lo más normal, salvo que tengas algún problema respiratorio, es que respires de forma casi inconsciente. Eso hace que realicemos esa función de manera similar a como nos relacionamos con un amigo cuya amistad damos por sentada hasta que se estanca y empieza a correr peligro. Aunque la naturaleza automática de la respiración forma parte de la mecánica del cuerpo que nos mantiene vivos, dejar que la respiración sea siempre automática no es necesariamente positivo; lo espontáneo no siempre es sinónimo de lo mejor. De hecho, los hábitos de la mayoría de las personas en relación con la respiración son bastante pobres y poco beneficiosos. El aire estancado se acumula en los pulmones y se vuelve improductivo, como una amistad abandonada. Se sabe que la mala respiración provoca y aumenta el estrés. Y a la inversa, el estrés acorta la respiración e incrementa la ansiedad.

Gracias a la práctica sencilla de la respiración yóguica podrás aliviar el estrés. Entre otras cosas, la respiración hace que llegue oxígeno a la sangre, nutre y repara las células del cuerpo y ayuda a mantener la salud en el nivel deseable. La respiración superficial, que es bastante común, no oxigena de forma eficaz los cinco litros de sangre que corren por las arterias y las venas. Por lo tanto, las toxinas se acumulan en las células. Antes de que podamos darnos cuenta, empezaremos a sentir un letargo mental y cansancio emocional; con el tiempo, los órganos pueden empezar a fallar. No hay duda de que la respiración es la mejor herramienta para influir en el cuerpo y en la mente.

Podemos corregir el mal aliento si nos cepillamos los dientes con frecuencia y con caramelos de menta. Sin embargo, respirar mal es un hábito perjudicial que exige cambios más profundos: debemos reeducar el cuerpo para que adopte hábitos de respiración conscientes.

En el yoga, la respiración consciente regulada puede aplicarse de tres formas importantes. Utilízala:

✔ Coordinada con las diferentes posturas para conseguir el efecto más profundo posible y para preparar la mente para la meditación.

✔ Como control de la respiración (llamado *pranayama*) para aumentar la vitalidad.

✔ Como método de sanación en el que dirijas la respiración a una parte u órgano del cuerpo, siempre de forma consciente, para eliminar la energía bloqueada y facilitar la curación. Esta práctica sería el equivalente suave de la acupuntura.

Respirar con alta calidad

Antes de cambiar los hábitos de respiración de forma radical, emplea unos minutos en evaluar cómo lo haces actualmente. Quizá te sea útil llevar un control durante un par de días, y tomar nota de cómo cambia la respiración en función de la situaciones que te rodean y de los estados mentales. Formúlate estas preguntas para hacer el seguimiento:

✔ ¿Mi respiración es superficial (el abdomen y el pecho se mueven levemente cuando lleno los pulmones de aire)?

✔ ¿A veces respiro de forma irregular (el ritmo respiratorio no es armónico)?

✔ ¿Me quedo sin aire con facilidad?

✔ ¿A veces me cuesta respirar?

✔ ¿Aguanto la respiración en las situaciones de estrés?

✔ ¿Respiro con bastante rapidez?

Si alguna de las respuestas es *sí*, eres un candidato ideal para practicar la respiración yóguica. Aunque si no has respondido que *sí*, de todas formas es bueno para la mente y el cuerpo poner en práctica la respiración consciente.

El lado cósmico de la respiración

Los textos del yoga afirman que el ser humano respira unas 21.600 veces al día. Este número, que más o menos coincide con los resultados de las investigaciones modernas, es profundamente simbólico. ¿Por qué? Porque 21.600 es una quinta parte de 108.000; el número 108 (y todos sus múltiplos) tienen un significado especial en la India. La importancia está relacionada con el hecho astronómico de que la distancia entre el Sol y la Tierra es 108 veces mayor que el diámetro del Sol. Este simbolismo se representa en las 108 cuentas de los rosarios que utilizan muchos practicantes de yoga en la India. Dar una vuelta completa al rosario es un viaje simbólico desde la Tierra hasta el cielo, o lo que es lo mismo, desde la conciencia ordinaria a la más elevada. Incluso la quinta parte tiene su explicación: 5 es el número asociado al aire como elemento. Según los maestros de yoga, esta es una de las muchas relaciones que existen entre el cuerpo y la mente de los seres humanos, por una parte, y el universo, por otra.

Los hombres realizan una media de 12 a 14 respiraciones por minuto, y las mujeres entre 14 y 15. Respirar a un ritmo bastante rápido, por lo general asociado a la respiración pectoral, es lo que se denomina hiperventilación, proceso por el cual puede reducirse el nivel de dióxido de carbono en la sangre (gas del que el cuerpo necesita una pequeña cantidad para mantener el pH en su valor adecuado).

Relajarse con dos respiraciones profundas

Piensa en la cantidad de veces que has oído la frase "Ahora, respira profundamente un par de veces y relájate". Esta recomendación es tan conocida porque realmente funciona. En muchos centros hospitalarios se utilizan ejercicios de respiración para controlar el dolor. Los cursos de preparación al parto emplean técnicas de relajación relacionadas con el yoga para padre y madre, a fin de que los ayude durante el parto. Y además, desde la década de 1970, los expertos en estrés enseñan la técnica de la respiración yóguica a ejecutivos y obtienen muy buenos resultados.

La respiración yóguica es como enviar un correo electrónico al sistema nervioso para ordenarle que se relaje. Una manera muy fácil de experimentar el efecto de la respiración es intentar el siguiente ejercicio:

1. **Siéntate cómodo en una silla.**

2. **Cierra los ojos e imagina un cisne que nada tranquilamente en un lago de agua cristalina.**

3. **Ahora, como el cisne, deja que la respiración fluya en un movimiento tranquilo, suave y prolongado; mucho mejor si es por la nariz.**

   Si tienes la nariz tapada, intenta respirar por la nariz y la boca, o solo por la boca.

4. **Respira 20 veces de la forma más profunda que puedas; después vuelve gradualmente al ritmo de respiración habitual.**

5. **Quédate sentado unos momentos más, con los ojos cerrados, y nota la diferencia en comparación con los momentos previos al ejercicio.**

   ¿Te das cuenta de lo relajado y tranquilo que podrías sentirte después de 10 o 15 minutos de respiración yóguica consciente?

Practicar una respiración yóguica segura

Mientras esperas los efectos calmantes y restauradores de la respiración yóguica, ten en cuenta estos consejos de seguridad para disfrutar de la experiencia:

✔ Si tienes problemas con los pulmones (por un resfriado o por culpa del asma), o si tienes problemas de corazón, consulta a un médico antes de empezar a practicar el control de la respiración, aunque sea con un terapeuta de yoga (salvo que tu maestro sea también médico).

✔ No practiques los ejercicios de respiración cuando el aire esté muy frío o muy caliente.

✔ Evita practicar en un ambiente contaminado, aunque se trate de humo de tabaco o el humo del incienso. Siempre que puedas, practica al aire libre o junto a una ventana abierta, donde aumentarás la exposición a los iones negativos (átomos con carga eléctrica negativa). Los iones negativos, en cantidad moderada, son buenos para la salud. Sin embargo, los iones positivos, es decir, los que generan los aparatos electrónicos como los ordenadores y la televisión, suelen provocar cansancio, dolores de cabeza y problemas respiratorios.

✔ No fuerces la respiración; debes estar relajado durante los ejercicios de respiración.

✔ No hagas más repeticiones de las indicadas. Respeta las instrucciones de cada ejercicio.

✔ No lleves pantalones ajustados ni cinturones.

Los beneficios de la respiración yóguica

Además de relajar el cuerpo y calmar la mente, la respiración yóguica ofrece un amplio espectro de beneficios que hacen las veces de seguro de vida; esa protección de la vida se debe a que la hacen más larga y saludable. A continuación te mostramos seis ventajas destacables de la respiración controlada:

✔ Estimula tu metabolismo (y este te ayuda a controlar el peso).

✔ Utiliza los músculos que ayudan automáticamente a mejorar la postura; eso evita que adquieras el aspecto rígido y encorvado tan característico de las personas mayores.

✔ Conserva la elasticidad de los tejidos pulmonares, lo que permite tomar más oxígeno para nutrir los 50 billones de células del cuerpo.

✔ Tonifica la zona abdominal, donde se localizan muchos problemas de salud, porque muchas enfermedades tienen su origen en los intestinos.

✔ Te ayuda a fortalecer el sistema inmunitario.

✔ Reduce el grado de tensión y ansiedad.

Respirar por la nariz (la mayor parte del tiempo)

No importa lo que digan los demás: la respiración yóguica normalmente se realiza por la nariz, tanto la respiración como la exhalación. Para los yoguis tradicionales, la boca ha sido creada para comer y la nariz para respirar. Hay, por lo menos, tres buenas razones para respirar por la nariz:

✔ Ralentiza la respiración porque se realiza a través de dos orificios pequeños en vez de por uno grande (la boca), y ya sabemos que la lentitud es buena para el yoga.

Historias reales sobre los beneficios de la respiración yóguica

T. Krishnamacharya, de Chenai, en la India, es uno de los grandes maestros de yoga del siglo XX, y es un excelente ejemplo para ilustrar los beneficios de la respiración yóguica. En la celebración de sus cien años, inició la ceremonia cantando la sílaba *om* durante 30 segundos seguidos. También se sentó en el suelo, con la espalda perfectamente recta, durante varias horas y varios días, el tiempo que duró la celebración. ¡No está mal para un centenario!

Otro ejemplo es el de Chris Briscoe, una mujer de 60 años, madre de dos hijos ya mayores y conocida como líder vecinal entre sus conciudadanos de Malibú, en California. Cuando tenía 20 años le diagnosticaron asma, y durante los 25 años siguientes estuvo en tratamiento con medicación muy fuerte e inyecciones.

Chris sabía que si se levantaba respirando con dificultad, pasaría la noche en el hospital. Los ejercicios aeróbicos y las alergias también le provocaban asma. En 1990, Chris asistió a su primera clase conmigo (Larry) en el Centro Cívico de Malibú, y allí aprendió la respiración yóguica así como los principios de la respiración y el movimiento. Después de solo tres meses de dos clases semanales, de practicar la respiración yóguica en casa y de tomar hierbas chinas, Chris pudo dejar la medicación y las inyecciones para combatir el asma. Durante los últimos 19 años Chris ha seguido asistiendo a clase y no ha vuelto a medicarse. No obstante debemos advertir que antes de abandonar la medicación debes consultárselo a un médico.

✔ El aire se filtra y se calienta a través de los conductos nasales. Incluso el aire más puro contiene partículas de polvo y, aun peor, todas las partículas tóxicas del aire contaminado de las ciudades.

✔ De acuerdo con las enseñanzas tradicionales del yoga, la respiración nasal estimula el centro de energía sutil (también llamado *ajna chakra*), que se localiza cerca de los senos nasales, en el entrecejo. Es un lugar muy importante, porque allí se encuentran la corriente de energía vital (*prana*) del lado izquierdo (frío) y del lado derecho (caliente), las cuales actúan directamente sobre los sistemas nervioso y endocrino. (Consulta el apartado "Respiración alterna de los orificios nasales" en este capítulo para saber más sobre estas dos corrientes).

La sabiduría popular dice que siempre hay excepciones para las reglas, y ese es el caso de la regla yóguica de respirar por la nariz. Algunas técnicas clásicas de control de la respiración yóguica incorporan la respiración por la boca, pero te lo advertiremos cuando hablemos de una de estas técnicas.

¿Qué ocurre si no puedo respirar por la nariz?

Algunas personas tienen condiciones fisiológicas diversas que les impiden respirar por la nariz. Por supuesto, el yoga es flexible. Si tienes dificultades para respirar al tumbarte en el suelo, intenta hacerlo sentado. La hora del día en la que se practica yoga también es causa de diferencias. Por ejemplo, es más probable que estés congestionado o más expuesto a los alérgenos por la mañana que por la tarde. Por supuesto, tú mejor que nadie sabrás qué hora del día es la más adecuada.

Si todavía no estás seguro de cuál es el método de respiración más cómodo para ti, primero intenta respirar por la nariz y exhalar por la boca, y si esto falla, respira por la boca y no te preocupes por ahora. La preocupación siempre es contraproducente.

¿Qué sucede si siempre respiro por la nariz?

Muchas personas practican muchos tipos de actividades físicas o ejercicios, y cada una tiene sus normas de respiración, y te aconsejamos que las respetes. Por ejemplo, para la mayoría de actividades aeróbicas (correr, andar, levantar pesas…) es recomendable inhalar por la nariz y exhalar por la boca. El motivo es que este tipo de actividades exigen que entren y salgan de los pulmones grandes cantidades de aire en muy poco tiempo. Y respirar solo por la nariz al nadar puede ser muy peligroso. De hecho, no recomendamos la práctica del *pranayama* submarino, a menos que quieras llenar los pulmones de agua.

Siente la respiración

Si prestas mucha atención al ritmo de la respiración te sorprenderá notar que consta de varias partes. Según el yoga, las cuatro fases de la respiración controlada son:

✔ Inhalación (*puraka*)

✔ Retención después de la inhalación (*antar-kumbhaka*)

✔ Exhalación (*recaka*)

✔ Retención después de la exhalación (*bahya-kumbhaka*)

En este libro hacemos hincapié en la exhalación. Algunos expertos en yoga clásico también hacen referencia al tipo de retención que tiene lugar de forma espontánea y sin esfuerzo en algunos estados elevados de conciencia. Esta retención se conoce con el nombre de *kevala-kumbhaka* o *retención absoluta*.

Al principio, reserva la respiración yóguica para los ejercicios de yoga. Más adelante, cuando adquieras más práctica, podrás adaptar este tipo de respiración nasal a las actividades diarias. Lo bueno de hacerlo es que gozarás de sus efectos calmantes e higiénicos durante todo el día.

La mecánica de la respiración yóguica

La mayoría de personas respiran superficialmente, bien sea por el pecho o bien por el abdomen. La respiración yóguica incorpora una respiración completa que expande tanto los pulmones como el diafragma durante la inhalación. Ambas son técnicas válidas: puedes empezar en el pecho y bajar, o en el abdomen y subir (las figuras 5-2 y 5-3 de este capítulo muestran estas técnicas).

La respiración yóguica implica una forma de respirar mucho más profunda, con lo que se aporta más oxígeno al sistema. No te sorprendas si al principio te sientes un poco mareado o incluso con vértigo. Si eso te ocurre durante la práctica, descansa durante unos minutos o túmbate hasta que puedas continuar. Recuerda que no hay prisa.

Algunos practicantes de yoga creen que el aire circula también por otras partes, además de por los pulmones; pero no es así. Uno respira por la nariz o por la boca y el aire solo va a parar a los pulmones. Es posible que notes que el aire se mueve arriba y abajo por todo el cuerpo, pero en realidad son las contracciones de los músculos. Cualquier movimiento de la respiración hacia arriba o hacia abajo se debe enteramente al control muscular y al sentido de la atención.

Tanto en la respiración abdominal como en la pectoral, el abdomen se contrae durante la exhalación. Desde el punto de vista mecánico, la respiración yóguica mueve la columna vertebral y hace que los músculos y los órganos de la respiración trabajen, como el diafragma, los músculos intercostales y abdominales, los pulmones y el corazón. El diafragma desciende al contraerse, y deja más espacio a los pulmones durante la inhalación. El pecho se ensancha notablemente. Cuando el diafragma se relaja, vuelve a adoptar su curva ascendente, y hace que el aire salga de los pulmones.

El diafragma es una capa muscular en forma de bóveda que separa los pulmones y el corazón del estómago, el hígado, los riñones y otros órganos de la parte inferior del tronco. Está unido al borde inferior de la caja torácica y, mediante un par de músculos, a las cuatro primeras vértebras lumbares. El diafragma y los músculos pectorales activan los pulmones, que carecen de músculos.

Comprender cómo afectan las emociones al diafragma

Psicológicamente, muchas personas tienden a utilizar el diafragma como una tapa para reprimir las emociones que rechazan o se les indigestan, como el miedo o la rabia. La contracción crónica del diafragma lo convierte en inflexible y bloquea el flujo de energía libre entre el abdomen (la parte inferior de los intestinos) y el pecho (los sentimientos asociados al corazón). La respiración yóguica nos ayuda a restaurar esa flexibilidad y la función del diafragma, y elimina los obstáculos para que vuelva el flujo de energía física y emocional. Por eso, al experimentar la liberación de las emociones podrás integrarlas en el resto de tu vida.

La respiración profunda no afecta únicamente a los órganos del pecho y del abdomen, sino que también afecta a las emociones primarias. No te sorprendas si al liberar la tensión mediante la respiración se escapan algunos suspiros o incluso algunas lágrimas. Eso es una buena muestra de que esa coraza muscular que rodea al abdomen y al corazón se deshace poco a poco. En vez de sentirte preocupado o avergonzado, ¡vuelve a disfrutar de esa nueva libertad interior! Los practicantes de yoga saben que los hombres de verdad sí lloran.

Apreciar la respiración yóguica completa

La respiración superficial o irregular pone en riesgo el bienestar. En cambio, la respiración yóguica completa es una puerta abierta a la salud físico-mental. Aunque la respiración yóguica, combinada con la relajación, sea la única práctica de yoga que hagas, puedes estar seguro de que te servirá de mucho. Es un arma secreta, aunque el yoga no abogue por el uso de la fuerza.

Respiración abdominal

Antes de empezar a practicar la respiración yóguica completa, intenta hacer este ejercicio:

1. **Túmbate; pon una mano en el pecho y la otra en el abdomen, como se muestra en la figura 5-1.**

   Coloca un cojín o una manta doblada debajo de la cabeza si sientes tensión en el cuello o si la barbilla apunta hacia el techo. Si sientes incomodidad en la espalda, coloca una almohada bajo las rodillas.

2. **Haz entre 15 y 20 respiraciones profundas, con lentitud.**

   Durante la inhalación, expande el abdomen; durante la exhalación, contrae el abdomen pero intenta que el pecho se mueva lo menos posible. Las manos detectarán el movimiento.

3. **Haz una pausa de dos segundos entre la inhalación y la exhalación; mantén la garganta relajada.**

Figura 5-1: Las manos te ayudarán a detectar el movimiento durante la respiración abdominal

Respiración del abdomen al pecho

En este tipo de respiración ejercitarás realmente los músculos pectorales y del diafragma, así como los pulmones, y llenarás el cuerpo de grandes cantidades de oxígeno y de fuerza vital *(prana)*. Cuando hayas terminado, las células vibrarán de energía y el cerebro te agradecerá el estímulo extra. Puedes utilizar este tipo de respiración antes de empezar la práctica de la relajación, antes de la práctica de posturas yóguicas y durante ellas cuando se te indique; de hecho, puedes usarla en el momento que te venga bien durante el día. No es necesario estar echado, también puede hacerse sentado o incluso al caminar. Después de practicar esta técnica durante un tiempo te darás cuenta de que te surgirá naturalmente.

1. **Túmbate de espaldas, con las rodillas flexionadas y los pies en el suelo, alineados con las caderas. Relájate.**

   Coloca un cojín o una manta doblada debajo de la cabeza si sientes tensión en el cuello o si la barbilla apunta hacia el techo. Si sientes incomodidad en la espalda, coloca una almohada bajo las rodillas.

2. **Inhala y al mismo tiempo expande el abdomen, luego las costillas y después el pecho.**

   Haz una pausa de dos segundos.

3. **Exhala y libera al mismo tiempo los músculos del pecho y los hombros, y contrae el abdomen de forma continuada y con suavidad, tal como se muestra en la figura 5-2.**

   Haz una pausa de dos segundos.

4. **Repite entre seis y doce veces los pasos 2 y 3.**

Puedes aumentar el valor de este ejercicio y de muchos otros si participas por completo con la mente. Siente el aire que llena los pulmones. Siente cómo trabajan los músculos. Siente el cuerpo como un todo. Visualiza la valiosa energía vital que entra en los pulmones y en cada célula del cuerpo, y lo rejuvenece y lo llena de energía. Cierra los ojos durante el ejercicio para que sientas una experiencia más profunda. Coloca las manos sobre el abdomen y nota cómo se expande durante la inhalación.

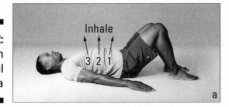 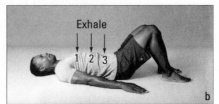

Figura 5-2:
Respiración clásica del yoga

Respiración del pecho al abdomen

Tradicionalmente, los profesores de yoga enseñaban la respiración yógica empezando con la inhalación en el abdomen (como en el apartado anterior), que es la que puede verse en muchos libros sobre yoga. Este método funciona con muchas personas. Sin embargo, en la década de 1960, el maestro T. K.V. Desikachar, guiado por su padre, el ya fallecido T. S. Krishnamacharya, empezó a adaptar la respiración yógica a las necesidades de sus estudiantes occidentales. ¡Piénsalo! En Occidente nos sentamos en sillas y nos inclinamos demasiado hacia delante. Estamos sentados desde primerísima hora de la mañana (cuando vamos al baño) y nos inclinamos también a horas muy tempranas (cuando nos cepillamos los dientes o nos lavamos la cara sobre el lavabo). También nos sentamos para desayunar y para desplazarnos al trabajo. Sucede lo mismo en el trabajo, donde nos pasamos horas frente al ordenador y nos inclinamos sobre las máquinas. Por último, al volver a casa, nos sentamos a cenar y después, probablemente, a ver la televisión o a pasar un rato en el ordenador hasta que se nos nubla la vista.

La respiración del pecho al abdomen refuerza el arco de la comuna vertebral, desde la parte inferior a la superior, para compensar todas estas inclinaciones durante el día, y también es muy útil para iniciar y terminar las posturas de yoga. También sirve para llenarnos de energía por las mañanas, incluso es bueno antes de poner un pie en el suelo al levantarse. Aunque no te recomendamos que la hagas de noche, porque podría desvelarte.

El siguiente ejercicio complementa la respiración del abdomen al pecho que explicamos en el apartado anterior. Al igual que con la otra técnica, puedes hacerla echado, sentado o incluso caminando.

1. **Túmbate de espaldas con las rodillas flexionadas y los pies alineados con las caderas. Relájate.**

   Coloca un cojín o una manta doblada debajo de la cabeza si sientes tensión en el cuello o si la barbilla apunta hacia el techo. Si sientes incomodidad en la espalda, coloca una almohada bajo las rodillas.

2. **Inhala y expande el pecho desde la parte superior y continúa el movimiento hacia abajo, hasta llenar de aire el abdomen, tal como se muestra en la figura 5-3a.**

   Haz una pausa de dos segundos.

3. **Exhala suavemente al tiempo que contraes el abdomen, empezando justo debajo del ombligo, como muestra la figura 5-3b.**

   Haz una pausa de dos segundos.

4. **Repite entre seis y doce veces los pasos 2 y 3.**

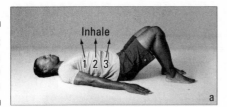

Figura 5-3:
La nueva
respiración
yóguica

Centrarse en la respiración

Si tienes dificultades para sincronizarte con el ritmo que marcan las técnicas de respiración yóguica completa, quizá te resulte útil aplicar un método más sencillo que llamamos *respiración en tres pasos*. Es un trampolín esencial para realizar todas las demás técnicas. Estos son los pasos de este ejercicio:

✔ **Primer paso.** Durante la práctica, sigue las instrucciones para inhalar y exhalar en las posturas, respira solo por la nariz y haz las respiraciones un poco más largas de lo normal. ¡Eso es todo lo que debes hacer! No te preocupes por si la respiración está empezando o acabando, simplemente respira con lentitud y uniformidad (la presentación de las posturas se trata en la parte II).

✔ **Segundo paso.** Después de que te hayas habituado a la fase uno, añade una breve pausa de uno o dos segundos después de inhalar y otra justo después de exhalar.

✔ **Tercer paso.** Cuando hayas superado los pasos uno y dos, añade la contracción del abdomen durante la exhalación, sin hacer fuerza ni exagerar el gesto.

Valorar el poder de una pausa

Durante la respiración superficial habitual, notarás que hay una pausa natural muy breve entre una inhalación y su exhalación correspondiente. Esta pausa se vuelve muy importante en la respiración yóguica, y aunque solo dure uno o dos segundos, es un momento natural de quietud y meditación. Si prestas atención, te ayudará a ser más consciente de la unidad entre el cuerpo, la respiración y la mente, todos ellos elementos clave en la práctica del yoga. Con la ayuda de un profesor también podrás aprender a prolongar la pausa durante algunas posturas de yoga para incrementar sus efectos positivos.

Cómplices en el yoga: la respiración y el movimiento postural

En el Hatha Yoga, la respiración es tan importante como las posturas (se describen en la parte II). Cómo respires al iniciar una postura, cuando empiezas a practicarla o al terminarla, puede incrementar la eficacia y los beneficios de la práctica. Piensa en la respiración como si fuera un programa de acumulación de puntos: cuanto más respires de forma consciente, más puntos ganarás en longevidad y salud. A continuación te mostramos algunos consejos prácticos:

✔ Deja que la respiración envuelva los movimientos. La respiración se adelanta al movimiento un par de segundos, es decir que inicias la respiración (inhalación y exhalación) y, después, haces el movimiento. Cuando inhalas, el cuerpo se abre o expande; cuando exhalas, el cuerpo se pliega o contrae.

✔ Tanto la inhalación como la exhalación terminan con una pausa natural.

✔ Al principio, deja que la respiración indique la duración del movimiento postural. Por ejemplo, si estás alzando los brazos al tiempo que inhalas y te quedas sin aire antes de terminar el movimiento, detén la respiración un momento y después baja los brazos mientras exhalas. Con un poco de práctica, la respiración se hará cada vez más larga.

✔ Deja que la respiración en sí misma sea tu maestra. Si te cuesta respirar, retrocede o deshaz la postura.

✔ Intenta visualizar el flujo de la respiración en la zona en la que estés trabajando en cada postura.

Respirar en cuatro direcciones

Puedes mover el cuerpo en cuatro direcciones naturales:

✔ Flexión. Inclinación hacia delante.

✔ Extensión. Inclinación hacia atrás.

✔ Flexión lateral. Inclinación hacia los lados.

✔ Rotación. Giro sobre el eje del cuerpo.

Figura 5-4:
Respirar adecuadamente durante las posturas es importante

Normalmente, cuando las personas se mueven tienden a detener la respiración o a forzarla. En el yoga basta con seguir el flujo natural de la respiración. Puedes adoptar este sistema como norma:

✔ Inhala cuando te inclines hacia atrás (figura 5-4a).

✔ Exhala cuando te inclines hacia delante (figura 5-4b).

✔ Exhala cuando te inclines hacia los lados (figura 5-4c).

✔ Exhala cuando hagas las rotaciones (figura 5-4d).

Reconocer los papeles del movimiento y la detención en las posturas

Muchos libros de yoga hacen referencia a las posturas estáticas o *asanas*. Nuestra recomendación es que antes de intentar una postura, primero te familiarices con las que recomendamos en este libro, que aprendas a hacerlas y deshacerlas siguiendo las normas de la respiración y el movimiento de los apartados anteriores. Una vez puedas hacer y deshacer cualquier postura con facilidad y confianza, intenta mantener la postura durante un breve período sin retener ni forzar la respiración. Sabrás cuándo estás forzando la respiración porque harás un gesto con la cara o sentirás que te pones rojo como un tomate. Aprender a hacer y deshacer las posturas antes de mantenerlas es importante por tres motivos:

✔ Te ayuda a preparar los músculos y las articulaciones al activar la circulación en esa zona. Es como si inyectaras aceite en tus articulaciones y añadieras un elemento de seguridad.

✔ Te permite experimentar la conexión íntima entre el cuerpo, la respiración y la mente.

✔ En el caso de las posturas de estiramiento, hacerlas y deshacerlas antes de mantenerlas refuerza el concepto de facilitación neuromuscular propioceptiva (FNP). Si tensas un músculo antes de estirarlo, tanto si es con resistencia suave (isotónica) o mediante resistencia fija (isométrica), el estiramiento es más profundo que si se utiliza en una postura estática. Hay muchas investigaciones que prueban este fenómeno, y muchos textos de fisioterapia tratan de la FNP.

El milagro del yoga

Para ver y experimentar a qué nos referimos con la FNP en relación con el yoga, consíguete una pareja y sigue las instrucciones de lo que nosotros llamamos el milagro del yoga. Comprobarás que puedes estirar más de lo que creías.

1. **Túmbate de espaldas, con la pierna izquierda flexionada y el pie izquierdo sobre el suelo; la pierna derecha debe estar en el aire y ligeramente flexionada.**

   Pídele a tu compañero que se arrodille junto a tus pies en la postura de la media sentadilla.

2. **Deja que compruebe la flexibilidad del ligamento de la corva. Para ello deberá poner la mano en tu talón derecho y empujar lentamente la pierna hacia ti hasta llegar al punto de resistencia.**

   No opongas resistencia y permanece relajado (tal como se ve en la figura 5-5a). Asegúrate de no forzar nada.

3. **Lleva la pierna derecha al punto inicial y ahora sí, haz presión contra la mano del compañero, como se muestra en la figura 5-5b.**

   La persona que está arrodillada debe resistir con suavidad la presión del pie derecho por completo (isométricamente) o permitir que se mueva poco a poco al ofrecer resistencia (isotónicamente).

   Ambas pruebas tienen el mismo efecto. Al ofrecer resistencia contra la mano del compañero, los músculos de los ligamentos de la corva se contraen. Mantén esta contracción durante unos diez segundos.

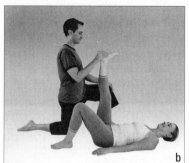

Figura 5-5:
Pon a
prueba
tu nueva
flexibilidad,
¡observa el
milagro del
yoga!

4. Después de diez segundos, relaja la pierna derecha y deja que el compañero repita el segundo paso (como se muestra en la figura 5-5c).

Compara los resultados con el paso original número 2 y ¡observa el milagro del yoga!

No intentes empujar al compañero hacia atrás, solo intenta sentir cómo los músculos de la pierna se contraen. Una vez más, después de unos diez segundos, relaja la pierna y permite que el compañero la estire de nuevo suavemente al empujar el talón, de manera que tu pierna se mueva hacia ti en un estiramiento no forzado, como se muestra en la figura 5-5c. Comprueba cuánto puedes estirarla esta vez, ¡te sorprenderá!

Preguntas sencillas sobre respiración y movimiento

Cogerle el truco a la respiración y al movimiento cuesta un poco cuando se tratan separadamente, y combinarlos con éxito puede ser todavía más difícil. A continuación respondemos a algunas preguntas para que te sean de ayuda.

¿Cuánto debería moverme y durante cuánto tiempo debería permanecer quieto?

En todos los programas que recomendamos aparecen el número de repeticiones y el tiempo que debes mantener la postura. Con la práctica, sabrás qué es lo más conveniente para ti; dependerá mucho de cómo te sientas en cada momento. En general, recomendamos tres repeticiones como mínimo y no más de ocho si se trata de una postura dinámica. Puedes hacer un programa que solo tenga posturas dinámicas, pero por lo general recomendamos uno combinado, con posturas estáticas y dinámicas.

A menudo te pediremos que mantengas una postura durante seis u ocho respiraciones, es decir, unos 30 segundos. Sigue respirando cuando mantengas una postura, no liberes el aire.

¿Qué ocurre si hago rebotes en una postura de estiramiento?

No es raro que veamos cómo un practicante de yoga ansioso por conseguir mayor flexibilidad hace pequeños rebotes mientras mantiene una postura de estiramiento. Esta práctica forma parte de los entrenamientos de la vieja escuela, pero en realidad no es un buen hábito. Los rebotes no sólo desconectan de la respiración, sino que también entrañan un riesgo, sobre todo si los músculos están rígidos y no se ha hecho un calentamiento adecuado. ¡Ten cuidado!

¿Cómo empiezo a combinar la respiración y el movimiento?

Las flechas indicadas en los ejercicios te señalan la dirección del movimiento postural y la parte de la respiración que le corresponde. *Inhala* significa inhalación; *exhala* significa exhalación; *respiración* significa el número de respiraciones que debes mantener la postura.

1. **Túmbate cómodamente de espaldas y con las piernas estiradas o flexionadas.**

   Coloca los brazos a los lados y junto a las caderas, con las palmas de las manos hacia abajo (véase la figura 5-6a).

2. **Inhala por la nariz y, después de uno o dos segundos, empieza a levantar los brazos lentamente; llévalos hacia atrás, mientras inhalas, y pásalos por encima de la cabeza hasta tocar el suelo detrás de ti (figura 5-6b).**

Figura 5-6:
La respiración envuelve los movimientos

Suelta los brazos y déjalos ligeramente flexionados.

3. **Cuando hayas terminado la inhalación, haz una pausa de uno o dos segundos (incluso si no has llegado a tocar el suelo con los brazos) y después espira lentamente por la nariz y coloca los brazos a ambos lados del cuerpo.**

4. **Repite los pasos 2 y 3 a un ritmo lento y agradable.**

Una vez que te hayas familiarizado con este ejercicio, combínalo con las técnicas de respiración que recomendamos al principio del capítulo: la respiración por pasos (en el apartado "Centrarse en la respiración") o cualquiera de las técnicas de "Apreciar la respiración yóguica completa" (respiración abdominal, respiración del abdomen al pecho, o respiración del pecho al abdomen). Cuando empieces a combinar la respiración y el movimiento podrás escoger la técnica de respiración que prefieras.

La respiración yóguica sonora

El sonido, que es una forma de vibración, es uno de los medios que emplea el yoga para armonizar la vibración del cuerpo y la mente. De hecho, la repetición de sonidos especiales es una de las técnicas más antiguas y poderosas del yoga. Aquí mostramos cómo intentar esta técnica en combinación con la respiración consciente. Una buena manera de empezar es utilizar sílabas de sonido suave, como *ah*, *ma* o *sa* (no se trata de cantar, aunque sería una buena manera y una experiencia útil). El sonido alarga la exhalación y también tensa los músculos abdominales.

Intenta hacer el siguiente ejercicio sentado en una silla o tumbado en el suelo:

1. **Inhala profundamente, y cuando exhales, emite un *ah* largo y sonoro de manera que te resulte placentero y agradable.**

   Continúa con el mismo sonido todo el tiempo que dure la exhalación. Después haz una breve respiración de descanso y repite el ejercicio cinco veces más.

2. **Relájate unos momentos y haz cinco repeticiones cambiando a la nueva sílaba *ma*.**

3. **Relájate una vez más y concluye la serie de ejercicios con cinco repeticiones de la sílaba *sa*.**

Después de haber terminado, permanece sentado sin moverte y observa lo relajado que te sientes.

En la verdadera respiración yóguica la garganta emite sonidos, que forman parte de la práctica tradicional *ujjayi*, 'respiración victoriosa'. A menudo se comete el error de llamar *respiración sonora* a esta técnica de respiración más avanzada. El sonido *ujjayi* se realiza con la boca cerrada y se respira por la nariz. Si se contrae ligeramente la garganta durante la inhalación y la exhalación, se emite un suave siseo similar a la respiración de un bebé o un ronquido muy leve. Esta técnica es más fácil de realizar durante la exhalación; poco a poco podrás aplicarla a la fase de inhalación. Si emites bien el sonido, notarás una ligera contracción en el abdomen. Deberías poder oír el sonido que emites al exhalar, pero debería ser inaudible para una persona que esté a un metro de distancia. ¡No es necesario hacer muecas por el esfuerzo! Si el sonido de la garganta no surge a la primera, déjalo para más tarde, no hay ninguna prisa.

Este tipo de respiración estimula el centro energético en la garganta y es bastante relajante. Se dice que reduce el ritmo cardíaco, disminuye la tensión arterial y ayuda a conciliar un sueño más profundo y tranquilo.

Buenas vibraciones

Los maestros de yoga saben desde hace mucho tiempo que el universo es un océano de vibraciones. Algunos sostienen que la verdadera realidad es un estado de vibración continua, pero de una vibración que supera las tres dimensiones del espacio. Algunos físicos cuánticos lo llaman *holomovimiento*. *Spanda* quiere decir 'vibración' en sánscrito. Según el yoga, el cuerpo y la mente del ser humano vibran sin cesar. Sin embargo, esta vibración es más o menos disonante y está algo fuera de sincronía en comparación con la supervibración de la *realidad absoluta* (de la que hablamos en los capítulos 1 y 21). Esta falta de armonía genera infelicidad, alienación y una sensación de estar al margen del mundo físico. El propósito del yoga es eliminar tal falta de armonía y sincronía del cuerpo y de la mente con la realidad absoluta, y devolver la dicha y la sensación de conexión con las personas y los elementos.

Practicar el control de la respiración de modo tradicional

El Hatha Yoga incluye varios métodos de respiración controlada, aunque todos forman parte del grupo de prácticas avanzadas y tradicionalmente se realizan después de intensas purificaciones del cuerpo y la mente. Algunos profesores occidentales han incorporado estos métodos a sus clases con principiantes, pero nuestra experiencia nos muestra que es mejor dejarlas para los niveles intermedios y avanzados. Sin embargo, hay tres métodos adecuados para los principiantes si se practican con las modificaciones y precauciones necesarias.

El Hatha Yoga tradicional hace hincapié en la retención de la respiración, lo cual no es bueno para los principiantes. En este apartado nos centramos en las técnicas seguras para cualquier persona sana.

Es aconsejable poner en práctica estas técnicas en habitaciones o lugares que estén un poco caldeados para evitar así un enfriamiento excesivo.

Expandir la fuerza vital mediante el yoga

Según el yoga, la respiración es solo el aspecto material de una energía que es mucho más sutil y universal llamada *prana*, que significa tanto 'respiración' como 'vida'. Esta energía corresponde al concepto chino *chi*, conocido por cada vez más occidentales gracias a la acupuntura y a las artes marciales del lejano oriente.

Esta fuerza vital subyace en todo lo que existe, y es, en última instancia, el aspecto del poder del espíritu en sí mismo (también llamado *sakti*). Cuando el *prana* abandona el cuerpo, la persona muere. Así, los practicantes de Hatha Yoga intentan preservar con sumo cuidado la fuerza vital y la engrandecen y expanden tanto como pueden. La práctica más importante para conseguirlo es el *pranayama*, una palabra sánscrita que a menudo se explica de forma incorrecta como una palabra compuesta por *prana* y *yama* ('control'), cuando en realidad proviene de *prana* y *ayama*, que es la expansión o extensión de la fuerza vital. De modo que, aunque el término se traduce como 'control de la respiración', en realidad va más allá de eso.

La ciencia ha resuelto muchos misterios, pero todavía no ha dado respuesta al misterio de la vida. Algunos científicos actuales creen que la energía vital, que es sutil, no puede reducirse a ser estudiada bioquímicamente. Por eso la han denominado *bioenergía* o *bioplasma*. Mediante el yoga, y sobre todo con la respiración yóguica, podrás controlar esa energía corporal, sea cual sea el nombre que reciba. Algunos maestros pueden incluso manejar la fuerza vital de las personas, y sanarlas o acelerar su despertar espiritual.

Respiración alterna de los orificios nasales

Algunas investigaciones llevadas a cabo en laboratorios han descubierto lo que los maestros de yoga sabían desde hacía cientos, miles de años: los humanos respiramos de forma diferente por cada uno de los orificios nasales. Cada dos o tres horas, los orificios se toman el relevo entre sí y comparten el esfuerzo. Según parece, la respiración por el orificio izquierdo está relacionada con las funciones del hemisferio izquierdo (especialmente con la capacidad verbal), y la respiración por el derecho parece estar más relacionada con el hemisferio derecho (el encargado del movimiento espacial).

La técnica de la respiración por orificios nasales alternos también recibe el nombre de *nadhi sodhana* ('limpieza de canales'). Los siguientes pasos te guiarán como principiante:

1. **Siéntate cómodamente y con la espalda recta en una silla o en una de las posturas sedentes (*véase* el capítulo 7).**

2. **Comprueba cuál de los orificios nasales tiene más flujo de aire y empieza la respiración alterna por ese orificio.**

   Si ambos están igual de abiertos, mucho mejor. En ese caso, empieza por el orificio izquierdo.

   Para comprobar qué orificio es el que despide más aire, respira primero con uno y luego con otro. El que más aire despida será el más despejado.

3. **Tapa el orificio derecho con el pulgar de la mano derecha, y sitúa los dedos meñique y anular bajo en orificio izquierdo. Pliega los otros dos dedos y colócalos en la base del pulgar.**

   Según algunos expertos, habría que colocar el índice y el corazón en el entrecejo (conocido como *tercer ojo*). Nosotros recomendamos la postura anterior, si te parece cómoda.

4. **Cuenta mentalmente hasta cinco e inhala por el orificio izquierdo con suavidad pero con intensidad, sin tensión (figura 5-7).**

5. **Destapa el orificio derecho, tapa el izquierdo y exhala, mientras cuentas otra vez hasta cinco.**

6. **Inhala por el mismo orificio (el izquierdo) y cuenta hasta cinco, y exhala por el derecho, y así sucesivamente hasta haber completado una secuencia de entre 10 y 15 repeticiones.**

Figura 5-7:
Respiración
por orificios
nasales
alternos

A medida que aumentes la capacidad pulmonar podrás hacer inhalaciones y espiraciones más prolongadas, pero nunca fuerces la respiración. Aumenta el ejercicio de forma gradual, desde 3 hasta 15 minutos, por ejemplo.

La respiración refrescante

Esta técnica, que en sánscrito se llama *sitali*, toma su nombre del efecto refrescante que ejerce sobre el cuerpo y la mente. Según la tradición, se cree que esta técnica baja la fiebre, calma el hambre, quita la sed y alivia los trastornos ocasionados por disfunciones del bazo. Estos son los pasos para practicarla:

1. **Siéntate en una postura de yoga que te resulte cómoda o bien en una silla, y relaja el cuerpo.**

2. **Curva la lengua sobre sí misma y deja que la punta sobresalga de la boca, como se muestra en la figura 5-8.**

3. **Aspira lentamente el aire a través del tubo que se ha formado y espira suavemente por la nariz.**

   Repite esta operación entre 10 y 15 veces.

Si no puedes curvar la lengua (porque es una habilidad genética que se tiene o no se tiene), puedes practicar el pico de cuervo (en sánscrito *kakimudra*, 'el gesto del cuervo'). Consiste en fruncir los labios como se hace al silbar, e inhalar por el pequeño conducto y exhalar por la nariz, como en la técnica *sitali*.

Figura 5-8:
Posición de
la lengua
curvada
para la
respiración
refrescante

Sitkari: inhalar por la boca

Sitkari es otra técnica que consiste en inhalar por la boca. Tiene efectos parecidos a los de la respiración refrescante. El término significa 'lo que produce un sonido aspirado'. Siéntate con la espalda recta, relájate, y sigue estos pasos:

1. **Abre la boca pero mantén los dientes cerrados, como si fueras a cepillártelos.**

2. **Sitúa la punta de la lengua en el paladar, justo detrás de los dientes superiores.**

   Cierra los ojos y procura no hacer gestos con la cara.

3. **Inhala a través de los dientes y exhala por la nariz.**

   Repítelo entre 10 y 15 veces.

Si tienes las encías sensibles u otros problemas dentales, no practiques esta técnica cuando el aire sea frío.

Kapalabhati: limpieza del cerebro frontal

El significado literal de la palabra *kapalabhati* es 'cráneo reluciente'. También recibe el nombre de *limpieza del seno frontal*. Este nombre tan curioso se debe a que la técnica provoca una sensación de luminosidad en la cabeza, así como mareos, sobre todo cuando se practica demasiado. A veces se equipara erróneamente a la técnica *bhastrika* ('fuelle'), una técnica mucho más avanzada de respiración rápida. La respiración *kapalabhati* forma parte de las prácticas preparatorias del Hatha Yoga tradicional, y consiste en inhalar y exhalar rápidamente por la nariz, con respiraciones breves y marcadas y con énfasis en las exhalaciones.

Es una técnica muy energizante y puedes utilizarla para combatir la fatiga física o mental, aunque no debes practicarla por las noches porque podría desvelarte. También sirve para calentarte el cuerpo (¡pero no la apliques donde haya aire frío!) Antes de ponerla en práctica, acostúmbrate a relajar el abdomen durante la inhalación y a contraerlo durante la exhalación; poco a poco podrás acortar las exhalaciones.

1. **Si puedes, siéntate en una postura de piernas cruzadas que te resulte cómoda, mantén la espalda recta y deja que las manos descansen sobre el regazo.**

2. **Respira profundamente varias veces y, antes de la primera inhalación, haz entre 15 y 20 exhalaciones rápidas seguidas de una inhalación corta; utiliza la nariz para inhalar y exhalar.**

   Repite este paso dos veces. Con cada exhalación, que dura solo medio segundo, contrae el abdomen.

Si contraes los músculos faciales o los de los hombros, no estarás haciendo bien este ejercicio. Recuerda que debes estar relajado y dejar que los músculos abdominales hagan la mayor parte del trabajo.

Tengo el mundo en mi respiración

El yoga afirma que todos estamos interconectados y formamos parte de una misma realidad singular. Esta verdad abstracta se volverá más concreta y personal cuando estudies la respiración. Cada respiración que haces contiene cerca de diez mil trillones de átomos, es decir, el número 1 seguido de 22 ceros. Multiplícalo por seis mil millones de personas y por aproximadamente 21.000 espiraciones por día. Cada vez que respiramos, inhalamos una media de un átomo de los átomos exhalados en la atmósfera. Con una de tus exhalaciones, contribuyes a llenar ese almacén de exhalaciones colectivas. Por lo tanto, estás compartiendo literalmente las respiraciones y las energías vivas de otras personas, y ellos las tuyas.

Parte II
Posturas para conservar y recuperar la salud

The 5th Wave   Rich Tennant

@RICHTENNANT

ESTA POSICIÓN ES BUENA PARA ALCANZAR LA PAZ INTERIOR, LA CLARIDAD MENTAL Y LAS COSAS QUE SE TE HAYAN CAÍDO DETRÁS DEL FRIGORÍFICO

En esta parte...

Aquí es donde pasa todo. Estos capítulos se basan en las ideas de la Parte I, por lo que, si no estás familiarizado con los conceptos tratados, te aconsejamos que la leas antes de seguir.

Aquí te presentamos docenas de posturas del Hatha Yoga para que puedas crearte un programa equilibrado y variado. Para hacerlo más práctico, hemos clasificado las posturas en categorías básicas: sedentes, en pie, las que incluyen flexiones o torsiones, las que exigen equilibrio, las invertidas o las dinámicas. Por último, también proponemos un modelo de rutina para que los principiantes puedan empezar cuanto antes.

Capítulo 6

Por favor, quédate sentado

En este capítulo

▶ Descubrir el objetivo tradicional y los beneficios de cada postura

▶ Empezar con las posturas más fáciles, de forma lenta y segura

L a manera en la que nos sentamos es un reflejo de la cultura de la que formamos parte. En Oriente, las personas prefieren sentarse en el suelo, bien en cuclillas, o bien con las piernas cruzadas. En Occidente, sin embargo, la mayoría de las personas se sienten más cómodas en una silla (como estarás haciendo tú, posiblemente, mientras lees este libro). De hecho, la preferencia a la hora de sentarnos tiene un efecto muy notable en nuestra capacidad para permanecer tranquilos y cómodos en las posturas, tanto si son sedentes como en pie.

Si el yoga y las posturas sedentes son nuevas para ti, pronto sabrás que haber pasado media vida en una silla tiene un precio muy alto. El trabajo con las posturas de este libro te ayudará a mejorar de forma gradual la habilidad para sentarte en el suelo. Sin embargo, te recomendamos que utilices una silla para la práctica hasta que estés preparado para pasar al suelo. Es más, algunas importantes asociaciones de yoga (como Self-Realization Fellowship y Trascendental Meditation), recomiendan a los estudiantes que utilicen una silla para meditar o para la práctica de ejercicios respiratorios.

De las posturas sedentes, las que describimos en este capítulo son muy útiles para relajarse, meditar, controlar la respiración, practicar algunas técnicas de purificación o simplemente como punto de partida para otras posturas. Son las siguientes:

✔ Postura en la silla.

✔ Postura fácil.

✔ Postura del rayo.

✔ Postura próspera.

✔ Postura perfecta.

Existen otras muchas posturas sedentes que podrás añadir al repertorio básico a medida que fortalezcas los músculos y las articulaciones adquieran más flexibilidad.

Entender la filosofía de las posturas yóguicas

Es probable que las posturas, o *asanas*, sean la parte del yoga que te resulte más familiar. Son esas posturas que parecen imposibles, pero que muchos estudiantes de yoga pueden adoptar con facilidad. Más allá de incrementar la fuerza y la flexibilidad, las posturas te ayudarán a sintonizar contigo mismo, con el cuerpo y con el entorno. Gracias a las *asanas* podrás empezar a verte como parte de lo que te rodea.

Para los maestros de yoga tradicionales, las *asanas* son sólo una parte del sistema yóguico. Las posturas son la base de la tercera rama del sendero óctuple del yoga clásico formulado por el maestro Patanjali (en el capítulo 20 encontrarás más información sobre el sendero óctuple).

Las posturas yóguicas son algo más que simples posturas corporales. También son expresiones del estado de la mente. Una *asana* tiene porte, compostura, elegancia… y cualquier palabra que sugiera características de equilibrio y refinamiento. Las posturas demuestran la intensa conexión entre el cuerpo y la mente.

Los expertos en yoga tradicional consideran que el cuerpo es un templo consagrado al espíritu, y creen que debe conservarse puro y bello para ensalzar la realidad espiritual que alberga. Cada postura es una forma nueva de recordar el principio más importante –comúnmente llamado espíritu, lo divino o ser trascendente– que reside en el cuerpo. Si prefieres practicar el yoga sin tener en cuenta estas ideas, puedes utilizar las posturas para conectar con la naturaleza, porque el cuerpo no está completamente aislado de lo que lo rodea. ¿Dónde termina y dónde empieza exactamente el espacio que lo rodea? ¿Cuánto se extiende el campo electromagnético del cuerpo? ¿Dónde se originaron las partículas de oxígeno que ahora forman parte de él?

Según los manuales de yoga tradicional, el principal objetivo de las posturas es preparar el cuerpo para sentarse con tranquilidad, facilidad y estabilidad a fin de llevar a cabo los ejercicios de respiración y meditación. La forma en la que te sientes será los cimientos de la práctica de las posturas. Cuando se ejecutan correctamente, las posturas sedentes actúan como calmantes naturales, y cuando el vehículo físico se tranquiliza, la mente lo sigue sin tardar.

Si las rodillas están un poco más altas que las caderas cuando te sientas con las piernas cruzadas en el suelo, quiere decir que las articulaciones de las caderas están un poco rígidas. Es posible que termines con dolor de espalda si te sientas a meditar o a hacer los ejercicios de respiración, pero no te preocupes, es algo normal. Acepta esas limitaciones temporales y utiliza accesorios, como un cojín o una manta doblada, para alzar las nalgas del suelo y alinear así las caderas a la altura de las rodillas.

Si vas a asistir a alguna conferencia o a una sesión especial en un centro de Hatha Yoga, ten en cuenta que no suele haber muchas sillas disponibles, si es que hay alguna. Es probable que tengas que sentarte en el suelo, pero si no estás acostumbrado, llévate un cojín o una manta para elevar las nalgas (más detalles en el capítulo 19). Te recomendamos que llegues temprano para coger algún sitio cercano a una pared o una columna; así podrás apoyarte si empieza a dolerte la espalda. Si crees que ninguna de estas ideas te sirve, lleva una silla plegable y siéntate en el fondo de la sala.

Otra manera de decir *asana*

La palabra *asana* quiere decir simplemente 'asiento'. Puede referirse tanto a la superficie en la que nos sentamos como a la postura corporal. Un término alternativo es *tirtha*, 'centro de peregrinación', cuyo significado es que los practicantes no deben acercarse a las posturas del yoga de manera informal o con indiferencia, sino con respeto y predispuestos a comprender.

Algunas posturas reciben el nombre de *mudras*, 'sellos', porque son especialmente útiles para conservar la energía vital *(prana)* que emana del cuerpo. Ayudan a tener más vitalidad y concentración mental. La energía vital está en todas partes, en el cuerpo y fuera de él, pero es necesario conservarla en el interior para poder irradiar salud y felicidad.

Las diferentes posturas sedentes

Algunos manuales modernos de Hatha Yoga incluyen más de 50 posturas sedentes distintas, lo que no solo demuestra el ingenio de los practicantes, sino, también, la sorprendente versatilidad del cuerpo humano. Aun así, es probable que no necesites o no quieras aprender más de una docena de posturas sedentes. En los siguientes apartados describimos algunas buenas posturas e indicamos los pasos para adoptarlas.

Te recomendamos que uses un cojín o una manta doblada para levantar las nalgas del suelo; así te sentarás con más comodidad y estabilidad.

Procura no poner siempre la misma pierna por encima al cruzarlas; ve alternándola de día en día para que el cuerpo no se acostumbre a la misma posición ni tienda a ladearse.

Postura sedente en silla

Nuestras costumbres occidentales nos llevan casi siempre a sentarnos en una silla cuando meditamos. Por eso debemos practicar un poco más y sentarnos en el suelo. Con el tiempo, la práctica de las posturas te ayudará a sentirte cómodo en el suelo cuando hagas los ejercicios. Como se muestra en la figura 6-1, las orejas, los hombros y las caderas deben estar alineados si se observa desde un lateral. Estos son los pasos para adoptar la postura:

1. **Utiliza una silla sin reposabrazos y siéntate en el borde, sin apoyarte en el respaldo.**

   Los pies deben estar en el suelo; si no llegas, coloca debajo un libro grueso, una manta doblada o algo donde apoyarlos.

2. **Coloca las palmas de las manos sobre las rodillas y cierra los ojos.**

3. **Balancea la columna y luego arquea la espalda hacia atrás varias veces; de esta manera comprobarás las posibilidades de movimiento.**

   Adopta una posición entre ambos extremos que sea cómoda, pero que te mantenga erguido.

4. **Levanta el pecho sin exagerar la curva interior que se forma en la zona lumbar de la espalda, y equilibra la cabeza por encima del torso.**

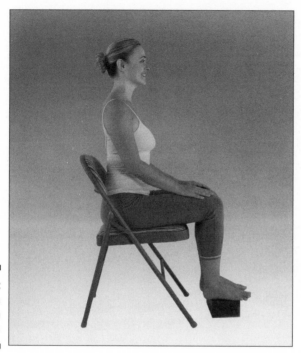

Figura 6-1:
Postura
sedente en
una silla

La postura fácil: sukhasana

De acuerdo con las enseñanzas del maestro Patanjali, las posturas deben ser firmes *(sthira)* y cómodas *(sukha)*. La posición sedente básica del yoga se llama, muy apropiadamente, la *postura fácil (sukhasana)*, también conocida por algunos occidentales como la *postura del sastre*. Es muy recomendable que los principiantes empiecen las prácticas de las posturas sedentes con esta (se muestra en la figura 6-2).

La postura fácil es una posición firme y cómoda, muy útil para la meditación y los ejercicios de respiración. También es buena para comprobar e incrementar la flexibilidad de las caderas y de la columna. Es una excelente preparación para posturas más avanzadas.

Estos son los pasos:

1. **Siéntate en el suelo con las piernas extendidas hacia delante.**

   Coloca las manos sobre el suelo, a la altura de las caderas, con las palmas hacia abajo y los dedos apuntando al frente; sacude las piernas arriba y abajo varias veces para eliminar las tensiones.

Figura 6-2:
En la postura fácil debes estar sentado firme y cómodamente

2. **Cruza las piernas por los tobillos y coloca la pierna izquierda por encima de la derecha.**

3. **Presiona las palmas de las manos contra el suelo y desliza cada pie hacia la rodilla contraria, hasta que queden debajo.**

4. **Pon la espalda recta empezando desde abajo y equilibra la cabeza por encima del torso.**

En la postura clásica (la que más se enseña), se debe dejar caer la barbilla hacia el pecho, se extienden los brazos y se bloquean los codos; sin embargo, recomendamos a los principiantes que dejen descansar las manos sobre las rodillas con las palmas hacia abajo, las articulaciones de los codos flexionadas y la cabeza recta, porque es más relajante.

La postura del rayo: vajrasana

La postura del rayo es una de las más seguras para los alumnos con problemas de espalda. La *vajrasana* hace que aumente la flexibilidad de los tobillos, las rodillas y los muslos, mejora la circulación de la zona abdominal y es buena para hacer la digestión.

Para practicar esta postura, sigue los pasos siguientes:

1. **Arrodíllate en el suelo y siéntate sobre los talones.**

   Pon cada talón en el mismo sitio de la nalga y coloca las manos en posición de descanso sobre las rodillas, con las palmas hacia abajo y los codos relajados.

2. **Pon la espalda recta empezando desde la zona lumbar, equilibra la cabeza sobre el torso y mira hacia delante, como se muestra en la figura 6-3.**

En la postura clásica, que no recomendamos para los principiantes, la barbilla descansa sobre el pecho, los brazos están extendidos hasta que los codos quedan bloqueados y las manos descansan sobre las rodillas.

Si te resulta incómodo o difícil sentarte sobre los talones porque los músculos están tensos o porque te duelen las rodillas, coloca un cojín o una manta doblada entre las pantorrillas y la parte posterior de los muslos; abúltalo tanto como sea necesario hasta que te encuentres cómodamente sentado. Si sientes molestias en los empeines, ponte encima de una toalla o de una manta enrollada.

Figura 6-3:
La postura del rayo es muy adecuada para las personas con problemas de espalda

La palabra sánscrita *vajra* significa 'rayo' o 'diamantino', por eso esta postura también se conoce con el nombre de *postura del diamante*.

La postura próspera: svastikasana

Antes de que el régimen nazi pervirtiera su significado, la esvástica o cruz gamada era un símbolo solar de buena fortuna. En el yoga también tiene ese significado. El término está formado por el prefijo *su*, 'bueno', y *asti*, 'es': 'es bueno'.

La *svastikasana* mejora la flexibilidad de las caderas, las rodillas y los tobillos, y, además, también fortalece la espalda. Los siguientes pasos te ayudarán a cogerle el truco a esta postura.

Utiliza los pasos de preparación de las posturas sentadas que hemos explicado hasta ahora en este capítulo para mejorar la ejecución de esta postura.

1. **Siéntate en el suelo y extiende las piernas hacia delante; sitúa las manos en el suelo, alinéalas con las caderas, con las palmas hacia abajo y los dedos hacia delante.**

   Sacude las piernas varias veces para liberar las tensiones.

2. **Flexiona la rodilla izquierda y coloca la planta contra la parte interior del muslo derecho con el talón izquierdo cerca de la ingle.**

   Si este paso te resulta difícil, no hagas esta postura.

3. **Flexiona la rodilla derecha y acércala hacia ti; utiliza las dos manos para sujetar el pie.**

4. **Sujeta la parte delantera del tobillo con la mano derecha y la base del dedo gordo del pie con la izquierda; desliza el dedo pequeño entre el muslo izquierdo y la pantorrilla, coloca todos los dedos hasta que solo se vea el gordo. Si puedes, haz lo mismo con el otro pie.**

5. **Haz que las manos descansen sobre las rodillas con los brazos relajados y las palmas hacia abajo.**

6. **Pon la espalda recta (empieza por la zona lumbar); equilibra la cabeza sobre el torso y mira hacia delante, como se muestra en la figura 6-4.**

En la postura clásica, la barbilla descansa sobre el pecho, los brazos se extienden hacia abajo y las palmas están sobre las rodillas en la posición

Figura 6-4:
La postura
próspera

jnana mudra. El pie izquierdo (o el que esté debajo) se sube y se sitúa entre el muslo contrario y la pantorrilla.

La *jnana mudra*, 'sello real', es una de las numerosas posiciones de las manos que se utilizan en el yoga. Para hacer esta *mudra*, une los extremos de los dedos índice y pulgar hasta formar un círculo; extiende los tres dedos restantes y mantenlos unidos (como se muestra en la figura 6-5). Este gesto de la mano crea un circuito bueno que sella la energía vital (*prana*) en el cuerpo. Para más información sobre el *prana*, consulta el capítulo 5.

La postura perfecta: siddhasana

El término sánscrito *siddha* tiene dos significados: 'perfecto' y 'adepto'. En el yoga, un adepto no es simplemente un practicante con habilidades, sino un maestro completo que ha logrado la libertad interior.

Muchos maestros de la antigüedad preferían esta postura y a menudo la usaban como sustituta de la postura del loto. En este libro no explicamos ni la postura del loto completo ni la del medio loto, porque no las consideramos adecuadas para los principiantes.

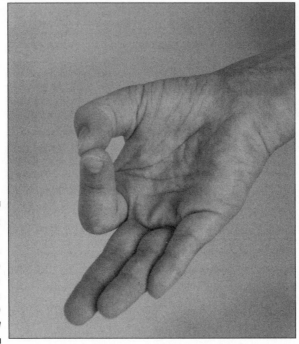

Figura 6-5:
Esta
posición
de la mano
sella la
energía
vital o
prana

La *siddhasana* mejora la flexibilidad de las caderas, las rodillas y los tobillos; además fortalece la espalda. Es la postura de meditación perfecta para las personas que practican el celibato. También es beneficiosa para los hombres con problemas de próstata.

Los pasos de preparación que hemos explicado en las anteriores posturas sedentes en este mismo capítulo también son válidos para esta.

1. **Siéntate en el suelo con las piernas extendidas hacia delante, las manos hacia abajo a la altura de las caderas; los dedos deben apuntar hacia delante.**

   Sacude las piernas varias veces para liberar la tensión.

2. **Flexiona la pierna izquierda y lleva el talón izquierdo hasta la ingle, cerca del perineo (la zona entre el ano y los genitales).**

   Mantén firme el tobillo con la mano izquierda.

3. **Flexiona la rodilla derecha y desliza el tobillo derecho hacia la parte frontal del tobillo izquierdo.**

4. **Sube el pie derecho, coloca el tobillo derecho justo encima del izquierdo, y coloca el talón derecho en la zona genital.**

5. **Coloca el dedo pequeño del pie derecho entre el muslo izquierdo y la pantorrilla.**

6. **Apoya las manos sobre las rodillas y relaja los brazos.**

7. **Extiende y estira la espalda y el cuello; endereza la cabeza y mira hacia delante, como en la figura 6-6.**

   Puedes usar un cojín para alzar las caderas y ponerlas a la altura de las rodillas.

En la versión clásica de esta postura, que no recomendamos si eres principiante, la barbilla descansa sobre el pecho, los brazos están con las articulaciones de los codos bloqueadas, las manos descansan sobre las rodillas en posición *jnana mudra* (descrita en el apartado anterior). El dedo gordo del pie izquierdo apunta hacia arriba y queda atrapado entre el muslo y la pantorrilla de la pierna derecha.

Figura 6-6:
La postura
perfecta

Capítulo 7

En pie

· ·

En este capítulo

▶ El arte de estar de pie

▶ Cantos de alabanza de las posturas en pie

▶ Practicar las posturas en pie

· ·

Estar de pie es una habilidad propia de los seres humanos, y el yoga es una práctica únicamente humana. En este capítulo analizamos la aplicación de esta posición al mundo del yoga e insistimos en la importancia de diferenciar entre simplemente estar de pie y la versión más refinada de esta posición. El acto sencillo de permanecer de pie hace que la columna, los músculos, los tendones y los ligamentos se pongan en funcionamiento. Por lo general, esas estructuras anatómicas realizan su labor de forma bastante automática. Sin embargo, para estar de pie con elegancia y eficacia también hay que ser consciente de ello; ahí es donde el yoga entra en escena.

En este capítulo, te ofrecemos diez de las posturas más habituales de entre las que se practican en pie. Con ellas descubrirás el arte de estar de pie de forma consciente, eficiente y gracil.

Identificar a ese ser con dos piernas

Se puede decir que somos humanos, en gran medida, porque hace cientos de miles de años nuestros antepasados descubrieron la manera de permanecer de pie sobre los pies. Y no es casualidad que estas posturas sean la base de la práctica de las posturas.

La forma en la que una persona permanece de pie dice mucho de ella. Hoy en día es común encoger la barriga e inflar el pecho cuando se está

Con los pies en la tierra

Llamar a las posturas en pie *asanas* ('asientos') es un poco incongruente, aunque, en realidad, la postura sirve para adquirir estabilidad. En el yoga, la estabilidad es tan importante como estirarse hacia arriba. Podrás llegar a las alturas del yoga únicamente cuando seas tan firme como una montaña o una secuoya.

de pie (como si estuviéramos sometidos a revista militar). Sin embargo, se puede estar de pie y relajado al mismo tiempo.

El cuerpo y la mente forman un todo; son el exterior y el interior de una misma persona: tú. De alguna manera, el cuerpo es un mapa de la mente.

Con la práctica habitual del yoga podrás utilizar la información que el cuerpo te proporciona para educar la mente; y a la inversa también: emplear la información de la mente (en especial las emociones) para entrenar el cuerpo.

Mantenerse firme

Las posturas en pie son una especie de microcosmos dentro de la práctica de las *asanas* (excepto las posturas invertidas descritas en el capítulo 10); quizá hayas oído alguna vez que, una vez dominadas las posturas en pie, ya se sabe todo lo necesario para dominar la práctica física. En efecto, te ayudarán a fortalecer las piernas y los tobillos, a abrir las caderas y las ingles, y a mejorar el sentido del equilibrio. Con el tiempo desarrollarás la capacidad de mantenerte firme y de descansar mientras estés de pie, una cualidad muy importante en el estilo de vida yóguico.

Las posturas en pie son muy versátiles. Estos son algunos de sus usos:

✔ Como calentamiento general para la práctica.

✔ Como preparación para un conjunto de posturas concretas (por ejemplo, las flexiones hacia delante en posición en pie, que son un buen preámbulo a las flexiones hacia delante en posición sedente).

¡Ahora! ¡Eso es un estiramiento!

Heather acudió a una de las clases para principiantes que yo (Larry) ofrezco en Brentwood, California. Iba a ser su primer contacto con el yoga. Estaba bastante claro que no era muy flexible; de hecho, quizá era la persona joven menos flexible que haya conocido en mi vida. Cuando les indiqué a mis alumnos que hicieran una flexión hacia delante en posición sedente, ella fue literalmente incapaz de tocarse las rodillas. En aquel momento, al darse cuenta, se echó a llorar. Hablé con ella después de la clase y me contó que había practicado deportes competitivos desde los cinco años, y entonces, con 17, jugaba en el equipo regional de voleibol. Pese a ser tan atlética, no había practicado los estiramientos durante todos esos años, lo cual era evidente.

Le recomendé que, estando de pie, apoyara las nalgas en la pared, colocara los pies a un metro de distancia, relajara las rodillas (como en las articulaciones relajadas del capítulo 6) e inclinara el tronco hacia delante. En esa variante de postura en pie tenía más ángulo para inclinarse y mantener a la vez la espalda y los tendones de la corva relajados. Practicó esta postura a diario durante tres semanas, y el cambio fue espectacular. Por primera vez, pudo sentarse con las piernas extendidas y tocarse los pies. Mientras toda la clase aplaudía, Heather volvió a llorar, pero de alegría.

✔ Como compensación o contrapeso a otra postura, como la flexión hacia atrás o hacia los lados (encontrarás más información en el capítulo 15).

✔ Para descansar.

✔ Como parte principal de la práctica.

Puedes adaptar según tu propia imaginación muchas de las posturas de los otros grupos para dar con tus posiciones en pie, y utilizar la fusión para aprender (o enseñar) o para fines terapéuticos. Tomemos la conocida postura de la cobra como ejemplo, una flexión hacia atrás que causa algunas molestias en la zona lumbar a muchos principiantes (*véase* el capítulo 11). Si practicas esta postura junto a una pared, podrás cambiar la relación con la fuerza de gravedad, tendrás libertad en las caderas, porque no estarán bloqueadas en el suelo. Además, la presión de las manos contra la pared eliminará las tensiones en la zona lumbar. Después podrás aplicar este aprendizaje a la postura de la cobra tradicional o a cualquier otra postura que escojas y adaptarla a la pared.

Prueba tú mismo

En este apartado te presentamos diez posturas en pie y describimos paso a paso el proceso de cada ejercicio. También comentamos los beneficios que aportan y la versión clásica de cada postura (la que más se enseña). No obstante, no recomendamos la práctica de las versiones clásicas a los principiantes, porque en muchos casos son más difíciles y pueden llegar incluso a ser peligrosas. A continuación te damos algunos consejos antes de que pongas en práctica las posturas en pie:

✔ Muchas de estas posturas empiezan con la postura de la montaña, así que te recomendamos que antes leas el apartado "La postura de la montaña: *tadasana*".

✔ Cuando intentes adoptar posturas por tu cuenta, sigue cuidadosamente las instrucciones de cada ejercicio, incluida la respiración. Utiliza siempre un ritmo lento para iniciar y terminar una postura. Respeta también la pausa después de cada inhalación y exhalación (en el capítulo 5 encontrarás más información sobre la respiración). Completa cada postura relajado y vuelve al punto de partida.

✔ Cuando te inclines hacia delante en una postura en pie, empieza con las piernas rectas (sin bloquear las rodillas) y relaja las rodillas si sientes que los músculos posteriores tiran.

✔ Cuando te incorpores después de una flexión hacia delante de una postura en pie, escoge una de estas tres formas para hacerlo:

✔ La más fácil y segura es curvar el cuerpo como una muñeca de trapo, aplanando una vértebra sobre la otra hasta llegar al cuello.

✔ El siguiente nivel de dificultad consiste en colocar los brazos hacia los lados como si fueran alas mientras se inhala y se levanta la espalda.

✔ La forma más difícil es empezar con la inhalación, extender los brazos hacia delante y pegarlos a las orejas. Después se debe subir la parte alta, media y baja de la espalda, hasta quedar totalmente de pie y con los brazos sobre la cabeza, si es posible.

La postura de la montaña: tadasana

La postura de la montaña sirve de base para las demás posiciones en pie. La *tadasana* alinea el cuerpo, mejora la postura y el equilibrio, y facilita la respiración. Aunque este ejercicio se conoce con el nombre de *postura de la montaña*, su verdadero nombre es *postura de la palmera*, porque

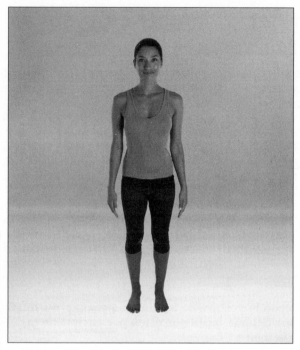

Figura 7-1:
Empieza las
posturas de
pie con la
postura de
la montaña

proviene de la palabra sánscrita *tada*. Algunos expertos se refieren a esta postura como la *postura del árbol*. Estos son los pasos para ejecutarla:

1. **Ponte de pie, pero relajado. Los pies deben estar alineados con las caderas (con los isquiones, no con los exteriores), y los brazos extendidos a ambos lados del cuerpo, con las palmas en dirección hacia las piernas.**

   Los isquiones son los huesos que notamos al sentarnos en una superficie dura.

2. **Imagina una línea vertical a cada lado del cuerpo que parta del hueco de la oreja, baje a la articulación del hombro, al lateral de la cadera, a la rodilla y al tobillo.**

   Mira hacia delante, con los ojos cerrados o abiertos, como se muestra en la figura 7-1.

3. **Permanece durante unas 6 u 8 respiraciones en esta postura.**

En la versión clásica de esta postura, los pies están juntos y la barbilla descansa sobre el pecho.

Flexión hacia delante en posición en pie: *uttanasana*

Uttana significa 'extendido' en sánscrito, y esta postura tiene, con toda razón, el nombre que le corresponde. La *uttanasana* (en la figura 7-2) estira toda la parte posterior del cuerpo y descomprime el cuello (crea un espacio entre las vértebras). Las vértebras cervicales y los músculos del cuello hacen un esfuerzo para equilibrar la cabeza. Puesto que la mayoría de las personas no prestan atención a esta parte de la anatomía, se tiende a acumular tensión en el cuello, lo cual provoca dolores de cabeza. Esta postura libera la parte cervical de la columna y permite la relajación de los músculos del cuello. También mejora la circulación general y calma el cuerpo y la mente. Gracias a los siguientes pasos podrás completar todo el proceso.

Si tienes problemas en los discos intervertebrales, ten cuidado con las flexiones hacia delante. Si no estás seguro, te aconsejamos que antes consultes a un médico.

1. **Empieza con la postura de la montaña y, mientras inhalas, alza los brazos por delante hasta que estén por encima de la cabeza (como se ve en la figura 7-2a).**

2. **En la exhalación, haz una flexión hacia delante; empieza a doblarte por las caderas.**

   Si sientes algún tirón en la parte posterior de las piernas, relaja las rodillas (como en la explicación de las articulaciones relajadas del capítulo 3) y deja que los brazos cuelguen.

3. **Si la cabeza no está cerca de las rodillas, flexiónalas un poco más.**

   Si tienes suficiente flexibilidad, estira las rodillas, pero mantenlas relajadas. Relaja la cabeza y el cuello y colócalos hacia abajo, como en la figura 7-2b.

4. **Durante la inhalación, ve subiendo lentamente desdoblando cada vértebra una a una hasta llegar arriba; después alza los brazos por encima de la cabeza.**

   La manera más segura de incorporarse es con un movimiento ondulante y lento. Si no tienes problemas de espalda, después de unas cuantas semanas preferirás probar las otras dos formas que explicamos al principio de este capítulo.

5. **Repite estos cuatro pasos tres veces más y después permanece durante 6 u 8 respiraciones en la posición del paso 3 (la flexión).**

Figura 7-2:
La flexión
hacia
delante en
posición
en pie

a

b

En la versión clásica de esta postura, los pies están juntos y las piernas
estiradas. La frente se apoya en las espinillas y las palmas de las manos
están apoyadas en el suelo.

Media flexión hacia delante: ardha uttanasana

La palabra sánscrita *ardha* quiere decir 'mitad'. Esta postura fortalece
las piernas, la espalda, los hombros y los brazos, y además incrementa la
energía. Estos son los pasos para adoptar la postura:

1. **Empieza con la postura de la montaña, y mientras inhalas, alza los
   brazos por delante hasta que estén por encima de la cabeza, como
   en la flexión hacia delante (explicada el apartado anterior).**

2. **Al exhalar, inclínate hacia delante; empieza por las caderas.**

   Relaja las rodillas y deja que los brazos cuelguen.

3. **Flexiona las rodillas, y al inhalar, lleva el torso y los brazos hacia
   delante hasta que estén paralelos al suelo, como se muestra en la
   figura 7-3.**

Figura 7-3:
La media
flexión
hacia
delante es
buena para
aumentar
el nivel de
energía

Si tienes algún problema de espalda, mantén los brazos atrás, al lado del cuerpo pero sin tocar, e intenta estirarlos lentamente hacia los lados hasta formar una T; si te ves capaz, colócalos como en la figura 7-3.

4. Mantén la cabeza en una posición neutral, de forma que las orejas queden entre los brazos.

Mira hacia abajo y un poco hacia delante. Para que la postura sea más fácil, lleva los brazos hacia las caderas, y cuanto más atrás estén, más fácil te resultará.

5. Repite estos cuatro últimos pasos tres veces más; después permanece durante 6 u 8 respiraciones en el paso 4 (la flexión).

En la versión clásica de esta postura, los pies están juntos, y las piernas y los brazos extendidos.

Flexión asimétrica hacia delante: parsva uttanasana

La flexión asimétrica hacia delante estira ambos lados de la espalda y los tendones de las corvas por separado. La palabra sánscrita *parsva* significa 'lado' o 'flanco'. De hecho, lo que se consigue con esta postura es abrir las caderas, tonificar el abdomen, descomprimir el cuello, mejorar el equilibrio y aumentar la circulación de las zonas del torso superior y la cabeza.

1. **Sitúate en la postura de la montaña. Al exhalar, da un paso largo hacia delante con el pie derecho de, más o menos, un metro.**

   El pie izquierdo rotará automáticamente, pero si necesitas más estabilidad muévelo más (con los dedos de los pies hacia la izquierda).

2. **Pon los brazos en jarras, coloca las manos sobre las caderas y endereza la parte delantera de la pelvis; a continuación, retira las manos y deja que los brazos cuelguen.**

3. **Durante la inhalación, alza los brazos hacia arriba hasta colocarlos como se ve en la figura 7-4a.**

4. **Al exhalar, inclínate hacia delante a partir de las caderas, afloja suavemente la rodilla derecha y ambos brazos, y deja que el tronco cuelgue como se muestra en la figura 7-4b.**

   Si la cabeza no roza la rodilla derecha, flexiona un poco más la rodilla, pero con suavidad.

5. **Al inhalar, haz que ruede la columna suave y lentamente, de manera que las vértebras se vayan colocando una sobre otra, desde abajo y alza los brazos por encima de la cabeza.**

   Relaja la cabeza y el cuello hacia abajo. Curvar la espalda es la manera más segura de incorporarse, pero si no tienes problemas de

Figura 7-4:
Este ejercicio estira ambos lados de la espalda y los tendones de las corvas de forma individual

a

b

espalda, prueba alguna de las otras dos técnicas avanzadas que enseñamos al principio de este capítulo.

6. **Repite tres veces más los pasos 3 y 4 y después permanece durante 6 u 8 respiraciones en el paso 4 (la flexión). Repite la misma secuencia con el lado izquierdo.**

En la versión clásica de esta postura, las piernas están estiradas y la frente ejerce presión sobre la pierna que está adelantada.

Para que esta postura resulte más atractiva, endereza las caderas hacia delante y también el pie trasero.

Postura del triángulo: utthita trikonasana

Utthita y *trikona* son voces sánscritas; significan 'elevado' y 'triángulo', respectivamente. La postura del triángulo estira ambos lados de la espalda, la parte posterior de las piernas y las caderas. También estira los músculos intercostales, lo cual permite que el pecho se abra y la capacidad respiratoria mejore. Sigue estos sencillos pasos:

1. **Sitúate en la postura de la montaña. Al exhalar, da un paso hacia la derecha de, aproximadamente, un metro (con el pie derecho).**

2. **Gira el pie derecho 90° hacia fuera (a la derecha del propio pie) y gira el izquierdo 45°.**

   Una línea imaginaria que fuera desde el talón derecho al pie izquierdo iría a parar a la mitad del empeine (por abajo) del pie izquierdo.

3. **Mira hacia delante y, mientras inhalas, alza los brazos por los lados hasta que queden horizontales y formen una T (como en la figura 7-5a).**

4. **Al exhalar, lleva la mano derecha a la espinilla derecha, tan cerca del tobillo como sea posible, pero con comodidad; a continuación, extiende el brazo izquierdo hacia arriba.**

   Flexiona la rodilla derecha ligeramente, como en la figura 7-5b, si notas que tiran los músculos posteriores de la pierna. Intenta que el lado del torso quede paralelo al suelo tanto como puedas.

5. **Relaja el brazo izquierdo y mira hacia arriba, hacia la mano izquierda.**

   Si te duele el cuello, mira hacia el suelo.

6. **Repite tres veces los pasos 3, 4 y 5; después permanece durante 6 u 8 respiraciones en el paso 5.**

Figura 7-5:
La flexión lateral del triángulo abre el pecho y permite una respiración más profunda

En la versión clásica, los pies están paralelos, los brazos y las piernas extendidos, y el tronco paralelo al suelo. La mano derecha se apoya en el suelo y no toca el pie derecho.

Postura del triángulo girado: parivritta trikonasana

El término sánscrito *parivritta* significa 'girado', muy adecuado a esta postura. El efecto de las torsiones (entre las que también está el triángulo girado) sobre los discos intervertebrales se compara a menudo con el efecto que produce exprimir y soltar una esponja húmeda. Primero se escurre el agua sucia y luego se absorbe agua limpia. La secuencia de torcer y retorcer aumenta la circulación de sangre nueva entre los discos y los mantiene flexibles a pesar del paso de los años. El triángulo girado también estira la parte posterior de las piernas, abre las caderas y fortalece el cuello, los hombros y los brazos.

1. **Sitúate en la postura de la montaña. Al exhalar, da un paso hacia la derecha de aproximadamente un metro (con el pie derecho).**

2. **Al inhalar, alza los brazos por los lados, hasta que queden paralelos al suelo y formen una T con el torso (como en la figura 7-6a).**

3. **Al exhalar, inclínate hacia delante (empieza por las caderas) y sitúa la mano derecha en el suelo, junto a la zona interior del pie izquierdo.**

Figura 7-6:
Postura del
triángulo
girado

a

b

4. **Alza el brazo izquierdo en dirección al techo y dirige la mirada hacia la mano izquierda.**

Suelta las rodillas y los brazos. Si es necesario, flexiona la rodilla izquierda o aleja la mano derecha del pie izquierdo (como en la figura 7-6b). Si padeces un tirón en el cuello, dirige la mirada hacia el suelo.

5. **Repite tres veces los pasos 2, 3 y 4; después permanece durante 6 u 8 respiraciones en el paso 4. Repite la misma secuencia con el lado izquierdo.**

En la versión clásica de esta postura, los pies están paralelos, y las piernas y los brazos extendidos. El torso está paralelo al suelo y la mano que está abajo descansa sin tocar el pie.

Guerrero 1: virabhadrasana 1

El término sánscrito *vira* suele traducirse como 'héroe', y *bhadra* significa 'próspero'. Esta postura también recibe el nombre del *guerrero*. Fortalece las piernas, la espalda, los hombros y los brazos; abre las caderas, las ingles y el pecho; aumenta la fuerza y la energía; y mejora el sentido del equilibrio. Como sugiere su nombre, esta postura infunde coraje y fortaleza interior.

1. **Adopta la postura de la montaña. Al exhalar, da un paso hacia la derecha de, aproximadamente, un metro (como se ve en la figura 7-7a).**

El pie izquierdo girará hacia fuera de manera espontánea, pero si necesitas más estabilidad, gíralo más (de manera que los dedos apunten hacia la izquierda).

2. **Coloca las manos en la parte superior de las caderas y llévalas hacia delante. Suelta las manos y relaja los brazos.**

3. **Al inhalar, alza los brazos hacia delante hasta situarlos por encima de la cabeza y forma un ángulo recto con la pierna derecha (la rodilla debe estar alineada con el tobillo y el muslo paralelo al suelo), como se muestra en la figura 7-7b.**

Si sientes un leve dolor en la zona lumbar, inclina ligeramente el torso hacia la pierna, hasta que la tensión desaparezca.

4. **Al exhalar, vuelve a la posición inicial (figura 7-7a); libera los brazos y coloca las palmas de las manos enfrentadas. Mira hacia delante.**

5. **Repite tres veces los pasos 3 y 4; después permanece durante 6 u 8 respiraciones en la postura del paso 3.**

6. **Repite los cinco primeros pasos con el lado izquierdo.**

Figura 7-7:
El guerrero es una posición de poder y fortaleza

a   b

Guerrero II: virabhadrasana II

Como la postura anterior, *virabhadrasana II* también fortalece las piernas, la espalda, los hombros y los brazos. Sin embargo, se centra más en las caderas y en las ingles, aumenta la fuerza y la energía, y, también, mejora el sentido del equilibrio.

1. **Sitúate en la postura de la montaña. Al exhalar, da un paso hacia la derecha de, más o menos, un metro (con el pie derecho).**

2. **Gira 90° hacia fuera el pie derecho y unos 45° el pie izquierdo.**

   El talón derecho está en línea recta con el arco del empeine del pie izquierdo.

3. **Mira hacia delante y, mientras inhales, alza los brazos por los lados hasta que queden horizontales y formen una T (como en la figura 7-8a).**

4. **Al exhalar, gira 90° hacia fuera el pie derecho y flexiona la rodilla, de forma que la pantorrilla derecha quede perpendicular al suelo, como en la figura 7-8b.**

   Si puedes, pon el muslo derecho paralelo al suelo.

5. **Repite tres veces los pasos 3 y 4, con los brazos en forma de T; después gira la cabeza hacia la derecha. Mientras miras por encima del brazo derecho, haz entre 6 y 8 respiraciones.**

Figura 7-8:
La postura
del
guerrero II

a

b

6. **Repite los cinco pasos anteriores, pero ahora con el lado izquierdo.**

No fuerces las caderas abiertas, porque puedes hacerte daño en las rodillas.

Flexión hacia delante con las piernas separadas: prasarita pada uttanasana

Prasarita y *pada* son términos sánscritos y significan 'extendido hacia fuera' y 'pie', respectivamente. Esta postura también se conoce con el nombre de *flexión hacia delante con las piernas separadas*. Estira los tendones de las corvas y los aductores (los músculos que están en la cara interior del muslo) y abre las caderas. El gesto de dejarse caer hacia delante aumenta la circulación de la zona superior del torso y alarga la columna. La figura 7-9 muestra la posición final de la postura. Estos son los pasos:

1. **Sitúate en la postura de la montaña. Al exhalar, da un paso hacia la derecha de aproximadamente un metro (con el pie derecho).**

Figura 7-9:
Un buena manera de relajar la tensión de la zona lumbar

2. Al inhalar, alza los brazos por los lados, hasta que queden paralelos al suelo y formen una T con el torso.

3. Al exhalar, inclínate hacia delante a partir de las caderas y relaja las rodillas.

4. Junta los brazos de manera que los codos queden sujetos, cada uno por la mano del brazo contrario, y deja que los brazos y el torso cuelguen hacia abajo.

5. Permanece entre 6 y 8 respiraciones en el paso 4.

En la versión clásica de esta postura, las piernas están extendidas, la cabeza se apoya en el suelo (la barbilla presiona el pecho) y las palmas de las manos se apoyan en el suelo, entre ambas piernas.

Postura de la mitad de la silla: ardha utkatasana

La palabra *ardha* significa 'mitad', y *utkata* puede traducirse como 'extraordinario'. Esta postura fortalece la espalda, las piernas, los hombros y los brazos. Además, produce energía general. Si te parece difícil o te causa molestias en las rodillas, quizá te convenga dejarla de momento e intentes hacerla más adelante, cuando los músculos de las piernas estén más fuertes. No exageres con este ejercicio (no mantengas la posición demasiado tiempo ni la repitas más de lo recomendado), a riesgo de sufrir agujetas al día siguiente. Aunque, de todas formas, tampoco es malo sentir un poco de dolor muscular, sobre todo si hace tiempo que no haces ejercicio. Observa la figura 7-10 y sigue estos pasos:

1. Sitúate en la postura de la montaña. Al inhalar, alza los brazos por encima de la cabeza y enfrenta las palmas de las manos.

2. Al exhalar, flexiona las rodillas como si fueras a sentarte en una silla pero quédate a medio camino.

3. Relaja los brazos y mantenlos en la misma posición.

   Mira hacia delante.

4. Repite tres veces los pasos 1, 2 y 3. Después permanece entre 6 y 8 respiraciones en el paso 3.

En la versión clásica de esta postura, los pies están juntos, los brazos extendidos, con los dedos entrelazados y las palmas en dirección hacia el techo; la barbilla descansa sobre el pecho.

Figura 7-10:
La postura
de la mitad
de la silla es
excelente
para el
estado de
la energía
general

Postura del perro invertido: adhomukha svanasana

La palabra sánscrita *adhomukha* significa 'que mira hacia abajo', y *svan* significa 'perro'. Los maestros de yoga eran excelentes observadores de su entorno y prestaban mucha atención a, entre otras cosas, el comportamiento de los animales. Por eso el estiramiento pausado de los perros fue para ellos una inhalación a la hora de crear una postura similar para los humanos. La práctica de esta posición ayuda a estirar toda la columna, fortalece las muñecas, los brazos y los hombros. Es una buena opción para los principiantes que aún no están preparados para las posiciones invertidas como la postura sobre las manos o la postura sobre la cabeza. Puesto que la cabeza queda más abajo que el corazón, esta *asana* facilita el riego sanguíneo en el cerebro y actúa como un reconstituyente de efecto rápido en los momentos de fatiga.

1. **Ponte en el suelo sobre las manos y las rodillas, como si fueras a gatear. Extiende los brazos, pero no bloquees los codos (como en la figura 7-11a).**

Comprueba que las manos estén justo debajo de los hombros y las palmas (con los dedos totalmente abiertos) apoyadas en el suelo; que las rodillas estén justo debajo de las caderas. Haz presión sobre el suelo con los pulgares y los índices.

2. Al exhalar, sube y endereza las rodillas (sin bloquearlas).

Al subir las caderas, coloca la cabeza en una posición neutra, de manera que las orejas queden entre los brazos.

3. Presiona sobre el suelo con los talones y dirige la cabeza hacia los pies, como se ve en la figura 7-11b.

Déjalo aquí si sientes tensión en el cuello.

4. Repite tres veces los tres primeros pasos; después permanece durante 6 u 8 respiraciones en la postura del paso 3.

En la versión clásica de esta postura, los pies están juntos y totalmente apoyados en el suelo; las piernas y los brazos están extendidos, y la parte superior de la cabeza toca el suelo (la barbilla descansa sobre el pecho).

Si tienes molestias en el cuello, en los hombros, en las muñecas o en los codos, intenta no permanecer en esta postura durante mucho tiempo.

Figura 7-11:
Ponte a prueba con la postura del perro invertido, pero sin forzarte

a
b

Capítulo 8

Firme como un árbol: controlar el equilibrio

En este capítulo

▶ Entender la psicología del equilibrio

▶ Practicar ejercicios para mejorar el equilibrio

*E*l equilibrio (en sánscrito *samata* o *samatva*) es un elemento fundamental en el yoga. Para conseguir un enfoque equilibrado de la vida es necesario tener un carácter estable y la capacidad de ver la gran unidad de toda la diversidad. El equilibrio se traduce en la ausencia de juicio y en el trato justo, amable y compasivo con los demás.

Una forma de empezar a adquirir más equilibrio es la práctica de posturas para este fin. Recuerda que, según el yoga, el cuerpo y la mente funcionan como una sola unidad. Los desequilibrios en el cuerpo se reflejan en la mente, y viceversa. Este capítulo resalta la importancia del equilibrio en el yoga. Te presentamos seis posturas para que pongas a prueba la *samata*.

Llegar a las raíces de la postura

Cuando observamos un árbol, solo vemos lo que está por encima de la tierra: el tronco con la copa de ramas y el follaje, y quizá algunos pájaros. Parece como si los árboles descansaran sobre la tierra, por lo que no es descabellado preguntarse cómo es posible que algo tan pesado pueda mantenerse firme.

Pues bien, todos sabemos que el secreto de su equilibrio está en la red de raíces subterráneas que sirven de anclaje a la parte visible. Con las posturas de equilibrio aprenderás a hacer crecer esas raíces y a mantenerte firme como un árbol.

Para nosotros, estas posturas pueden ser al mismo tiempo las más divertidas y las más contundentes. Pese a que son relativamente sencillas, sus beneficios son muy notables. Como imaginarás, su objetivo es mejorar el sentido general del equilibrio, la coordinación y la estabilidad. Si tienes en cuenta estos tres aspectos podrás moverte con más facilidad y eficacia, tanto en las actividades cotidianas como en aquellas que requieren coordinación, como el deporte o la danza. Las posturas de equilibrio yóguicas también tienen aplicaciones terapéuticas, como los problemas de espalda o los dolores musculares.

Cuando se mejora el equilibrio físico de forma natural, también se disfruta de un mayor equilibrio mental. Las posturas de equilibrio son excelentes semillas para la concentración, y cuando se llegan a dominar, generan confianza y una sensación de éxito.

Posturas de equilibrio para fortalecerse con elegancia

La vida actual es muy exigente y estresante: si no tienes una buena base, corres el riesgo constante de perder el equilibrio. Tener una buena base significa estar centrado y firme sin ser inflexible, saber al mismo tiempo quién se es y qué se quiere, y sentir que se es poderoso para conseguir las metas de la vida. Una buena manera de asentar esa base es mejorar el equilibrio físico, porque ayuda a sincronizar el movimiento de los brazos y las piernas, y da más porte. Cuando una persona puede estar de pie y moverse con más equilibrio, su mente lo acusa automáticamente. Se siente más equilibrada.

El sentido del equilibrio está conectado con el oído interno, que nos indica la posición en el espacio. El oído también está relacionado con el espacio social, por lo que si no nos sentimos equilibrados, es posible que nos sintamos algo incómodos en las relaciones sociales. Practicar el equilibrio y aumentar la estabilidad puede ayudarnos a remediar esta incomodidad. Solo podrás moverte con armonía en el mundo cuando puedas permanecer estable (en equilibrio).

Las siguientes posturas están ordenadas de la más fácil a la más complicada. Si vas a intentar realizarlas por separado, te recomendamos que las mantengas entre 6 y 8 respiraciones. Respira libremente por la nariz y haz una pausa breve entre la inhalación y la exhalación.

El guerrero en la pared: virabhadrasana, tercera variante

La palabra sánscrita *vira* significa 'héroe' y *bhadra* se traduce como 'próspero'. Esta postura mejora el equilibrio y la estabilidad. Fortalece las piernas, los brazos, y los hombros; estira las caderas así como la parte anterior y posterior de los muslos. Como sucede con las demás posturas de equilibrio con una pierna, esta posición desarrolla la atención y la concentración. Sigue estos pasos:

1. **Empieza con la postura de la montaña (se trata en el capítulo 7) frente a una pared sin muebles ni cuadros, a un metro de distancia.**

2. **Al exhalar, inclínate hacia delante a partir de las caderas y extiende los brazos hasta que las yemas de los dedos toquen la pared.**

   Corrige la posición hasta que las piernas queden perpendiculares al suelo; el torso y los brazos deben quedar paralelos a él.

Figura 8-1:
Una postura
de equilibrio
segura
para los
principiantes

3. **Al inhalar, alza la pierna izquierda hacia atrás hasta que esté paralela al suelo (se muestra en la figura 8-1).**

4. **Permanece durante 6 u 8 respiraciones en el paso 3. Repite la operación con la pierna derecha.**

El gato en equilibrio

Esta postura fortalece los músculos de la espalda (los paraespinales), así como los brazos y los hombros; también abre las caderas. Desarrolla la concentración, la atención y la confianza.

1. **Ponte a cuatro patas, de manera que las manos (con las palmas extendidas) estén alineadas con los hombros y las rodillas con las caderas.**

   Extiende los brazos, pero sin bloquear los codos.

2. **Al exhalar, desliza la mano izquierda hacia delante y la pierna derecha hacia atrás. La mano y los dedos de los pies deben estar en contacto con el suelo.**

3. **Al inhalar, alza dichas extremidades hasta llegar a una altura cómoda, tal y como se muestra en la figura 8-2.**

4. **Permanece entre 6 y 8 respiraciones en la posición del paso 3; después repite la postura con las extremidades contrarias (brazo derecho y pierna izquierda).**

Figura 8-2:
Extiende completamente el brazo y la pierna en el suelo antes de alzarlos

Esta postura es una variante de la *chakravakasana*. El *chakravaka* es un tipo de ganso que en la poesía tradicional india representa el pájaro del amor. Dice la leyenda que si estos pájaros se separan después de aparearse, la pena hace que se llamen uno al otro.

La postura del árbol: vrksasana

La palabra sánscrita *vrksa* significa 'árbol'. La postura del árbol mejora el equilibrio, la estabilidad y el porte; fortalece las piernas, los brazos y los hombros; abre las caderas y las ingles. Como ocurre con otras posturas de equilibrio que se realizan sobre una pierna, también mejora la atención y la concentración; además, tiene un efecto calmante sobre el cuerpo y la mente. Estos son los pasos:

1. **Adopta la postura de la montaña (se describe en el capítulo 7).**

2. **Al exhalar, flexiona la rodilla derecha y coloca la planta del pie izquierdo (con los dedos hacia el suelo) en la cara interior del muslo derecho, entre la rodilla y la ingle.**

Figura 8-3: Centra la atención en un punto del suelo a unos 2 m de distancia; concéntrate y respira lentamente

3. **Al inhalar, alza los brazos por encima de la cabeza y junta las palmas de las manos.**

4. **Relaja los brazos y centra la atención en un punto del suelo a dos o cuatro metros de distancia, como se muestra en la figura 8-3.**

5. **Permanece entre 6 y 8 respiraciones en la posición del paso 4; después repite el ejercicio con la pierna contraria.**

En la versión clásica de esta postura, los brazos están extendidos y la barbilla descansa sobre el pecho.

El "karate kid"

Esta postura mejora el equilibrio y la est∫abilidad. Fortalece las piernas, los brazos y los hombros. También abre las caderas. Como sucede con otras posturas de equilibrio sobre una pierna, la postura *karate kid* desarrolla la atención y la concentración. Estos son los pasos:

1. **Empieza con la postura de la montaña, descrita en el capítulo 7.**

2. **Al inhalar, alza los brazos hacia los lados y alinéalos con los hombros, hasta que estén en paralelo con el suelo y formen una T con el torso.**

3. **Para estabilizarte, centra la atención en un punto del suelo a unos seis metros de distancia.**

4. **Al exhalar, flexiona la rodilla izquierda y álzala en dirección al pecho.**

   Mantén la pierna derecha extendida, como en la figura 8-4.

5. **Permanece entre 6 y 8 respiraciones en la postura del paso 4. Repite la misma operación con la rodilla derecha.**

El nombre en sánscrito de esta postura sería *utthita hasta padangustasana* (una variante), pero yo (Larry) la rebauticé inspirado en la segunda parte de la película *Karate kid*.

Figura 8-4:
La postura
karate kid

Talones en las nalgas en posición en pie

Esta postura mejora el equilibrio y la estabilidad. Además, fortalece las piernas, los brazos y los hombros. Estira los muslos y, al igual que sucede con otras posturas de equilibrio sobre una pierna, desarrolla la atención y la concentración. Estos son los pasos:

1. **Adopta la postura de la montaña (descrita en el capítulo 7).**

2. **Al inhalar, alza el brazo izquierdo hasta que pase por encima de la cabeza.**

3. **Para estabilizarte, centra la atención en un punto del suelo a unos seis metros de distancia.**

4. **Al exhalar, flexiona la rodilla derecha y lleva el talón derecho hacia la nalga derecha; mantén la pierna izquierda extendida.**

   Sujétate el tobillo derecho como se muestra en la figura 8-5.

Figura 8-5:
Esta postura puede mejorar el equilibrio para pasar a posturas más avanzadas

5. **Permanece entre 6 y 8 respiraciones en la posición del paso 4. Repite la secuencia, pero con la pierna contraria.**

El arco en elevación

La postura del arco en elevación mejora la estabilidad y el equilibrio. Es una variante de la postura *chakravakasana* que fortalece los hombros, mejora la flexibilidad de las caderas, las piernas y los hombros, y además desarrolla la atención y la concentración. Estos pasos te guiarán:

1. **Ponte a gatas y comprueba que las manos (con las palmas extendidas) estén alineadas con los hombros; las rodillas deben estar alineadas con las caderas.**

   Extiende los brazos, pero no bloquees los codos.

2. **Apoya el antebrazo derecho sobre el suelo, con la mano derecha justo detrás de la muñeca izquierda.**

Lleva la mano izquierda hacia atrás mientras giras el torso levemente y coge el tobillo derecho.

3. **Al inhalar, alza la rodilla derecha del suelo, levanta el pecho hasta que quede paralelo al suelo, y mira hacia arriba.**

Encuentra la altura del pecho y la pierna levantada que te resulte cómoda. Para estabilizarte, haz presión sobre el suelo con el antebrazo derecho y el pulgar (como en la figura 8-6).

4. **Permanece entre 6 y 8 respiraciones en la posición del paso 3; después repite la secuencia con el lado opuesto (con el antebrazo y el pie izquierdos).**

Figura 8-6:
Para estabilizarte, presiona el antebrazo y el pulgar derechos contra el suelo

Capítulo 9

Abdominales en estado puro

- -

En este capítulo

▶ Centrarse en la importancia del vientre

▶ Disfrutar los beneficios de seis ejercicios abdominales sencillos

▶ Exhalar con sonoridad

- -

Muchas disciplinas orientales que tratan la práctica espiritual y la sanación consideran el bajo vientre como el centro vital de todo el ser: cuerpo, mente y espíritu. En Occidente, en cambio, se piensa de forma muy diferente y las barrigas son consideradas como meras bolsas de comida o como centros de procesamiento de residuos.

Muchas personas tienen una relación de amor-odio con sus vientres. Pese a que algunos se obsesionan con conseguir el estómago "perfecto", suelen abandonar o incluso abusar de esta zona del cuerpo. La llenan de demasiada comida basura y dejan que crezca sin control y de forma irregular. Sin embargo, como advierten los maestros de yoga, cuando esta zona empieza a contaminarse con impurezas es cuando afloran los problemas de salud.

Además de las enfermedades, los vientres débiles y de músculos poco trabajados son la causa de muchos dolores en la zona lumbar. Existen estudios que indican que el 80% de la población ha padecido, padece o padecerá problemas de espalda, y que estos problemas son la segunda causa más importante de absentismo laboral, por detrás de los problemas respiratorios y el resfriado común.

En este capítulo te invitamos a que practiques algunos ejercicios que se centran en el abdomen, para que puedas mantener con fuerza y salud esta zona vital del cuerpo.

Cuidar el abdomen, ese centro de negocios

El abdomen es una empresa fascinante, con una compleja planta de procesamiento de alimentos (el estómago), varios departamentos que dependen de ella (el hígado, el bazo y los riñones, entre otros) y un sistema de desagüe de 7,6 m de longitud (los intestinos). Las dietas pobres y los malos hábitos alimenticios provocan problemas digestivos y de eliminación molestos y a veces muy graves, como, por ejemplo: estreñimiento, diarrea, síndrome del colon irritable y cáncer de colon. La práctica habitual del yoga puede ayudarnos a cuidar los órganos abdominales para que funcionen bien, sin necesidad de tomar antiácidos, suplementos de encimas digestivas ni laxantes.

En el siguiente apartado describimos algunos ejercicios que desarrollan tres grupos de músculos abdominales:

✔ El recto abdominal, que se extiende verticalmente por la cara delantera del abdomen, desde la parte inferior del esternón hasta el pubis.

✔ Los oblicuos internos y externos, que, como su nombre indica, recorren el abdomen en diagonal desde las costillas inferiores hasta la pelvis.

✔ El abdominal transverso, situado detrás de los oblicuos internos.

Estos músculos a veces se denominan *músculos estomacales*, aunque no es una forma muy apropiada de llamarlos. Por supuesto, los ejercicios de yoga benefician en gran medida a los órganos abdominales (estómago, bazo, hígado e intestinos). Si cuidas los músculos abdominales y los órganos albergados en el abdomen con ejercicio y una dieta adecuada, habrás cumplido el 90% del trabajo para conservar la salud.

Ejercitar los abdominales

Nuestra posturas yóguicas para los músculos abdominales exigen un enfoque grupal en el que son muy importantes la lentitud, el movimiento consciente, unos buenos ejercicios de respiración y el uso del sonido. El énfasis está en la calidad del movimiento, más que en la cantidad. Unos pocos movimientos realizados con mucha atención son más seguros y efectivos que docenas, o incluso cientos de repeticiones automáticas. La respiración consciente y, sobre, todo la contracción suave de la parte frontal del abdomen durante cada exhalación, puede desarrollar y conser-

Los secretos del ombligo, al fin revelados

Después del corte del cordón umbilical que sirve para crear el ombligo, nadie presta mucha atención a esta especie de enchufe de nacimiento. Sin embargo, el ombligo es una parte muy importante; según el yoga, es un centro de psicoenergía especial. Este centro se conoce con el nombre de *manipura chakra*, que se traduce literalmente como 'centro de la ciudad enjoyada'. El centro se corresponde, aunque no de forma idéntica, con el plexo solar, una extensa red nerviosa conocida como *el segundo cerebro del cuerpo*. El *manipura chakra* controla los órganos abdominales y regula el flujo de energía de todo el cuerpo. El centro del ombligo está asociado a las emociones y a la voluntad. Según esto, se puede tener mucho ombligo para llevarse el mundo por delante, o bien, por el contrario, no tener el ombligo suficiente para hacer frente a las cosas.

var la fuerza y el tono muscular de los abdominales. El uso del sonido, del cual hablaremos más adelante en este capítulo, activa aún más este tipo de respiración.

Ejercicio de presión

Este ejercicio, que consiste en presionar la zona lumbar contra el suelo, fortalece el abdomen, en especial la parte inferior. Además de ser un ejercicio de suelo, puede practicarse en una silla, presionando la zona lumbar contra el respaldo (por extensión, puede practicarse en el coche, en un avión, en el despacho, etc.).

1. **Túmbate de espaldas con las rodillas flexionadas y los pies en el suelo, alineados con las caderas.**

   Los brazos deben descansar a los lados y con las palmas de las manos hacia abajo.

2. **Al exhalar, haz presión con la parte inferior de la espalda contra el suelo, entre 3 y 5 segundos (como indica la figura 9-1).**

3. **Al inhalar, relaja la espalda.**

4. **Repite entre seis y ocho veces los pasos 2 y 3.**

Abdominales yóguicos

Los abdominales yóguicos fortalecen el abdomen, en especial la parte superior, los aductores (en la cara interior de los muslos), el cuello y los hombros.

1. **Túmbate de espaldas con la rodillas flexionadas y los pies en el suelo, alineados con las caderas.**

2. **Haz que los dedos de los pies se toquen y junta las rodillas.**

3. **Coloca las manos en la nuca con los dedos entrelazados y abre los codos.**

4. **Al exhalar, haz presión con las rodillas, inclina la parte frontal de la pelvis hacia el ombligo, y sin mover las caderas del suelo, eleva el tronco lentamente, como si fueras a sentarte (pero sin llegar a hacerlo).**

   Mantén los codos abiertos y alineados con los hombros. Mira hacia el techo. No tires de la cabeza hacia arriba con los brazos, sino todo lo contrario: apoya la cabeza sobre las manos y levántate gracias a la contracción de los músculos abdominales, como en la figura 9-2.

5. **Al inhalar, baja lentamente mientras curvas la columna.**

6. **Repite entre seis y ocho veces los pasos 4 y 5.**

Figura 9-2:
Deja que
la mirada
recorra
el techo
mientras
intentas
sentarte

Abdominales con la espalda hacia atrás

Este ejercicio abdominal fortalece todo el abdomen. Es una variante de la postura *navasana*. En sánscrito, la palabra *nava* significa 'barca'.

1. **Siéntate en el suelo con las rodillas flexionadas y los pies alineados con las caderas.**

2. **Apoya las manos en el suelo con las palmas hacia abajo y cerca de las caderas.**

3. **Baja la barbilla y forma una *C* con la espalda, como se muestra en la figura 9-3a.**

4. **Al inhalar, rueda lentamente sobre la parte posterior de la pelvis y desliza las manos sobre el suelo, como en la figura 9-3b.**

   Mantén el resto de la espalda alejada del suelo para notar la contracción en los abdominales, pero no hagas fuerza para mantener la postura; si notas alguna tensión o te duele, no hagas esta postura.

5. **Al exhalar, rueda otra vez hacia arriba mientras deslizas las manos hacia delante.**

6. **Repite entre seis y ocho veces los pasos 4 y 5.**

Figura 9-3:
Baja la barbilla y forma una *C* con la espalda

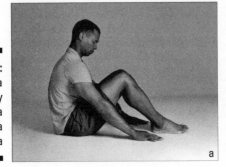

a

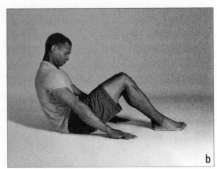

b

Estos abdominales son más cómodos para el cuello que la mayoría de los ejercicios. Sin embargo, si tienes molestias en la zona lumbar, te recomendamos que tengas precaución. Si notas algún dolor, para inmediatamente. Puedes dejar este ejercicio y practicar otros que se describen en este mismo capítulo.

Abdominales con una pierna extendida

Este tipo de abdominales son una variante de la postura *navasana* y fortalecen todo el abdomen y el cuello.

Si al practicar esta postura te duele el cuello, pon las manos en la nuca como soporte. Si el dolor continúa, deja de hacer el ejercicio.

El sonido del yoga

En una ocasión vino a verme (a Larry Payne) un conocido productor de cine de Malibú. Sufría de estrés y tenía un dolor crónico en el cuello, y lo que su novia llamaba "una pequeña barriga gelatinosa". Los ejercicios de abdominales que hacía con regularidad no habían conseguido otra cosa más que agravar el dolor. Le preparé una rutina de 12 minutos diarios de abdominales yóguicos y el uso del sonido (ambos están explicados en este capítulo). Los ejercicios fueron un milagro, porque el dolor desapareció y la barriga se le puso firme. También disfrutó tanto con el sonido que muchos empleados de su equipo de rodaje se unieron a su rutina diaria para "hacer un poco de ruido".

1. Túmbate de espaldas con las rodillas flexionadas y los pies apoyados en el suelo, alineados con las caderas.

2. Flexiona el codo izquierdo y coloca la mano en la parte de atrás de la cabeza, justo detrás de la oreja izquierda.

3. Alza la pierna izquierda hasta formar un ángulo de 90°, pero mantén la rodilla ligeramente flexionada.

4. Flexionando el tobillo levanta los dedos de los pies como si quisieran tocar la espinilla, y coloca la mano derecha en el muslo derecho, cerca de la pelvis (se indica en la figura 9-4a).

5. Al exhalar, incorpórate lentamente y desliza el brazo derecho hacia la rodilla.

   Mantén el codo izquierdo atrás y alineado con el hombro; mira hacia el techo. No inclines la cabeza hacia delante (fíjate en la figura 9-4b).

6. Repite entre seis y ocho veces los pasos del 1 al 5; después repite la secuencia con la pierna contraria.

Figura 9-4:
Ejercita los abdominales y los tendones de la corva

a   b

Postura de la espalda arqueada

Esta postura fortalece y tonifica los músculos abdominales y los órganos internos. Es especialmente aconsejable para aliviar los problemas de estreñimiento.

1. Ponte a gatas, las manos alineadas con los hombros, y las rodillas con las caderas.

2. **Inhala profundamente por la nariz.**

3. **Exhala por la boca y curva la espalda como un camello mientras acercas la barbilla al pecho.**

   Al terminar por completo la exhalación, haz una pausa antes de inhalar; aguanta la respiración y encoge la barriga en dirección a la columna (mira la figura 9-5).

   Espera entre dos y tres segundos con la barriga encogida y aguantando el aire (a no ser que necesites soltarlo).

4. **Al inhalar, vuelve a la posición inicial y haz una pausa para respirar un par de veces.**

5. **Repite entre cuatro y seis veces los pasos 2, 3 y 4; haz una pausa de dos respiraciones entre cada repetición.**

No hagas este ejercicio con el estómago lleno e interrúmpelo si sientes dolor en el estómago o algún tipo de calambre, porque el dolor podría volverse más intenso. Evita hacer este ejercicio durante la menstruación.

Figura 9-5:
Asegúrate
de exhalar
completa-
mente antes
de encoger
la barriga

La exhalación sonora

El ejercicio sonoro fortalece y tonifica el abdomen y los órganos internos, además de fortalecer los músculos del diafragma.

1. **Siéntate en una silla o en el suelo con la espalda recta y de manera que estés cómodo.**

   Si te sientes mejor, utiliza una manta doblada o consulta la lista de accesorios para yoga del capítulo 19.

2. **Pon la palma de la mano derecha en el ombligo de manera que puedas sentir que se contrae el vientre al exhalar.**

3. **Inhala profundamente por la nariz y, al exhalar, emite el sonido *ah*, *ma* o *sa*.**

   Prolonga este sonido tanto como puedas sin esforzarte.

4. **Repite entre seis y ocho veces los pasos 2 y 3.**

   Haz una pausa para respirar una o dos veces entre cada sonido.

Si estás siguiendo un tratamiento de desintoxicación de algún tipo y el sonido te da dolor de cabeza, haz cualquiera de los otros ejercicios que describimos en este capítulo.

Capítulo 10

El mundo cabeza abajo

En este capítulo

▶ Entender el principio yóguico de la inversión

▶ Trabajar con las piernas invertidas

▶ Gravitar hacia la posición sobre los hombros

Hace miles de años, los maestros de yoga hicieron un descubrimiento fascinante: al engañar a la fuerza de la gravedad con algunos ejercicios de inversión, pueden revertirse los efectos del paso de los años, mejorar el estado de salud y vivir más tiempo.

Para entender cómo funcionan las inversiones, observa una botella de zumo de manzana sin filtrar en la tienda más cercana. Por la fuerza de la gravedad, todos los componentes sólidos del zumo se han ido al fondo, mientras que el líquido de la parte superior se ha diluido. Si le das la vuelta a la botella, la gravedad moverá los sedimentos del fondo hacia la parte superior, y mezclará el líquido con la pulpa de las manzanas.

De forma similar, con las posturas invertidas, los sedimentos que se hayan acumulado en las extremidades inferiores durante todo un día en posición vertical (en su mayoría, sangre y *linfa,* un fluido claro y amarillento parecido al plasma sanguíneo), se moverán hacia la cabeza y revitalizarán el cuerpo y la mente. Esta simple operación te ayudará a afrontar los miedos y a revertir la corriente de estancamiento y negatividad mental.

La idea de que debes practicar la postura sobre la cabeza para ser un verdadero yogui no es cierta. Te recomendamos que evites esta postura hasta que un profesor con experiencia compruebe cuáles son tus avances y esfuerzos. El cuello está preparado para aguantar los casi 4 kg de la cabeza, pero no los 60 o 70 kg del resto del cuerpo. Es mejor que seas prudente y no intentes practicarla hasta que tengas la preparación suficiente.

Por suerte, puedes practicar otras muchas posturas invertidas. En este capítulo describimos algunas muy beneficiosas y exentas de riesgo. Utiliza la respiración yóguica descrita en el capítulo 5 para potenciar su efecto positivo, y haz uso de los accesorios apropiados para que te ayuden en las posturas y te garanticen una buena respiración (se tratan en el capítulo 19).

Subir las piernas en las inversiones

Las posturas invertidas eficaces pueden llegar a ser realmente simples. En el siguiente apartado describimos cuatro posturas que no necesitan que estés literalmente cabeza abajo para poder disfrutar de los muchos beneficios que ofrecen.

Si en el momento de la práctica tienes jaqueca o sientes un dolor repentino, evita adoptar estas posturas.

Piernas sobre la silla

Esta postura mejora la circulación de las piernas, las caderas y la zona lumbar; tiene un efecto calmante que actúa sobre el sistema nervioso. Además ayuda a aliviar los síntomas premenstruales y los de la prostatitis. Para disfrutar de sus beneficios, sigue estos pasos:

1. **Siéntate en el suelo en una posición sencilla con las piernas cruzadas, frente a una silla estable; después apóyate sobre los antebrazos.**

2. **Desliza las nalgas hasta que estén justo debajo del borde de la silla.**

3. **Al exhalar, alza los pies del suelo y coloca los pies y las pantorrillas en el asiento de la silla.**

   Asegúrate de que el borde de la silla quede cerca de la parte posterior de las rodillas.

4. **Túmbate en el suelo con los brazos a los lados y las palmas hacia abajo, como se muestra en la figura 10-1.**

5. **Permanece entre 2 y 10 minutos en la posición del paso 4.**

Esta postura es una versión de la postura clásica llamada *urdhva prasarita padasana*, que se traduce como 'postura con pies extendidos hacia arriba'.

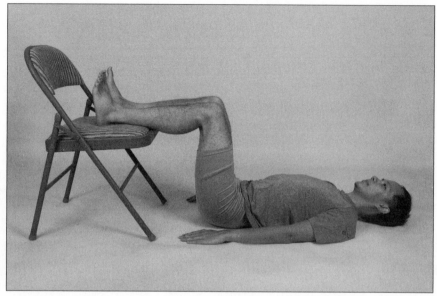

Figura 10-1:
Las piernas
están
encima de
la silla en
esta postura

Piernas en alto contra la pared

Esta postura, que es una versión de la postura llamada *urdhva prasarita padasana*, mejora la circulación de las piernas, las caderas y la zona lumbar, y tiene un efecto calmante en el sistema nervioso. También ayuda a aliviar los síntomas de los dolores premenstruales y de la prostatitis.

Intenta seguir estos pasos:

1. **Siéntate en el suelo de manera que tu lado derecho toque la pared o esté bastante cerca de ella; las piernas deben estar extendidas hacia delante, tal y como se muestra en la figura 10-2a.**

2. **Al exhalar, alza ambas piernas al mismo tiempo y rota hacia la derecha; la espalda debe reposar sobre el suelo.**

   Extiende las piernas tanto como puedas. Puedes extender los brazos a ambos lados del cuerpo, con las palmas hacia abajo. Relájate. Observa la figura 10-2b.

3. **Permanece entre 2 y 10 minutos en la posición del paso 2.**

Figura 10-2:
Postura de
las piernas
en alto
contra
la pared

El bebé feliz

El bebé feliz es una versión de la postura llamada *urdhva prasarita pada-sana*. Favorece la circulación de las piernas, los brazos, las caderas y la zona lumbar. Además, tiene un efecto calmante sobre el sistema nervioso y mejora los movimientos de los tobillos, los dedos de los pies, las muñecas y los dedos.

Estos son los pasos que hay que seguir:

1. **Túmbate de espaldas con las rodillas flexionadas y los pies apoyados en el suelo. Los brazos deben estar extendidos junto al cuerpo y con las palmas de las manos hacia abajo.**

2. **Al exhalar, extiende las piernas y los brazos hacia arriba, verticalmente.**

   Mantén las extremidades relajadas (consulta la explicación sobre las articulaciones relajadas del capítulo 3).

3. **Describe círculos imaginarios con los pies, los dedos de los pies, las manos y los dedos de las manos, tanto en el sentido de las agujas del reloj como al contrario (figura 10-3).**

Figura 10-3:
Disfruta
de la
libertad de
movimiento
en los
tobillos
y en las
muñecas

Si puedes, haz que las manos y los pies formen círculos en sentidos contrarios al mismo tiempo. Respira libremente. Mantén los brazos y las piernas en alto tanto tiempo como te resulte cómodo y luego vuelve a la posición inicial.

4. **Repite entre tres y cinco veces los pasos 2 y 3, pero no mantengas las extremidades en alto más de 5 minutos, porque podrías cansarte o cargar demasiado la espalda.**

Evita adoptar esta postura si tienes problemas en la zona lumbar.

Flexión hacia delante con las piernas separadas sobre la pared

Esta postura es una versión de la postura *prasarita pada uttanasana*, descrita en el capítulo 7, y mejora la circulación cerebral, además de estirar los tendones de las corvas y toda la columna.

Sigue estos tres pasos:

1. **Ponte de pie y de espaldas a una pared a una distancia entre 60 y 90 cm de ella. Abre las piernas con una amplitud mayor que la anchura de las caderas; después inclínate hasta apoyar las nalgas en la pared.**

2. **Al exhalar, inclínate hacia delante a partir de las caderas y deja que cuelguen los brazos y la cabeza.**

   Si las manos tocan el suelo, cógete los codos con la mano contraria y deja que los antebrazos cuelguen. Mantén las rodillas flexionadas y el cuello y la cabeza relajados, como en la figura 10-4.

3. **Permanece entre 2 y 3 minutos en la posición del paso 2; utiliza cualquiera de las técnicas de respiración del capítulo 5.**

Si sientes algo de mareo durante este ejercicio o con cualquier otra postura invertida, reduce la duración y aumenta el tiempo de forma gradual.

Figura 10-4:
La flexión hacia delante con las piernas separadas sobre la pared

Trío de posturas de hombro

Estas posturas de hombro van de la más fácil a la más difícil y tienen tres ventajas comunes: mejoran la circulación de las piernas, las caderas, la espalda, el cuello, el corazón y la cabeza; estimulan las glándulas endocrinas y mejoran el drenaje linfático; facilitan la eliminación de sustancias de desecho, y producen un efecto calmante y rejuvenecedor sobre el sistema nervioso. La pared es un accesorio muy útil para las dos versiones fáciles. Cuando estés preparado podrás avanzar con confianza para adoptar la postura de medio hombro, también conocida por su nombre en sánscrito *viparita karani*.

Te recomendamos que tengas en cuenta la fragilidad del cuello y que, en consecuencia, antes de adoptar estas posturas hagas la variante dinámica del puente para preparar el cuello (se explica en el capítulo 15). Después, haz una breve pausa para descansar y adopta la postura de la cobra (descrita en el capítulo 11) para compensar.

No intentes hacer ninguna de estas posturas en los siguientes casos: si estás embarazada, sufres de hernia de hiato o hipertensión o sobrepeso (aunque sea moderado) o glaucoma o retinopatía diabética, o si tienes dolores de cuello. Tampoco es aconsejable practicarlas durante los primeros días de la regla. No utilices una pared con espejos, porque si te caes podrías hacerte daño.

La media postura sobre los hombros sobre la pared

Esta postura es una variante de la postura *viparita karani* (tratada en el apartado "Postura de medio hombro: *viparita karani*" más adelante). Es quizá la forma más fácil de aprender la la media postura sobre los hombros, pero paso a paso. La pared se convierte en un punto de apoyo para practicar los ejercicios sobre los hombros.

1. **Túmbate en el suelo con las rodillas flexionadas. Los pies deben estar en el suelo y los dedos deben tocar el zócalo de la pared. Extiende los brazos a ambos lados del cuerpo con las palmas de las manos hacia abajo.**

2. **Apoya las plantas de los pies en la pared, de manera que las rodillas se flexionen y formen un ángulo recto (los muslos estarán paralelos y las pantorrillas perpendiculares a la pared). Observa la figura 10-5a.**

Es posible que tengas que acercar o alejar las nalgas de la pared hasta que encuentres el ángulo adecuado.

3. **Al inhalar, presiona las manos contra el suelo y los pies contra la pared, e intenta levantar las caderas tanto como puedas, como se muestra en la figura 10-5b.**

4. **Flexiona los codos y coloca las manos en la zona lumbar.**

   Haz presión con los codos y con la parte posterior de los brazos para apoyarte mejor. Mantén el cuello relajado (fíjate en la figura 10-5c).

5. **Al exhalar, retira un pie de la pared y extiende esa pierna hasta que puedas ver la punta del dedo gordo, como en la figura 10-5d.**

   Puedes intentarlo con una pierna y luego cambiar, o con las dos a la vez. Si vas a hacerlo primero con una y después con la otra, practica durante el mismo tiempo con ambas.

6. **Permanece en las posiciones de los pasos 4 y 5 el tiempo que prefieras, aunque no te recomendamos que superes los 5 minutos. Aplica las técnicas de respiración que explicamos en el capítulo 5.**

Figura 10-5:
La pared permite que te apoyes e introduzcas variaciones

Para volver a la posición inicial, apoya con mucha lentitud un pie sobre la pared, y después el otro; finalmente, baja con suavidad la pelvis hasta el nivel del suelo.

La media postura sobre los hombros al revés sobre la pared

Esta postura (figura 10-6b) también es una variante de la postura *viparita karani*. Algunas personas opinan que es más fácil que la media postura sobre los hombros sobre la pared. Intenta poner ambas en práctica para saber cuál de las dos te resulta más cómoda.

1. **Túmbate de espaldas, con la cabeza en dirección a la pared y los brazos extendidos hacia atrás de manera que toques la pared con las puntas de los dedos. Flexiona las rodillas y apoya los pies en el suelo; alinéalos con las caderas, como en la figura 10-6a. Después lleva los brazos hacia delante y sitúalos a ambos lados del cuerpo y con las palmas hacia abajo.**

   La longitud de tus brazos marcará la distancia correcta a la pared. Para medirla, intenta con alguna de estas tres formas: toca la pared con los brazos extendidos, con los nudillos o con el dorso de las manos.

2. **Al exhalar, haz presión con las palmas de las manos y eleva las rodillas flexionadas para subir las caderas y formar un ángulo de entre 45 y 75°.**

   Las piernas deben estar estiradas, pero sin bloquear las rodillas; los pies quedarán justo por encima de la cabeza.

3. **Flexiona los codos y lleva las manos a la parte trasera de la pelvis y luego desplázalas hacia la zona lumbar.**

   Haz presión con los codos y la parte posterior de los codos para apoyarte en el suelo.

4. **Deja que los dedos de los pies se apoyen con suavidad sobre la pared; relaja el cuello (mira la figura 10-6b).**

5. **Permanece en la posición del paso 4 el tiempo que prefieras, pero no más de 5 minutos.**

6. **Cuando vuelvas a la posición inicial, baja primero las caderas con la ayuda de las manos; luego flexiona las rodillas y baja los pies al suelo.**

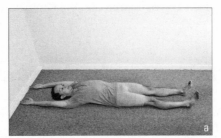 

Postura de medio hombro: viparita karani

Para adoptar bien esta postura te recomendamos que antes pruebes con comodidad las dos posturas que hemos explicado en los apartados anteriores: la postura del medio hombro en la pared y la del medio hombro al revés. De esta manera podrás aprovechar todos los beneficios sin comprimir el cuello como en la postura del hombro completo.

La palabra sánscrita *viparita* significa 'invertida', 'revertida', y *karani* se traduce como 'acción', 'proceso'. Algunos maestros han llamado a esta práctica *sarvangasana*, que significa 'postura de todas las extremidades'. Esta palabra está formada por las partículas *sarva*, *anga* y *asana*.

1. **Túmbate de espaldas con las rodillas flexionadas y los pies sobre el suelo (alineados con las caderas). Los brazos deben estar extendidos a ambos lados del cuerpo y las palmas hacia abajo.**

2. **Al exhalar, haz presión con las manos contra el suelo, dirige las rodillas hacia el vientre y hacia arriba; después estira las piernas y alza las caderas hasta adoptar un ángulo cómodo de entre 45 y 74° (como en la figura 10-7a).**

3. **Flexiona los codos y coloca las manos en la parte trasera de la pelvis y luego desliza las manos hacia la zona lumbar.**

Asegúrate de que las piernas están extendidas pero que las rodillas no están bloqueadas. Los pies deben quedar justo por encima de la cabeza. Apóyate sobre el suelo con los codos y la parte posterior de los brazos. Relaja el cuello. La figura 11-7b muestra este último paso de la postura.

4. Permanece en la posición del paso 3 el tiempo que prefieras, pero no más de 5 minutos.

5. Cuando vuelvas a la posición inicial, baja primero las caderas con la ayuda de las manos; luego flexiona las rodillas y baja los pies al suelo.

Figura 10-7:
La postura de medio hombro

Capítulo 11

Cuidado, que vienen curvas

En este capítulo

▶ Respetar la columna

▶ Presentación de las seis flexiones de espalda

▶ Aprender tres flexiones laterales

▶ Intentar cuatro flexiones hacia delante

*E*n este capítulo presentamos una variedad de flexiones yóguicas. Piensa en ellas como si fueran simples prolongaciones de la respiración. La inhalación lleva de manera natural a flexionar la espalda hacia atrás, y la exhalación a flexionarla hacia delante (para saber más sobre la relación entre la respiración y el movimiento, consulta el capítulo 5). Puedes adoptar posturas de flexión partiendo de muchas posiciones diferentes: en pie, de rodillas, sedente, tendido o, incluso, cabeza abajo (lee el capítulo 10). Puesto que en el capítulo 7 ya explicamos las flexiones en posición en pie y el capítulo 6 lo dedicamos a la explicación de las mejores flexiones para calentar antes de una práctica, este capítulo lo dedicaremos a la explicación de las posturas de flexión clásicas en el suelo.

Cómo fortalecer la columna (y otras explicaciones)

Si no tuviéramos columna vertebral no tendríamos dolores de espalda… ¡pero tampoco podríamos caminar erguidos! La columna nos permite flexionarnos hacia delante, hacia atrás y a los lados, e incluso girar sobre nuestro eje. Estos son los movimientos que toda persona hace en un solo día, pero se realizan de forma inconsciente y sin el refuerzo muscular adecuado. El yoga utiliza los movimientos naturales de la columna para entrenar los distintos músculos que la sostienen, y así mantener una espalda sana y sin dolores.

Pese a que la curva de la columna cumple la función de mantener la verticalidad, muchas personas no saben utilizarla correctamente. Las 33 vértebras, de las cuales 24 conforman la parte flexible de la columna, ocupan su sitio gracias a una serie de músculos y ligamentos que requieren ejercicio regular para rendir al máximo.

La columna se mantiene en su posición gracias a numerosos músculos, debidamente colocados por capas en el tronco, la espalda, el cuello y el perineo. Cuando estos músculos se lesionan o se deterioran pueden hacer que la columna pierda su alineación, lo cual puede causar molestias, dolor, o que se interrumpa la comunicación nerviosa con otros órganos o partes del cuerpo, por lo que pueden generarse otras complicaciones.

La columna vertebral es tan importante porque protege la médula espinal, un conjunto de nervios que se extiende por esa torre de huesos. Los nervios transmiten al tronco y a las extremidades toda la información del cerebro, y el cerebro devuelve las respuestas. Si la conexión nerviosa se interrumpe en algún punto, se pierde el control consciente de la parte del cuerpo a la que no ha llegado la información.

La columna también tiene una importancia psicológica. Cuando una persona es íntegra y de carácter fuerte se dice que es recta, y cuando es cobarde y apocada se dice que no tiene nervio. Puesto que muchas personas hacen caso del dicho popular "la cara es reflejo del alma", se tiende a juzgar el estado mental de la persona a partir de su actitud corporal. Si caminas siempre encorvado, sin querer indicarás a los demás que eres introvertido; en cambio, si caminas erguido, dará la impresión de que estás seguro de ti mismo, lleno de energía y coraje.

Desde el punto de vista del yoga, la columna es el reflejo físico de un canal energético sutil que parte de los pies y termina en la coronilla. Este canal recibe el nombre de *canal central* o *susumna nadi* (literalmente, 'canal supremo'). En el Hatha Yoga y el Tantra Yoga tradicionales, cuando se despierta el *kundalini sakti*, o poder de la serpiente, sube por este canal hasta la coronilla; cuando este poder de conciencia pura alcanza este punto es cuando se experimenta un estado de éxtasis sublime. En el capítulo 21 hablamos más de este canal central.

La columna, el eje de nuestro mundo

Según el simbolismo del yoga, la columna corresponde al eje del universo, el cual se representa como una gigantesca montaña dorada llamada monte Meru. En la cima de esta montaña (es decir, la cabeza) se encuentra el paraíso, donde están sentadas todas las deidades.

Flexiones hacia atrás

En nuestra vida cotidiana hay cantidad de actividades que requieren flexionarse hacia delante: ponerse los pantalones, atarse los zapatos, recoger objetos del suelo, trabajar frente al ordenador, plantar flores en el jardín o hacer deporte, entre otras. Ese tipo de flexión cierra la parte frontal del torso, acorta la parte frontal de la columna y curva la espalda. Este gesto de cierre y curvatura se exagera más por el mal hábito de algunas personas de doblarse por la cintura, en vez de inclinarse a partir de las caderas. Repetir este gesto a diario puede causar problemas de columna.

Para comprobar la diferencia entre inclinarse desde la cintura o desde la cadera haz lo siguiente: siéntate en una silla con los pies en el suelo y la columna recta, y coloca las manos sobre los huesos de las caderas con los dedos vueltos hacia dentro. Al inhalar, yergue la espalda, abre el pecho y mira hacia delante. Al exhalar, mantén el pecho abierto e inclínate hacia delante: ahora lo estás haciendo desde las caderas. Ahora, siéntate en la silla y mueve las manos hasta ponerlas debajo de la caja torácica. Al exhalar, inclina la barbilla hacia el pecho, la cabeza hacia los muslos e inclina la columna. Esta flexión es desde la cintura. Si no se corrige, con los años este gesto de flexión de la cintura podría causar una espalda encorvada, además de hundir el pecho e inclinar la cabeza hacia delante. Esta posición suele producir dolores y dificulta la respiración profunda.

Un buen antídoto para aliviar los efectos de esta mala costumbre es la práctica habitual de las flexiones hacia atrás que propone el yoga, porque estiran la columna y la parte frontal del torso. Haz una inhalación profunda ahora mismo y nota cómo el torso y la columna se extienden de forma natural durante esta fase activa y abierta de la respiración, y te invita a flexionarte hacia atrás. Las flexiones hacia atrás son posturas extrovertidas y expansivas porque pueden despertar emociones intensas. Las flexiones hacia atrás más importantes suelen programarse hacia la mitad de las rutinas yóguicas, porque de esa manera se ha tenido el tiempo de preparación suficiente para efectuar los movimientos y para compensarlos después (consulta el capítulo 15 para saber más sobre preparación y compensación). En este apartado presentamos algunas de las típicas flexiones hacia atrás en el suelo.

Para que te sea más fácil adoptar las posturas de la cobra y la langosta, coloca un cojín o una manta doblada debajo de ti, entre el abdomen y el pecho. Mueve el cojín (o el accesorio que uses) hacia delante o hacia atrás hasta que estés cómodo (observa la figura 11-4b más adelante en este capítulo).

Si te tumbas boca abajo y levantas el pecho y la cabeza, y usas los brazos de alguna manera, estás poniendo en práctica una variante de la postura de la cobra. Si alzas las piernas o combinas levantar las piernas, el pecho y los brazos, estarás haciendo una variante de la postura de la langosta.

Muévete siempre con lentitud y con precaución cuando adoptes las posturas de la cobra y la langosta. Evita todas las posturas que te causen dolor en la zona lumbar, en la zona superior de la espalda o en el cuello.

La cobra I

La primera postura de la cobra aumenta la flexibilidad y la fuerza de los músculos de los brazos, el pecho, los hombros y la espalda. Al adoptarla se hace especial hincapié en la zona superior de la espalda. Además, abre el pecho, incrementa la capacidad pulmonar y estimula el funcionamiento de los riñones y las glándulas adrenales.

Esta postura también se conoce con el nombre de la *esfinge*, y es una versión de la postura *bhujangasana*, que se explica en el apartado siguiente. Estos son los pasos para adoptar la primera postura:

1. **Túmbate boca abajo con las piernas alineadas con las caderas y las puntas de los pies apoyadas en el suelo.**

2. **Apoya la frente en el suelo y relaja los hombros; flexiona los codos y coloca los antebrazos en el suelo con las palmas hacia abajo y cerca de la cabeza (fíjate en la figura 11-1a).**

3. **Al inhalar, activa los músculos de la espalda, haz presión sobre el suelo con los antebrazos y alza el pecho y la cabeza.**

   Mira hacia delante, como en la figura 11-1b. Mantén los antebrazos y la parte frontal de la pelvis sobre el suelo, de forma consciente y con los hombros relajados.

Figura 11-1:
La cobra I ejercita la parte superior de la espalda y es más fácil que la cobra II

4. **Al exhalar, baja el torso y la cabeza lentamente hacia el suelo.**

5. **Repite tres veces los pasos 3 y 4; después permanece en la posición del paso 3 (la última posición levantada) entre 6 y 8 respiraciones.**

Si tienes problemas en la zona lumbar, separa más las piernas y gira los talones hacia fuera y los dedos de los pies hacia dentro.

La cobra II: bhujangasana

Esta postura es muy parecida a la cobra I, que hemos descrito en el apartado anterior, y por lo tanto ofrece los mismos beneficios, aunque añade uno: mejora la flexibilidad de la zona lumbar.

Estos son los pasos para adoptar la segunda postura de la cobra:

1. **Túmbate boca abajo con las piernas alineadas con las caderas y las puntas de los pies apoyadas en el suelo.**

2. **Flexiona los codos, coloca las palmas sobre el suelo y los pulgares cerca de las axilas.**

   Apoya la frente en el suelo y relaja los hombros, como se muestra en la figura 11-2a.

3. **Al inhalar, presiona las palmas contra el suelo y activa los músculos de la espalda; alza el pecho y la cabeza.**

   Mira al frente (fíjate en la figura 11-2b). Mantén la parte frontal de la pelvis en el suelo y los hombros relajados. A menos que seas muy flexible, mantén los codos ligeramente flexionados.

4. **Al exhalar, baja el torso y la cabeza hacia el suelo con lentitud.**

Figura 11-2:
La segunda postura de la cobra mejora la flexibilidad de la zona lumbar

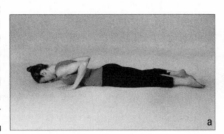
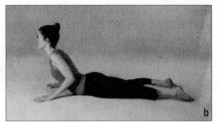

5. **Repite tres veces los pasos 3 y 4; luego permanece en la posición del paso 3 (la última posición elevada) entre 6 y 8 respiraciones.**

En la versión clásica de esta postura, las piernas están juntas y las rodillas estiradas. La cabeza está alineada con la columna y los ojos miran al frente. Las palmas descansan en el suelo a ambos lados del torso y cerca del ombligo; los codos están ligeramente flexionados y los hombros relajados.

Si adelantas un poco las manos, la cobra es más fácil; si las desplazas hacia atrás, en cambio, será más difícil.

La palabra sánscrita *bhujangasana* se compone de *bhujanga,* 'serpiente', y *asana*, 'postura'.

La cobra III

La tercera postura de la cobra, que también es una versión de la postura *bhujangasana*, es especial porque no exige que las manos descansen sobre el suelo. Fortalece toda la espalda, tanto la zona lumbar como la parte superior de la espalda.

Intenta adoptar esta postura en estos cinco pasos:

1. **Túmbate boca abajo con las piernas alineadas con las caderas y las puntas de los pies apoyadas en el suelo; apoya la frente en el suelo.**

2. **Extiende los brazos a ambos lados del cuerpo con las palmas en el suelo, como se muestra en la figura 11-3a.**

3. **Al inhalar, alza el pecho y la cabeza; abre los brazos como si fueran alas, y llévalos hacia delante.**

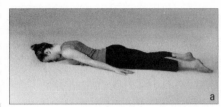
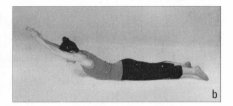

Mantén las piernas en el suelo, como se muestra en la figura 11-3b.

4. **Al exhalar, vuelve a colocar los brazos a los lados del cuerpo y baja el torso y la cabeza con lentitud.**

5. **Repite tres veces los pasos 3 y 4; después permanece en la posición del paso 3 (la última posición elevada) entre 6 y 8 respiraciones.**

La langosta 1: salabhasana

La postura de la langosta fortalece todo el torso; también la zona lumbar y el cuello. Además, fortalece las nalgas y las piernas, mejora la digestión y elimina el estreñimiento.

1. **Túmbate boca abajo con las piernas alineadas con las caderas y las puntas de los pies apoyadas en el suelo; apoya la frente en el suelo.**

2. **Extiende los brazos a ambos lados del cuerpo con las palmas en el suelo.**

3. **Al inhalar, alza el pecho, la cabeza y una pierna, tan arriba como puedas sin forzar (mira la figura 11-4a).**

Si quieres puedes utilizar un cojín o una manta doblada debajo del abdomen para más comodidad. En la figura 11-4b se muestra cómo colocarla.

4. **Al exhalar, baja el pecho, la cabeza y la pierna lentamente, y repite los pasos 3 y 4 con la pierna contraria.**

5. **Repite tres veces los pasos 3 y 4 y luego permanece en la posición del paso 3 (la última posición elevada) entre 6 y 8 respiraciones.**

Figura 11-4:
Alza el pecho, la cabeza y una pierna al inhalar; si es necesario, utiliza una manta

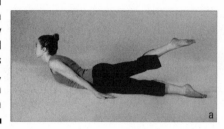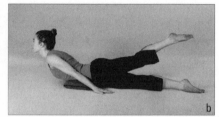

 Puedes aumentar la dificultad alzando las dos piernas a la vez durante el paso 3.

En la versión clásica de esta postura, las piernas están juntas y las rodillas estiradas.

La langosta II

Esta es otra versión de la postura *salabhasana*, y también permite que ambos lados del cuerpo trabajen de forma independiente. Muchos de los problemas de espalda se producen porque existe un desequilibrio en el sistema muscular de cada lado de la columna. Los profesionales de la salud suelen referirse a este fenómeno como un problema asimétrico. La se-

Apretar o no apretar, esa es la cuestión

En el yoga se plantea una duda permanente con respecto a la postura de la cobra: ¿hay que apretar las nalgas al realizar esta postura? La instrucción tradicional dice que sí deben apretarse. Sin embargo, el trabajo del fisioterapeuta neozelandés Robin Mckenzie ha causado una revolución en los cuidados de la espalda y las ideas relacionadas con las flexiones hacia atrás. En su propia ver-

sión de la cobra, que él ha llamado técnica McKenzie, sugiere que si se relajan las nalgas, esto ayuda a curar ciertos dolores de la zona lumbar. Intenta poner en práctica ambas versiones y comprueba cuál es para ti la más cómoda. Esta discusión solo afecta a la cobra; las nalgas deberán apretarse en todas las versiones de la postura de la langosta.

gunda postura de la langosta devuelve la simetría a la espalda y también mejora la coordinación.

1. **Túmbate boca abajo con las piernas alineadas con las caderas y las puntas de los pies apoyadas en el suelo; apoya la frente en el suelo.**

2. **Extiende el brazo derecho hacia delante con la palma sobre el suelo; lleva el brazo izquierdo hacia atrás, a un lado del torso y con la palma hacia abajo (fíjate en la figura 11-5a).**

3. **Al inhalar y con mucha lentitud, levanta el pecho, la cabeza, el brazo derecho y la pierna izquierda tan arriba como puedas.**

   Intenta alinear el brazo derecho con la oreja derecha y mantener el brazo derecho y la pierna izquierda a una misma altura (como en la figura 11-5b).

4. **Al exhalar, baja muy lentamente, y al mismo tiempo, el brazo derecho, el pecho, la cabeza y la pierna izquierda.**

5. **Repite tres veces los pasos 3 y 4; luego permanece en la posición del paso 3 entre 6 y 8 respiraciones.**

6. **Repite toda la secuencia con la pierna derecha y el brazo izquierdo.**

La segunda postura de la langosta tiene una biomecánica interesante. Cuando se levanta el pecho y el brazo derecho, se fortalece el lado derecho de la parte superior de la espalda. Cuando se alza la pierna izquierda, se fortalece el lado derecho de la zona lumbar. Por lo tanto, aunque esta postura emplea piernas y brazos contrarios, se ejercita el mismo lado de la espalda todas las veces.

Evita las versiones de la postura de la langosta en las que solo se alzan las piernas, porque esa posición hace que aumente la presión en el pecho y en el abdomen, el ritmo cardíaco y la tensión del cuello.

Figura 11-5:
Esta postura equilibra los músculos de cada lado de la espalda

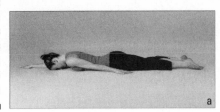

La langosta III:
la postura de Supermán

Esta postura es una variante de *salabhasana* y toma su nombre de la imagen de Supermán cuando atraviesa los cielos a la velocidad del rayo, con los brazos extendidos hacia delante para controlar el vuelo. Es la flexión hacia atrás más intensa, porque en ella los brazos y las piernas se extienden por completo, como se muestra en la figura 11-6, y se carga bastante peso en la espalda. Te recomendamos que adoptes esta postura cuando hayas conseguido dominar las posturas I y II de la langosta.

Esta postura requiere un esfuerzo físico considerable. No intentes ponerla en práctica si tienes molestias en el cuello o en la espalda.

Estos son los pasos que debes seguir:

1. **Túmbate boca abajo con las piernas alineadas con las caderas y las puntas de los pies apoyadas en el suelo; extiende los brazos a ambos lados del torso y las palmas de las manos hacia abajo; apoya la frente en el suelo (como en la figura 11-6a).**

2. **Al inhalar, alza el pecho, las piernas y la cabeza y lleva los brazos hacia delante, como si fueran alas (como en la figura 11-6b).**

Al principio intenta alzar los brazos en forma de T; de ese modo los músculos de la espalda podrán acostumbrarse al esfuerzo que exige esta postura.

3. **Al exhalar, vuelve a poner los brazos en la posición inicial, baja el torso, las piernas y la cabeza lentamente hacia el suelo y al mismo tiempo.**

4. **Repite tres veces los pasos 2 y 3; después permanece en la posición del paso 2 (la última posición elevada) entre 6 y 8 respiraciones.**

Figura 11-6:
Asegúrate de estar preparado para esta "superpostura"

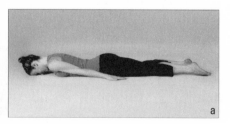

a

b

Flexiones laterales

La columna tiene cuatro movimientos básicos posibles: hacia delante (flexión), hacia atrás (extensión), a los lados (flexión lateral) y giro (rotación). De estos cuatro, la flexión lateral quizá sea la menos practicada en el yoga, lo cual es una pena, porque este tipo de flexiones ayudan a estirar y tonificar los músculos laterales del abdomen, los de la caja torácica y los de la espalda; Es la ideal para conservar la cintura estilizada y la columna flexible, y permite una respiración completa.

Una flexión lateral en toda regla contrae un lado del cuerpo y a la vez expande el otro. Para comprobar los efectos de una flexión lateral ahora mismo solo tienes que hacer lo siguiente: en posición sedente, inclínate hacia un lado durante la exhalación y extiende el brazo del mismo lado hacia abajo. Para notar el efecto total, extiende el brazo contrario hacia el techo. En este apartado explicamos algunas maneras creativas y seguras de utilizar las flexiones laterales en el suelo.

Flexión lateral sedente

Esta flexión es una manera excelente de familiarizarse con esta posición si no estás acostumbrado a hacer flexiones hacia los lados. Sigue estos pasos:

1. **Siéntate cómodamente en el suelo en una posición de piernas cruzadas.**

   Pon la palma de la mano derecha sobre el suelo, cerca de la cadera. Consulta el capítulo 6 para recordar cómo se adoptan las posturas sedentes más adecuadas.

2. **Al inhalar, alza el brazo izquierdo por el lado hacia arriba, por encima de la cabeza y hasta llegar junto a la oreja izquierda.**

3. **Al exhalar, desliza la mano derecha por el suelo y deja que el torso, la cabeza y el brazo izquierdo te sigan mientras haces la flexión hacia la derecha, como se muestra en la figura 11-7.**

   Las nalgas no deben separarse del suelo al hacer estos movimientos.

4. **Al inhalar, vuelve a la posición inicial (la del principio del paso 2).**

5. **Repite tres veces los pasos 2, 3 y 4 y luego permanece en la posición de la flexión (el paso 3) entre 6 y 8 respiraciones.**

6. **Repite toda la secuencia con el lado contrario.**

Figura 11-7:
Desliza la
mano por
el suelo
mientras
realizas la
flexión

Flexión lateral a gatas

Muchas personas que sufren dolores de espalda o de cadera lo pasan mal cuando tienen que sentarse en el suelo con la espalda recta. Esta postura a gatas da mayor libertad a la columna y hace que la flexión lateral en el suelo sea más fácil.

1. **Ponte a gatas en el suelo; las rodillas deben estar alineadas con las caderas y las manos con los hombros; las palmas deben estar sobre el suelo.**

   Estira los codos sin bloquearlos. Mira hacia delante.

2. **Al exhalar, inclina la cabeza y el torso hacia la derecha e intenta mirarte el coxis (como se muestra en la figura 11-8).**

3. **Al inhalar, vuelve a la posición del paso 1.**

4. **Repite tres veces los pasos 2 y 3; después permanece en la posición del paso 2 entre 6 y 8 respiraciones.**

5. **Repite la secuencia, pero esta vez con la mirada hacia el lado izquierdo.**

Flexión lateral plegada

La palabra sánscrita *bala* significa 'niño'. Esta práctica está inspirada en la posición flexionada de un bebé en el vientre de la madre. Los beneficios de esta flexión lateral, que es una variante de la *balasana* o postura del niño (que explicamos en el capítulo 15), son los mismos que los de la flexión lateral sentada.

1. **Siéntate sobre los talones con los dedos de los pies hacia atrás. Inclínate hacia delante apoyando el abdomen en los muslos y la cabeza en el suelo.**

   Extiende los brazos hacia delante con las palmas hacia abajo, como se muestra en la figura 11-9a.

2. **Al exhalar, permanece en la posición plegada y desliza la parte superior del torso, la cabeza, los brazos y las manos hacia la derecha, tan lejos como puedas, como en la figura 11-9b.**

   Espera unos segundos, y con otra exhalación deslízate un poco más hacia la derecha, pero sin tensarte.

3. **Vuelve al centro y repite la secuencia con el lado izquierdo; permanece entre 6 y 8 respiraciones por cada lado en la posición del paso 2.**

Figura 11-9:
Espera
unos
segundos
antes de
deslizarte
un poco
más hacia
un lado

Flexiones hacia delante

De todos los movimientos que el torso y la columna pueden hacer, la flexión hacia delante es la maniobra más frecuente. La posición fetal es, por instinto, la más cómoda para la mayoría, quizá porque nos pasamos nuestros primeros nueve meses de vida en el útero de nuestra madre en esa posición.

Por lo general, las flexiones hacia delante son una buena manera de iniciar una rutina de yoga (salvo que tengas alguna lesión en los discos intervertebrales o algún otro problema de espalda). Mientras que las flexiones hacia atrás son las más extrovertidas de la familia de las *asanas*, las flexiones hacia delante son las más introvertidas. Siempre se adoptan con una exhalación, la fase pasiva y contractiva de la respiración.

Inclinarse siempre hacia delante desde la cintura provoca que la tensión se acumule en la zona lumbar y en el cuello. Las flexiones yóguicas hacia delante se llevan a cabo desde las caderas, un cambio que puede ayudarte a conservar la columna en un buen estado de salud y libre de estrés, porque de esa manera corregirás los malos hábitos de los que hablamos al principio de este capítulo.

Sé muy prudente con todas las flexiones hacia delante en posición sedente si tienes problemas de espalda relacionados con los discos intervertebrales.

Si te resulta difícil sentarte en el suelo con la espalda recta durante cualquiera de las flexiones hacia delante, incluso durante las que explicamos a continuación, alza las caderas con la ayuda de un cojín o de una manta doblada, como se muestra en la figura 11-10c.

Flexión hacia delante en postura sedente: pascimottanasana

La flexión hacia delante en posición sedente estira de forma muy intensa toda la parte posterior, incluso la columna y las piernas. También tonifica los músculos y los órganos del abdomen y provoca un efecto calmante y de tranquilidad.

1. **Siéntate en el suelo con las piernas separadas y alineadas con las caderas; estíralas hacia delante con comodidad.**

   Pon la espalda bien recta y coloca las palmas hacia abajo en el suelo, cerca de los muslos.

2. **Al inhalar, alza los brazos por delante y llévalos hacia arriba, por encima de la cabeza, con las puntas de los dedos apuntando hacia el techo, como en la figura 11-10a.**

   Mantén los brazos y las piernas flexionados y con las articulaciones relajadas, sin tensarlos. En el capítulo 3 explicamos cómo relajar las articulaciones.

3. **Al exhalar, inclínate hacia delante desde las caderas; lleva las manos, el pecho y la cabeza hacia las piernas.**

   Puedes apoyar las manos en el suelo, en los muslos, en las rodillas o en los pies. Si la cabeza no toca las rodillas, flexiónalas un poco hasta que sientas que la espalda se estira (fíjate en la figura 11-10b).

4. **Repite tres veces los pasos 2 y 3; después permanece en la posición del paso 3 entre 6 y 8 respiraciones.**

En la versión clásica de esta postura, las piernas están juntas, las rodillas extendidas, y los tobillos están flexionados de manera que las puntas de los pies apunten hacia arriba. La barbilla descansa sobre el pecho, las manos sujetan los bordes de los pies y la espalda se extiende hacia delante hasta que la frente toca las piernas.

La palabra sánscrita *pascimottanasana* se traduce como 'extensión de la postura occidental'. En el argot del yoga, el Oeste es la espalda, y el Este la parte delantera del cuerpo. Este simbolismo hace referencia a los efectos físicos y psicológicos de la postura: estira la espalda, especialmente la columna y las piernas, y tal como el Sol se pone por el Oeste, la *luz* de la conciencia se dibuja en el interior a medida que el cuerpo se pliega sobre sí mismo.

Figura 11-10:
Si la cabeza
no toca las
rodillas,
flexiónalas
un poco más

Postura de cabeza sobre la rodilla: janu sirsana

La postura de cabeza sobre la rodilla mantiene la columna flexible, estimula los órganos abdominales y estira la espalda, especialmente en el lado en el que se extiende la pierna. También activa el canal central *(susumna nadi)*. Como explicamos en el capítulo 5, por este canal circula la energía de la conciencia pura *(kundalini sakti)* que lleva al éxtasis y a la liberación espiritual.

1. **Siéntate en el suelo con las piernas extendidas hacia delante; seguidamente, flexiona la rodilla izquierda y lleva el talón izquierdo hasta la ingle.**

2. **Apoya la rodilla flexionada en el suelo, pero sin forzarla, y coloca la planta del pie izquierdo en la cara interna del muslo derecho.**

   Los dedos del pie izquierdo deben apuntar hacia la rodilla derecha.

3. **Pon la espalda bien recta; al inhalar, lleva los brazos hacia delante y hacia arriba, por encima de la cabeza y hasta que estén a ambos lados de las orejas, como en la figura 11-11a.**

Mantén los brazos y la pierna derecha relajados y ligeramente flexionados, en la posición de articulaciones relajadas descrita en el capítulo 3.

4. **Al exhalar, inclínate hacia delante desde las caderas; lleva las manos, el pecho y la cabeza hacia la pierna derecha.**

Las manos pueden descansar sobre el suelo, el muslo, la rodilla, la espinilla o el pie. Si la cabeza no está cerca de la rodilla derecha, flexiona un poco la rodilla hasta que notes como se estira la espalda (mira la figura 11-11b).

5. **Repite tres veces los pasos 3 y 4; luego permanece en la posición del paso 4 (la última flexión hacia delante) entre 6 y 8 respiraciones.**

6. **Repite toda la secuencia de movimientos con el lado opuesto.**

Mantén los músculos de la espalda lo más relajados posible.

La palabra sánscrita *janu* significa 'rodilla', y *sirsa*, 'cabeza'.

Figura 11-11:
La postura de cabeza sobre la rodilla

a

b

El volcán: mahamudra

Los antiguos escritos del Hatha Yoga se deshacen en elogios al explicar la postura del volcán. Fortalece la espalda, estira las piernas, y abre las caderas y el pecho. Es única, porque concentra las cualidades de las flexiones hacia delante y hacia atrás. Si se pone en práctica con cierres o *bandhas* especiales, que contienen y conducen la energía en el torso, esta técnica tiene efectos curativos y depurativos.

1. **Siéntate en el suelo con las piernas extendidas hacia delante; seguidamente, flexiona la rodilla izquierda y lleva el talón izquierdo hasta la ingle.**

2. **Apoya la rodilla flexionada en el suelo, pero sin forzarla, y coloca la planta del pie izquierdo en la cara interna del muslo derecho.**

   Los dedos del pie izquierdo deberán apuntar a la rodilla derecha.

3. **Pon la espalda bien recta; al inhalar, alza los brazos hacia delante y hacia arriba, por encima de la cabeza y hasta que estén a ambos lados de las orejas.**

   Mantén los brazos y la pierna derecha relajados y ligeramente flexionados, en la posición de articulaciones relajadas descrita en el capítulo 3. Fíjate en la figura 11-11a de la postura anterior.

4. **Al exhalar, inclínate hacia delante desde las caderas, levanta el pecho y estira la espalda sin dejar que se curve.**

   Coloca las manos en la rodilla derecha, o bien sobre la pantorrilla o los dedos de los pies; mira hacia delante, como en la figura 11-12.

5. **Repite tres veces los pasos 3 y 4; luego permanece en la posición del paso 4 entre 6 y 8 respiraciones.**

6. **Repite toda la secuencia con la parte contraria.**

En la versión clásica de la postura, la pierna que está estirada y los brazos están completamente extendidos; las manos sujetan los dedos de los pies de dicha pierna. La espalda está extendida y la barbilla descansa sobre el pecho. Los músculos abdominales se meten hacia dentro y se contrae el esfínter.

La palabra sánscrita *mahamudra* se traduce literalmente como 'gran sello'. Aquí se aplica a la postura del yoga, pero en otros contextos, *mahamudra* es un ejercicio mental que permite que la mente fluya hacia el cielo abierto. Intenta combinar esta actitud interior con la postura física.

Figura 11-12:
La postura
del volcán es
excelente,
porque
comprende
cualidades
de diversas
posturas

Flexión hacia delante con piernas separadas: upavista konasana

La flexión hacia delante con las piernas separadas estira la espalda y la parte interior de las piernas (los tendones de las corvas y los músculos aductores), y aumenta la flexibilidad de la columna y de las articulaciones de la cadera. También mejora la circulación de toda la región pélvica, tonifica el abdomen y produce un efecto calmante sobre el sistema nervioso. Sin embargo, advertimos que la densidad muscular puede dificultar la adopción de esta postura a muchos hombres. Si quieres intentarla, sigue estos pasos:

1. **Siéntate en el suelo con las piernas estiradas y abiertas (no más de 90°).**

   Puesto que esta es una postura que exige bastante esfuerzo, date ventaja y deja caer las nalgas hacia atrás, para que no se apoyen en los isquiones (los huesos sobre los que nos sentamos), y flexiona un poco las rodillas. Como alternativa, puedes sentarte sobre una manta doblada.

2. **Al inhalar, alza los brazos hacia delante y llévalos hacia arriba hasta que estén a ambos lados de las orejas.**

   Mantén los codos y las piernas ligeramente flexionados en la posición de articulaciones relajadas que describimos en el capítulo 3. Pon la espalda bien recta (como en la figura 11-13a).

3. **Al exhalar, inclínate hacia delante desde las caderas y lleva las manos, el pecho y la cabeza hacia el suelo.**

   Apoya los brazos extendidos y las manos sobre el suelo. Si tienes suficiente flexibilidad, apoya la frente en el suelo como se muestra en la figura 11-13b.

4. **Repite tres veces los pasos 2 y 3; luego permanece en la posición del paso 3 (la posición plegada) entre 6 y 8 respiraciones.**

En la versión clásica de esta postura, las piernas están extendidas y los dedos de los pies apuntan hacia arriba; la barbilla y el pecho están en el suelo, y los brazos están extendidos hacia delante con las palmas de las manos unidas.

Upavista konasana también recibe el nombre de *postura de toda la vida*, porque dominarla puede llevar toda una vida, ¡pero que eso no te desanime! Según el yoga, si no se consigue en esta vida, quizá sea en la próxima.

La palabra sánscrita *upavista* significa 'sentado', y *kona* significa 'ángulo'.

Figura 11-13:
La flexión hacia delante con las piernas separadas

a

b

Capítulo 12

Torsiones...
¡que empiece el baile!

En este capítulo

▶ Disfrutar de una columna sana con las torsiones yóguicas

▶ Introducción a seis torsiones simples

Imagina que estás limpiando la cocina con un estropajo de espuma humedecido. Después de algunas pasadas, el estropajo se ensucia. Lo enjuagas en el fregadero para quitarle la suciedad y lo escurres. Al liberar la presión, el estropajo absorbe agua limpia. Ahora ya puedes seguir limpiando.

La analogía de la esponja suele emplearse para explicar cómo actúan las torsiones yóguicas sobre la columna. Los discos intervertebrales son como almohadillas blandas dispuestas entre las vértebras. Estos discos no tienen un suministro de sangre propio hasta pasados los 20 años de edad, por lo que dependen del movimiento para deshacerse de los desechos acumulados y conseguir sangre nueva y otros fluidos. Este proceso recibe el nombre de *imbibición*. Con el tiempo, si los discos no se han escurrido y empapado lo suficiente, se endurecen y se secan, como cuando dejamos de usar una esponja. Como consecuencia, la columna se pone rígida y se encoge.

Las torsiones son elementos importantes en cualquier práctica yóguica. Limpian los discos y los mantienen firmes y flexibles; masajean los órganos internos, como los intestinos y los riñones; avivan el fuego interno de la digestión; y estiran y fortalecen los músculos de la espalda y del abdomen.

En este capítulo presentamos: las torsiones en posición sedente, que actúan sobre la parte superior de la columna; las torsiones con flexión, que trabajan la zona lumbar de la columna. Para obtener información sobre las torsiones en pie, consulta el capítulo 8.

Sé prudente cuando te familiarices con las torsiones si sufres algún problema discal en cualquier tramo de la columna. Consulta a un médico, un quiropráctico o un fisioterapeuta antes de ponerlas en práctica, o bien, trabaja con un terapeuta de yoga que tenga la formación adecuada.

Prueba algunas torsiones simples

Al hablar del cuerpo y la mente del ser humano, algunas personas suelen asociar la palabra torsión (y casi todas las del mismo campo semántico) al dolor o a algo no deseable. Por ejemplo, se dicen cosas como "se ha torcido un tobillo", "tiene una mente retorcida" o "lo acusaron de tergiversar sus palabras". En estos casos, todo lo que se tuerce es malo. Las sogas son resistentes gracias a las fibras retorcidas que las componen. En el yoga, las torsiones tienen ese mismo efecto positivo y, si se hacen bien, fortalecen el cuerpo, sobre todo los puntos débiles (como la zona lumbar). Además, no hay duda de que las torsiones forman parte de nuestros movimientos cotidianos. Sin embargo, si los músculos no están bien entrenados, un mal gesto puede terminar en una lesión. Los ejercicios que presentamos te ayudarán a mantener la espalda en las mejores condiciones, al tiempo que buscas la satisfacción y la iluminación.

Torsión fácil en la silla

Esta postura sedente es excelente para los principiantes, porque es segura y un buen comienzo antes de lanzarse a torsiones más complicadas. Podrás usar esta sencilla postura para liberar la columna en la oficina, por ejemplo, ¡y tu espina dorsal te lo agradecerá!

Inicia las torsiones desde los hombros; la cabeza y el cuello acompañarán el movimiento.

1. **Siéntate de lado en una silla, de manera que el respaldo quede a tu izquierda. Apoya los pies en el suelo y alinea los talones con las rodillas.**

2. **Exhala, vuélvete hacia la izquierda y sujeta el respaldo con ambas manos.**

3. **Al inhalar, estira la columna hacia arriba.**

4. **Al exhalar, vuelve de nuevo el torso y la cabeza, pero un poco más a la izquierda, como se muestra en la figura 12-2.**

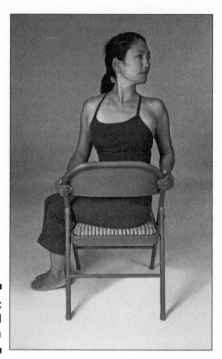

Figura 12-1:
Torsión fácil
en la silla

5. **Repite los 4 pasos anteriores. De forma gradual, durante 3 respiraciones gira un poco más en cada una (pero no te fuerces); luego mantén la torsión entre 6 y 8 respiraciones.**

6. **Repite toda la secuencia con el lado contrario.**

Si no puedes apoyar los pies en el suelo con comodidad, utiliza una guía telefónica, un reposapiés o una manta doblada para elevarlos.

Torsión fácil en el suelo

Cuando ya puedas hacer la torsión en la silla sin dificultad (descrita en el apartado anterior), podrás aplicar a esta torsión en el suelo los conocimientos recién adquiridos. Tiene un efecto similar a la torsión en la silla, pero esta postura encaja más con la práctica del yoga, en la que la mayoría de ejercicios se hacen en el suelo.

1. **Siéntate en el suelo en una posición de piernas cruzadas simple; endereza la columna.**

2. **Pon la palma de la mano izquierda sobre la rodilla derecha.**

3. **Apoya la palma de la mano derecha en el suelo y detrás de la cadera derecha para sostenerte.**

4. **Al inhalar, estira la columna hacia arriba.**

5. **Al exhalar, vuelve el torso y la cabeza hacia la derecha (mira la figura 12-2).**

6. **Repite durante tres respiraciones los pasos 4 y 5, girando un poco más en cada exhalación (sin forzar); luego permanece en la torsión entre 6 y 8 respiraciones.**

7. **Repite toda la secuencia con el lado contrario.**

Si te resulta difícil mantener la espalda recta en esta torsión sedente, utiliza algún cojín o una manta doblada para poner las caderas y las rodillas al mismo nivel.

Figura 12-2:
Torsión fácil
en el suelo

La torsión del sabio

Las torsiones fáciles en la silla y en el suelo son las más sencillas. Al cambiar la posición de las piernas varía la dificultad, pero el beneficio también es mayor. La torsión del sabio te da rendimientos extra por tus ahorros.

1. **Siéntate en el suelo con las piernas extendidas hacia delante; flexiona la rodilla derecha y coloca el pie derecho junto al muslo izquierdo y con los dedos hacia delante.**

2. **Coloca la mano derecha (con la palma hacia abajo) en el suelo detrás de ti; envuelve la parte exterior de la rodilla derecha con la palma de la mano izquierda.**

3. **Al inhalar, endereza la columna.**

4. **Al exhalar, vuelve el torso y la cabeza hacia la derecha, como se muestra en la figura 12-3.**

5. **Repite los pasos 3 y 4, y acentúa la torsión con cada exhalación, durante 3 respiraciones (sin forzar) y luego mantén la postura entre 6 y 8 respiraciones.**

6. **Repite toda la secuencia con el lado contrario.**

Figura 12-3: Los principiantes pueden disfrutar de los beneficios de esta versión de la torsión del sabio

Si te resulta difícil mantener la espalda recta en esta postura, siéntate sobre un cojín o una manta doblada hasta que las caderas estén a la misma altura que las rodillas.

Esta postura es una variante de la posición clásica llamada *maricyasana*. En sánscrito esta palabra está compuesta por el prefijo *marici*, que significa 'rayo de luz' y fue el nombre de un antiguo sabio.

Torsiones en posición de tendido

Hasta ahora, las posiciones que hemos presentado eran para llevarlas a cabo sentados, pero los ejercicios que cierran el capítulo son para hacer tumbados. Comprenden torsiones muy beneficiosas y producen un agradable sentimiento de alivio en la columna.

Torsión en tendido supino con las piernas flexionadas

Este ejercicio es una variante de la postura *parivartanasana* (*parivartana* significa 'volverse').

La postura produce un efecto calmante en la zona lumbar. Estos son los pasos que debes seguir:

1. **Túmbate de espaldas con las rodillas flexionadas, los pies en el suelo alineados con las caderas, los brazos extendidos en forma de T (alineados con los hombros) y las palmas hacia abajo.**

2. **Al exhalar, flexiona lentamente las piernas hacia la derecha mientras vuelves la cabeza hacia la izquierda (como en la figura 12-4).**

   Mantén la cabeza en el suelo.

3. **Al inhalar, lleva de nuevo las rodillas hacia el centro.**

4. **Mientras exhalas, flexiona lentamente las piernas hacia la izquierda y la cabeza hacia la derecha.**

5. **Repite tres veces con cada lado los pasos del 1 al 4, lentamente; luego mantén la postura con cada lado entre 6 y 8 respiraciones.**

Figura 12-4:
Vuelve la cabeza en dirección contraria a las piernas

La navaja suiza

Esta posición es una variante de la postura *jathara parivritti*, 'torsión del vientre'. Tonifica los órganos abdominales y los intestinos, y, además, estira la zona lumbar y las caderas.

1. **Túmbate de espaldas, con las piernas estiradas, los brazos en forma de T (alineados con los hombros) y las palmas hacia arriba.**

2. **Flexiona la rodilla derecha y acerca el muslo al abdomen.**

3. **Al exhalar, baja la pierna derecha lentamente hacia el lado izquierdo, y extiéndela en una postura cómoda.**

4. **Extiende el brazo izquierdo en el suelo hacia el lado izquierdo de la cabeza (con la palma hacia arriba); luego vuelve la cabeza hacia la derecha como se muestra en la figura 12-5.**

   Mantén la cabeza en el suelo e intenta visualizar las líneas de energía que irradian de los brazos y las piernas.

Figura 12-5:
Extiende
el brazo y
vuelve la
cabeza en
la dirección
contraria

5. **Sigue los pasos del 1 al 4; luego relájate y permanece entre 6 y 8 respiraciones en la posición del paso 4.**

6. **Repite toda la secuencia con el lado contrario.**

Torsión en tendido supino con las piernas extendidas: jathara parivritti

Si te ha gustado la postura de la navaja suiza (en el apartado anterior), es probable que disfrutes con este ejercicio, aunque te exija algo más de esfuerzo. Esta variante de la postura *jathara parivritti* proporciona los mismos beneficios que la navaja suiza, pero el estiramiento de la zona lumbar y las caderas es más intenso; por supuesto, el estiramiento es bueno para los músculos y para la columna.

1. **Túmbate de espaldas, flexiona las rodillas y apoya los pies en el suelo alineados con las caderas; extiende los brazos en forma de T en línea con los hombros y con las palmas hacia abajo.**

2. **Flexiona las rodillas y acerca las piernas al abdomen.**

3. **Al exhalar, mueve lentamente las piernas flexionadas hacia el lado derecho.**

4. **Extiende las piernas a cierta distancia y luego vuelve la cabeza hacia la izquierda, como se muestra en la figura 12-6.**

   Mantén la cabeza en el suelo. Si esta postura te resulta difícil, intenta flexionar las piernas un poco más.

5. **Sigue los pasos del 1 al 4, relájate y, luego, permanece entre 6 y 8 respiraciones en la posición del paso 4.**

6. **Repite la secuencia con el lado contrario.**

En la versión clásica de esta postura, las rodillas están estiradas y las piernas juntas descansan en el suelo. Los brazos están extendidos a los lados y en ángulo recto con el torso. La mano del lado de las piernas sujeta el pie que queda arriba.

Figura 12-6: Mantén la cabeza en el suelo mientras la vuelves y extiende las piernas

Capítulo 13

Postura dinámica: la secuencia rejuvenecedora y el Saludo al Sol

En este capítulo

▶ Intentar el Saludo al Sol en siete pasos

▶ Experimentar el Saludo al Sol en doce pasos

Desde tiempo inmemorial, el Sol ha acaparado la atención de la humanidad debido a su poder creador de vida. El culto al Sol es una de las primeras y más naturales formas de expresión espiritual: piensa en los sumerios, los egipcios o los mayas. Sin embargo, en ningún lugar se ha seguido rindiendo homenaje al Sol como en la India, donde actualmente, con rituales que se celebran desde hace 10.000 años, millones de personas ofrecen sus respetos al astro rey, si bien para beneficiarse del Saludo al Sol que propone la tradición del yoga no hace falta ser tan devoto. Este ejercicio, que en sánscrito recibe el nombre de *surya namaskara*, es una secuencia de posturas y se considera tan profundo que muchas personas lo practican individualmente.

El Saludo al Sol te ayuda a recordar la idea yóguica de que el cuerpo se compone de luz solar condensada. El gesto de saludar, que en sánscrito se llama *namaskara mudra*, alude al aspecto más importante que reside en nosotros: el espíritu.

La técnica y el número de pasos del Saludo al Sol pueden variar ligeramente según la escuela o la organización. Por supuesto, cada escuela afirma que la suya es la auténtica manera de practicar el Saludo al Sol. En este capítulo nos centramos en la versión más conocida, la que introdujo hacia

El amanecer del Saludo al Sol

Nadie sabe cómo de antigua es la postura del Saludo al Sol, pero a principios del siglo XX, el rajá de Oudh, un pequeño estado del norte de la India, animó a sus ciudadanos a practicar esta secuencia de ejercicios. El rajá la practicaba por su salud y su felicidad.

la década de 1950 en Estados Unidos el fallecido Swami Vishnu Devananda, discípulo del gran Swami Sivananda de Rishikesh, la India. No obstante, antes de esa presentamos otra versión que se practica en 7 pasos y de rodillas, especialmente indicada para aquellas personas que no han desarrollado la flexibilidad ni la musculatura necesarias para la versión en 12 pasos.

Calentar para el Sol: rejuvenecerse en 9 pasos

¿Necesitas practicar una versión más fácil del Saludo al Sol? ¿Te cuesta permanecer de rodillas en la versión de los 7 pasos o cumplir todos los ejercicios de la versión de 12 pasos? Si la respuesta a cualquiera de las dos preguntas es sí, intenta probar la secuencia rejuvenecedora en 9 pasos recién llegada de California. Para ello, utiliza la técnica de respiración por pasos del capítulo 5:

1. **Adopta la postura de la montaña, con los pies ligeramente separados y alineados con las caderas; suelta los brazos a ambos lados del cuerpo (fíjate en la figura 13-1a).**

2. **Al inhalar, alza los brazos lentamente por los lados hasta situarlos por encima de la cabeza (figura 13-1b); haz una pausa.**

3. **Al exhalar, inclínate hacia delante desde la cadera; lleva la cabeza hasta la rodillas y las manos hacia delante y hacia el suelo, con el cuerpo flexionado y los brazos caídos hacia los pies (como en la figura 13-1c).**

   Relaja los brazos y las piernas (en el capítulo 3 encontrarás la explicación de la postura de las articulaciones relajadas). Haz una pausa.

4. **Flexiona un poco las rodillas al inhalar, y levanta los brazos hasta formar una T (media flexión hacia delante), como se muestra en la figura 13-1d.**

   Haz una pausa breve.

5. **Al exhalar, mantén la posición anterior y deja que los brazos cuelguen hacia delante de los pies (véase la figura 13-1e).**

6. **Al inhalar, abre los brazos a los lados, como si fueran alas, y eleva el torso otra vez, hasta que los brazos estén de nuevo alzados y por encima de la cabeza (mira la figura 13-1f).**

7. **Al exhalar, flexiona las rodillas y haz como si fueras a sentarte, pero quédate a la mitad.**

   Mantén los brazos por encima de la cabeza, pero relajados; mira al frente (fíjate en la figura 13-1g).

8. **Al inhalar, vuelve a levantar el torso, con los brazos en alto, y permanece en pie en esa postura (como en la figura 13-1h).**

9. **Exhala y coloca los brazos a ambos lados, como en el paso 1 (figura 13-1i).**

Repite entre 6 y 8 veces esta secuencia muy lentamente.

Para que en la última ronda hagas un poco más de esfuerzo, permanece entre 6 y 8 respiraciones en la media flexión hacia delante (paso 4), en la flexión hacia delante en pie (paso 5), y en la postura de la mitad de la silla (paso 7).

Para hacerlo todavía con más esfuerzo, repite toda la secuencia sobre las puntas de los pies.

El Saludo al Sol de rodillas y en 7 pasos

Si todavía no estás lo suficientemente preparado para realizar el Saludo al Sol en 12 pasos, la siguiente variante en 7 pasos te resultará muy beneficiosa y te ayudará a ponerte en forma para la versión en pie. Utiliza las técnicas de respiración que presentamos en el capítulo 5: la respiración centrada, la del pecho al abdomen y la del abdomen al pecho.

Deja que tu respiración te guíe; inhala al abrirte y espira al plegarte. Muévete con lentitud y haz una pausa entre la inhalación y la exhalación.

Figura 13-1:
La secuen-
cia rejuve-
necedora
en 9 pasos

1. **Siéntate sobre los talones en una posición de rodillas flexiona-das; pon la espalda recta y coloca las palmas en posición de oración con los pulgares sobre el esternón (como en la figura 13-2a).**

2. **Al inhalar, separa las manos y alza los brazos por delante y lléva-los hasta encima de la cabeza; aleja las nalgas de los talones, ar-quea la espalda y mira al techo como en la figura 13-2b.**

3. **Al exhalar, inclínate lentamente hacia delante a partir de las ca-deras, y apoya las palmas, los antebrazos y la frente en el suelo; haz una pausa y relaja la cadera, como se muestra en la figura 13-2c.**

4. **Desliza las manos por el suelo hacia delante hasta extender los brazos totalmente; a continuación, desliza el pecho al tiempo que flexionas ligeramente los codos y arquéate para adoptar la postura de la cobra II, como se muestra en la figura 13-2d.**

   En el capítulo 11 encontrarás las instrucciones de la segunda postura de la cobra.

5. **Al exhalar, alza las caderas, extiende las piernas y lleva el pecho hacia abajo mientras mantienes las manos en el suelo para adoptar la postura del perro invertido (como en la figura 13-2e).**

6. **Al inhalar, flexiona las rodillas y apóyalas en el suelo; mira hacia delante, como en la figura 13-2f.**

7. **Al exhalar, vuelve a sentarte sobre los talones y coloca las manos en posición de saludo, como en el paso 1 (figura 13-2g).**

Repite toda la secuencia entre 3 y 12 veces.

Si te cuesta sentarte sobre los talones en los pasos 1 y 7, quédate de rodi-llas con las manos en posición de oración. También puedes colocar una manta doblada bajo las rodillas para estar más cómodo.

Si esta secuencia del Saludo al Sol en 7 pasos te resulta demasiado difí-cil, salta a la versión del siguiente apartado (Saludo al Sol en 12 pasos) e intenta hacer los tres primeros pasos hasta que no estés del todo prepa-rado para hacer más.

Figura 13-2: El Saludo al Sol en 7 pasos

Hacia el Saludo al Sol en 12 pasos

Para alcanzar de manera óptima los beneficios de esta secuencia (así como de todas las posturas yóguicas), haz que en cada ejecución tu mente participe de forma totalmente activa. Cuando estés de pie, pon los pies en el suelo con firmeza. Al estirarte o al inclinarte, hazlo con toda la atención de la que seas capaz. La mente no solo consigue que la práctica sea

Los beneficios del Saludo al Sol

Según se dice, el Saludo al Sol, muy respetado por sus excelentes efectos, proporciona los siguientes beneficios:

✔ Estira la columna y fortalece los músculos que la sostienen.

✔ Fortalece y estira los brazos y las piernas.

✔ Corrige la postura, mejora la coordinación y la resistencia.

✔ Contribuye al delicado equilibrio entre la tensión y la relajación muscular.

✔ Conecta nuestro cuerpo, la respiración y la mente.

✔ Aporta beneficios aeróbicos (en casi todas sus formas).

✔ Mejora el funcionamiento pulmonar y la provisión de oxígeno a los músculos (entre ellos, el corazón).

✔ Es bueno para las personas de cualquier edad (con adaptaciones), desde niños hasta mayores.

Los maestros de yoga también sostienen que el Saludo al Sol tiene implicaciones psicológicas y espirituales muy profundas, porque estimula las energías vitales sutiles que nos conducen a altos estados de conciencia. Así pues, no resulta extraño que en muchos vídeos de yoga se incluya el Saludo al Sol.

elegante, sino que también adquiera fuerza. Emplea alguna de las técnicas respiratorias que enseñamos en el capítulo 5 y sigue estos pasos:

1. **Empieza de pie, con los pies separados y alineados con las caderas; une las manos en posición de oración, con los pulgares sobre el esternón, como se muestra en la figura 13-3a.**

2. **Al inhalar, abre un poco las palmas y lleva los brazos por delante y hacia arriba hasta que estén por encima de la cabeza; arquea la espalda y mira al techo (figura 13-3b).**

3. **Al exhalar, inclínate hacia delante desde las caderas, relaja las rodillas (con la técnica de articulaciones relajadas explicada en el capítulo 3), y apoya las manos en el suelo; acerca la cabeza a las piernas tanto como puedas, como se muestra en la figura 13-3c.**

4. **Al inhalar, flexiona la rodilla izquierda y da un paso largo hacia atrás con el pie derecho.**

   Asegúrate de que la rodilla izquierda quede justo encima del tobillo y de que el muslo quede paralelo al suelo, de manera que la rodilla forme un ángulo recto. Mira hacia el suelo, como en la figura 13-3d.

5. **Al exhalar, da un paso largo hacia atrás con el pie izquierdo y sitúate como si fueras a hacer flexiones; si notas los brazos tensos, flexiona las rodillas, apóyalas en el suelo y haz una pausa (figura 13-3e).**

6. **Inhala. Después, cuando espires, baja las rodillas (desde la posición para hacer flexiones), el pecho y la barbilla hacia el suelo, pero mantén las nalgas elevadas, como en la figura 13-3f.**

7. **Al inhalar, desliza el pecho por el suelo hacia delante; luego arquea la espalda hasta adoptar la postura de la cobra II, como en la figura 13-3g.**

8. **Al exhalar, flexiona los dedos de los pies, alza las caderas, extiende las piernas y lleva el pecho hacia abajo al tiempo que mantienes las manos en el suelo como en la figura 13-3h.**

9. **Al inhalar, da un paso hacia delante con el pie derecho, sitúalo entre ambas manos y mira hacia el frente (figura 13-3i).**

10. **Al exhalar, lleva el pie izquierdo hacia delante y ponlo paralelo al pie derecho; relaja las rodillas e inclínate en una flexión hacia delante, como en la figura 13-3j.**

11. **Al inhalar, alza los brazos o bien por delante y hasta que queden por encima de la cabeza, o bien por fuera y hacia arriba como si fueran alas; después arquea la espalda y mira hacia arriba, como en el paso 2; se indica en la figura 13-3k.**

Si tienes problemas de espalda, te resultará incómodo levantarte de la flexión frontal (tanto si alzas los brazos hacia delante o por los lados). Como alternativa, intenta ir curvándote hacia arriba: mantén la barbilla sobre el pecho y ve apilando una vértebra sobre otra; deja que los brazos cuelguen a los lados y, por último, levanta la cabeza. Cuando estés completamente de pie, lleva los brazos hacia delante, luego arriba, arquea un poco la espalda y dirige la mirada al techo.

12. **Al exhalar, coloca de nuevo las manos en posición de oración, como en el paso 1 y como en la figura 13-3l.**

Repite entre tres y doce veces toda la secuencia. Empieza con el pie derecho y alterna después con el izquierdo, para hacer así el mismo número de repeticiones (cada lado cuenta como media secuencia).

Si crees que estás preparado para hacer un esfuerzo mayor, contempla la posibilidad de adquirir el libro de Doug Swenson (Wiley) *Power Yoga For Dummies*, del sistema de Ashtanga Yoga. En él encontrarás las versiones avanzadas del Saludo al Sol. También puedes consultar en Internet la versión del Saludo al Sol que propone la escuela Iyengar u otras secuencias dinámicas.

Figura 13-3:
El Saludo
al Sol en 12
pasos

Capítulo 14

Una rutina recomendada para principiantes

En este capítulo

▶ Recapitular los principios básicos del yoga

▶ Presentar una rutina básica para principiantes

*L*a rutina de yoga que proponemos en este capítulo es una secuencia de eficacia probada por nosotros, que hemos sacado del libro *Primer of life yoga* de Larry Payne. Es una forma excelente para que los principiantes tengan un primer contacto con el yoga. Esta secuencia ha dado la vuelta al mundo y ha ayudado a miles de personas, entre ellas, todo el personal del museo J. Paul Getty de Los Ángeles o cien miembros de la World Presidents Organization (una exitosa asociación internacional de ejecutivos de diferentes procedencias) que se reúnen en el Polo Norte. La rutina es segura y factible. Está compuesta por ejercicios que reducen el estrés, incrementan la fuerza y la flexibilidad, e infunden energía y vitalidad.

Un comienzo lento y sabio

La mayoría de las personas opinan que pueden incorporar entre 15 y 20 minutos de una nueva práctica a su vida cotidiana. Este capítulo te presenta una rutina corta de *asanas*, con esa duración, aproximadamente, para que puedas empezar a practicar el yoga. Si practicas esta rutina entre tres y seis veces por semana, pronto empezarás a notar las mejoras en la flexibilidad, en el tono muscular, en la fuerza y en la capacidad de concentración. También es bastante probable que notes cómo mejoran otros aspectos: adquirirás más resistencia física, mejorará la digestión y tu sueño será más relajado.

Cuando practiques las posturas que describiremos a continuación, sigue las instrucciones sobre la respiración y el movimiento, o bien, permanece en cada postura entre 6 y 8 respiraciones.

Como es posible que esta sea tu primera experiencia con el yoga (y quizá hayas empezado directamente por este capítulo), a continuación te enumeramos algunos principios básicos:

✔ El yoga no es competitivo. Sé paciente. Si sigues las instrucciones, mejorarás con el tiempo sin que importe el nivel en el que hayas empezado.

✔ Muévete lentamente al empezar y al terminar una postura. Nunca tengas prisa en una sesión de yoga. Recuerda que el hecho de deshacer una postura es una parte integrante de ella.

✔ Utiliza la respiración yóguica durante la rutina y haz una pausa breve entre cada inhalación y exhalación. En el capítulo 5 encontrarás toda la información relativa a la respiración yóguica.

✔ Ponte a prueba, pero no te fuerces. El yoga no debería causarte dolor de ningún tipo. En los capítulos 2 y 3 explicamos a fondo cuál es la actitud apropiada para el yoga.

✔ Muévete con suavidad y varias veces con cada postura antes de que la adoptes para permanecer en ella. Al hacerlo, prepararás el cuerpo para estirarse con más intensidad y te ayudará a concentrarte en la relación entre el cuerpo, la respiración y la mente, tal y como explicamos en el capítulo 5.

✔ No cambies el orden de la secuencia ni practiques al azar las que te parezcan. Todas las rutinas tienen un orden especial que es el que proporciona los máximos beneficios (encontrarás más detalles sobre cómo programar tus rutinas en el capítulo 15).

Una rutina divertida para principiantes

Al adoptar las posturas de esta rutina corta, presta atención a cómo empiezas (dale al cuerpo y a la mente la oportunidad de hacer la transición desde la actividad anterior), a la manera en la que mueves el cuerpo en diferentes direcciones y a cómo terminas la rutina en posición de descanso. Estos son algunos de los elementos fundamentales para desarrollar una rutina equilibrada de yoga, sea cual sea su duración. Utiliza la respiración por etapas (que describimos en el capítulo 5) durante toda la rutina.

Postura del cadáver

1. **Túmbate de espaldas, con los brazos relajados a ambos lados del cuerpo y las palmas hacia arriba, tal y como se muestra en la figura 14-1.**

2. **Inhala y exhala por la nariz con lentitud durante 8 o 10 respiraciones.**

   Haz una pausa breve después de cada inhalación y antes de cada exhalación.

Figura 14-1:
La postura
del cadáver

Elevación de brazos en posición acostada

1. **Adopta la postura del cadáver (apartado anterior); coloca los brazos a ambos lados y relájalos, con las palmas de las manos hacia abajo (como en la figura 14-2a).**

2. **Al inhalar, alza lentamente los brazos y llévalos por encima de la cabeza y hacia atrás hasta el suelo (figura 14-2b).**

   Haz una pausa breve.

3. **Al exhalar, coloca los brazos en la posición inicial, como en el paso 1.**

4. **Repite entre seis y ocho veces los pasos 2 y 3.**

Figura 14-2:
Elevación
de brazos
en posición
acostada

Postura de rodillas sobre el pecho

1. **Túmbate en el suelo, con las rodillas flexionadas y los pies apoyados en el suelo.**

2. **Al exhalar, acerca la rodilla derecha al pecho y estira la pierna izquierda.**

   Sujeta la pierna derecha por la espinilla, como en la figura 14-3. Si te duele la rodilla, sujeta el muslo.

3. **Permanece entre 6 y 8 respiraciones en la posición del paso 2; después repite la secuencia con la pierna contraria.**

Figura 14-3:
Postura
de rodillas
sobre el
pecho

Postura del perro

1. **Ponte a gatas; las manos deben estar alineadas con los hombros y las rodillas con las caderas.**

   Extiende los brazos, pero no bloquees los codos; fíjate en la figura 14-4.

2. **Al exhalar, eleva y estira las rodillas sin bloquearlas.**

   A medida que eleves las caderas, coloca la cabeza en una posición neutra, de forma que las orejas queden entre los brazos como se indica en la figura 14-4b. Si puedes, haz presión con los talones sobre el suelo y apunta con la cabeza hacia los pies (si sientes el cuello tirante, no lo fuerces).

3. **Al inhalar, vuelve a la posición del paso 1.**

4. **Repite tres veces más los pasos 1, 2 y 3; luego permanece entre 6 y 8 respiraciones en la posición del paso 2.**

Figura 14-4:
Postura del perro

Postura del niño

1. **Ponte a gatas; las manos deben estar alineadas con los hombros y las rodillas con las caderas.**

   Estira los codos sin bloquearlos.

2. **Al exhalar, siéntate en los talones; el torso debe descansar sobre los muslos y la frente sobre el suelo.**

   No tienes que sentarte completamente.

3. **Deja que los brazos descansen sobre el suelo y hacia atrás, con las palmas hacia arriba. También puedes extenderlos hacia delante, relajados y con las palmas hacia abajo.**

4. **Cierra los ojos y permanece entre 6 y 8 respiraciones en esta posición (mira la figura 14-5).**

El guerrero I

1. **Adopta la postura de la montaña (consulta el capítulo 7). Al exhalar, da un paso hacia delante con la pierna derecha de, aproximadamente, un metro.**

   Si necesitas más estabilidad, gira la punta del pie izquierdo hacia fuera.

2. **Coloca las manos sobre las caderas y endereza la parte delantera de la pelvis.**

   Relaja las manos y deja que los brazos cuelguen, como se muestra en la página 14-6a.

3. **Al inhalar, alza los brazos hacia delante y por encima de la cabeza, flexiona la rodilla derecha hasta formar un ángulo recto o hasta que esté alineada con el tobillo y el muslo paralelo al suelo.**

   Observa la figura 14-6b para guiarte.

4. **Relaja los brazos (en el capítulo 3 encontrarás una explicación acerca de las articulaciones relajadas) y coloca las palmas enfrentadas.**

Figura 14-6:
El guerrero I

Si sientes alguna molestia en la zona lumbar, inclina ligeramente el torso hacia la pierna adelantada hasta que se relaje la espalda. Mira hacia delante.

5. **Repite tres veces los pasos 3 y 4; luego mantén la postura entre 6 y 8 respiraciones.**

6. **Repite toda la secuencia de movimientos con la pierna contraria.**

Flexión hacia delante en pie

1. **Empieza en la postura de la montaña (consulta el capítulo 7) y alza los brazos hacia delante y luego por encima y a los lados de la cabeza mientras inhalas (como en la figura 14-7a).**

2. **Al exhalar, inclínate hacia delante desde las caderas.**

Cuando sientas un tirón en la parte trasera de las piernas, relaja las rodillas (en el capítulo 3 encontrarás la explicación de las articulaciones relajadas) y deja que los brazos cuelguen, como en la figura 14-7b.

Si la cabeza no está cerca de las rodillas, flexiónalas un poco más. Si tienes suficiente flexibilidad, estira las rodillas, pero sin bloquearlas. Relaja el cuello y la cabeza hacia abajo.

3. **Al exhalar, eleva el cuerpo hacia arriba, curvándolo y estirándolo, de manera que se vayan apilando las vértebras una a una.**

En el capítulo 8 encontrarás técnicas más avanzadas para incorporarte después de una flexión hacia delante.

4. **Repite tres veces los pasos del 1 al 3 y luego permanece entre 6 y 8 respiraciones en la posición del paso 2.**

Figura 14-7:
Flexión
hacia
delante en
pie

Postura del triángulo invertido

1. **Empieza en la postura de la montaña (en el capítulo 7). Al exhalar, da un paso hacia la derecha con la pierna derecha, de, aproximadamente, un metro.**

2. **Al inhalar, alza los brazos por los lados hasta formar una T con el torso, tal como se muestra en la figura 14-8a.**

3. **Al exhalar, inclínate hacia delante desde las caderas; luego lleva la mano derecha hacia el suelo y cerca de la cara interior del pie izquierdo.**

4. **Alza el brazo izquierdo hacia el techo y mira la mano izquierda, como se muestra en la figura 14-8b.**

   Relaja las rodillas y los brazos. Si sientes alguna molestia, flexiona la rodilla izquierda o aleja la mano derecha del pie izquierdo y colócala justo debajo del torso.

5. **Repite tres veces los pasos del 2 al 4 con el mismo lado; luego permanece entre 6 y 8 respiraciones en la posición del paso 4.**

6. **Repite toda la secuencia con el lado derecho.**

Esta postura puede fortalecer el cuello, pero también tensarlo. Si notas alguna molestia, gíralo y mira hacia el suelo.

Figura 14-8:
Postura del
triángulo
invertido

Flexión hacia delante con las piernas separadas

1. **Empieza en la postura de la montaña (véase el capítulo 7); mientras exhalas, da un paso de, más o menos, un metro hacia la derecha (con la pierna derecha).**

2. **Al inhalar, alza los brazos por los lados hasta formar una T con el torso, como se muestra en la figura 14-9a.**

Figura 14-9:
Flexión
hacia
delante con
las piernas
separadas

3. En la exhalación, inclínate hacia delante desde las caderas y relaja las rodillas.

4. Sostén los codos con la mano del brazo contrario y deja que el torso cuelgue.

5. Permanece entre 6 y 8 respiraciones en esta postura (figura 14-9b).

El "karate kid"

1. Adopta la postura de la montaña (expuesta en el capítulo 7); al inhalar, alza los brazos por los lados hasta formar una T con el torso.

2. Busca la estabilidad en la postura y céntrate en un punto del suelo a unos tres metros de distancia.

3. Al exhalar, flexiona y alza la rodilla izquierda hasta el pecho, pero mantén la pierna derecha estirada, como se muestra en la figura 14-10; mantén entre 6 y 8 respiraciones esta postura.

4. Repite los pasos del 1 al 3 con la pierna contraria.

Cuando hayas adquirido estabilidad en este postura, intenta extender la pierna izquierda (que estará flexionada) hacia delante y más arriba. Poco a poco, extiende la pierna hasta que quede paralela al suelo. Intenta hacer este paso adicional con cada pierna.

Figura 14-10:
El *karate kid*

El retorno a la postura del cadáver

Repite el ejercicio de la postura del cadáver descrito en el apartado "Postura del cadáver" y en la figura 14-1. Permanece en esta posición entre 8 y 12 respiraciones o escoge una de las técnicas de relajación del capítulo 4.

Superar el nivel inicial

Una vez que te hayas familiarizado con la rutina para principiantes de este capítulo, podrás ampliarla y darle un toque más variado siguiendo las instrucciones que presentamos en el capítulo 15. En él te daremos algunos consejos para crear una rutina de yoga personal. Si eres joven y estás en forma, quizá quieras probar alguna de las rutinas que presentamos en el capítulo 17. Si eres una persona de mediana edad o mayor, o bien llevas bastante tiempo sin realizar actividad física de ningún tipo, en el capítulo 18 encontrarás rutinas igual de beneficiosas, pero más relajadas.

Por supuesto, con tal solo probar un poco de Hatha Yoga, querrás empezar a tomar clases privadas o, quizá, apuntarte a clases en grupo para informarte mejor, darte moral, o, simplemente, para practicar con más confianza y en compañía.

Practicar por uno mismo está bien, pero no hay nada que pueda reemplazar el trabajo con un profesor. Antes de empezar a profundizar en el mundo del yoga, te recomendamos que le pidas a un profesor de yoga que compruebe si tienes algún mal hábito postural. Si quieres, pídele algún consejo para seguir adelante con el aprendizaje.

Parte III
Yoga creativo

En esta parte...

Como suele decirse, en la variedad está el gusto. Confiamos en que pronto progresarás hasta el punto de querer alterar un poco los ejercicios de principiante. En esta parte mostramos los elementos para crear rutinas propias, mezclando posturas con las que ya estarás familiarizado y otras más.

También demostramos con muchos ejemplos que el yoga va bien para personas de todas las edades y de todos los niveles (embarazadas, niños, jóvenes inquietos y jubilados). Al final de esta parte describimos qué accesorios, más allá de banalidades, pueden serte de utilidad en la práctica del yoga.

Capítulo 15

Diseña tu programa de yoga

· ·

En este capítulo

▶ Entender la secuencia de posturas

▶ Calentar antes de cada sesión

▶ Explorar las posturas principales y de compensación

▶ Descansar durante la rutina yóguica

▶ Emplear la fórmula clásica para crear rutinas según el tiempo disponible

· ·

E l arte y la ciencia de establecer secuencias en el yoga se llama *vinyasa krama*. Esta palabra sánscrita está compuesta por *vinyasa* ('colocación') y *krama* ('paso' o 'proceso'). A veces este concepto recibe el nombre de *flujo de posturas*, y es muy importante, porque si se presta atención a la correcta secuenciación se puede extraer el máximo beneficio de cada sesión de Hatha Yoga.

Antes de probar con varias posturas de yoga tienes que conocer cómo combinar las posturas correctamente. Cuando más sepas de secuenciación, tanto mejor. Entender en qué consiste es como tratar de abrir la puerta de una cámara acorazada. Puede que tengas la lista de números correctos, pero si no sabes en qué orden van, nunca podrás hacerte con el tesoro. En este capítulo te revelamos esa combinación secreta, las reglas esenciales para la secuenciación postural, a fin de que puedas crear un programa de yoga adaptado a ti.

Si tienes algún problema de salud concreto, necesitas una práctica individual con un terapeuta de yoga u otro profesional de salud, y que esté supervisada por tu médico. Este capítulo se centra en el aprendizaje y la práctica autodidacta del Hatha Yoga para ponerse en forma y reducir el estrés, y hemos querido hacer hincapié en la prevención, más que en la terapia.

Aplicar las reglas de secuenciación

La secuencia de posturas depende del formato global de tu sesión de yoga, que depende a su vez de tus metas concretas. ¿Qué tienes en mente hacer con la práctica yóguica? ¿Qué esperas conseguir? ¿Tu interés está orientado hacia un simple programa de reducción del estrés o quieres crear una rutina para ponerte en forma? Después de haber establecido la meta, necesitas un plan que te lleve hacia ella de forma segura e inteligente. Un buen plan debería estar basado en estas consideraciones:

✔ El punto de partida.

✔ La próxima actividad.

✔ El tiempo del que dispones.

Tener estos factores en cuenta te ayudará a conservar la concentración durante la sesión.

Una vez que hayas establecido las metas estarás listo para aplicar las reglas de secuenciación a fin de conseguir el mejor plan de ejercicios posible. La secuenciación tiene muchos enfoques, por lo que te animamos a que consultes a un profesor con experiencia (en el capítulo 2 hay más información acerca de las metas y la elección del profesor). No obstante, no irás por mal camino si tienes en cuenta las siguientes cuatro categorías básicas:

✔ Calentamiento.

✔ Posturas principales.

✔ Compensación.

✔ Descanso.

Para evitar lesiones y para que, además, disfrutes al máximo de los beneficios, sigue las instrucciones paso a paso. Entra y sal de cada postura con movimientos muy lentos, y haz una pausa entre inhalación y exhalación; en el capítulo 5 encontrarás los detalles acerca de la respiración correcta.

La primera parte de este capítulo presenta algunas posturas de calentamiento, compensación y descanso. Las posturas principales están descritas en la primera parte del libro, pero hacemos referencia a ellas en las páginas siguientes. Encontrarás una fórmula para diseñar tu programa de yoga utilizando estos conceptos en la última parte de este capítulo.

Analiza tu horario

Al principio de mi carrera (yo, Larry), y antes de aprender a crear secuencias, recibí una llamada de un alto ejecutivo de una empresa importante, muy estresado, que me pedía que concertáramos una sesión de yoga privada en su oficina. Le enseñé una rutina de 30 minutos y después le pedí que se tumbara en el suelo con las piernas sobre la silla. Le cubrí los ojos, le indiqué que hiciera espiraciones largas y, después, le guié en su relajación durante un largo espacio de tiempo. Se relajó tanto y percibí que estaba tan cómodo que no quise molestarlo para decirle que me iba. Como ya me había pagado, me marché pensando que apreciaría el gesto de dejarle seguir con la relajación por su cuenta. Lo que yo no supe era que después de la clase tenía una presentación. Su secretaria tuvo que despertarlo bruscamente. Luego estaba tan distraído en el acto que incluso hubo quien insinuó que estaba drogado. La moraleja de la historia es: no le pagues a tu instructor de yoga hasta el final de la clase. No, es broma. La verdadera enseñanza es que se debe tener siempre en cuenta al diseñar una rutina de yoga la actividad que se va a realizar tras la sesión.

Empieza por el calentamiento

Cualquier ejercicio físico requiere un calentamiento previo adecuado, y el yoga no es una excepción. Los ejercicios de calentamiento incrementan la circulación en las partes del cuerpo que vas a usar y te hace tomar conciencia de cada miembro del cuerpo. Lo que marca la diferencia en el calentamiento del yoga (que se lleva a cabo mediante las posturas de preparación) es que se hace despacio, con respiración consciente y con atención. Forma parte de la sesión de yoga.

Estas son algunas de las características del calentamiento yóguico:

✔ Aporta atención y presencia mental.

✔ Te permite poner el cuerpo a prueba antes de adoptar las posturas.

✔ Aumenta la temperatura y el riego sanguíneo de los músculos, las articulaciones y el tejido conectivo.

✔ Prepara el cuerpo para una exigencia física mayor y reduce la posibilidad de tirones o desgarros musculares.

✔ Previene la mialgia (dolores musculares).

Por lo general, las posturas de calentamiento se llevan a cabo de forma dinámica, que quiere decir que se entra y se sale de las posturas. Sin embargo, los calentamientos yóguicos más seguros se componen de sencillas flexiones hacia delante y secuencias fáciles que doblan y desdoblan el cuerpo. En la figura 15-1 se muestran algunos de los ejercicios de calentamiento que recomendamos. Podrás escoger entre las diferentes posturas en posición tendida, sedentes y en pie que proponemos en este capítulo. Lo normal es que se usen dos o tres posturas para un calentamiento apropiado.

Si tienes problemas con los discos vertebrales en la zona lumbar, las flexiones hacia delante no son recomendables para el calentamiento. Consulta a tu médico o quiropráctico.

Las posturas de preparación o calentamiento también se utilizan durante las rutinas como preámbulo a las posturas principales y para potenciar su efecto (encontrarás algunos ejemplos en la figura 15-2). Por ejemplo, levantar la pierna justo antes de una flexión hacia delante en posición sedente para estirar las corvas; la postura del puente antes de adoptar una postura sobre los hombros.

Evita hacer el calentamiento con posturas más complejas como las de los hombros (que se ve en la figura 15-3a), flexiones hacia atrás avanzadas (en la figura 15-3b) o torsiones profundas (en la figura 15-3c). Además, te recomendamos que evites el sobreesfuerzo cardiovascular antes de la práctica porque podría causarte calambres musculares.

Posturas de calentamiento en posiciones de tendido

La mayoría de los practicantes disfrutan de las posturas que se realizan tumbado boca arriba (tendido supino) porque son relajantes. Al emparejarlas con los ejercicios de calentamiento, la combinación que surge permite calentar algunos grupos musculares o músculos concretos mientras el resto descansa. Es decir, que tienes de todo y puedes escoger.

Figura 15-2:
Las posturas de calentamiento te ayudan a prepararte para posturas principales concretas

Figura 15-3:
Evita las posturas complejas en el calentamiento

Los siguientes ejercicios de calentamiento empiezan con la postura del cadáver (o postura del muerto), descrita en el capítulo 4. Estos ejercicios te permitirán animarte incluso si has empezado la sesión de yoga medio muerto (nunca mejor dicho).

Elevación de los brazos en posición de tendido

Muchos de los músculos que van hacia el cuello parten de la zona entre los omoplatos. Alzar los brazos favorece la irrigación y calma las tensiones que suelen darse con frecuencia en esta zona. Puedes ver una ilustración de esta postura en la figura 15-1a.

1. **Túmbate de espaldas con los brazos extendidos y relajados a ambos lados del cuerpo; las palmas deben estar hacia abajo.**

2. **Al inhalar, alza lentamente los brazos y llévalos por encima de la cabeza hacia atrás hasta tocar el suelo.**

3. **Al exhalar, coloca los brazos en la posición del paso 1.**

4. **Repite todos los pasos entre seis y ocho veces.**

La doble respiración

Si quieres sentirte el doble de bien, duplicar la respiración te ayudará a liberar la tensión corporal y preparará los músculos para las posturas principales.

1. **Repite los pasos 1 y 2 de la elevación de brazos del apartado anterior.**

2. **Después de haber alzado los brazos durante la inhalación y de haber tocado el suelo, deja los brazos apoyados y espira profunda y completamente.**

   Deja los brazos en esa posición e inhala de nuevo mientras estiras todo el cuerpo, desde las puntas de los pies hasta las yemas de los dedos.

3. **Al exhalar, coloca los brazos de nuevo a ambos lados del cuerpo y relaja las piernas; repite 3 o 4 veces todo el ejercicio.**

Postura de la rodilla sobre el pecho

Usa este ejercicio tanto para el calentamiento como para la etapa de compensación. Esta postura también está en la mayoría de programas clásicos específicos para la zona lumbar (en el capítulo 22 hay más información acerca de la terapia yóguica para problemas en la zona lumbar). La figura 15-1c te muestra la adopción de esta postura.

1. **Túmbate de espaldas con las rodillas flexionadas y los pies completamente apoyados en el suelo.**

2. **Al exhalar, lleva la rodilla derecha al pecho; coloca las manos en la pantorrilla y debajo de la rodilla.**

   Si tienes problemas en la rodilla, sujeta la pierna por el muslo, en vez de por la pantorrilla.

3. **Si no sientes molestias, estira la pierna izquierda cuanto puedas.**

   Si tienes problemas de espalda, mantén la rodilla izquierda flexionada.

4. **Repite los pasos del 1 al 3 con la pierna contraria. Repite el ejercicio entre 6 y 8 respiraciones con cada pierna.**

Extensión de ambas piernas

Este ejercicio, que usa ambas piernas a la vez, tiene una doble función. Prepara la zona lumbar y estira ligeramente los tendones de las corvas.

Comprueba la figura 15-1c para guiarte.

1. **Túmbate de espaldas y lleva ambas rodillas hacia el pecho.**

2. **Sujeta las piernas por los muslos.**

3. **Al inhalar, estira ambas piernas hasta que estén perpendiculares al suelo; al exhalar, flexiónalas.**

4. **Repite entre seis y ocho veces los pasos 2 y 3.**

Estiramiento de los tendones de las corvas

Sin las corvas (de hecho, sin sus músculos y tendones), tendrías que permitir que los dedos de los pies caminaran solos. Es bastante fácil lesionarse esta zona, especialmente si se fuerza demasiado, por lo que es recomendable prepararla bien antes de los ejercicios. La figura 15-4 te servirá de referencia visual.

1. **Túmbate de espaldas con las piernas estiradas, los brazos a ambos lados del cuerpo y las palmas hacia abajo.**

2. **Flexiona solo la rodilla izquierda y apoya el pie en el suelo (como en la figura 15-4a).**

3. **Al exhalar, alza la pierna derecha y mantenla tan recta como puedas (figura 15-4b). Al inhalar, vuelve a apoyar la pierna derecha en el suelo.**

   Mantén la cabeza y las caderas apoyadas en el suelo.

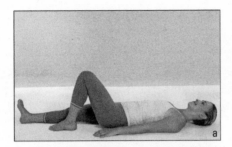
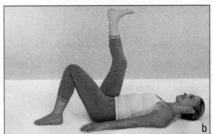

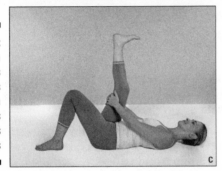

Figura 15-4:
Desbloquea
las corvas
y abrirás
la puerta
a muchas
posturas
yóguicas

4. **Repite tres veces estos tres primeros pasos; luego sujeta la pierna levantada con las manos entrelazadas en la zona posterior del muslo entre 6 y 8 respiraciones (fíjate en la figura 15-4c).**

5. **Repite los pasos del 1 al 4 con la pierna contraria.**

Si notas tensión en la parte posterior del cuello o en la garganta al alzar o al bajar la pierna, coloca un cojín o una manta doblada bajo la cabeza.

Puente dinámico: dvipada pitha

Puedes usar este ejercicio como calentamiento y compensación y como postura principal. La palabra sánscrita *dvipada* significa 'con dos pies'; *pitha* significa 'sentarse' y es un sinónimo de *asana*.

1. **Túmbate del espaldas con las rodillas flexionadas, los pies apoyados alineados con las caderas y los brazos a ambos lados del cuerpo con las palmas hacia abajo (como en la figura 15-5a).**

2. **Al inhalar, alza las caderas hasta una altura que te resulte cómoda (figura 15-5b).**

3. **Al exhalar, apoya de nuevo las caderas en el suelo.**

4. **Repite entre seis y ocho veces los pasos 2 y 3.**

Figura 15-5:
El puente
dinámico

Variante del puente con los brazos estirados

Esta postura también es adecuada tanto para el calentamiento como para la compensación.

1. **Túmbate de espaldas con las rodillas flexionadas, los pies apoyados alineados con las caderas y los brazos a ambos lados del cuerpo con las palmas hacia abajo (figura 15-5a).**

2. **Al inhalar, alza las caderas hasta una altura que te resulte cómoda y al mismo tiempo eleva los brazos por encima de la cabeza y hacia atrás hasta tocar el suelo (figura 15-6).**

3. **Al exhalar, apoya de nuevo las caderas en el suelo y los brazos a ambos lados.**

4. **Repite entre seis y ocho veces los pasos 2 y 3.**

Figura 15-6:
Variante
del puente
dinámico
con brazos
estirados

La cabeza hacia la rodilla de forma dinámica

El ejercicio dinámico de la cabeza hacia la rodilla es excelente para el calentamiento y antes de una rutina ligeramente más intensa.

Este ejercicio es para un tipo de calentamiento más atlético. No realices esta secuencia si tienes dolor en el cuello.

1. **Túmbate de espaldas con los brazos relajados a ambos lados y las palmas hacia abajo, como se muestra en la figura 15-1a al principio del capítulo.**

2. **Al inhalar, alza lentamente los brazos por encima de la cabeza y toca el suelo.**

3. **Al exhalar, lleva la rodilla derecha al pecho, levanta la cabeza del suelo y sujeta la rodilla con las manos.**

   Mantén las caderas en el suelo. Lleva la cabeza tan cerca como puedas de la rodilla, pero sin forzarte. La figura 15-7 te muestra cómo es esta posición.

4. **Al inhalar, libera la rodilla y apoya de nuevo la cabeza, los brazos y la pierna derecha en el suelo, como en el paso 2.**

5. **Repite los pasos del 2 al 4 entre seis y ocho veces con cada rodilla, alternando entre ambas.**

Para hacer la secuencia un poco más sencilla, mantén la cabeza en el suelo durante el paso 3.

Figura 15-7:
La postura dinámica de la cabeza hacia la rodilla

Posturas de calentamiento en pie

Las posturas en pie quizá sean las más versátiles de todos los grupos. Se pueden utilizar en las fases de calentamiento o preparación, en la compensación y como posturas principales. Como posturas de calentamiento, utilízalas cuando la siguiente parte de la rutina empiece con una postura en pie.

Elevación de los brazos en una posición en pie

Puedes realizar esta postura de calentamiento (se ve en la figura 15-1e) casi en cualquier sitio y cuando quieras hacer un descanso después de haber pasado un rato sentado. Pruébala en la oficina y empieza una nueva moda.

1. **Ponte de pie, pero relajado, con los pies separados y alineados con las caderas.**

2. **Deja que los brazos cuelguen a ambos lados del cuerpo y con las palmas de las manos hacia atrás.**

   Mira hacia delante.

3. **Al inhalar, alza los brazos hasta que queden por encima de la cabeza.**

4. **Al exhalar, baja los brazos hasta la posición anterior.**

5. **Repite los pasos 3 y 4 entre seis y ocho veces.**

El giro de la cabeza

Las secuencias como el giro de cabeza combinan el movimiento y la respiración en toda la zona superior del cuerpo para estirarla, fortalecerla y curarla por completo. Esta secuencia de movimiento y respiración para la zona alta de la espalda y el cuello es excelente para la rigidez de cuello de poca importancia.

1. **Ponte de pie, pero relajado, con los pies separados y alineados con las caderas.**

2. **Deja que los brazos cuelguen a ambos lados del cuerpo y con las palmas de las manos hacia atrás.**

   Mira hacia delante.

3. **Al inhalar, alza el brazo derecho hacia delante y hacia arriba, por encima de la cabeza; al mismo tiempo vuelve la cabeza hacia la izquierda, como se muestra en la figura 15-8.**

4. **Al exhalar, baja el brazo y mira de nuevo al frente.**

5. **Inhala de nuevo y alza el brazo izquierdo mientras vuelves la cabeza hacia la derecha.**

6. **Repite los pasos del 3 al 5 entre seis y ocho veces con cada lado, alternando entre izquierda y derecha.**

Figura 15-8:
El giro de
cabeza

Giros con los hombros

Este ejercicio se utiliza en muchas rutinas, aunque en el yoga los movimientos son más lentos, conscientes, y además se coordinan con la respiración.

1. **Ponte de pie, pero relajado; los pies deben estar separados y alineados con las caderas.**

2. **Deja que los brazos cuelguen a ambos lados del cuerpo y con las palmas de las manos hacia atrás.**

   Mira hacia delante.

3. **Al inhalar, eleva los hombros y llévalos hacia atrás, como se muestra en la figura 15-9. Al exhalar, baja los hombros.**

4. **Repite el paso 3 entre seis y ocho veces; revierte la dirección del giro (hacia delante).**

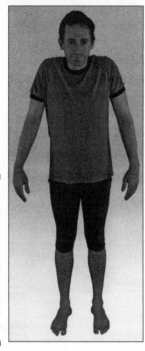

Figura 15-9:
Muévete
de forma
muy lenta
al girar los
hombros;
coordina la
respiración
y el movi-
miento

Flexión dinámica hacia delante en posición en pie

Este ejercicio sirve tanto para el calentamiento como para la compensación.

1. **Ponte de pie, pero relajado; los pies deben estar separados y alineados con las caderas.**

2. **Deja que los brazos cuelguen a ambos lados del cuerpo y con las palmas de las manos hacia atrás.**

3. **Al inhalar, alza los brazos y llévalos por encima de la cabeza, como se muestra en la figura 15-10a.**

4. **Al exhalar, inclínate hacia delante y, cuando sientas un tirón en la parte posterior de las piernas, flexiona ligeramente las piernas y los brazos (fíjate en la figura 15-10b).**

   Esta posición se designa como *articulaciones relajadas* y está descrita en el capítulo 3.

5. **Al inhalar, la espalda va haciendo un movimiento curvo lentamente, de manera que se apilan las vértebras una a una desde abajo**

hasta arriba; luego levanta los brazos por encima de la cabeza. Para terminar, coloca los brazos a ambos lados del cuerpo.

6. Repite entre seis y ocho veces los pasos del 3 al 5.

El movimiento de la espalda como de rueda hacia arriba es la manera más segura de incorporarse en el paso 5. Si no tienes problemas de espalda, quizá quieras probar alguna de las dos técnicas más avanzadas después de unas semanas: a medida que te levantes, extiende los brazos hacia fuera y hacia arriba, como si fueran alas, y luego álzalos por encima de la cabeza; la alternativa es acompañar la inhalación con una extensión leve (y sin forzar) de los brazos hacia delante, levantarlos hasta que queden paralelos a las orejas y luego incorporarse lentamente, empezando por la parte superior de la espalda, la zona media y la zona lumbar, hasta quedar totalmente de pie y con los brazos en alto.

Figura 15-10:
Si quieres, relaja las rodillas en la flexión dinámica hacia delante

a

b

Posturas sedentes de calentamiento

El yoga ofrece diversas posibilidades por lo que respecta a las posturas. Puedes hacer toda una rutina sentado, incluso las flexiones hacia delante y hacia atrás, las laterales y las torsiones. En este apartado te mostramos cómo prepararte para las posturas principales sentado en el suelo. La mayoría de estas posturas utilizan la postura fácil, o *sukasana*, sobre la que hay más información en el capítulo 6.

Pliegue en posición sedente

Este ejercicio es una manera muy sencilla de calentar y preparar la espalda para las flexiones hacia delante o para compensar después de las torsiones en posición sedente.

1. **Siéntate en el suelo con las piernas cruzadas en la postura fácil y apoya las manos en el suelo y frente a ti, con las palmas hacia abajo (como en la figura 15-1b).**

2. **Al exhalar, desliza las manos por el suelo e inclínate hacia delante desde las caderas.**

   Si puedes, lleva la cabeza hasta el suelo; si no tienes suficiente flexibilidad llega lo más abajo que puedas.

3. **Al inhalar, incorpora el torso y alza la cabeza y vuelve a adoptar la posición del paso 1.**

4. **Repite entre cuatro y seis veces los pasos 2 y 3; luego cambia la posición de las piernas y repite el ejercicio entre cuatro y seis veces.**

Si tienes dolores de espalda relacionados con los discos vertebrales, haz este ejercicio con cuidado.

Mecer al bebé

Esta serie sirve como preparación para las posturas avanzadas en posición sedente y para las flexiones hacia delante.

1. **Siéntate en el suelo con las piernas estiradas hacia delante.**

   Apoya las manos detrás de ti para estabilizarte.

2. **Sacude las piernas.**

3. **Flexiona la pierna derecha y coloca el pie derecho justo encima de la rodilla izquierda, con el tobillo derecho en la parte exterior de la rodilla (como en la figura 15-11a).**

4. **Estabiliza el pie derecho con la mano izquierda y la rodilla derecha con la mano derecha; muévela hacia arriba y hacia abajo entre seis y ocho veces presionando suavemente y luego relaja la cara interior del muslo.**

5. **Con mucho cuidado, toma el pie derecho y colócalo en la cara interior del codo izquierdo; la rodilla derecha debe quedar en la parte**

Figura 15-11:
Mecer al
bebé

interior del codo derecho; si puedes, entrelaza los dedos (fíjate en la figura 15-11b).

6. **Pon la espalda recta y mece la pierna derecha suavemente y de lado a lado entre seis y ocho veces.**

7. **Repite los pasos del 1 al 6 con la pierna izquierda.**

8. **Sacude las piernas.**

 No intentes hacer las posturas sedentes más avanzadas del capítulo 6 si al hacer esta secuencia sientes dolor. Además, no te la recomendamos si tienes dolores de rodilla o de cadera.

Escoger las posturas principales y de compensación

Después del calentamiento podrás empezar las posturas principales que conforman la parte central de la rutina. Estas posturas se intercalan con las posturas de compensación, cuyo objetivo es devolver el equilibrio al cuerpo después de cada postura principal para evitar las lesiones y para reacomodarlo.

Fortalecerse con asanas convencionales

Las posturas principales son las *asanas* convencionales que se describen en los textos clásicos de yoga y en los manuales modernos. Estas *asanas*

son las estrellas de la rutina, por lo que requieren un poco más de esfuerzo. En los capítulos de la parte II describimos muchas de las posturas que
recomendamos a los principiantes. En la figura 15-12 se muestran algunos
ejemplos. Sean cuales sean las que escojas, recuerda que deben adaptarse a tus metas concretas.

Siempre que sea posible, intenta que una postura de calentamiento y una
de compensación precedan a un grupo de posturas principales.

El número de posturas que escojas para tu sesión dependerá del tiempo
del que dispongas y de tus metas. Más adelante en este capítulo encontrarás un marco de trabajo para seleccionar posturas para distintos
períodos de tiempo, así como unas directrices para crear rutinas que se
centren en el acondicionamiento general, en la reducción del estrés, en la
preparación para la meditación o en un estimulante rápido.

Equilibrarse con posturas de compensación

La fase de la compensación consiste en devolver el equilibrio al cuerpo,
que es un concepto clave en el yoga. Utiliza las posturas de compensación para relajarte o para hacer que el cuerpo vuelva a una posición neutral, sobre todo después de haber adoptado posturas muy atléticas.

Aquí encontrarás algunas pautas para utilizar las posturas de compensación:

✔ Emplea una o dos posturas de compensación para neutralizar la
   tensión que sientas en una zona del cuerpo después de una postura
   o de una secuencia de posturas yóguicas.

✔ Utiliza siempre la respiración consciente descrita en el capítulo 5.

✔ Adopta posturas de compensación que sean más fáciles o menos difíciles que la postura principal que acabes de realizar. Hazlas de forma
   dinámica.

✔ No adoptes dos posturas que exijan esfuerzo físico seguidas si son
   en direcciones opuestas. Algunos profesores de yoga enseñan la
   postura del pez como compensación a la postura de hombros; sin
   embargo, esta combinación puede crear problemas, sobre todo a los
   principiantes, por lo que recomendamos la postura de la cobra, que
   es menos atlética.

después

después

después

después

después

después

Figura 15-12:
Posturas de
compensación

✔ Utiliza posturas de compensación incluso cuando sientas que no es inmediatamente necesaria, sobre todo después de las flexiones hacia atrás muy acentuadas, las torsiones y las posturas invertidas.

✔ Las flexiones suaves hacia delante suelen ser buenas para compensar las flexiones hacia atrás, las torsiones y las flexiones laterales.

✔ Muchas flexiones hacia delante se compensan por sí solas, aunque nosotros realizamos flexiones suaves hacia atrás después de haber hecho muchas flexiones hacia delante.

✔ Descansa después de posturas de mucho esfuerzo (como las invertidas o las flexiones hacia atrás pronunciadas) y antes de empezar las posturas de compensación.

Seguidamente describimos algunas posturas de compensación excelentes.

El gato dinámico

Esta es una muy buena postura de compensación, apta para después de las torsiones, aunque también puedes usarla como calentamiento.

1. **Ponte a gatas y mira hacia delante.**

2. **Las rodillas deben estar alineadas con las caderas y las manos con los hombros (como en la figura 15-13a).**

   Estira los brazos, pero sin bloquear los codos.

3. **Al exhalar, siéntate sobre los talones y dirige la cabeza y el torso hacia el suelo (como en la figura 15-13b).**

4. **Al inhalar, vuelve muy lentamente hacia la posición del paso 1.**

   Una vez más, mira al frente.

5. **Repite entre seis y ocho veces los pasos 3 y 4.**

Figura 15-13:
El gato
dinámico

Las rodillas sobre el pecho (versión dinámica)

Existen muchas variantes de esta postura (como la que hay al final de este capítulo), pero esta versión es especialmente buena justo después de las flexiones hacia atrás.

1. **Túmbate de espaldas y flexiona las rodillas al tiempo que las llevas al pecho.**

2. **Sujetas ambas piernas por debajo de las rodillas, con una mano en cada rodilla (fíjate en la figura 15-14a).**

   Si tienes problemas de rodilla, sujeta las piernas por los muslos.

3. **Al exhalar, acerca más las rodillas al pecho (figura 15-14b).**

4. **Al inhalar, aleja las rodillas del pecho.**

5. **Repite los pasos 3 y 4 entre seis y ocho veces.**

Figura 15-14:
Versión
dinámica de
rodillas sobre
el pecho

 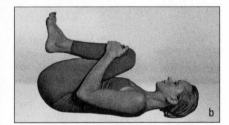

Postura del rayo: vajrasana

Este ejercicio es útil como postura de compensación y de calentamiento. *Vajra* significa tanto 'diamante' o 'diamantino', como 'rayo'.

1. **Arrodíllate en el suelo con las piernas ligeramente separadas y alineadas con las caderas.**

2. **Siéntate sobre los talones y pon la espalda recta. Deja que los brazos cuelguen a ambos lados del cuerpo.**

3. **Al inhalar, alza las caderas y eleva los brazos por encima de la cabeza (como se muestra en la figura 15-15a).**

   Inclínate hacia atrás y mira hacia arriba.

4. **Al exhalar, siéntate de nuevo sobre los talones, acerca el pecho a los muslos y coloca los brazos en la espalda (mira la figura 15-15b).**

Controla la respiración: inhala cuando te abras y exhala al plegarte sobre ti mismo.

5. Repite entre seis y ocho veces los pasos 3 y 4.

No adoptes la postura del rayo si tienes problemas de rodillas.

Descanso y relajación

Los períodos de descanso son indispensables en cualquier rutina de yoga. Aunque descansar no consiste únicamente en desconectar o relajarse al final de la sesión, sino que ese breve intervalo es una herramienta activa para potenciar la calidad de la práctica en los siguientes momentos:

- ✔ Antes del principio de una clase, para cambiar el ritmo y establecer una unión entre el cuerpo, la respiración y la mente.
- ✔ Entre posturas, para renovarte y prepararte antes de la siguiente.
- ✔ Como parte de la compensación después de posturas que requieran mucha fuerza.

✔ Para restablecer la respiración apropiada.

✔ Para observarte a ti mismo.

✔ Como preparación para las técnicas de relajación.

Cuándo descansar y reanudar la marcha

Los dos síntomas que te darán la clave para saber si estás cansado son la respiración y el grado de energía. Hazte un seguimiento durante la sesión. Si la respiración es sonora e irregular, tómate un descanso. Si te sientes un poco cansado después de una postura, descansa.

No hay una fórmula concreta que te indique cuánto rato debes descansar. Sencillamente, descansa el tiempo que necesites hasta que estés listo para la siguiente postura. No te prives de los merecidos descansos después de las posturas y al final de cada sesión.

Posturas de descanso

En la figura 15-16 mostramos algunas posturas de descanso recomendadas.

Permanece en cada postura de descanso al menos entre 6 y 12 respiraciones o el tiempo que necesites hasta sentirte descansado, que dependerá del tiempo que tengas y de la fase de la rutina en la que te encuentres. Aunque te recordamos que el yoga no entiende de prisas.

Postura del cadáver: savasana

La palabra *sava* significa 'cadáver'. Esta postura también recibe el nombre de la postura del muerto, o *mritasana*, de *mrita* ('muerto') y *asana* ('postura'). Observa la figura 15-16a y el capítulo 4 para obtener una descripción completa de esta postura.

Variante de la savasana con las piernas flexionadas

Sigue los pasos de la *savasana* en el capítulo 4, pero mantén las rodillas flexionadas con los pies en el suelo y las caderas alineadas, como se muestra en al figura 15-16b.

Figura 15-16:
Puedes
utilizar
muchas
posturas
diferentes
para
descansar

Si te incomoda la espalda, coloca un cojín o una manta doblada debajo de las rodillas. Si sientes tensión en el cuello o en la garganta, coloca un cojín o una manta doblada bajo la cabeza.

Postura fácil: sukasana

La palabra *sukha* significa 'fácil' o 'placentero', y de hecho esa postura cumple con lo que sugiere su nombre. Puedes mantener los ojos abiertos o cerrados. Comprueba la figura 15-16c y el capítulo 6 para tener más detalles.

Postura de la montaña: tadasana

La palabra sánscrita *tada* significa 'palmera'; de ahí que esta postura reciba también el nombre de *la palmera*.

1. **Ponte de pie, pero relajado; los pies deben estar separados y alineados con las caderas**

   Deja que los brazos cuelguen a ambos lados y con las palmas en dirección hacia las piernas.

2. **Visualiza una línea vertical que surja del hueco de la oreja, pase por la articulación del hombro y los lados de las caderas y vaya a las rodillas y los tobillos.**

3. **Mira hacia delante, con los ojos abiertos o cerrados, como en la figura 15-16d.**

Postura del niño: balasana

La palabra sánscrita *bala* significa 'niño'. Esta versión clásica de la postura del niño es una posición muy protectora.

1. **Ponte a gatas.**

2. **Coloca las rodillas alineadas con las caderas, y las manos alineadas con los hombros.**

   Estira los codos, pero sin bloquearlos.

3. **Al exhalar, siéntate sobre los talones, inclina el torso y apóyalo sobre los muslos; la frente debe descansar en el suelo.**

4. **Apoya los brazos en el suelo, a ambos lados del torso y con las palmas hacia arriba, como se muestra en la figura 15-16e.**

5. **Cierra los ojos y respira tranquilamente.**

Postura del niño con brazos al frente

Esta variante de la postura del niño estira más la zona superior de la espalda. Sigue los pasos de la postura del niño del apartado anterior, pero extiende los brazos hacia delante en el paso 4, con las palmas sobre el suelo, como se muestra en la figura 15-16f.

Postura de las rodillas sobre el pecho: apanasana

La palabra sánscrita *apana* hace referencia a la exhalación o fuerza vital descendente.

1. **Túmbate de espaldas; flexiona las rodillas y llévalas hacia el pecho.**

2. **Sujeta las piernas por las espinillas, justo debajo de las rodillas, como en la figura 15-16g.**

   Si tienes problemas de rodilla, sujeta las piernas por la parte posterior de los muslos.

Crear una rutina de yoga con la fórmula clásica

Cuando creas un programa de yoga con nuestra fórmula clásica,

✔ determinas el tiempo de duración de la rutina;

✔ seleccionas las posturas principales de entre las posturas explicadas en los capítulos 6 al 13 (o, por supuesto, de cualquier fuente que consideres fiable);

✔ decides cómo quieres calentar o compensar antes y después de cada postura principal;

✔ reservas una porción de tiempo para descansar y relajarte al final de la sesión para poder digerir el nutritivo menú de ejercicios yóguicos que has preparado.

La fórmula clásica que comentamos consiste en las siguientes 12 categorías:

1. **Sintonización.**

2. **Calentamiento o preparación (también se realiza entre los ejercicios principales cuando es necesario).**

3. **Posturas en pie.**

4. **Posturas de equilibrio (opcionales).**

5. **Abdominales.**

6. **Posturas invertidas (opcionales).**

7. **Flexiones hacia atrás.**

8. **Flexiones hacia delante.**

9. **Torsiones.**

10. **Descanso (intercalado entre los ejercicios principales siempre que lo necesites).**

11. **Compensación (después de los ejercicios principales).**

12. **Relajación final.**

No es necesario que utilices todas las categorías mientras sigas la secuencia del 1 al 9 y siempre que termines con el paso 12, la relajación. En función del tiempo del que dispongas, podrás omitir los pasos 4 o 6 y continuar, o incluso parar las *asanas* después del paso 5, si vas corto de tiempo, y saltar al paso 12. Puedes repetir los pasos de descanso, calentamiento y compensación siempre que lo consideres oportuno. Las posturas de equilibrio y las invertidas son opcionales porque dependen del tiempo disponible, del espacio de pared que haya en la sala de yoga y de tu habilidad.

La fórmula clásica es perfecta para los programas de acondicionamiento de 30 o 60 minutos, pero también la recomendamos para los programas de 15 y de 5 minutos. La gracia de nuestra fórmula reside en que, a medida que acumules experiencia en la práctica del yoga, podrás explorar posturas seguras de cualquier libro o sistema, y añadirlas en el bloque que le corresponde dentro de nuestro módulo de 12 categorías.

Un festival de posturas: la rutina de acondicionamiento de 30 o 60 minutos

A muchos principiantes les resulta difícil mantener una rutina de 30 minutos por sí solos; sin embargo, si tu apetito va en aumento, queremos que tengas las herramientas necesarias para ser un *gourmet* de 60 minutos. Simplemente sigue las recetas en cada una de las categorías para crear tu rutina personalizada.

Calcula unos dos minutos para cada postura que selecciones. Algunas posturas exigen más de eso, y otras, menos. En las posturas asimétricas, como el guerrero (explicada en el capítulo 7), que se hacen hacia la izquierda y a la derecha alternativamente, se cuenta como un solo ejercicio la ejecución de ambos lados. Si escoges nuestra versión del Saludo al Sol o una serie dinámica parecida de los capítulos 13 y 15 o de otra fuente, duplica o triplica el tiempo de dedicación en función de la secuencia y del número de repeticiones.

Como ya hemos dicho, puedes usar muchas de estas posturas en más de una categoría cuando desarrolles una rutina de puesta en forma general.

La manera más sencilla de ampliar una rutina de 30 a 45 minutos es hacer dos secuencias de nuestras posturas en pie, y añadir una postura más a las categorías de abdominales, flexiones hacia atrás y flexiones hacia delante.

Sintonización

Esta fase te permite establecer el vínculo consciente entre el cuerpo, la respiración y la mente o la atención. Si te olvidas de la fase de sintonización, estarás perdiéndote muchas cosas que hacen que el yoga sea eso, yoga.

En primer lugar, y no importa qué duración tenga la rutina, tienes que seleccionar un estilo de respiración del capítulo 5. Si eres principiante, escoge una simple, como la respiración por etapas o la respiración abdominal. Más adelante podrás probar la respiración clásica en tres partes o la respiración del pecho al abdomen o la técnica *ujjayi*.

Comprueba que no confundes estos tipos de respiración con las técnicas de respiración controlada tradicionales *(pranayama)* que también describimos en el capítulo 5.

A continuación, escoge una de las posturas de descanso de este capítulo o una postura sedente del capítulo 6, según tu estado de ánimo, tu estado físico o según lo que hayas planeado como descanso después de la rutina. La postura del cadáver (tumbarse de espaldas en el suelo) es siempre un buen punto de partida para los principiantes. Es una buena manera de cambiar el ritmo agitado de la vida diaria por uno más pausado antes de empezar los ejercicios posturales. Está claro que tumbarte te pone en disposición de relajarte. No obstante, adoptar la postura fácil o la postura de la montaña también son buenas formas de empezar. En la figura 15-16 se muestran algunos ejemplos de posturas de descanso que puedes adoptar en la fase de sintonización.

Para sintonizar, haz entre 8 y 12 respiraciones. Cuanta más atención prestes a la respiración y a la sintonización, más provecho le sacarás a tu programa. Piensa en los beneficios como si fueran puntos que vas obteniendo.

Calentamiento

Te habrás dado cuenta de que casi todos los ejercicios de calentamiento que describimos en este capítulo son movimientos de flexión y extensión. Ambos tipos son la manera más fácil de preparar el cuerpo para la respiración y el movimiento. Selecciona una postura o secuencia de calentamiento que tenga una postura similar a la de sintonización.

Practica el yoga de la manera más suave posible. Fluye como un río en calma. Por ejemplo, realiza la sintonización y el calentamiento en el suelo; luego levántate para las siguientes posturas. Evita levantarte y sentarte como un yoyó. El ahorro de movimientos es uno de los principios de la buena práctica del Hatha Yoga.

En una rutina de 30 minutos o más, normalmente tendrás tiempo de hacer una o dos posturas de calentamiento. Puesto que el cuello es una zona de tensión habitual, te aconsejamos que adoptes posturas con movimientos de brazos. Además de estirar la columna, el movimiento de brazos prepara el cuello y los hombros, y ayuda a liberar la tensión. Además, los ejercicios de calentamiento que mueven las piernas y preparan la zona lumbar son útiles para las posturas en pie que suelen ir a continuación. Consulta el apartado "Empieza por el calentamiento" al principio del capítulo para ver algunos ejemplos de ejercicios comunes a las posturas de tendido, las sedentes y las que se realizan en pie.

Posturas en pie

Estas posturas suelen conformar la parte más física del programa. Si preparas una rutina de 30 minutos, tendrás tiempo de hacer entre tres y cuatro posturas en pie; y en una de 60 minutos, da tiempo a ejecutar entre seis y siete. Puedes escoger cualquiera de las que están en el capítulo 7.

Como norma general, las flexiones hacia atrás, las torsiones y las flexiones laterales (el distintivo de muchas de las posturas en pie) van antes de las flexiones hacia delante. Por lo tanto, te recomendamos que incluyas, a continuación de las posturas en pie que escojas, las flexiones hacia delante.

Figura 15-17:
Ejemplos de
posturas
en pie

En la figura 15-17 encontrarás algunos ejemplos de posturas en pie apropiadas para una rutina de 30 o 60 minutos. Como alternativa, puedes escoger la secuencia dinámica de rodillas o de pie (el Saludo al Sol) o la secuencia de rejuvenecimiento para principiantes del capítulo 13. Las posturas dinámicas equivalen a tres o seis posturas en pie, según qué secuencia escojas y cuántas rondas hagas. Cuando selecciones una secuencia dinámica, intenta reservar un espacio para el final para hacer una torsión y una flexión hacia delante como compensación. Hacemos este apunte porque nuestras secuencias dinámicas constan únicamente de flexiones hacia delante y hacia atrás.

Si quieres que tu rutina requiera mayor esfuerzo físico, bastará con que realices dos repeticiones de posturas en pie.

Posturas para equilibrarse (opcional)

Las posturas de equilibrio son opcionales y dependerán del tiempo y de la energía de que dispongas. Por lo general, son las posturas más atléticas y exigen una coordinación total. Son muy provechosas porque se puede notar el progreso inmediatamente. Encajan muy bien después de las posturas en pie porque en este punto de la rutina ya se ha hecho el calentamiento suficiente. Todas las posturas de equilibrio que recomendamos se ejecutan en pie o de rodillas, por lo que cuadran fácilmente en la secuencia. Escoge alguna del capítulo 8 para tu rutina de 30 o 60 minutos. En la figura 15-18 encontrarás algunas opciones.

Descanso

Por lo general, la mayoría de las personas agradecen un descanso en este punto de la rutina. Es habitual hacerlo tanto tumbado, como sentado, como de rodillas. Es muy importante descansar sin prisas; aunque sea durante lo poco que dura la rutina, hazte a la idea de que tienes todo el tiempo del mundo. En un programa de 30 o 60 minutos, el primer descanso suele ser después de la mitad de la sesión. Este período de reposo te da la oportunidad de observar interiormente la información física, mental o emocional que te da el cuerpo en respuesta a la práctica que hayas hecho hasta ese momento.

Recuerda que es necesario descansar hasta que te sientas listo para reanudar los ejercicios. Si realmente vas mal de tiempo, es lógico que el primer descanso largo sea precisamente al final de la sesión. Escoge alguna de las posturas de descanso que recomendamos en la figura 15-16, o cualquiera de las posturas sedentes del capítulo 6 que te resulte cómoda.

Figura 15-18:
Puedes
practicar las
posturas de
equilibrio
desde
posiciones
muy distintas

Abdominales

Te recomendamos que incluyas, por lo menos, un ejercicio de
abdominales yóguicos (pero no más de dos) en tu rutina de 30 minutos
o más. Piensa que los abdominales son una zona importante, como si
fueran la espalda delantera. Escoge una de las posturas abdominales
que describimos en el capítulo 9 para una rutina de 30 minutos o una
o dos para una rutina de 60 minutos. Tienes varios ejemplos en la
figura 15-19.

Figura 15-19:
Practica los
abdominales
yóguicos con
respiración
lenta y
coordinada

Compensación y preparación

Haz un breve descanso cuando termines los ejercicios de abdominales y luego realiza entre seis y ocho repeticiones del puente dinámico o de la variante del puente (la explicación está al principio del capítulo y en la figura 15-5) o la postura de elevación de brazos en posición de tendido (también al principio del capítulo). La acción del puente dinámico tiene una doble función porque compensa el abdomen y lo devuelve a su estado normal, y también sirve como calentamiento para la espalda y el cuello si escoges incluir a continuación una postura invertida o algunas flexiones hacia atrás.

Posturas invertidas (opcionales)

A menudo los profesores de yoga indios enseñan posturas invertidas al principio o al final de la clase. Los profesores occidentales preferimos presentarlas hacia la mitad de la sesión, cuando los practicantes han preparado la espalda y el cuello apropiadamente y tienen tiempo suficiente para practicar la compensación después. Las posturas invertidas que se muestran en la figura 15-20 son opcionales, y recomendamos que los principiantes eviten la de medio hombro en pie y en la pared hasta que no hayan practicado yoga durante al menos seis u ocho semanas.

Intenta adoptar las posturas invertidas solo si no tienes molestias en el cuello; no deben darnos miedo, pero sí infundirnos respeto. Son posturas potentes que exigen sentido del equilibrio y unos músculos fuertes. Te ofrecemos algunas posturas seguras y fáciles en el capítulo 10. Escoge una para tu rutina de 30 o 60 minutos, pero únicamente si consideras que ya estás preparado para ejecutar una postura invertida.

No obstante, aunque estés preparado para realizar una postura invertida, no es conveniente que practiques la de hombros o la de medio hombro en la pared si padeces glaucoma, retinopatía, hipertensión o hernia de hiato, o si has sufrido algún ataque al corazón o un ictus; tampoco si te encuentras en los primeros días de la menstruación, si estás embarazada o si tienes más de 20 kg de sobrepeso.

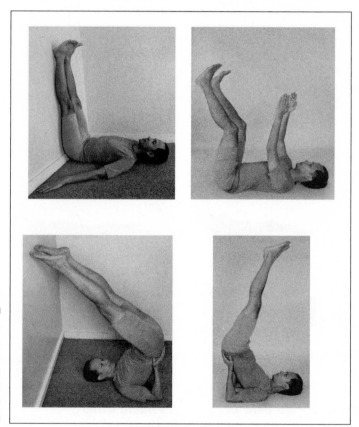

Figura 15-20:
Las posturas invertidas son potentes y merecen respeto

Compensación de las posturas invertidas y preparación de las flexiones hacia atrás

Después de las posturas invertidas simples debes descansar, normalmente en la postura del cadáver (explicada en el capítulo 4). Después de la media postura sobre los hombros, descansa y luego compensa con cualquiera de las posturas de la cobra (descritas en el capítulo 11) o con la postura del rayo (que puedes ver al principio de este capítulo). Estas dos posturas también te preparan para las flexiones hacia atrás.

Flexiones hacia atrás

Funcionan como compensación de las posturas invertidas, aunque las versiones I y II de la cobra también son flexiones hacia atrás suaves que sirven como buena preparación para otras más atléticas, como la postura de la langosta. Los occidentales hacen muchas flexiones hacia delante, por lo que las flexiones hacia atrás desempeñan un papel vital en la práctica del Hatha Yoga. En las rutinas de acondicionamiento general, y siempre que sea posible, incluye una flexión hacia atrás del capítulo 11; para los programas de más de 30 minutos, escoge dos. En la figura 15-21 encontrarás algunas de las más habituales.

Figura 15-21:
Ejemplos de
flexiones
hacia atrás
habituales

Compensación para las flexiones hacia atrás

La compensación para las flexiones hacia atrás que se realizan bocabajo suele hacerse con una flexión hacia delante con las rodillas flexionadas (como en la figura 15-22). Nosotros recomendamos la postura de las rodillas sobre el pecho o la del niño, descritas al principio de este capítulo. Después de realizar flexiones hacia atrás muy atléticas, como cualquiera de las variantes de la postura de la langosta, aconsejamos hacer un pequeño descanso seguido de una de las flexiones hacia delante con las rodillas flexionadas y, después, el puente dinámico como segunda postura de compensación. Esta secuencia ayuda a neutralizar la parte superior de la espalda y del cuello.

Preparación para las flexiones hacia delante

La preparación para las flexiones hacia delante con las piernas extendidas es sumamente importante. Estirar las corvas o las caderas justo antes de realizar una flexión hacia delante en posición sedente (se explica en el capítulo 11) no solo mejora la postura, sino que también es más seguro para la espalda. Haz el estiramiento de las corvas o el doble estiramiento de las piernas para la rutina de 30 minutos (*véase* la figura 15-4). Para una rutina más larga, puedes hacer ambos o la secuencia de mecer al bebé (15-11).

Figura 15-22:
La compensación de las flexiones hacia atrás es parte importante del programa de yoga

Flexiones hacia delante

Por lo general, debido a su efecto calmante, las flexiones hacia delante en posición sedente suelen hacerse hacia el final de la sesión. De todas las posturas descritas en este libro, las flexiones hacia delante con las piernas extendidas son las que más dividen a hombres y mujeres. Los hombres suelen tener los tendones de las corvas más tensos debido a la alta densidad muscular, especialmente en la zona de la cadera y la ingle. Por lo tanto, la preparación de los tendones de las corvas es muy importante para ellos al adoptar estas posturas. Si te cuesta esta categoría, flexiona más las rodillas y, si es necesario, coloca una manta doblada debajo de las caderas para darte mejor ángulo para las flexiones hacia delante (se describe en el capítulo 11). Para una rutina de 30 minutos escoge una de las flexiones hacia delante del capítulo 11; para una sesión de 60 minutos, escoge dos. En la figura 15-23 encontrarás algunos ejemplos. También puedes sustituirlas por una flexión lateral de rodillas o sedente del capítulo 11, y realizar una flexión hacia delante de rodillas o sedente como postura de compensación.

Figura 15-23:
Algunos ejemplos de flexiones hacia delante

Compensación para las flexiones hacia delante

Las flexiones hacia delante suelen compensarse por sí solas. Sin embargo, es posible que, a veces, necesites realizar una flexión suave hacia atrás para compensar, como el puente dinámico.

Preparación para las torsiones

La preparación para todas las torsiones es la flexión hacia delante, de manera que el paso a partir de las flexiones hacia delante a las torsiones surge naturalmente. Consulta el apartado "Flexiones hacia delante" de este capítulo para guiarte o para escoger la flexión que quieres hacer.

Torsiones

Las torsiones, como las flexiones hacia delante, tienen un efecto calmante general; las torsiones en el suelo son el postre del programa, porque sientan muy bien al final de la rutina. Escoge una torsión de suelo del capítulo 12 para la rutina de 30 minutos y una o dos para la de 60 minutos. En la figura 15-24 encontrarás algunos ejemplos habituales.

Compensación para las torsiones

La compensación para una torsión es siempre una flexión hacia delante. Después de una torsión de suelo, normalmente recomendamos escoger una de las posturas de las rodillas sobre el pecho en posición de tendido o las posturas comunes de las rodillas sobre el pecho (figuras 15-13 y 15-14) del principio de este capítulo.

Relajación

Recuerda que, con independencia de lo corta o larga que sea la rutina que ejecutes, debes incluir, al menos, una forma de relajación. El descanso te brinda un tiempo en el que puedes digerir la energía que has adquirido durante los ejercicios de yoga. Es como recibir los puntos acumulados en tu práctica.

Esta categoría final de la fórmula clásica puede adoptar formas diferentes: una técnica de relajación (capítulo 4), la respiración yóguica o *pranayama* (capítulo 5), o la meditación (capítulo 21).

En primer lugar, escoge una postura de descanso o una de las posturas sedentes del capítulo 6. A continuación, selecciona una de las técnicas de respiración o *pranayama* del capítulo 5, una técnica de relajación del capítulo 4, o una técnica de meditación del capítulo 21. En una rutina de 60 minutos puedes incluir una técnica de relajación y otra de respiración. Sea cual sea la técnica que escojas, deberá durar un mínimo de 2 minutos y un máximo de 15 minutos.

Figura 15-24:
Las torsiones
son posturas
calmantes
que sientan
realmente
bien

Sacar el máximo partido: rutina de 15 minutos

A veces no se puede disponer de más de 15 minutos, pero en el Hatha Yoga ese lapso de tiempo es suficiente para poner la espalda a punto, que el cuerpo recupere su equilibrio y refrescarse.

Eso sí, los objetivos deben ser muy claros y concretos. Algunas de las funciones de las rutinas de 15 minutos son los siguientes:

✔ Programa rápido de puesta en forma general.

✔ Programa de relajación y reducción del estrés.

✔ Programa de preparación para la respiración yóguica o la meditación.

Puesta en forma general

Para la puesta en forma general, escoge las siguientes categorías y sigue el orden de la lista. Puedes usar las ilustraciones de este capítulo como referencia.

Algunas de las posturas que indicamos a continuación aparecen en este capítulo; también encontrarás información en los capítulos indicados en esta lista.

✔ Para la sintonización, una postura en pie o sedente (consulta el apartado "Posturas de descanso" de este capítulo y los capítulos 6 y 7) y una técnica de respiración yóguica (capítulo 5).

✔ Una secuencia dinámica, como el Saludo al Sol arrodillado o en pie (capítulo 13); la secuencia rejuvenecedora, que equivale a tres o cuatro posturas (también en el capítulo 13) o tres o cuatro posturas en pie (están en el apartado "Posturas en pie" de este capítulo y en el capítulo 7) durante 6-8 minutos.

✔ Una torsión en posición de tendido (apartado "Torsiones" en este capítulo y en el capítulo 12).

✔ Como compensación, una postura de las rodillas sobre el pecho (figura 15-13).

✔ Una postura en posición de tendido o sedente del apartado "Posturas de descanso" (en este capítulo).

✔ Un ejercicio de respiración del capítulo 5 o una técnica de relajación del capítulo 4 (pueden hacerse ambos).

Preparación para la meditación y la respiración yóguica

Si quieres desarrollar una rutina que te ayude a reducir el estrés, relájate o prepárate para la meditación o la respiración yóguica con los elementos de esta lista:

✔ Una postura en posición de tendido o sedente del apartado "Postura de descanso" de este capítulo, o de los capítulos 6 y 7 para sintonizarse, y una técnica de respiración yóguica del capítulo 5. Repite esta postura, o una parecida, al final de la rutina.

✔ Dos posturas de calentamiento en posición de tendido, que encontrarás en el apartado "Empieza por el calentamiento" de este capítulo; intenta que en una se muevan los brazos y en la otra, las piernas.

✔ Una flexión hacia atrás en tendido prono, como la cobra I o la langosta I (apartado "Flexiones hacia atrás" de este capítulo) o una flexión hacia atrás en tendido supino, como el puente.

✔ Un ejercicio de flexión de rodillas como compensación, como la postura del niño o la postura de las rodillas sobre el pecho (en el apartado "Compensación para flexiones hacia atrás" de este capítulo).

✔ Una postura en tendido de estiramiento de las corvas, como la de mecer al bebé, en este mismo capítulo.

✔ Una torsión en posición de tendido (se describen en el apartado "Torsiones" de este capítulo, así como en el capítulo 12).

✔ Un ejercicio de compensación de rodillas flexionadas en posición de tendido, como el que se muestra en la figura 15-14 de este capítulo.

Satisfacer el apetito con una estimulante rutina de 5 minutos

Es muy fácil diseñar un programa de 5 minutos de yoga. Para una persona ocupada, de 3 a 5 minutos, una o dos veces al día, puede ser muy provechoso. Empieza con una postura de descanso o una sedente del apartado "Posturas de descanso" de este capítulo, o bien del capítulo 6; a continuación, practica una técnica de respiración yóguica o *pranayama* (descritas en el capítulo 5) entre tres y cinco minutos. Puedes combinarlas de muchas formas para obtener una rutina rápida, relajante y placentera.

Capítulo 16

Nunca es demasiado pronto: yoga para antes del parto y después de él

. . . .

En este capítulo

▶ Entender los beneficios del yoga durante el embarazo

▶ Explorar algunas buenas posturas para el embarazo (y una rutina)

▶ Volver al yoga con facilidad después del parto

. . . .

Las ventajas del ejercicio regular no tienen por qué perderse si estás embarazada. De hecho, muchos ginecólogos y obstetras recomiendan a las mujeres embarazadas que lleven una vida físicamente activa para aliviar algunas de las incomodidades propias del embarazo, prepararse para el parto y recuperar la normalidad después de él.

En este capítulo comentamos los beneficios de practicar el yoga durante el embarazo y cómo adoptar las mejores posturas. Además, presentamos una rutina fácil y rápida para empezar.

El yoga y el embarazo son compatibles

Es posible que siempre que un médico aconseja a sus pacientes hacer ejercicio durante el embarazo esté refiriéndose al yoga; también es posible que sea lo que las futuras madres piden, porque ayuda a cultivar un sentimiento de confianza en el propio cuerpo y en la capacidad de dar a luz. Por supuesto, es indispensable que consultes a tu médico y averigües cuáles son tus necesidades, simplemente para asegurarte de que no hay condiciones de riesgo que exijan precauciones especiales.

Pensamos que la mejor manera de aprovechar todas las ventajas del yoga es empezar la práctica mucho antes de quedarte embarazada o, por lo menos, tan pronto como recibas la buena noticia. La práctica puede ayudarte a conseguir un cuerpo fuerte y sano, además de una mente estable, no solo para concebir (en buena forma y relajada), sino, también, para mantenerte bien durante el embarazo, en el parto y después de haber dado a luz. Muchas de nuestras estudiantes practican con nosotros durante todo el período de gestación y aplican los principios que señalamos en este libro.

Te recomendamos que no empieces ningún programa de ejercicio físico, ni siquiera el Hatha Yoga, en mitad del embarazo. Sin embargo, eso no implica que no puedas realizar los ejercicios de relajación yóguica consciente y de meditación que propone el yoga, ya que son buenos en cualquier etapa del embarazo y también pueden ser buenas herramientas para el parto. ¡Tu cuerpo, tu mente y tu futuro hijo te lo agradecerán!

Un útero con un punto de vista yóguico

Uno de los efectos benéficos no reconocidos del yoga es que facilita la concepción en situaciones de infertilidad provocada por el estrés. Larry conoció un caso de dos estudiantes, Dave y Adrian, que nos sirve de ejemplo. Ambos dejaron el yoga cuando su trabajo empezó a tenerlos cada vez más ocupados. Cuando un tiempo después decidieron ser padres, estuvieron tres años intentando concebir, pero los resultados fueron negativos, a pesar del empeño que ponían y de emplear todos los recursos médicos a su alcance. Finalmente, el médico les indicó que la causa del problema podría ser el estrés y les sugirió que practicaran otra vez yoga juntos. Aunque resulte difícil de creer, lo cierto es que tras 30 días de práctica, que consistía en una sesión semanal conmigo y un DVD de puesta en forma general (*véase* el apéndice), Adrian se quedó embarazada. Ella siguió practicando yoga hasta el octavo mes de embarazo y después dio a luz a un niño enorme y precioso.

Disfrutar del yoga mientras tú y el bebé crecen

El embarazo comporta una serie de cambios fisiológicos y psicológicos muy importantes. Además de alterar la figura y el peso, también provoca cambios en la bioquímica del cuerpo. Son inevitables ciertas incomodidades, así como los sentimientos de anticipación, entusiasmo y felicidad.

El yoga puede cambiar mucho tu experiencia del embarazo. El aumento de la atención con el yoga es muy útil durante este período tan especial en el que el cuerpo sufre tantos cambios. La práctica yóguica te aporta beneficios (y también al bebé) como los siguientes:

✔ Relaja todo tu cuerpo.

✔ Reduce los problemas de espalda.

✔ Calma las náuseas.

✔ Reduce la hinchazón y los calambres de las piernas.

✔ Mejora el humor.

✔ Proporciona técnicas de respiración y concentración para el parto.

✔ Aporta un sentimiento de grupo y apoyo mutuo a través de las clases de yoga preparto y posparto.

Antes de empezar las clases de yoga preparto, habla con el profesor, averigua qué experiencia y formación tiene y asegúrate de que sabe cómo adaptar el yoga durante el embarazo para que sea seguro y útil.

Precauciones durante el embarazo

Puesto que durante el embarazo todas tus acciones afectan de forma directa e inmediata al feto, te recomendamos que tengas en cuenta los siguientes consejos durante los ejercicios:

✔ Haz siempre un poco menos de lo que estés acostumbrada a hacer y nunca aguantes la respiración.

✔ No lleves al extremo las posturas, en especial las flexiones hacia delante y hacia atrás; procura que no sean profundas ni forzadas.

✔ Evita apoyarte sobre el abdomen en cualquier postura.

✔ Evita las posturas de los abdominales yóguicos y aquellas que puedan presionar el útero.

✔ No hagas abdominales; en su lugar, trabaja para fortalecerte con posturas más suaves.

✔ Cuando tengas que hacer alguna postura con torsión, hazla desde los hombros y nunca a partir del abdomen, así evitarás comprimir los órganos internos.

✔ No adoptes posturas invertidas, excepto poner los pies sobre una silla o apoyados en la pared.

✔ No hagas ejercicios de respiración intensos, como la calavera brillante (*kapalabhati*) o la respiración de fuego (*bhastrika*).

✔ No saltes ni hagas movimientos rápidos al iniciar o terminar las posturas.

✔ Ten cuidado de no estirar demasiado, lo cual es fácil durante el embarazo ya que el aumento de la concentración de algunas hormonas da mayor flexibilidad a las articulaciones.

Muchos ginecólogos y obstetras recomiendan que las mujeres embarazadas no se tumben de tendido supino para hacer ejercicio, incluido el del yoga.

Posturas perfectas para el embarazo

La práctica del yoga durante el embarazo exige las mismas consideraciones que un programa especial para combatir problemas de espalda: no todas las posturas simples ni las rutinas funcionan igual para todos. Además, lo que quizá sea bueno para un trimestre, es posible que no sea bueno para el siguiente. En general, las posturas que te permiten incrementar con delicadeza la flexibilidad de las caderas deberían ser útiles, puesto que estarás preparándote para dar a luz, y son muchas las posturas que consiguen eso teniendo siempre presente la seguridad. Te recomendamos que busques un profesor con formación y experiencia que te guíe en las clases durante el embarazo o que pueda darte instrucciones para que tú las apliques.

En los siguientes apartados describimos tres de las posturas más recomendadas y útiles; podrás emplearlas en cualquier momento del embarazo, así como en el posparto. También describimos una rutina segura de 15 a 20 minutos que te ayudará a aliviar las incomodidades y a preparar el cuerpo para el momento del parto.

Postura tendida de lado

Utiliza esta postura en vez de la del cadáver *(savasana)*. También podrás adoptarla fuera de las sesiones, cuando sientas fatiga o náuseas durante el embarazo, el parto, la etapa posparto o para darle el pecho al bebé. Necesitarás o tres cojines grandes o cuatro o cinco mantas.

1. **Túmbate de lado sobre una superficie cómoda.**

2. **Pon uno de los cojines, o una manta, bajo la cabeza; otro paralelo al abdomen y sobre el suelo.**

   Deja reposar el brazo que queda arriba sobre este segundo cojín.

3. **Flexiona las rodillas y coloca el tercer cojín (o las dos mantas sobrantes) entre los pies y las rodillas (como en la figura 16-1).**

Permanece así el tiempo que quieras y respira naturalmente. Repite esta postura las veces que lo necesites.

Figura 16-1:
Postura
tendida
de lado

El gato y la vaca

Esta postura es una variante del gato *(chakravakasana)* y sirve para extender la zona lumbar, además de ayudar a aliviar el dolor de espalda, en general y el propio del embarazo.

No exageres los movimientos ni fuerces la zona lumbar durante el paso 4. Si sientes dolor o notas algún signo negativo, no practiques esta postura.

1. **Ponte a gatas y dirige la mirada al frente.**

2. **Las rodillas deben estar alineadas con las caderas y las manos con los hombros.**

   Estira los codos, pero no los bloquees.

3. **Al exhalar, arquea la espalda como un gato.**

   Dirige la cabeza hacia abajo y mira al suelo (como la figura 16-2a).

4. **Al inhalar, dirige lentamente la cabeza hacia arriba y deja de arquear la espalda, de manera que adoptes una postura parecida a la de una vaca, como se muestra en la figura 16-2b.**

5. **Repite entre seis y ocho veces los pasos 3 y 4.**

Figura 16-2:
El gato y
la vaca

La postura del zapatero: badda konasana

La postura del zapatero te ayuda a prepararte para el momento del parto porque abre las ingles y las caderas. También mejora la alineación y es una postura sedente apta para las técnicas de meditación y de respiración avanzada (recuerda que no debes aguantar la respiración).

1. **Siéntate en el suelo con las piernas estiradas hacia delante.**

   Pon las palmas hacia abajo y a ambos lados del cuerpo; los dedos deben apuntar al frente.

2. **Sacude las piernas varias veces.**

3. **Flexiona las rodillas hacia los lados y enfrenta las plantas de los pies hasta que se toquen.**

   Sujeta los pies e incorpórate suavemente desde el pecho (como en la figura 16-3).

Permanece entre 30 segundos y un minuto sentada en esta postura; con el tiempo podrás aumentar hasta entre 3 y 5 minutos.

Si las rodillas no están cerca del suelo, puedes sentarte sobre un cojín o colocar las mantas bajo las rodillas.

Figura 16-3:
La postura
del zapatero

Una rutina prenatal rápida y segura

La rutina corta de este apartado incluye posturas que son seguras para el período de embarazo y se centran en zonas del cuerpo que debes fortalecer para prepararlo para el momento del parto. En el capítulo 7 encontrarás más información sobre estas posturas.

Postura de la montaña: tadasana

Una de las ventajas de adoptar la postura de la montaña durante el embarazo es que dirige la atención hacia tu postura durante este período en que tu peso y tu equilibrio habrán cambiado gradualmente pero de forma constante.

Después de haber encontrado el punto de equilibrio, empieza el proceso de efectuar un cambio mental (del cual hablamos en el capítulo 14); utiliza para ello el tipo de respiración que escojas de los descritos en el capítulo 5. Permanece entre 6 y 8 respiraciones en esta postura (como se muestra en la figura 16-4).

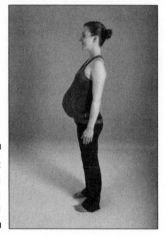

Figura 16-4:
La postura
de la
montaña

Guerrero I: vira badrasana I

Como su nombre indica, esta postura fortalece las piernas e incrementa el equilibrio y la energía general. Es especialmente beneficiosa durante el embarazo porque estira las caderas y alivia la tensión del cuello y la hinchazón de los dedos.

Entra y sal 3 o 4 veces de la postura; luego permanece en ella entre 6 y 8 respiraciones con cada lado. La figura 16-5 te servirá como referencia.

Figura 16-5:
El guerrero
I

Guerrero II: vira badrasana II

Esta es otra variante de la familia del guerrero, esta postura potente abre las caderas, al tiempo que genera energía y fortalece los brazos. Entra y sal 3 o 4 veces de la postura; luego permanece en ella entre 6 y 8 respiraciones con cada lado. La figura 16-6 te ayudará.

Figura 16-6:
El guerrero II

Flexión hacia delante con las piernas separadas: prasarita pada uttanasana

Esta versión modificada de la flexión hacia delante mejora la circulación en la cabeza y alarga la columna, los tendones de las corvas y los músculos aductores del interior de los muslos. Simplemente déjate colgar entre 6 y 8 respiraciones en esta postura (figura 16-7).

Figura 16-7:
Flexión en
pie y hacia
delante con
las piernas
separadas

También puedes intentar esta postura en pie con las caderas apoyadas en la pared o en la puerta.

El triángulo: uttita trikonasana

Esta postura estira los laterales de la columna y, la parte posterior de las piernas y las caderas, al tiempo que abre el pecho. Entra y sal 3 o 4 veces de la postura; luego permanece en ella entre 6 y 8 respiraciones con cada lado. La figura 16-8 te servirá de ejemplo.

Figura 16-8:
El triángulo

Postura de la sentadilla con silla: ardha utkatasana modificada

Esta postura genera energía general al tiempo que fortalece la espalda, las piernas, los hombros y los brazos. Entra y sal 3 o 4 veces de la postura; luego permanece en ella entre 6 y 8 respiraciones.

Utiliza una silla como la que se muestra en la figura 16-9 a menos que te sientas cómoda sin ella. Mantén una postura amplia para conservar el punto de equilibrio.

Figura 16-9:
Postura de
la sentadilla

Usa las herramientas del yoga para facilitar el parto y tener un hijo más sano

En sus formas puras e híbridas, todos los métodos de preparación para el parto –el método Lamaze, el método Bradley, el nacimiento consciente, el método Birthworks® y el hipnoparto– emplean técnicas propias del yoga.

Aunque cada uno a su manera, estos métodos enseñan a las futuras madres a concentrarse en la respiración, a respirar hacia un punto concreto y a utilizar técnicas de relajación y meditación.

Postura del zapatero

Esta postura (descrita en el apartado "La postura del zapatero'" e ilustrada en la figura 16-3 de este capítulo) es una manera excelente de relajarse al final de esta breve rutina. Utiliza una técnica de respiración avanzada del capítulo 5, como la respiración alterna de los orificios nasales, que no requiere aguantar la respiración, o alguna técnica de meditación del capítulo 21.

Seguir con la práctica después del parto

Muchas culturas tradicionales valoran el período de descanso de las nuevas madres para recuperarse después de haber dado a luz y crear vínculos con sus recién nacidos. Este intervalo dura unas cuatro o seis semanas; en español se conoce como *cuarentena*. No es extraño que los médicos recomienden que las nuevas madres esperen al menos seis semanas antes de retomar sus ejercicios, y un par de semanas más en caso de los partos por cesárea.

Cuando vuelvas a la colchoneta de yoga, evita las posturas invertidas durante al menos seis semanas después del parto, porque durante ese período suelen segregarse sangre y flujos vaginales o loquios. Además, ten cuidado con los abdominales yóguicos porque la zona de las ingles es muy delicada debido a que se habrá estirado mucho. Una buena manera de empezar es dar pequeños paseos y la postura tumbada de lado (descrita en "Postura tumbada de lado" y en la figura 16-1 de este capítulo). Todas las mujeres sangran durante las semanas posteriores al parto.

Controla el sangrado y reduce la práctica del yoga si la hemorragia se hace más intensa o si la sangre es de un color rojo brillante. En caso de duda, consulta a tu médico.

Si puedes, ve a clases de yoga posparto con otras madres. Un profesor con formación y experiencia podrá centrarse en las zonas del cuerpo que necesitan atención especial en esta etapa: el cuello, los hombros y la zona superior de la espalda, que acusan el estrés de cargar el bebé y de inclinarse para atenderlo. Entre otros ejercicios, también te ayudará a tonificar poco a poco la zona del abdomen para que vayas recuperando la figura. Y ten en cuenta que es muy valioso poder conectar y charlar con otras madres. Pocas madres están completamente preparadas para adaptarse a sentirse solas y sin control sobre su vida cotidiana, lo cual es bastante habitual en la primera etapa después del parto, sobre todo entre las mujeres que están acostumbradas a trabajar fuera de casa y no solo se dedican a las labores domésticas. La compañía de otras mujeres con sentimientos afines es casi siempre reconfortante y fundamental.

Tu vida cambiará radicalmente con la llegada de tu hijo. La práctica del yoga te parecerá un oasis en el desierto, aunque sea en sesiones cortas, puesto que la responsabilidad de cuidar de un bebé es un motivo de profunda felicidad, pero también de agotamiento. No te sientas culpable por dedicarte un tiempo, porque necesitas recargar las pilas. Es muy probable que las hormonas te hagan estar emotiva y un poco inestable; la práctica yóguica te ayudará a encontrar el equilibrio. Con la relajación final después de las posturas te sentirás más descansada, aunque el privilegio de dormir toda la noche sea solo un recuerdo dulce y distante.

A tu hijo le llevó nueve meses crecer en tu vientre, así que date otros nueve meses para volver a la silueta anterior. Pon tu reloj de mamá en hora y disfruta del paseo.

Capítulo 17

Yoga para niños y adolescentes

· ·

En este capítulo

▶ Hacer del yoga una actividad segura y divertida para los niños

▶ Intentar algunas posturas fáciles para niños

▶ Manejar el estrés adolescente con el yoga

▶ Probar rutinas de yoga para adolescentes y adultos jóvenes

· ·

Los jóvenes tienen una inclinación natural al yoga. Se les puede enseñar yoga incluso a los más pequeños a través del juego. Como indican algunos nombres de posturas conocidas, dichas posiciones se adaptaron del mundo animal, como es el caso de las posturas del gato, de la vaca, del perro y del oso, entre otras. La conjunción de movimiento coordinado y respiración que convierte los meros ejercicios físicos en movimientos de yoga conducen fácilmente a que parezca un juego. Si además lo combinas con otras actividades lúdicas –por ejemplo, imitar sonidos animales, un cajón mágico con animales de peluche o bolas de diferentes tamaños–, ¡ya está!, tendrás lo básico para empezar una sesión de yoga para niños.

Para los *jóvenes inquietos*, también conocidos como *adolescentes*, el yoga ofrece herramientas para cultivar la salud del cuerpo, la mente y el espíritu. Pone a su alcance una manera no competitiva de desarrollar fuerza y confianza, y de manejar el estrés, una plaga de nuestra era.

Los profesores de los colegios se están dando cuenta de cómo el yoga puede ayudar a sus estudiantes a reunir toda esa energía ilimitada y a centrarse en las tareas académicas. De igual modo, muchos padres y profesores de yoga se están percatando de que el yoga también puede desempeñar un papel terapéutico con niños autistas o que sufren trastorno por déficit de atención e hiperactividad (TDAH).

En este capítulo damos pistas, enseñamos posturas de ejemplo y presentamos diferentes maneras para que los padres puedan iniciar a sus hijos en el yoga. Los profesores que lean este libro encontrarán información que avivará ese deseo por incorporar el yoga a las clases (hay información en el apéndice de recursos). También presentamos una guía para que los adolescentes y los adultos con energía dispongan de una rutina clásica que ejercite el cuerpo y centre la mente.

Material para niños: yoga divertido para jovencitos

El sentimiento de calma, enfoque y equilibrio que conduce a los adultos a la práctica del yoga también puede lograrse en los niños, incluso si no tienen más que tres años, siempre y cuando se les enseñe de manera infantil y lúdica. Cuando se les guía mediante un enfoque apropiado y evolutivo, los niños de preescolar y de primaria pueden sacar mucho provecho: más capacidad de concentración, habilidad para tranquilizarse y centrarse por sí mismos, y más autoestima y confianza en su capacidad. Por muchos motivos, los niños tienen una relación muy natural con el yoga, porque pueden participar sin la rigidez mental y física que los adultos ya han adquirido. Afi Kobari, creador del programa Yogamama de la ciudad de Los Ángeles, describe una energía y una felicidad palpables en sus jóvenes estudiantes cuando los guía a través de las posturas mediante el juego. En los siguientes apartados te presentamos algunos consejos para que tu hijo conecte con el yoga, así como algunas posturas para probar.

Activar la imaginación: acercarse a las posturas como lo haría un niño

El juego infantil, cuando no es acelerado y se combina con la conciencia, puede convertirse en una buena plataforma para la práctica yóguica con niños. Las posturas del yoga (algunas de las cuales derivan de los animales y reciben sus nombres) y los conceptos les llevan a jugar de varias formas:

✔ Intenta que tu hijo reproduzca el sonido del animal que da nombre a una postura para observar su respiración.

✔ Deja que tu hijo escoja entre unas cartas con animales y luego pon en práctica la postura.

✔ Introduce el sentido del equilibrio a través de los juegos que exigen correr y detenerse en seco; indícale que se detenga y mantenga el equilibrio sobre una pierna.

✔ Un libro de yoga para niños o una historia también te serán de ayuda para que se centre y para compartir más conocimientos con ellos, además de las asanas.

✔ Haz que ruede una pelota con una mano mientras con la otra adopta una postura sedente; así fomentarás el desarrollo de ambos hemisferios cerebrales.

Cuando le enseñes yoga, sé flexible. Ten en cuenta estas indicaciones:

✔ Las sesiones cortas y divertidas para que tu hijo quiera repetir son mejores que las sesiones largas, en las que perderá la atención.

✔ Ten disposición para adaptar la sesión de yoga al estado físico y de ánimo de tu hijo. Si está cansado, preferirá posiciones sedentes. Los ejercicios de respiración refrescante son útiles para calmar a un niño irritado. En un día de lluvia, las posturas activas ayudan a liberar físicamente la energía acumulada.

Las posturas preferidas

Los niños no deben adoptar las posturas invertidas sobre la cabeza ni sobre los hombros. Aunque tienen mucha flexibilidad, les falta la fuerza y la estabilidad necesarias para realizar estas posturas con seguridad.

Hemos diseñado las posturas de los apartados siguientes especialmente para los niños, y las explicaciones han sido redactadas para que ustedes, los padres, sirvan de guía a sus hijos.

Encontrarás más detalles sobre cada postura en los demás capítulos del libro; cuando se realizan en forma de secuencia, los grupos de posturas crean una rutina bien equilibrada. Además de indicarte las instrucciones que deberás dar a tu hijo al adoptar cada postura, te sugerimos algunos sonidos que podrá emitir durante la postura. El sonido tiene un doble objetivo: estimular la imaginación mientras permanece en la postura (lo cual les mantiene conectados) y también indicarle cuándo debe respirar, para no aguantar la respiración.

En estos apartados, a veces hacemos referencia a *posturas guais*; es solo una manera de describir aquellas posturas de descanso en las que se puede liberar el cuerpo y la mente. Este término lo acuñó Afi Kobari, un especialista en yoga para niños.

Proporcionar equilibrio a niños con necesidades especiales

Según un estudio de la Clínica Mayo, existen muchas pruebas que sugieren que el yoga puede ayudar a paliar los síntomas del TDAH. En su aspecto físico, el yoga fomenta la concentración en la respiración antes, durante las posturas y entre ellas; también estimula el esfuerzo físico mediante las *asanas*; además, proporciona un rato de desconexión controlado; todo ello puede ayudar a calmar a un niño que padezca TDAH. También ayuda a que entren en contacto con el cuerpo de forma relajada y no competitiva, y sus efectos acumulativos pueden derivar en mejoras de su capacidad escolar y lúdico-creativa. Busca un profesor de yoga que pueda crear un vínculo fuerte con el niño para ganarse su confianza y atención.

El yoga también puede ayudar a los niños autistas a adquirir nuevas habilidades motoras, comunicativas y sociales, y así experimentar una mejora general de su calidad de vida. La estructura y la repetición son aspectos clave de las sesiones de yoga para un niño autista. Si se añaden sutiles modificaciones de forma gradual, una a una, el yoga puede conseguir que la criatura practique y se adapte cómodamente a los cambios. Con el tiempo, desarrollará una gran capacidad para manejar el estrés que tan a menudo se da en el autismo, junto con una mayor concentración y conciencia corporal.

El profesor de yoga ideal para un niño autista es una persona que respete sus habilidades y valore sus esfuerzos; además debe estar dispuesto a aceptarlo tal y como es y a ganarse su confianza.

Los niños permanecen atentos durante períodos breves. Nadie conoce a tu hijo mejor que tú. Haz tantas posturas como permita su atención y con el tiempo será capaz de hacer más.

Encuentra un lugar especial para practicar. ¿Hay algún sitio de la casa donde tenga por costumbre jugar? Quizá ese sea el lugar perfecto para empezar a compartir vuestro amor por el yoga.

La postura de la montaña

La figura 17-1 os servirá de ejemplo para esta postura; en el capítulo 7 encontrarás más información acerca de la variante para adultos. Dale a tu hijo estas instrucciones:

1. **Ponte recto y alto como una montaña.**

2. **Respira por la nariz e imagina que estás en un lugar muy, muy tranquilo.**

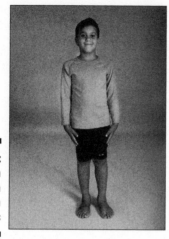

Figura 17-1:
La postura
de la
montaña
para niños

El guerrero I

Consulta las instrucciones del apartado anterior para indicarle a tu hijo cómo adoptar la postura de la montaña. La figura 17-2 y el capítulo 7 te servirán de guía para la primera postura del guerrero.

Si ves que tu hijo flexiona demasiado las rodillas, es decir, que sobrepasan los tobillos, indícale que las flexione un poco menos. Las siguientes instrucciones lo ayudarán a adoptar la postura del guerrero I:

1. **Ponte de pie, en la postura de la montaña y da un gran paso hacia delante con una pierna.**

2. **Flexiona la rodilla que está delante y levanta los brazos por encima de la cabeza.**

¿Cuánto tiempo deben mantener una postura?

Los niños muy pequeños solo querrán estar quietos unos cuantos segundos y empezarán a moverse. Los que son un poco mayores podrán permanecer quietos más tiempo. Los adultos suelen mantener las posturas durante seis respiraciones después de haber iniciado y terminado la postura unas cuantas veces. Pídele a tu hijo que mantenga la postura solo si percibes que se siente cómodo. Si empieza a retorcerse, indícale que abandone lentamente la posición.

3. **Siente lo poderoso y lo fuerte que eres con esta postura; la próxima vez, cuando flexiones la rodilla y subas los brazos di "¡Sí; sí que puedo!".**

4. **Mantén la rodilla flexionada y los brazos en alto; quédate en esta posición e imagina que eres un auténtico guerrero.**

5. Ahora haz los mismos movimientos, pero cambia de pierna.

Figura 17-2:
La postura
del
guerrero I
para niños

Postura del oso

Observa la figura 17-3 y sigue las instrucciones descritas a continuación para dirigir a tu hijo y que adopte la postura del oso.

1. **Empieza con la postura de la montaña. Inclínate hacia delante y deja que el cuerpo cuelgue.**

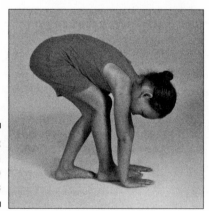

Figura 17-3:
La postura
del oso
para niños

2. **En esta posición, empieza a caminar arrastrando los brazos y las manos mientras gruñes, como si fueras un oso de verdad: ¡grrrrr!**

El gato y la vaca

Las siguientes instrucciones te ayudarán a guiar a tu hijo para que adopte las posturas del gato y la vaca; los niños suelen divertirse con esta secuencia, sobre todo si la practicas con ellos.

1. **Ponte a cuatro patas, como si fueras a gatear, pero quédate quieto.**

2. **Curva la espalda y mira hacia abajo, hasta que veas las piernas.**

   La figura 17-4a enseña la postura de este paso.

3. **Imagina que eres un gato y maúlla: ¡miau!**

4. **Mueve la espalda y deja caer la barriga hacia el suelo, sube el pecho y mira hacia delante.**

   Enséñale la figura 17-4b si no consigue visualizar este paso.

5. **Ahora imagina que eres una vaca y muge: ¡muuuuuuuuu!**

Figura 17-4:
La postura del gato y de la vaca para niños

a   b

La rana saltarina

Sigue estas instrucciones para que tu hijo adopte la postura de la rana:

1. **Ponte de pie con las piernas separadas y agáchate despacito.**

   Observa la figura 17-5.

2. **Apoya las manos en el suelo y luego salta mientras subes los brazos.**

3. **Imagina que eres una rana y haz el sonido: ¡croac-croac!**

Figura 17-5:
La postura
de la rana
para niños

La postura del árbol

Mediante estas instrucciones y la figura 17-6 podrás indicar a tu hijo cómo adoptar la postura del árbol. Además, en el capítulo 7 encontrarás más información sobre la variante para adultos.

1. **Empieza en la postura de la montaña, derecho y alto.**

2. **Flexiona una rodilla y apoya la planta de ese pie en la parte interior del muslo de la otra pierna.**

3. **Sube los brazos y junta las palmas por encima de la cabeza; imagina que eres un árbol. ¿Qué ruido hace el viento cuando agita las hojas? ¡Sssshhhh!**

4. **Ahora repite estos movimientos con la otra pierna.**

Figura 17-6:
La postura
del árbol
para niños

La cobra II

El capítulo 11 contiene más información sobre la variante para adultos de la postura de la cobra II; las siguientes instrucciones y la figura 17-7 te ayudarán a dirigir a tu hijo:

1. **Túmbate boca abajo y pon las manos con las palmas hacia abajo y cerca del pecho.**

2. **Levanta la cabeza, los hombros y la espalda, y mientras haz presión con las manos, pero mantén las caderas en el suelo.**

3. **Imagina que eres una cobra e imita el sonido: ¡sssssssss!**

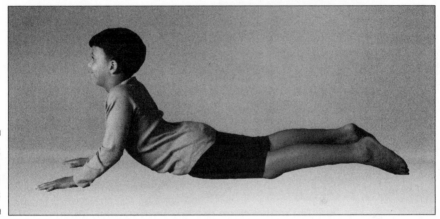

Figura 17-7:
La postura
de la cobra
II para niños

La postura del león

Tu hijo se sentirá orgulloso como un león con esta postura. Las siguientes instrucciones y la figura 17-8 te ayudarán a guiarlo (además, encontrarás información sobre la variante para adultos en el capítulo 6).

1. **Siéntate sobre los talones y apoya las manos en las rodillas.**

2. **Abre bien la boca, saca la lengua y dirige los ojos (no la cabeza) hacia el techo, como si quisieras ver algo que está por encima de ti.**

3. **Imagina que eres un león enorme y ruge: ¡grrroooaaarrrr!**

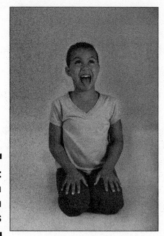

Figura 17-8:
La postura
del león
para niños

Postura del perro invertido

En el capítulo 7 encontrarás información sobre la variante para adultos, pero los siguientes pasos y la figura 17-9 te servirán para guiar a tu hijo:

1. **Ponte a cuatro patas.**

2. **Presiona con los brazos, con las palmas hacia abajo; estira las piernas y mira hacia abajo.**

3. **Imagina que eres un perro y ladra: ¡guau, guau!**

Figura 17-9:
La postura
del perro
invertido
para niños

Postura del niño

Esta postura es curiosa (y una de las posturas *guais*), ¡porque incluso tiene la palabra *niño* en su nombre! Las siguientes instrucciones y la figura 17-10 te servirán de guía.

1. **Ponte de rodillas en el suelo y forma una bola con el cuerpo.**

2. **Pon los brazos a los lados y las palmas hacia arriba.**

3. **Relájate y piensa en cosas buenas.**

Figura 17-10:
La postura
del niño
para niños

El puente

La figura 17-11 muestra esta postura tan fácil; sigue estas instrucciones y consulta el capítulo 14 para más información acerca de la variante para adultos.

1. **Túmbate de espaldas, flexiona las rodillas y apoya los pies en el suelo.**

2. **Pon los brazos al lado del cuerpo y con las palmas hacia abajo.**

3. **Levanta las caderas y forma un puente con el cuerpo.**

4. **Imagina que eres un puente y haz el sonido de los coches que pasan por encima: ¡piiii-poooo!**

Figura 17-11:
La postura
del puente
para niños

La rueda

Las siguientes indicaciones y la figura 17-12 te servirán de guía para que tu hijo adopte la postura de la rueda.

Esta postura avanzada requiere mucha fuerza y flexibilidad. Si tu hijo no está preparado para ella, espera hasta que sea más fuerte y flexible.

1. **Túmbate de espaldas, con las rodillas flexionadas y los pies sobre el suelo.**

2. **Estira los brazos por encima de la cabeza y pon las palmas de las manos en el suelo de manera que los dedos apunten a la cabeza.**

3. **Impúlsate hasta levantarte y formar una rueda.**

4. **¡Sonríe para la foto!**

Figura 17-12:
La postura
de la rueda
para niños

La postura abraza-rodillas

Esta es otra de las posturas *guais*. Los pasos que te presentamos a continuación y la figura 17-13 te ayudarán a guiar a tu hijo. Podrás encontrar las instrucciones para la variante de los adultos en el capítulo 14 (aunque se llama *las rodillas sobre el pecho*).

Para que le aporte una ventaja añadida, indícale que se balancee hacia los lados cuando tenga las rodillas abrazadas. Este movimiento le masajeará suavemente la espalda.

1. **Túmbate de espaldas y flexiona las rodillas hasta abrazarlas.**

2. **Relájate y piensa en cosas buenas.**

Figura 17-13:
La postura
abraza-
rodillas para
niños

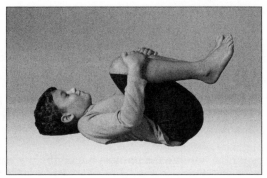

Postura fácil

Estas instrucciones te servirán para guiarlo hacia la postura fácil. Observa la figura 17-14 para que se siente correctamente (la variante para adultos está descrita en el capítulo 6).

Le resultará más cómodo con una manta bajo las caderas.

1. **Siéntate en el suelo con las piernas cruzadas. ¿Estás cómodo?**

2. **Pon la espalda bien recta, pero sin forzarla.**

3. **Imagina que en tu barriga hay un globo enorme: cuando cojas aire, llena ese globo imaginario, y cuando expulses el aire, vacíalo.**

Figura 17-14:
La postura
fácil para
niños

La postura superguay: savasana

Para terminar la sesión y ayudar a tu hijo a que se relaje, sigue las siguientes instrucciones y observa la figura 17-15. En el capítulo 4 encontrarás más información sobre esta postura.

1. **Túmbate de espaldas, vuelve las palmas hacia abajo y relaja los pies.**

2. **Cierra los ojos o mantenlos entreabiertos, lo que prefieras.**

3. **Relájate y piensa en cosas buenas.**

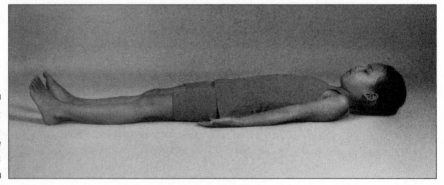

Figura 17-15:
La postura
savasana
para niños

Síí, savasana: la mejor parte

No importa si la sesión es corta o larga, pero no olvides añadir al final un ejercicio de relajación o _savasana_. Con ello le permitirás relajar el cuerpo sin forzarlo. Puede ser tan sencillo como contar cinco respiraciones. Este descanso es especialmente útil para aquellos niños que no ven el momento de irse a la cama por miedo a dejarse algo por hacer... ¿te resulta familiar? En el capítulo 4 encontrarás más información acerca de la _savasana_.

Facilitar el paso a la edad adulta: yoga para adolescentes

La práctica del yoga durante la adolescencia es mucho más que un programa de ejercicios. Sí, es una válvula de escape y una manera de fortalecer los músculos y de aumentar la flexibilidad, ambos aspectos muy importantes para ellos. Sin embargo, también aporta un perspectiva vital y sobre sí mismos sana y equilibrada que los acompañará toda la vida. A continuación describimos algunos de los beneficios que el yoga puede ofrecer a los adolescentes.

El antídoto para el estrés en tu agitada vida

Quizá estás haciendo todos los esfuerzos posibles para entrar en el equipo, para ganarte ese puesto en la lista de los mejores de clase, para conseguir ese trabajo a tiempo parcial o para cuidar de tus hermanos mientras ejerces tu labor de estudiante a tiempo completo. Aunque no te lo parezca, tu tiempo y tu energía están trabajando al máximo.

El yoga puede ser un oasis en mitad del desierto del estrés. Esta disciplina, que es la unión de la mente y el cuerpo, puede hacer que sea más fácil lidiar con las exigencias de la vida cotidiana. Si practicas con regularidad, adquirirás más habilidad para pensar y confiar en ti mismo, lo cual es importante en esta etapa de la vida en la que la presión exterior puede

Integrar el yoga en la clase

Las lecciones de yoga no se limitan al cuerpo o a la colchoneta. Las habilidades y enseñanzas que se adquieren mediante la práctica yóguica ayudan a los niños de todas las edades, incluso a los adolescentes, a enfocar la vida con los pies en el suelo, de forma más centrada y aplicando la inteligencia emocional. Cuando se presentan resumidos, algunos temas del yoga tradicional como la práctica de la *ahimsa* o la no-violencia (se habla de este asunto en el capítulo 20) pueden traducirse en distinciones simples y prácticas como la diferencia entre la fuerza y la delicadeza. Realiza el ejercicio simple de deshacer un nudo: al utilizar la delicadeza en vez de la fuerza, el niño aprenderá a través de su propia experiencia cuál es la mejor manera. Esta conciencia aplicada a las posturas yóguicas y al equilibrio permite que la criatura reconozca qué es lo que le sienta bien a su cuerpo; aplicada a las relaciones personales, les indica la mejor manera de tratar con las personas en la vida.

No hace falta que seas profesor de yoga para destacar este aspecto (muchas veces olvidado) en una clase. Los profesores pueden guiar a sus alumnos para que adopten posturas básicas y rutinas para potenciar sus habilidades, para aprender durante el día: por ejemplo, con el Saludo al Sol por las mañanas (capítulo 14) para revitalizar y centrar la energía; con las posturas de equilibrio (capítulo 9) después del descanso para entrar de nuevo en clase; la respiración por orificios alternos (capítulo 5) en una cómoda postura sedente (capítulo 7) o una sencilla flexión hacia delante (capítulo 12) para calmar la mente antes de ponerse a escribir. La lista podría seguir.

ser agobiante y las malas decisiones pueden pasar factura a tu salud, a tu bienestar y a tu futuro.

Las posiciones sobre la cabeza, sobre los hombros y la postura del loto quizá parezcan las más conocidas del yoga, pero, en realidad, pueden ser peligrosas. Los jóvenes que están en edad de crecimiento todavía no tienen la musculatura ni la estabilidad suficientes para adoptar estas posturas con seguridad. Te recomendamos que de momento no intentes hacerlas.

Entrénate para la vida y mucho más

Es posible que el beneficio más importante que pueda ofrecerte el yoga sea la oportunidad de desarrollar una amistad con tu cuerpo para toda la vida. Cuando lo practicas, primero bajo la tutela de un profesor con formación y capacidad y más adelante por tu cuenta, tonificas el cuerpo, prestas atención a lo que sucede y respondes de la forma apropiada, que no es muy diferente a la buena energía que transmites a tus amistades y a tus mejores amigos. La práctica habitual te puede ayudar a desarrollar la concentración y la disciplina que necesitas para estudiar bien y lograr tus sueños. Y cuando estás descalzo sobre la colchoneta, te sientes libre de las jerarquías del colegio o del instituto. El yoga te ayuda a tener confianza en ti mismo y a ser valiente, sin competir. ¿Ves lo bueno que es?

Como actividad para ponerse en forma física, el yoga es una oferta atractiva por varias razones:

✔ Es económico; ya tienes este libro y puedes empezar a practicar justo ahora, sin necesidad de nada más.

✔ No necesitas gimnasio ni cancha ni campo. Basta con tener suficiente superficie de suelo para practicarlo con seguridad. Si practicas en casa, intenta encontrar un lugar privado. Si la cuestión del espacio es un lujo, debes saber que un profesor de yoga muy respetado practicaba el yoga en el baño cuando no había otro lugar disponible. Hasta los baños más pequeños tienen una superficie mínima. Compruébalo, seguro que el tuyo es lo suficientemente largo para la colchoneta.

¿Puede ayudarte el yoga a mantener un peso saludable?

Según Robert M. Sapolsky, autor del libro *¿Por qué las cebras no tienen úlcera?* (Alianza Editorial), los muchos desencadenantes de estrés con los que podemos encontrarnos también pueden llevarnos a comer en exceso, más concretamente, a escoger los alimentos menos aconsejables, los que hacen que engordemos en exceso. El estrés libera hormonas que afectan al apetito. Si el estrés es intenso pero breve, muchas personas pierden el apetito (es la sensación que se tiene cuando uno está demasiado nervioso como para comer). Pero cuando ese episodio intenso pero breve se repite varias veces al día, o en días alternos, la concentración de las hormonas hace que el apetito aumente, y no por razones de salud. ¿Qué ayuda? Practicar ejercicio con regularidad, meditar, cultivar la actitud de aceptación de uno mismo y dejar de lado el afán perfeccionista de la vida son solo algunas cosas que, según se ha podido demostrar, ayudan. Y qué bueno es que todo eso esté a mano con el yoga.

Rutinas de yoga para jóvenes inquietos

Las rutinas de este apartado han sido expresamente diseñadas para jóvenes. Si se practican con cuidado, también pueden servir tanto a hombres como a mujeres que ronden los 30, pero no las recomendamos a aquellas personas que superen los 40. Muchas de las rutinas que se ofrecen en las clases grupales de yoga (sobre todo en los gimnasios y clubs) fueron originalmente diseñadas para adolescentes indios, más bien delgados y cuyos estilos de vida exigían sentarse mucho en cuclillas. Es frecuente encontrarse con principiantes de mediana edad que empiezan a practicar yoga de forma competitiva y terminan con lesiones, lo cual demuestra que el yoga no está hecho para ellos (o ellos para el yoga).

Muchos deportistas profesionales mantienen un alto grado de destreza desde que son adolescentes hasta la treintena. Sin embargo, después el cuerpo empieza a cambiar, y también deberían cambiar el programa para evitar lesionarse. Yo (Larry) llamo a la primera etapa *yoga para los jóvenes inquietos*. Muchos de los estilos populares de yoga, como el Ashtanga Yoga, algunos aspectos del Iyengar Yoga, y el nuevo yoga flow, fueron inspirados por las enseñanzas del fallecido Sri T. Krishnamacharya (del sur de la India) cuando era joven, e iban dirigidos, en un principio, a practicantes jóvenes. Las rutinas no publicadas en este apartado las recibí (Larry) de manos del hijo de Sri T. Krishnamacharya, T.K.V. Desikachar, que además fue mi profesor.

Estas rutinas son exigentes, pero ten siempre en cuenta el principio fundamental del yoga: no hacer daño. Confía en tu maestro interior. Si el cuerpo te pide descanso, dáselo (incluso si los demás están todavía practicando las posturas). Confiar en ti mismo es un paso importante para convertirte en un adulto equilibrado.

Rutina en pie

Mientras te preparas para empezar la rutina, recuerda que el yoga es una disciplina del cuerpo, de la respiración y de la mente. Muévete lentamente y permanece quieto cuando sea necesario.

Antes de empezar, lee con detenimiento estos consejos e instrucciones generales:

✔ Escoge un tipo de respiración por etapas o abdominal del capítulo 5.

✔ Detente y respira en cada postura entre 8 y 10 respiraciones.

✔ Haz toda la rutina dos veces con cada lado.

✔ Consulta el capítulo 7 para obtener información detallada de todas las posturas de esta rutina (no obstante, ten en cuenta que algunas de estas posturas son variantes de las del capítulo 7).

✔ Esta rutina debería durar entre 15 y 20 minutos.

Cuando estés listo, sigue los pasos siguientes para completar la rutina en pie:

1. **Empieza en la postura de la montaña (figura 17-16a).**

   Inicia la respiración yóguica que hayas escogido del listado anterior.

2. **Al exhalar, da un pequeño salto, abre las piernas y coloca los brazos en forma de T, como se muestra en la figura 17-16b.**

3. **Al inhalar, alza los brazos por los lados por encima de la cabeza y al mismo tiempo gira los pies y el torso hacia la derecha, como en la figura 17-16c.**

4. **Al exhalar, adopta la postura del guerrero I, con la rodilla derecha flexionada en un ángulo de 90°, como en la figura 17-16d.**

5. **Al inhalar, gira los hombros hacia la izquierda y coloca los brazos en forma de T, con las palmas hacia abajo, para el guerrero II.**

   Abre la cadera izquierda tanto como puedas y hasta sentirte cómodo (figura 17-16e).

6. **Al exhalar, gira los hombros hacia la derecha y estira el brazo izquierdo y la parte izquierda de la espalda hacia el brazo derecho, al tiempo que el brazo derecho va hacia atrás y ambos quedan paralelos al suelo (figura 17-16f), preparados para la postura del triángulo invertido (variante I).**

7. **Inhala y luego, al exhalar, lleva el brazo izquierdo hacia el suelo y el brazo derecho hacia arriba, para adoptar la postura del triángulo invertido (variante II); mantén la rodilla derecha flexionada y vuelve la cabeza hacia la derecha, como en la figura 17-16g.**

   Si notas cansancio en el cuello, baja la cabeza.

8. **Al exhalar, enrolla los brazos, el tronco y la cabeza; pon las puntas de los pies hacia delante y paralelos, y luego deja colgar el cuerpo hacia delante; sujeta los codos con las manos (figura 17-16h).**

9. **Haz que ruede el cuerpo hacia arriba y da un paso hacia atrás para adoptar la postura de la montaña del paso 1.**

10. **Repite los pasos del 1 al 9 con el lado izquierdo.**

Figura 17-16:
Secuencia
de posturas
para la rutina
en pie para
adolescentes

Rutina en el suelo

Algunas personas llaman a esta rutina la *secuencia de la vida* porque, si uno no tiene flexibilidad en las caderas por naturaleza, las flexiones hacia delante en posición sedente con las piernas separadas pueden llevar toda la vida. La belleza del yoga reside en saber que si uno no logra esa meta en esta vida, quizá sí pueda hacerlo en la siguiente.

Antes de empezar, ten en cuenta estos consejos:

✔ Escoge un tipo de respiración por etapas o abdominal del capítulo 5.

✔ Detente y respira en cada postura (incluso cada vez que levantes los brazos) entre 8 y 10 respiraciones.

✔ Haz toda la rutina dos veces.

✔ Esta rutina debería durar entre 20 y 25 minutos.

✔ Puedes relajar las rodillas en todas las flexiones hacia delante.

✔ Ponte a prueba, pero no te fuerces.

Esta rutina no es recomendable para las personas con problemas en la zona lumbar.

Cuando estés preparado, sigue estos pasos para completar la rutina en el suelo:

1. **Empieza con los brazos en alto y la espalda recta, como en la figura 17-17a.**

2. **Al exhalar, inclínate hacia delante y hacia abajo, en la flexión hacia delante en posición sedente (figura 17-17b).**

3. **Al inhalar, levanta el torso y los brazos, mantén la espalda recta y separa las piernas, como en la figura 17-17c.**

4. **Al exhalar, inclínate hacia delante y hacia abajo (flexión hacia delante con piernas separadas), tal y como se muestra en la figura 17-17d.**

5. **Al inhalar, alza el torso y los brazos, mantén la espalda recta, como en el paso 3 (figura 17-17c).**

6. **Al exhalar, vuélvete hacia la derecha, como en la figura 17-17e, e inclínate hacia delante y hacia abajo, como se muestra en la 17-17f.**

7. **Al inhalar, levanta el torso y los brazos, como en el paso 5 (figura 17-17c).**

Figura 17-17:
Secuencia de posturas para la rutina en el suelo para adolescentes

8. **Al exhalar, vuélvete hacia la izquierda como en la figura 17-17g e inclínate hacia delante y hacia abajo (figura 17-17h).**

9. **Al inhalar, alza el torso y los brazos, mantén la espalda recta y flexiona levemente las piernas, con los dedos de los pies apuntando hacia fuera, como en la figura 17-17i.**

10. **Al exhalar, inclínate hacia delante y hacia abajo e intenta mover los dedos de los pies, como en la figura 17-17j.**

11. **Al inhalar, alza el torso y los brazos, mantén la espalda recta, apoya las rodillas en el suelo y une las plantas de los pies, como en la figura 17-17k.**

12. **Al exhalar, inclínate hacia delante y hacia abajo y sujeta los pies (figura 17-17l).**

Si al incorporarte de las flexiones notas dolores en la espalda, intenta hacer rodar el cuerpo hacia arriba: mantén la barbilla pegada al pecho y que la columna se vaya curvando hacia arriba, apilando las vértebras una sobre otra. Deja que los brazos cuelguen a los lados; cuando ya te hayas incorporado, alza los brazos por encima de la cabeza y desde el frente y mira hacia delante.

Capítulo 18

Nunca es demasiado tarde: el yoga en la flor de la vida y en la madurez

En este capítulo

▶ Empezar el yoga de la flor de la vida con la actitud apropiada

▶ Descubrir los beneficios del yoga y las rutinas para practicantes de mediana edad

▶ Tener en cuenta las necesidades de los practicantes de más edad

Si eres mayor y estás pensando en empezar a practicar el yoga, debes saber que no eres el único. En 2008, la publicación *Yoga Journal* realizó un estudio que revelaba que de los casi 16 millones de estadounidenses que practicaban el yoga, al menos 3 millones tenían 55 años o más.

El yoga puede ayudar a los practicantes de cualquier edad a mejorar su salud y su bienestar. La caja de herramientas del yoga está compuesta de numerosas posturas, en función de cómo se modifiquen, pueden ofrecer el grado de esfuerzo apropiado para cada practicante, con independencia de la edad o la pericia. Hay que recordar que lo importante es el proceso y la práctica, no la forma final de las posturas. Una ventaja que tienen los practicantes de más edad es la enorme paciencia para estarse quietos durante los ejercicios respiratorios y la meditación, ambos muy importantes a la hora de adoptar las posturas en las edades más avanzadas.

En este capítulo explicamos y presentamos rutinas de yoga seguras para las personas de mediana edad y mayores. El yoga de la flor de la vida está dirigido a aquellos en edades comprendidas entre los 40 y los 70.

El apartado "El valor de la silla" va dirigido a los practicantes mayores de 70 años, aunque estas rutinas también pueden realizarlas personas de otras edades. El yoga es la unión del cuerpo, la respiración y la mente, y las mejores variantes de las posturas para cualquier persona son aquellas que encajan con sus necesidades físicas y emocionales, y concuerdan con su estilo de vida, sin tener en cuenta la edad.

Los beneficios del yoga para las personas de mediana edad y mayores

Por mediana edad se entiende, como su nombre indica, el período de la mitad de la vida. Pero no es el final, como piensan muchos, sino un nuevo comienzo. Los siguientes apartados te muestran que el yoga puede ayudarte a sobrellevar los cambios físicos y emocionales que se asocian a la mediana edad y te permite hacerte mayor con gracia, salud y actividad.

Lidiar con la menopausia

Los síntomas de la menopausia son el mayor cambio bioquímico que sufren las mujeres, y está marcado principalmente por la desaparición de la menstruación. Las glándulas sexuales entran en una fase de menor actividad y ya no es posible concebir. Los cambios hormonales que llevan hacia la menopausia definitiva pueden durar hasta una década. La peri-menopausia es el término que da nombre a este largo proceso, y trae consigo algunos efectos secundarios nada agradables: sofocos repentinos, palpitaciones, vértigos, insomnio, sequedad vaginal, problemas de incontinencia urinaria e irritabilidad. En esta etapa de la vida algunas mujeres son proclives a caer en depresión, pero con una actitud de aceptación del cambio y de las posibilidades que aún quedan por disfrutar, en realidad puede convertirse en una época muy satisfactoria. Ahí es donde el yoga entra en juego.

Practicar el yoga con frecuencia puede ayudar a aliviar los efectos psicológicos secundarios que llegan con la menopausia, sobre todo si se presenta antes de lo previsto. Te ayuda a cultivar una actitud positiva de perdón y aceptación de tu estado emocional. Las posturas invertidas (descritas en el capítulo 10) son especialmente útiles porque producen un efecto profundo en las glándulas y en los órganos internos y te permiten ver las cosas desde una nueva perspectiva, literal y metafóricamente. Para disfrutar de un merecido descanso y de una puesta en forma completa, recomendamos que practiques la postura del cadáver que describimos en el capítulo 15. Dale al cuerpo la oportunidad de volver a su equilibrio bioquímico.

No solo cosas de mujeres: la andropausia

La andropausia se manifiesta en los hombres y es una experiencia similar a la menopausia. Aunque sus glándulas sexuales también varían y reducen su actividad sexual, los hombres son capaces de procrear hasta edades muy avanzadas. Sin embargo, cuando observan que la vitalidad y el nacimiento del pelo se empiezan a retirar un poco, también pueden entrar en crisis existenciales.

La etapa a partir de los 40 años se presenta como una oportunidad excelente para descubrir las posibilidades de la vida que van más allá de la reproducción sexual y la crianza de los hijos. La práctica habitual de yoga puede amortiguar los molestos efectos psicológicos que provoca la andropausia y estabilizar el torrente de sentimientos encontrados cuando te des cuenta de que ya no eres tan apuesto como antes. A menos, claro, que hayas practicado siempre el yoga.

Huesos de acero

La osteoporosis es la pérdida de masa ósea. Se trata de un trastorno que se asocia a la edad madura y a la vejez, y que puede prevenirse con la práctica regular de ejercicio. El levantamiento de pesas fortalece los huesos, pero el estrés provoca acidez y aumenta la descalcificación. Muchas personas no saben que la osteoporosis, en realidad, empieza a partir de los 20 años. Por lo tanto, nunca es demasiado pronto para empezar, ¡pero tampoco es tarde para ponerse a la tarea! Los glúteos de acero no están mal, pero los huesos de acero son mucho mejores.

Empezar el yoga de la flor de la vida con la mentalidad adecuada

A medida que pasan los años, la movilidad se convierte en la nueva flexibilidad. Así, aunque hayas sido capaz de adoptar las posturas más acrobáticas en tu juventud, la meta importante que ahora nos ocupa consiste en mantener la movilidad para seguir en forma y activo. En el yoga de la flor de la vida daremos más importancia a la libertad de la columna y al movimiento que a la forma de las posturas. Ajustar la postura, así como permitir una flexión de rodillas generosa si es necesario, hace que la columna tenga más movimiento.

La actitud con la que acudas a la práctica es un elemento crucial. Una actitud correcta sobre la colchoneta te permitirá adoptar posturas con seguridad e impregnará tu vida. He aquí algunos principios de yoga para conseguir una práctica segura y plena:

✔ Ponte a prueba, pero sin forzarte.

✔ El yoga es un diálogo, no un monólogo; no desates el nudo que une el cuerpo con la respiración y con la mente.

✔ Piensa en la práctica del yoga como si fuera una especie de meditación en movimiento.

✔ El dolor negativo (el que de verdad duele) no es de ningún provecho.

✔ Tú presides esta empresa, así que tú decides cuándo debes abandonar la postura.

✔ Deja que la postura se amolde a ti, en vez de intentar amoldarte a ella.

Rutinas fáciles para personas de mediana edad

A continuación presentamos dos rutinas para dos niveles diferentes y adecuadas para ambos sexos (para aquellos principiantes que nunca han tenido contacto con el yoga y tienen dolores o achaques, recomendamos empezar por la rutina para la zona lumbar del capítulo 22).

Hay DVD de ejercicios y rutinas de yoga especialmente recomendados para estas edades, y cada vez son más populares y completos.

Rutina del yoga de la flor de la vida: nivel I

La rutina que describimos e ilustramos a continuación es una rutina de puesta en forma general, para personas de edad madura, y también más jóvenes, que quieran llevar una vida físicamente más activa. Esta secuencia es fácil y está compuesta por una serie de posturas que trabajan ambos lados del cuerpo por separado, lo cual contribuye a ganar equilibrio.

Encontrarás instrucciones detalladas para cada una de estas posturas o sus variantes en los capítulos 4, 7, 8 y 15. Escoge una técnica respiratoria del capítulo 5. Permanece en cada postura y en sus variantes entre 6 y 8 respiraciones, excepto con el guerrero I (descrita en los pasos 2 y 3) y la variante del triángulo invertido (pasos 9 y 10). Para cada una de estas, inicia y termina cada postura tres veces y luego mantenla entre 6 y 8 respiraciones. Esta rutina debería durar entre 30 y 35 minutos.

1. **Empieza en la postura de la montaña que se muestra en la figura 18-1a.**

   Inicia la técnica respiratoria que hayas escogido (de entre las descritas en el capítulo 5) con 6 u 8 respiraciones.

2. **Al exhalar, da un paso de un metro, más o menos, hacia delante con el pie derecho.**

   El pie izquierdo se girará de forma natural, aunque para darte estabilidad puedes girarlo un poco más. Coloca las manos en la parte alta de las caderas y haz que la pelvis mire hacia delante; suelta las manos y los brazos (como en la figura 18-1b).

3. **Al inhalar, alza los brazos hacia delante y por encima de la cabeza; flexiona la rodilla derecha hasta poner la pierna en ángulo recto para adoptar la postura del guerrero I (como en la figura 18-1c).**

4. **Repite tres veces los pasos 2 y 3; luego permanece en la postura del guerrero I entre 6 y 8 respiraciones.**

5. **Al exhalar, baja los brazos y mantenlos flexionados con las palmas hacia arriba a la altura del pecho; alza el pecho como se muestra en la figura 18-1d; mantén esta orgullosa postura del guerrero entre 6 y 8 respiraciones.**

6. **Al inhalar, mantén la rodilla derecha flexionada; junta las palmas de las manos delante de ti y llévalas encima de la cabeza mientras miras hacia arriba y te inclinas ligeramente hacia atrás, como en la figura 18-1e.**

Permanece en la postura del guerrero elevada entre 6 y 8 respiraciones.

7. **Al exhalar, inclínate hacia la rodilla derecha flexionada y apoya las manos en el suelo para adoptar la postura de la flexión asimétrica hacia delante, como indica la figura 18-1f; permanece en esta posición entre 6 y 8 respiraciones.**

Estira la pierna derecha lo que te permita tu flexibilidad, pero ten en cuenta que tenerla flexionada es correcto. Si quieres sentir más el estiramiento, centra las caderas de manera que la izquierda vaya hacia delante y la derecha hacia atrás. Otra opción es girar el pie izquierdo hacia dentro, hasta que ambos queden paralelos.

8. **Al inhalar, ve subiendo el cuerpo como si rodara y apilaras las vértebras una sobre otra; luego da un paso hasta adoptar de nuevo la postura de la montaña del paso 1.**

9. **Repite los pasos del 1 al 8 con el lado izquierdo.**

10. **Desde la postura de la montaña, desplaza el pie derecho hacia el lado un metro, más o menos; al exhalar, inclínate hacia delante desde las caderas, deja que cuelguen los brazos y apoya las palmas en el suelo, alineadas con los hombros, como en la figura 18-1g.**

11. **Al inhalar, alza el brazo derecho en dirección al techo y dirige la mirada hacia el brazo derecho para adoptar la postura del triángulo invertido, como se muestra en la figura 18-1h.**

12. **Repite los pasos 10 y 11 tres veces y luego permanece con el brazo derecho hacia arriba entre 6 y 8 respiraciones más.**

Relaja los brazos y las rodillas. Vuelve la cabeza hacia abajo si sientes que el cuello te duele. Repite con el lado izquierdo.

13. **Al exhalar, deja que el torso, la cabeza y los brazos cuelguen hacia abajo; mantén los codos flexionados y sostén cada uno con la mano opuesta durante la flexión hacia delante con piernas separadas en posición en pie (figura 18-1i); permanece en esta posición entre 6 y 8 respiraciones.**

14. **Ponte en posición a gatas y mientras exhalas, desliza lentamente la mano derecha hacia delante y la pierna izquierda hacia atrás, pero mantén apoyados en el suelo la mano izquierda y el pie derecho; al inhalar, alza el brazo derecho y la pierna izquierda hasta una altura que te resulte cómoda, para adoptar la postura del gato en equilibrio, como se muestra en la figura 18-1j.**

Permanece con el brazo y la pierna en alto entre 4 y 8 respiraciones y luego repite el ejercicio con las extremidades contrarias.

Figura 18-1:
Rutina del
yoga de
la flor de la
vida: nivel I

Si quieres esforzarte un poco más con esta postura, levanta también el pie de la rodilla que está en el suelo.

15. **Al exhalar, vuelve a la posición a gatas y adopta la variante de la postura del niño (con los brazos hacia delante), como se muestra en la figura 18-1k; mantén la postura entre 6 y 8 respiraciones.**

16. **Túmbate de espaldas con los brazos a ambos lados del cuerpo, con las palmas hacia arriba y los ojos cerrados; permanece en la postura del cadáver como se muestra en la figura 18-1l.**

17. **Para terminar, utiliza la respiración abdominal del capítulo 5 o una técnica de relajación del capítulo 4 entre 3 y 5 minutos.**

Rutina del yoga de la flor de la vida: nivel II

Una vez que hayas dominado el primer nivel de la secuencia descrita en el apartado anterior, disfruta del reto del segundo nivel. Es un poco más larga y exige más esfuerzo físico y, como la otra rutina, te aporta equilibrio porque trabaja ambos lados del cuerpo de forma independiente.

Completar esta rutina te tomará unos 45 minutos, aproximadamente, aunque se divide en dos partes: las posturas en pie y las posturas en el suelo.

Puedes consultar la información detallada sobre las distintas posturas de esta rutina o sus variantes en los capítulos 4, 7, 8, 11, 12 y 15. Escoge una técnica respiratoria del capítulo 5. Mantén cada postura y las variantes entre 6 y 8 respiraciones, a excepción de la postura del guerrero II (pasos 3 y 4) y la flexión hacia delante en posición sedente (pasos 12 y 13), que tienes que iniciar y terminar tres veces antes de mantenerlas entre 6 y 8 respiraciones.

1. **Empieza en la postura de la montaña de la figura 18-2a.**

   Inicia la técnica respiratoria que hayas escogido (de entre las descritas en el capítulo 5) con 6 u 8 respiraciones.

2. **Al exhalar, da un paso de más o menos un metro hacia la derecha; gira el pie derecho hacia fuera en un ángulo de 90° y el izquierdo hacia dentro en un ángulo de 45°.**

3. **Al inhalar, alza los brazos a ambos lados del cuerpo hasta formar una T con el torso; estás listo para adoptar la postura del guerrero II, como se muestra en la figura 18-2b.**

4. Al exhalar, flexiona la rodilla derecha hasta que la pierna forme un ángulo recto con el suelo y vuelve la cabeza hacia la derecha, como en la figura 18-2c. Repite tres veces los pasos 3 y 4; luego permanece en la postura del guerrero II entre 6 y 8 respiraciones.

5. Al inhalar, alza el brazo derecho y dirige la palma hacia arriba; al exhalar, baja la mano izquierda (con la palma hacia abajo) hasta tocar la parte exterior de la pierna izquierda; mira hacia la mano derecha, que está arriba, para adoptar la postura del guerrero invertida (fíjate en la figura 18-2d) y permanece en esta posición entre 6 y 8 respiraciones.

6. Al inhalar, adopta de nuevo brevemente la postura del guerrero II, flexiona el brazo derecho y apoya el antebrazo derecho en el muslo derecho al tiempo que extiendes el brazo izquierdo por encima de la cabeza hasta alinearlo con la oreja izquierda, como se muestra en la figura 18-2e; permanece en esta postura del ángulo recto extendido entre 6 y 8 respiraciones.

Figura 18-2:
Rutina del yoga de la flor de la vida: nivel II, parte 1

7. Repite los pasos del 1 al 6 con el lado izquierdo.

8. Desde esta posición, levanta el cuerpo, apunta con los dedos de los pies hacia delante, y deja colgar los brazos a ambos lados del cuerpo; al exhalar, inclínate hacia delante desde las caderas y deja colgar el torso, la cabeza y los brazos; sujeta los codos con las manos durante la flexión hacia delante con piernas separadas en posición en pie, como se muestra en la figura 18-2f. Permanece así entre 6 y 8 respiraciones.

9. Vuelve a adoptar la postura de la montaña (figura 18-2a).

10. Al inhalar, alza los brazos por delante hacia arriba, por encima de la cabeza; al exhalar, inclínate hacia delante desde las caderas, levanta la pierna izquierda hacia atrás y hacia arriba hasta que los brazos, el torso y la pierna izquierda estén paralelos al suelo y estés en equilibrio sobre la pierna derecha en la postura del guerrero III (fíjate en la figura 18-2h). Mantén la postura entre 6 y 8 respiraciones.

11. Repite los pasos 9 y 10, pero ahora mantén el equilibrio sobre la pierna izquierda.

12. Túmbate sobre la espalda (tendido supino), flexiona las rodillas y mantén los pies en el suelo; alinéalos con las caderas y apoya las manos a ambos lados del cuerpo con las palmas hacia abajo; al inhalar, levanta las caderas y alza los brazos hasta colocarlos en el suelo en la parte de atrás para adoptar la variante del puente, entre 6 y 8 respiraciones, como se muestra en la figura 18-3a.

13. Túmbate boca abajo (tendido prono); apoya el brazo izquierdo delante y con la palma hacia abajo y el derecho apoyado atrás con la palma hacia arriba; flexiona la rodilla derecha y sujeta el pie derecho con la mano derecha; a continuación, alza el pecho, el brazo izquierdo y el pie derecho hasta una altura cómoda mientras inhalas y adoptas la postura del medio arco (figura 18-3b); permanece en esta posición entre 6 y 8 respiraciones y luego repítelo con las extremidades contrarias (sujetar el pie izquierdo con la mano izquierda y extender hacia delante el brazo derecho).

14. Ponte a gatas y alinea las caderas con las rodillas y las manos con los hombros; al exhalar, siéntate sobre las rodillas e inclina la cabeza y las caderas hasta adoptar la variante de la postura del niño, como se muestra en la figura 18-3c; permanece en esta postura entre 6 y 8 respiraciones.

15. Siéntate con las piernas extendidas hacia delante y mantén la espalda recta; al inhalar, alza los brazos por delante hacia arriba, como en la figura 18-3d.

16. **Al exhalar, inclínate hacia delante desde las caderas y lleva las manos, el pecho y la cabeza hacia el suelo, como se muestra en la figura 18-3e; repite tres veces los pasos 15 y 16; luego permanece entre 6 y 8 respiraciones en esta posición doblada.**

   Relaja las piernas y los brazos cuanto necesites.

   Si tienes problemas de espalda que se acentúan al curvarla, ten el doble de cuidado o evita la flexión hacia delante con las piernas estiradas en posición sedente.

17. **Túmbate sobre la espalda con las piernas estiradas y los brazos y el torso en forma de T; las palmas de las manos deben estar hacia arriba. Mientras exhalas, eleva la pierna izquierda por encima del torso y hasta el lado opuesto, extiende el brazo izquierdo en la parte de suelo por encima de la cabeza y vuelve la cabeza hacia la derecha hasta adoptar la postura de la navaja suiza, como muestra la figura 18-3f; mantén la posición entre 6 y 8 respiraciones y luego repite el ejercicio con las extremidades contrarias.**

   Relaja las articulaciones hasta que estés cómodo.

Figura 18-3: Rutina del yoga de la flor de la vida: nivel II, parte 2

18. **Quédate tumbado en tendido supino y abraza las rodillas con las manos y levántalas mientras espiras para adoptar la postura de las rodillas sobre el pecho (figura 18-3g); mantén la posición entre 6 y 8 respiraciones.**

Si tienes problemas de rodillas, sujeta las piernas por la parte posterior de los muslos. Balancéate suavemente de lado a lado.

19. **Adopta la postura del cadáver (figura 18-2h) para terminar. Mantén los ojos cerrados y emplea la respiración abdominal del capítulo 5 o una técnica de relajación del capítulo 4; permanece así entre 3 y 5 minutos.**

Yoga para personas mayores

Según el Instituto Nacional del Envejecimiento de Estados Unidos (www.nia.nih.gov), "*demasiado mayor* y *demasiado débil* no son expresiones que, en sí mismas, desaconsejen la actividad física. De hecho, no existen muchas razones de salud para impedir que las personas mayores adopten una vida más activa". Más bien, muchas enfermedades crónicas son en realidad resultado de la falta de actividad. Como forma de ejercicio, el yoga aporta muchos beneficios específicos para personas mayores. La mejora del equilibrio y de la flexibilidad reduce el riesgo (y el miedo) de sufrir lesiones e incrementa la movilidad. También mejora la circulación y la capacidad de dormir; por otra parte, añadir pesos ligeros a las posturas aumenta la densidad ósea y disminuye el riesgo de fractura. Y otro valor añadido es que la práctica en grupo promueve la interacción social y el sentimiento de vínculo.

No obstante, las personas mayores que tengan interés en el yoga deben consultar antes a sus médicos. Una vez que te hayan dado luz verde, busca una clase dedicada a un grupo de personas de tu edad, tanto por la interacción social como por la guía del profesor con la formación adecuada para adaptar las posturas a tus necesidades y capacidades. En el capítulo 2 encontrarás más información acerca de cómo conseguir un profesor y una clase. Asegúrate de contarle cualquier condición especial o problema de salud (como hipertensión, prótesis de cadera u osteoporosis, entre otros) y comprueba si el profesor puede modificar las rutinas para mayor seguridad. Al formar un grupo nuevo, un profesor que tenga experiencia ofrecerá distintas opciones, de manera que cada alumno pueda practicar el nivel apropiado en función de sus capacidades y limitaciones.

¿Qué es ser demasiado mayor para el yoga?

Shelly Kinney, una terapeuta de yoga de Los Ángeles, relata su experiencia con la señora Laura, una estudiante de 96 años que para caminar necesitaba la ayuda de una persona. Después de varios meses de práctica del yoga, la señora Laura podía entrar y salir de clase por su propio pie. ¿Cómo fue posible? Con la ayuda de una silla, realizaba las posturas del guerrero y del ángulo lateral, con el tiempo se añadieron pesos ligeros a los ejercicios y trabajó algunas posturas de equilibrio con una barra de ballet en un lado y la silla en el otro, mientras Shelly permanecía cerca para que se apoyara. Con paso lento, pero seguro, la señora Laura se fortaleció, ganó flexibilidad y confianza. Ella es la prueba de que nunca se es demasiado mayor para empezar a disfrutar del yoga y sus provechosos efectos.

El valor de la silla: rutinas seguras para adultos

No tienes que practicar el yoga en el suelo. Si agacharte y levantarte te resulta difícil, practicar yoga en una silla te permitirá estar en un lugar cómodo mientras la columna está libre. Aunque sea sentado, podrás mejorar la flexibilidad, la movilidad y el equilibrio. Las rutinas que te presentamos a continuación te darán las claves.

Tú eres quien decide si debes o no adoptar una postura. Si no te sientes cómodo, no la hagas. Asimismo, el profesor podrá aconsejarte sobre otros libros y artículos. Aprende por ti mismo, y disfruta de los beneficios de la respiración y el movimiento.

Rutina el valor de la silla: nivel I

Las posturas de esta rutina en posición sedente aportan los mismos beneficios que una clase de yoga normal y corriente: reduce el estrés, mejora la circulación y la concentración, y aporta una sensación general de bienestar. Esta rutina debería durar entre 15 y 20 minutos. Escoge una de las técnicas de respiración del capítulo 5 y aplícala durante toda la rutina. Sigue las instrucciones sobre respiración y movimiento, y disfruta.

Una vez sentado, coloca un par de mantas o un bloque bajo los pies si no están totalmente apoyados en el suelo.

Postura de la montaña en posición sedente

Observa la figura 18-4 y sigue los pasos siguientes para adoptar esta postura.

1. **Siéntate cómodamente en una silla, pon la espalda recta y permanece con los ojos abiertos o cerrados, como prefieras.**

2. **Deja caer los brazos a ambos lados del cuerpo e imagina una línea vertical que parte de la mitad de las orejas y va hacia los hombros, las caderas y las palmas de las manos; permanece en esta postura entre 8 y 10 respiraciones.**

Figura 18-4:
Postura de la montaña en posición sedente

Variante de la montaña en posición sedente y brazo levantado

Observa la figura 18-5 y sigue estos pasos:

1. **Empieza en la postura de la montaña del apartado anterior; al inhalar alza el brazo izquierdo y vuelve la cabeza hacia la izquierda.**

2. **Al exhalar, vuelve a la postura de la montaña.**

3. **Repite los pasos 1 y 2 con el brazo izquierdo y vuelve la cabeza hacia la derecha; alterna los brazos hasta hacer un total de entre cuatro y seis repeticiones con cada lado.**

Figura 18-5:
Variante de
la postura
de la
montaña

Postura de "karate kid" en posición sedente

En la figura 18-6 podrás observar la posición de este ejercicio. Los pasos son muy sencillos:

1. **Empieza en la postura de la montaña; mientras inhalas, alza los brazos por delante y llévalos hacia arriba, por encima de la cabeza de manera que queden a los lados de la cabeza.**

2. **Al exhalar, flexiona la rodilla izquierda y levántala en dirección al pecho hasta una altura que te resulte cómoda.**

3. **Respira un momento y a continuación, al exhalar, baja la rodilla y los brazos hasta adoptar de nuevo la postura de la montaña.**

Figura 18-6:
Variante de
la postura
de *karate
kid*

4. **Repite los pasos del 1 al 3 con ambos brazos y la rodilla izquierda; alterna ambas rodillas lentamente al tiempo que alzas los brazos; haz un total de entre cuatro y seis repeticiones con cada lado.**

Si llevas una prótesis de cadera, ten cuidado con esta postura. Si no estás seguro de si las caderas soportarán la postura, consúltaselo antes a tu médico.

Postura de alas y oraciones en posición sedente

La figura 18-7 te muestra cómo hacer esta postura. Estos son los pasos:

1. **Empieza en la postura de la montaña en posición sedente. Coloca las manos en posición de oración, con los pulgares sobre el esternón.**

2. **Al inhalar, abre las manos hacia fuera y eleva el pecho, como si los brazos fueran alas.**

3. **Al exhalar, vuelve a colocar los brazos y las manos en posición de oración.**

4. **Repite entre cuatro y seis veces lentamente los pasos del 1 al 3.**

Figura 18-7:
Postura
de alas y
oraciones

Postura de la mariposa en posición sedente

Observa la figura 18-8 y luego sigue estos pasos:

1. **Empieza en la posición de la montaña con los brazos extendidos hacia fuera y paralelos al suelo; las palmas deben apuntar hacia delante.**

Figura 18-8:
Postura de
la mariposa
en posición
sedente

2. Inhala. A continuación, cuando espires, lleva la mano derecha hacia la cara interior del brazo izquierdo.

3. Repite los pasos 1 y 2 con lentitud y haz entre cuatro y seis repeticiones; después ejecuta el ejercicio con las extremidades contrarias.

Postura del guerrero 1 (variante con silla)

Los siguientes pasos y la figura 18-9 te servirán de guía para adoptar esta postura.

1. Empieza en la postura de la montaña en pie (mira la figura 18-2a al principio del capítulo) con el respaldo de la silla delante.

2. Al exhalar, da un paso hacia delante con la pierna derecha y apoya las manos en el respaldo; flexiona la rodilla derecha hasta formar un ángulo recto (aproximadamente).

El pie izquierdo queda atrás, y puede permanecer ligeramente flexionado o con la planta totalmente apoyada en el suelo. No intentes forzar el ángulo.

3. Permanece entre 4 y 6 respiraciones en la posición del paso 2; luego repite el ejercicio con la pierna izquierda adelantada entre 4 y 6 respiraciones.

Figura 18-9:
Postura del
guerrero I
con silla

Torsión del sabio en posición sedente

Observa la figura 18-10 y sigue estos pasos para realizar la torsión del sabio en posición sedente.

1. **Siéntate en la silla de lado, de manera que el respaldo quede a tu derecha; apoya los pies en el suelo con firmeza.**

2. **Al exhalar, haz el gesto de volverte hacia la derecha y sujeta los lados del respaldo con las manos.**

3. **Al inhalar, pon la espalda y la cabeza bien rectas; al exhalar, acentúa levemente la torsión hacia la derecha.**

Figura 18-10:
Torsión del
sabio en
posición
sedente

4. **Acentúa la torsión tres veces más o hasta que hayas alcanzado el punto de comodidad, y luego permanece en esta postura entre 4 y 6 respiraciones; repite los pasos del 1 al 4 con el lado izquierdo.**

Flexión hacia delante en posición sedente

Los pasos siguientes te indicarán cómo realizar esta flexión ilustrada en la figura 18-11.

1. **Empieza en la postura de la montaña en posición sedente.**

2. **Al exhalar, inclínate hacia delante desde las caderas y desliza las manos hacia abajo, junto a las piernas.**

3. **Deja que la cabeza y los brazos cuelguen; relájate en esta posición durante 4 o 6 respiraciones.**

4. **Para terminar bien, adopta la postura de la montaña. Cierra los ojos y escoge una respiración por etapas de las descritas en el capítulo 5 o una técnica de relajación del capítulo 4. Permanece así entre 2 y 5 minutos.**

Figura 18-11:
Flexión hacia delante en posición sedente

Rutina el valor de la silla: nivel II

Esta rutina requiere más esfuerzo que la del nivel I (la del apartado anterior) y debería durar entre 15 y 20 minutos (no dejes que la palabra *esfuerzo* te intimide; Tony, la persona de las siguientes ilustraciones, tiene más de 80 años). Escoge una de las técnicas de respiración (de las descritas en el capítulo 5) y aplícala durante toda la rutina. Para guiarte al adoptar las posturas, sigue los pasos y observa las fotografías.

Esta rutina también puede ser de utilidad en una oficina con empleados de diferentes edades.

Postura de la montaña en posición sedente

Observa la figura 18-12 y sigue los pasos para adoptar esta postura.

1. **Siéntate cómodamente en una silla, pon la espalda recta y permanece con los ojos abiertos o cerrados, como prefieras.**

2. **Deja caer los brazos a ambos lados del cuerpo e imagina una línea vertical que parte de la mitad de las orejas y baja a los hombros, las caderas y las palmas de las manos; permanece en esta postura entre 8 y 10 respiraciones.**

Figura 18-12:
Postura de
la montaña
en posición
sedente

Postura de la montaña con los brazos levantados (variante 1)

1. **Empieza en la postura de la montaña en posición sedente (la del apartado anterior).**

2. **Al inhalar, alza los brazos hasta que estén por encima de la cabeza.**

   Intenta levantarlos por los lados y con las palmas de las manos hacia delante, como en la figura 18-13, pero no te fuerces.

3. **Al exhalar, baja los brazos.**

4. **Repite entre cuatro y seis veces los pasos del 1 al 3.**

Figura 18-13:
Postura de la
montaña con
brazos en alto
(variante I)

Postura de la montaña con los brazos levantados (variante II)

La figura 18-14 y los pasos siguientes te indicarán cómo adoptar esta postura.

1. **Empieza en la postura de la montaña.**

2. **Al inhalar, alza los brazos por delante hasta que estén por encima de la cabeza.**

3. **Entrelaza los dedos y vuelve las palmas hacia arriba.**

4. **Con los brazos relajados, mantén esta postura entre 4 y 6 respiraciones.**

Figura 18-14:
Postura de la
montaña con
brazos en alto
(variante II)

Postura del triángulo en posición sedente

Observa la figura 18-15 para tener una idea de cuál es la posición que debes adoptar y sigue los pasos que indicamos a continuación:

1. **Empieza en la postura de la montaña; al inhalar, levanta el brazo derecho por fuera y con la palma vuelta hacia la cabeza.**

2. **Al exhalar, inclina el brazo derecho, la cabeza y el torso hacia la izquierda, al tiempo que dejas caer el brazo izquierdo.**

   Mantén las caderas en el asiento.

3. **Permanece entre 4 y 6 respiraciones en la postura del paso 2; luego repite los pasos del 1 al 3 con el lado opuesto (el brazo izquierdo).**

Figura 18-15:
Postura del triángulo invertido en posición sedente

Postura de la paloma en posición sedente

Sigue los pasos y observa la figura 18-16 para adoptar esta postura.

No intentes realizar esta postura si tienes una prótesis de cadera.

1. **Empieza en la postura de la montaña en posición sedente.**

2. **Al exhalar, flexiona la rodilla y llévala directamente hacia arriba, sujeta la parte exterior de la rodilla con la mano derecha y el talón con la mano izquierda.**

3. **Coloca la parte exterior del tobillo derecho sobre el muslo izquierdo; empuja suavemente la rodilla derecha hacia el suelo, hasta que te resulte cómodo.**

Figura 18-16:
Postura de
la paloma
en posición
sedente

4. **Permanece entre 4 y 6 respiraciones en la posición del paso 3; luego repite el ejercicio con la pierna contraria.**

Puedes mover la rodilla alzada suavemente arriba y abajo durante unos minutos para agilizar la articulación de la cadera antes de relajarte y respirar.

Postura del guerrero I en posición sedente (variante con silla)

Observa la figura 18-17 para comprobar cuál es la posición correcta de esta postura y sigue las instrucciones detalladas a continuación:

1. **Siéntate de lado, de manera que el respaldo de la silla quede a tu derecha.**

2. **Mantén la pierna derecha doblada en ángulo recto e intenta estirar la pierna izquierda hacia atrás, con el empeine del pie tocando el suelo, si puedes, o, al menos, la puntas de los dedos.**

3. **Al inhalar, levanta ambos brazos por delante de manera que queden a los lados de la cabeza y por encima de ella.**

4. **Permanece entre 4 y 6 respiraciones en la posición del paso 3; luego repite los pasos del 1 al 3 con la pierna contraria (la derecha), y mantén la posición entre 4 y 6 respiraciones.**

Figura 18-17:
Postura del
guerrero I
en posición
sedente

Postura del camello en posición sedente

Los siguientes pasos y la figura 18-18 te mostrarán cómo adoptar esta postura:

1. **Empieza en la postura de la montaña.**

2. **Siéntate al filo de la silla. Estira los brazos hacia atrás y sujeta el asiento de la silla por las esquinas traseras con ambas manos.**

3. **Al inhalar, eleva la cabeza y el cuello, mira lentamente hacia arriba; mantén esta posición entre 4 y 6 respiraciones.**

Si tienes problemas en el cuello, empieza mirando al frente e intenta mirar hacia arriba a medida que adquieras práctica. Si este movimiento de cabeza te causa dolores o mareos, abandona la posición.

Figura 18-18:
Postura del
camello en
posición
sedente

Flexión hacia delante en posición sedente

Con estos pasos y la observación de la figura 18-19 podrás lograr esta flexión.

1. **Empieza en la postura de la montaña.**

2. **Al exhalar, inclínate hacia delante desde las caderas y desliza las manos hacia delante y bajo las piernas.**

3. **Deja que la cabeza y los brazos cuelguen. Relájate mientras mantienes esta posición entre 4 y 6 respiraciones.**

4. **Termina la secuencia en la postura de la montaña. Cierra los ojos y realiza entre dos y cinco minutos la respiración por etapas (descrita en el capítulo 5) o una técnica de relajación (descritas en el capítulo 4).**

Figura 18-19:
Flexión hacia
delante en
posición
sedente

Capítulo 19

Accesorios simples: cómo y por qué

En este capítulo

▶ Descubrir las ventajas y desventajas de utilizar accesorios

▶ Confiar en accesorios que probablemente ya tienes

▶ Invertir en accesorios para yoga

*E*l principal pilar de cualquier práctica yóguica es, por supuesto, el cuerpo y la mente como un todo. No obstante, los accesorios, que son medios físicos de apoyo, pueden mejorar tu experiencia con el yoga, sobre todo si eres principiante.

Tradicionalmente, los yoguis han confiado solo en unos cuantos accesorios básicos para su práctica postural, respiratoria y de meditación. Algunos ejemplos son un manojo de hierba o una piel de tigre para sentarse; un apoyabrazos en forma de T llamado *hamsa danda* para los momentos de meditación muy largos; y una jarra *neti* o lota nasal para limpiar las cavidades nasales con agua tibia (y a veces salada) antes de practicar la respiración controlada. Por desgracia, los estilos de vida occidentales, así como sus dietas, no generan mentes naturalmente equilibradas ni cuerpos bien entrenados. Por eso muchos practicantes (sobre todo los principiantes) a veces tienen que utilizar accesorios en las sesiones para conseguir una alineación apropiada.

Dicho esto, a veces basta el propio cuerpo como accesorio. Por ejemplo, el principio de las articulaciones relajadas (explicado en el capítulo 3), que expresa que hay que flexionar las rodillas y los codos, te permite sacarle provecho a una postura aunque tu cuerpo no sea lo bastante flexible para adoptar la forma clásica de la postura (la que se enseña tradicionalmente). Sin embargo, habrá quien necesite más ayuda además de la que su cuerpo le brinda, por lo que en este capítulo hablaremos de los accesorios. Cuando se usan con inteligencia, los accesorios pueden hacer que la práctica sea más placentera y que no sufras por los tirones en las piernas, las caderas agarrotadas o una espalda con poca flexibilidad.

Por descontado, utilizar accesorios tiene ventajas y desventajas, pero en este capítulo te ofrecemos la información necesaria para que tomes tu propia decisión sobre usarlos o no. A lo largo del libro te señalamos los momentos en los que puedes hacer uso de un accesorio en una postura y cómo hacerlo.

Las ventajas y desventajas de utilizar accesorios

Como ocurre con todo en esta vida, practicar yoga con la ayuda de accesorios tiene sus pros y sus contras. En los párrafos a continuación te mostraremos las ventajas y desventajas de emplearlos, pero ten en cuenta que la decisión de cuáles son los que más te convienen es tuya.

Ventajas de utilizar accesorios

Una de las grandes ventajas de los accesorios es que puedes utilizarlos mucho, poco o nada. Una cobija doblada bajo las caderas puede marcar la diferencia cuando te sientas con las piernas cruzadas durante más de un par de minutos, y una pared puede ser un buen punto de apoyo para las piernas o la espalda cuando se adoptan determinadas posturas. Estos son algunos puntos más a favor:

✔ Dan la ventaja de tener una palanca en muchas posturas.

✔ Ayudan a mejorar la alineación, el equilibrio y la estabilidad.

✔ Los accesorios como el Body Slant (del cual hablamos más adelante) aportan beneficios a las posturas invertidas clásicas, como la postura sobre la cabeza, sin comprimir el cuello.

✔ Permiten participar de manera más activa en una clase en grupo. Con herramientas seguras, podrás adoptar algunas posturas que de otra manera serían imposibles para ti, y no tendrás que quedarte en las posturas más fáciles o en las de descanso mientras el resto de la clase vuelve a tu nivel.

✔ La mayoría de ellos no son demasiado caros y duran mucho.

Los accesorios y sus desventajas

Aunque los accesorios para el yoga tienen ventajas, también tienen su lado negativo. No olvides los siguientes aspectos para decidir si te convienen o no:

✔ Al conocer la ventaja que aporta un accesorio, algunas personas insisten en una postura hasta que se lesionan. En vez de intentar parecer un modelo de una revista o de un calendario de yoga, presta atención a lo que el cuerpo necesita.

✔ Hay que cargar con algunos de ellos al ir a clase.

✔ Pueden crear dependencia, lo cual frena el progreso.

✔ Algunos requieren un tiempo de montaje y desmontaje, lo cual rompe el ritmo de la clase.

✔ Algunos son caros.

A la caza del accesorio casero

La especie humana se siente orgullosa de utilizar sus propias herramientas, y la creciente popularidad del yoga en Occidente ha inundado el mercado con productos y accesorios relacionados que a veces pueden ser caros y complicados. Además, algunos accesorios útiles pueden encontrarse en casa, como por ejemplo: un par de cobijas, un cinturón, una silla o una pared para apoyarse. Es todo lo que necesitas.

El yoga siempre ha abogado por un enfoque y un acercamiento experimental; te recomendamos que adoptes la misma actitud. Investiga qué te funciona y qué no. En vez de darte por vencido con una postura difícil, prueba a utilizar algún accesorio recomendado. Por ejemplo, si no puedes sentarte correctamente en la postura del sastre *(sukhasana)*, ponte una cobija doblada o un cojín bajo las caderas. En los apartados siguientes explicamos cómo algunos objetos de casa pueden servirte para la sesión de yoga.

Trabajar con la pared

Las paredes son un accesorio excelente, porque están por todas partes, están libres y, lo mejor de todo, dan mucho juego. Puedes usar la pared en muchísimas posturas: para apoyar las nalgas y mejorar el ángulo de la flexión hacia delante; para aguantar el talón en las posturas en pie; o para apoyar la parte posterior de las piernas en la postura de relajación tumbada con las piernas hacia arriba. Las paredes también pueden aguantarte en las posturas invertidas más avanzadas, como la de medio hombro (tratada en el capítulo 10), o como punto de referencia para controlar la alineación y la postura.

La cobija no es solo para taparse

Además de mantener la temperatura estable del cuerpo durante la relajación, las cobijas pueden alzar las caderas en las posiciones sedentes, la cabeza y el cuello en las posturas en tendido, y la cintura en las flexiones en tendido prono, como la langosta. También puedes usarlas para apoyar las rodillas cuando estés a gatas. La firmeza de la cobija es importante, porque querrás algo que no se hunda, como pasaría con un nórdico o con un edredón. Cuando necesites alzar las caderas, la cabeza o los hombros, utiliza siempre una cobija firme y llana y asegúrate de doblarla bien para que quede gruesa (puedes usar más de una).

Hoy en día, muchas cobijas están fabricadas con materiales sintéticos (o con una mezcla de lana y material sintético), lo cual es un alivio para las personas que sufren de alergias.

Proliferación de accesorios

Los accesorios de yoga son un gran negocio hoy en día. El maestro de yoga B. K. S. Iyengar de Pune (se pronuncia *pun-a*) ha difundido, más que ningún otro, el desarrollo de accesorios de Hatha Yoga. Sin embargo, por todas partes el mercado dispone de productos inspirados en los accesorios de yoga tradicionales.

El profesor de yoga Larry Jacobs, de Newport Beach, California, inventó el Body Slant (que describimos más adelante en "Accesorios para posturas invertidas") y ofrece una línea completa de productos seguros y prácticos para esas posturas. El Dr. LeRoy R. Perry Jr., un reconocido médico deportista y quiropráctico de Los Ángeles, California, ha desarrollado productos especializado para posturas invertidas, conocidos como los artilugios de descompresión espinal del Dr. Perry, que utilizan profesores de yoga y practicantes de todo el mundo.

Existen varios proveedores que ofrecen estos aditamentos en México. Si estás interesado en alguno de los productos de los que hablamos en esta sección te recomiendo que utilices las posibilidades de Internet para localizarlo. Una opción la tienes en la web http://zsabot.com donde puedes encontrar este material.

Escoger una silla cómoda

Una silla metálica o de madera sin reposabrazos puede ser un accesorio con múltiples usos en el yoga. Muchos principiantes (si no todos) se sienten incómodos al sentarse en el suelo durante largos períodos al realizar meditación o ejercicios respiratorios; sentarse en una silla es una buena alternativa, pero asegúrate de que los pies tocan el suelo; si no es el caso, apóyalos sobre una guía telefónica. A menudo los alumnos con problemas de espalda utilizan una silla para la fase de relajación al final de la sesión. Tumbarse de espaldas (en tendido supino), apoyar los pies en una silla y combinarlo con las técnicas de relajación del profesor puede ayudarte a relajar la tensión o el dolor de espalda. Encontrarás muchos libros y artículos en los que se describe cómo hacer toda la práctica en una silla, con sugerencias de descansos yóguicos para realizar en casa o en la oficina.

Un cinturón para estirarse

Por lo general, los cinturones se usan en las posturas en las que hay que estirar los tendones de las corvas, en posiciones sedentes o en tendido supino. Como opciones caseras, puedes utilizar un viejo cinturón de karate, una corbata, una toalla enrollada o un cinturón de albornoz. Aunque también puedes comprarte un cinturón de yoga en una de las tiendas especializadas.

Comprar algunos accesorios

A medida que te sientas más cómodo y confiado con la práctica yóguica, sentirás más curiosidad por la variedad de productos para yoga si los ves en clase o te los recomienda algún compañero. Tanto si has decidido gastar lo que haga falta en accesorios para experimentar con los mejores, como si has decidido ser algo más ahorrador, ten en cuenta que en el mercado encontrarás un surtido de productos muy diferentes y de distintos precios. Si compras de forma inteligente, ajustando la oferta a tus necesidades, obtendrás muy buenos resultados de tu experiencia con el yoga. En la figura 19-1 se muestran algunos de los accesorios más comunes: pared, cinturones, *bolster* (cabezal cilíndrico o rectangular), ladrillo, cobija y silla. En los apartados siguientes te damos más información para decidir si comprarlos o no; en el apartado anterior encontrarás algunas ideas para sustituir esos accesorios por cosas que tengas a mano.

Figura 19-1:
Accesorios
de yoga
habituales

Mejorar las posturas con la ayuda de bloques

Algunos estilos de yoga incorporan el uso de bloques o ladrillos para mejorar o facilitar ciertas posturas. Te serán útiles en las torsiones en pie, cuando no llegues al suelo con las manos, o para apoyar las manos en las flexiones hacia delante en posición en pie. Lo ideal es utilizar un par de bloques, pero con uno puede bastar. El bloque debe ser firme. Algunos alumnos prefieren los de espuma u otro material más ligero (por si se les cae al suelo o encima de un pie), en vez de los bloques de madera. Si es la primera vez que lo utilizas, colócalo horizontalmente sobre el suelo. Piensa que el bloque es como un suelo elevado que te sirve de apoyo. Intenta no sujetar el bloque con las manos, úsalo solo como ayuda para equilibrarte.

Hay bloques de muchos materiales (madera, espuma nueva y reciclada, bambú o corcho). Los más baratos suelen ser los de espuma, los más caros los de madera, y el corcho está entre los dos.

Si decides fabricar tu propio bloque, las medidas más comunes son 22 cm de largo, por 15 de ancho y 10 de altura. Asegúrate de que la madera esté bien lijada y barnizada para evitar las astillas. También puedes envolver dos libros de tapa dura que no uses y atarlos con una cuerda o cinta adhesiva.

Apoyarse en un bolster

Los *bolsters* son cojines duros y largos en forma de cilindro o de rectángulo. Se utilizan para apoyar las rodillas en las posturas en tendido, para ayudar a relajar la zona lumbar, para elevar las nalgas en las flexiones hacia delante y para suavizar las caderas y los tendones rígidos de las corvas. También puedes colocar uno de esos cojines bajo la zona superior de la espalda para ayudarte a abrir el pecho. Durante el embarazo son un apoyo excelente para la postura en tendido de lado (descrita en el capítulo 16). La medida habitual es de 15 x 30 x 65 cm para los rectangulares y de 23 x 70 cm para los cilíndricos.

Por lo general están fabricados con guata de algodón y cubiertos por una funda lavable, y están disponibles en varios tamaños, materiales y precios. También puedes comprar un *bolster* para *pranayama* (*véase* el capítulo 5) que es más fino y alargado (de unos 20 x 75 cm). Para tu uso personal, tendrás suficiente con uno.

Puedes fabricarte tu propio *bolster* utilizando cobijas enrolladas. Si no son demasiado blandos, los almohadones de cama o de sofá también pueden servir.

Las bolsas para los ojos y sus múltiples aplicaciones

Las bolsas o cojines para los ojos son unas bolsitas pequeñas rellenas de un material ligero (normalmente bolitas de plástico) que utilizan los yoguis para las diferentes técnicas de relajación. Aunque su nombre indique que es para los ojos (eso salta a la vista), tienen más funciones de las que parece. Entre otras, bloquean la luz y cualquier otro estímulo visual, lo cual permite que la actividad cerebral se reduzca; presionan levemente los ojos, de manera que el ritmo cardíaco desciende. También puedes cubrirte los ojos con una toalla, pero el efecto no es exactamente el mismo.

Se encuentran en muchas formas y tamaños. Algunas están rellenas de hierbas aromáticas, que añaden el valor de la aromaterapia, pero asegúrate de que el olor no sea tan intenso como para resultar molesto. Las medidas habituales son de 10 x 20 cm. Hay algunos modelos más caros que tienen una cinta para atárselas, pero en realidad no es necesaria. Se colocan sobre los ojos en las posiciones en tendido supino.

Si has decidido ahorrarte este gasto y quieres fabricar unas bolsitas caseras, utiliza materiales como el algodón o la seda, y rellénalas con arroz o semillas de lino. Incluso un calcetín viejo relleno podría servirte. Eso sí, ¡cóselo bien para que no se abra en mitad de la relajación!

Accesorios para posturas invertidas

Hemos omitido adrede la postura sobre la cabeza y la posición completa de hombros porque juzgamos que este tipo de ejercicios requieren la guía de un profesor de yoga con formación y experiencia. Puesto que los cuellos de los occidentales se han vuelto tan débiles y vulnerables, muchos médicos y bastantes quiroprácticos, ortopedistas y osteópatas desaconsejan que se practiquen posturas invertidas, como la postura de cabeza, la de hombros completa y la del arado, porque pueden comprimir el cuello. Sin embargo, los beneficios de estas posturas y de invertir la fuerza de la gravedad son muchos (como describimos en el capítulo 10), por eso algunos diseñadores han creado aparatos de inversión seguros y eficaces.

Hoy en día se encuentran aparatos que pueden adaptarse a cuerpos y presupuestos distintos Nos gusta uno en especial por su eficacia, seguridad y comodidad: el Body Slant, creado por el yogui Larry Jacobs (*véase* la figura 19-2). Es la versión de alta tecnología de lo que antes llamábamos

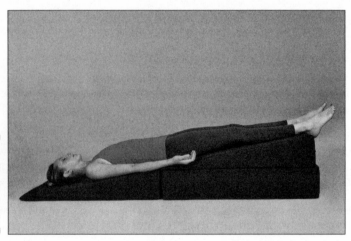

Figura 19-2:
El Body
Slant es
seguro
y eficaz

cojines inclinados de la abuela. Está formado por tres piezas de espuma que se montan y desmontan fácilmente para que la inversión sea sencilla y segura. Lo único que tienes que hacer es echarte durante diez minutos y notar los efectos rejuvenecedores de la inversión.

Consulta a tu médico antes de utilizar cualquier accesorio para asegurarte de que es apropiado para tus condiciones.

Evita utilizar el Body Slant o cualquier otro tipo de accesorio similar si sufres alguno de estos trastornos: glaucoma, retinopatía, hernia de hiato, hipertensión o enfermedades del corazón, o si has sufrido un ictus.

Parte IV
El yoga como estilo de vida

"LO CONVENCÍ PARA QUE PRACTICARA YOGA EN EL TRABAJO. ESTÁ MÁS TRANQUILO Y CENTRADO, Y ME QUEDO CON TODO EL CAMBIO QUE SE LE CAE DE LOS BOLSILLOS."

En esta parte...

Esta parte se divide en dos. Empezamos con la presentación de las formas en las que el yoga es mucho más que ejercicio físico. Te mostramos cómo adoptar un estilo de vida basado en el yoga que te aportará paz y felicidad, así como una capacidad para convertirte en un haz de luz para la familia, los amigos, los compañeros de trabajo y otras personas. Hablamos del gran espíritu y de la fuerza de vivir con integridad moral.

Más adelante profundizamos en la explicación de cómo mantener un estilo de vida en el que el yoga forme parte del día a día, incluso cuando los dolores te desanimen. Te mostramos algunos ejemplos de ejercicios yóguicos concretos, seguros y útiles, y un plan en cinco pasos para evitar que los problemas de espalda se cronifiquen. También te diremos cómo saber cuándo debes utilizar el yoga como terapia de forma segura, cómo encontrar un buen terapeuta de yoga y cuándo deberías acudir a un médico.

Capítulo 20

El yoga a lo largo del día

En este capítulo

▶ Aplicar el yoga a lo largo del día

▶ Buscar la salud y la armonía en nuestro interior

▶ Actuar con ética

▶ Cosechar los frutos de la autodisciplina

Las posturas y los ejercicios de respiración del Hatha Yoga –algunos de los cuales hemos descrito en los capítulos anteriores– son solo dos de las herramientas que ofrece este almacén tan bien surtido que es el yoga. Cuando la práctica se hace correctamente, son muy útiles y potentes para ayudarte a recuperar o a mantener la salud física y mental. Al practicar las posturas y los ejercicios respiratorios equilibras y estimulas la vitalidad del cuerpo, e incluso armonizas las emociones y fortaleces la mente.

Sin embargo, las posturas y la respiración son solo el principio: únicamente dos pasos del sendero óctuple del Raja Yoga (en el capítulo 1 encontrarás más información al respecto). El verdadero poder del yoga se acciona cuando lo adoptas como un estilo de vida o un camino espiritual. El yoga es un tipo de vida consciente; contiene todo lo necesario para transformar el día de pies a cabeza. Igual que un piano de cola nos permite interpretar música en ocho octavas, el yoga nos pone al alcance los medios para extraer nuestro máximo potencial como seres humanos.

En este capítulo te mostramos cómo conectar con el profundo potencial que posees y cómo vivir el día de forma yóguica. Este enfoque está basado en la observación atenta de los valores morales, un aspecto esencial, común a todas las ramas y escuelas del yoga, que a menudo los practicantes occidentales suelen pasar por alto.

Vivir el día de forma yóguica

Si decides adoptar el yoga como nuevo estilo de vida o como una disciplina espiritual, debes estar dispuesto a practicarlo las 24 horas del día y los siete días de la semana. Quizá te parezca difícil cumplir con este compromiso total, y con razón, porque vivir de esa manera es todo un reto. Al menos, seguir por el buen camino es difícil si al mismo tiempo estás adoptando nuevos hábitos y surcas nuevos caminos en el cerebro. Una vez realizado el cambio de pensamiento y de comportamiento, vivir de forma yóguica es tan fácil como vivir cualquier otra rutina, con la excepción de que el yoga es mucho más que una rutina.

Encara un día yóguico

Durante miles de años, los practicantes de yoga han empezado el día al amanecer, un momento considerado propicio y especialmente poderoso para la meditación, la oración y la unión con su potencial más elevado. En sánscrito se llama *brahma muhurta,* 'la hora del brahmán', y el brahmán es la realidad absoluta. A esa hora se establece el tono y la actitud correcta para el resto del día.

El amanecer no es solo un momento tranquilo y lleno de paz, sino que también está cargado de simbología significativa para los practicantes de yoga. Tradicionalmente, se ha rendido culto al Sol por ser el primer maestro o gurú, el que entregó a la humanidad las enseñanzas del yoga. También es el símbolo del espíritu que brilla de manera perpetua y eterna. El ejercicio del Saludo al Sol descrito en el capítulo 13 es una de las maneras en las que los yoguis hacen una reverencia a su sol interior.

Por supuesto, la India (la cuna del yoga) es un país muy soleado. Aunque el lugar donde vivas no reciba mucha luz solar, puedes seguir disfrutando del amanecer como un momento especial. Simplemente, ¡valora el profundo simbolismo del Sol!

A continuación te mostramos algunas sugerencias para convertir una vida cotidiana corriente en un ritual con sentido que te aporte energía y te prepare para el ajetreo del día a día:

✔ **Propaga un sentimiento de paz en tu corazón y recuerda la conexión que te une a todas las personas y cosas.** Hazlo nada más despertarte, antes de abrir los ojos y poner un pie en el suelo. Si crees en un ser divino (llámese Dios, Diosa o Ser Supremo), este es un buen momento para conectarte interiormente con él.

✔ **Anota cualquier sueño importante.** Cuando vives una vida activa de autotransformación, los sueños pueden enviarte mensajes valiosos. Pueden reflejar y confirmar tu desarrollo interior actual o conjunto de experiencias, o incluso pueden darte la clave para entender una situación. Si no anotas los sueños justo después de haberte despertado, es muy probable que los olvides. Si notas que se desvanecen de la mente con rapidez, contempla la posibilidad de llevar un diario antes de formular la resolución del día o *samkalpa,* que explicamos en el punto siguiente.

✔ **Afirma tu propósito más elevado.** Por ejemplo, repite (en voz alta o en tu mente) el propósito, que puede ser: "Mi intención es actuar todo el día de acuerdo a los principios morales y espirituales más elevados"; "Hoy quiero ser (más) compasivo"; "Durante el día de hoy no voy a hacer daño a nadie y voy a ayudar a todas las personas posibles"; "Solo voy a pensar de forma positiva y buena". Repite tu propósito o *samkalpa* con verdadera convicción tres veces o más.

A menudo, recordar una afirmación a lo largo del día puede resultar difícil para los principiantes. Si utilizas un objeto, como una piedrecita, un botón o un anillo, siempre que lo toques te vendrá a la memoria el propósito del día.

✔ **Antes de levantarte, relájate de manera consciente y respira profundamente diez veces.**

✔ **Contrae y activa los músculos mientras estés todavía en la cama.**

✔ **Ve al baño, aséate y cepíllate los dientes.**

✔ **Medita.** Si meditas sentado en la cama, la mente asociará irremediablemente las palabras *cama* y *sueño.* Consulta el capítulo 21 para obtener más información sobre el arte de la meditación. Algunos expertos recomiendan realizar las posturas y los ejercicios respiratorios antes de la meditación, aunque nosotros opinamos que esta preparación solo es necesaria si la mente está lenta a primera hora de la mañana y necesitas activarla. Si por las mañanas te despiertas con facilidad y feliz, dedica ese momento a la meditación o a la oración.

✔ **Realiza tu programa de yoga para transmitir vitalidad al cuerpo y fortalecer la mente.**

Si no puedes practicar por las mañanas (porque, por ejemplo, tienes que estar en el trabajo antes de que cante el gallo), asegúrate de buscar un hueco en tu agenda para practicar el Hatha Yoga o la meditación en algún momento del día o al final de la tarde. Aunque sean solo unos minutos de posturas y ejercicios de respiración, es mejor que no hacer absolutamente nada. Pero más importante que eso es empezar siempre el día con el propósito, antes de levantarte, y centrarte mediante una respiración consciente.

Si vives en familia, pacta formalmente con ellos que, siempre que sea posible, no te interrumpan durante la práctica. Asegúrate de que todos lo sepan y respeten tu tiempo privado. Si es necesario, echa el pestillo de la puerta o pon una nota de aviso. No siempre serás capaz de tener un tiempo para ti, sobre todo si tienes hijos. En ese caso, intenta hacer los ejercicios que puedas cuando todavía estés en la cama, y luego incorpora a tus hijos en el programa de yoga. Eres el mejor modelo para tu hijo, e incluso los más pequeños podrán participar en la práctica.

Algunas personas están siempre ocupadísimas: se van a dormir tarde después de terminar agotados y empiezan el día siguiente todavía cansados. Una rutina de Hatha Yoga puede darte energía, y por eso vale la pena dedicarle tiempo. Más allá del provecho físico y mental, el yoga proporciona el tiempo de quietud que es tan necesario, un momento en el que puedas estar contigo mismo sin distracciones. Si tus circunstancias lo permiten, reserva 15 minutos diarios que puedas considerar completamente tuyos. Pacta un acuerdo con tu pareja o tus hijos que beneficie a todos.

Si, en cambio, vives solo y sientes la presión del tiempo y de la atención que debes poner en gran cantidad de detalles, negocia con la persona que ves frente a ti, en el espejo. Podrás convertirte en tu mejor amigo si reservas un poco de tiempo para mirar en tu interior.

Lo bueno, si breve...

La exposición solar a primera hora de la mañana es beneficiosa. Más tarde, los rayos ultravioletas del Sol pueden llegar a ser mortales, ya que la exposición prolongada puede derivar en un cáncer de piel. Los practicantes de yoga evitan la tan extendida costumbre de broncearse al Sol (o mediante métodos artificiales).

Yoga con niños

Si tus hijos son pequeños y no tienes tiempo libre para practicar el yoga por tu cuenta, ¡no desesperes! Saca el mayor partido de la situación. Como dice el dicho, si no puedes con el enemigo, únete a él. Tus hijos lo disfrutarán, al menos, mientras sea novedad. Dependerá de su edad y disposición general, pero es probable que se acostumbren a la nueva actividad y a participar activamente en ella; y si no es así, al menos te permitirán practicar sin interrumpirte demasiado. Si no quieres que se aburran, deberás programar una sesión divertida. Como bien sabes, el universo gira en torno a los niños y sus necesidades, hasta que aprenden que no siempre es así. En último término, tu propia tranquilidad puede producir un efecto calmante en ellos. Consulta el capítulo 17 para aprender algunas posturas para niños.

Practicar el yoga durante el día

Durante el día tienes muchas oportunidades de aplicar la sabiduría del yoga. Tanto si te quedas en casa con los niños como si sales a trabajar, tienes a tu disposición un despliegue de herramientas de yoga para toda circunstancia y ocasión. A continuación te indicamos solo algunas en las que podrás aplicar la sabiduría yóguica y recoger sus frutos (aunque cualquier situación puede beneficiarse de una buena práctica de yoga):

✔ Si te quedas atrapado en un atasco de casa al trabajo, o viceversa.

✔ En un trato con clientes, tu exigente jefe o tus compañeros de trabajo.

✔ Durante el desayuno, la comida o la cena (consulta el recuadro "El arte yóguico de comer con conciencia").

✔ Durante el embarazo y el parto (se aborda en el capítulo 16).

✔ Cuando el comportamiento de tu hijo deja mucho que desear.

✔ En un momento delicado de salud.

✔ Durante las vacaciones y los días de fiesta.

✔ En el supermercado.

✔ Ante la pérdida de un ser querido.

✔ Al ver la televisión.

✔ En las relaciones sexuales.

Puedes vivir todas estas situaciones de forma consciente, y asentar las bases de todas las prácticas y actitudes positivas. También puedes vivir con paciencia, entendimiento, calma, perdón, amabilidad, compasión, amor, buen humor y un montón de virtudes más. Al practicar diferentes técnicas de yoga podrás calmar tu mente y tener más energía o transmitirla a los que te rodean.

No pienses en el mundo como *lo que está fuera* y en la práctica de yoga como *lo que está dentro de ti*. Si partes de la base de que el yoga conecta el interior y el exterior, esa distinción es artificial. Permite que la práctica impregne todas las situaciones. No es posible que siempre estés tan ocupado como para privarte de convertir unos cuantos segundos de tiempo libre en un momento lleno de sentido gracias al yoga: espira profundamente, céntrate, y recita un mantra en tu interior o bendice a alguien.

Incorporar el yoga a las rutinas nocturnas

Cuando se adopta el yoga como una disciplina espiritual, la práctica se extiende incluso al momento de dormir. En el capítulo 4 te proponemos una técnica de relajación que es mejor que cualquier pastilla. Esta técnica podrá ser todavía más potente si repites la misma intención o *samkalpa* que te propusiste al principio del día (consulta el apartado "Vuelve la cara hacia una mañana yóguica" para saber más sobre lo que es *samkalpa*). Repite la intención cuando la relajación sea más profunda y antes de terminar la relajación o cuando te quedes dormido.

Dormir en paz con un sueño lúcido

Es muy bueno tomar nota de todos los sueños o, al menos, apuntar en un diario aquellos más significativos. No obstante, los yoguis más entregados intentan transformar completamente su vida de sueño al entrenarse para el sueño lúcido, un estado especial de la conciencia durante el cual se mantiene cierto grado de conciencia mientras se sueña. En otras palabras, se puede llegar a saber qué es lo que se sueña e, incluso con práctica, ser capaces de dirigir los sueños. Normalmente el sueño lúcido tiene lugar de forma espontánea, pero si se prepara la mente antes de dormir se puede incrementar la probabilidad de mantenerse consciente en mitad del sueño. Aquí te mostramos algunos puntos para que puedas programarte para el sueño lúcido:

El arte yóguico de alimentarse conscientemente

Lo que comemos da forma a nuestro cuerpo. Asimismo, el estado corporal, y en especial el sistema nervioso, afecta a nuestra mente, que influye en toda nuestra vida. De esta manera, la expresión *de lo que se come se cría* se convierte en una gran verdad. Por norma general, los maestros de yoga son vegetarianos y su dieta habitual se compone de cereales, legumbres y fruta. Procura que la tuya se acerque a los alimentos que la madre naturaleza nos pone al alcance.

La manera de comer es tan importante como lo que se come. De todas las recomendaciones de los maestros de yoga, la más importante es la moderación. En sánscrito este hábito recibe el nombre de *mitahara* (de *mita*, 'moderado', y *ahara* 'alimento'). Lo básico es evitar tanto la sobrealimentación como pasar hambre.

Comer demasiado no solo te hace ganar peso, sino que además multiplica las toxinas y hace que te sientas emocionalmente decaído. De igual forma, si no te alimentas adecuadamente, te debilitas y corres el riesgo de enfermar.

La mejor política es comer solo cuando se tenga hambre (y no ganas de picar). La cantidad correcta de alimento varía de una persona a otra y también influyen otros factores como el clima y la estación. Descúbrelo al experimentar por ti mismo. Sin embargo, recuerda que ciertos estados de salud requieren que se coma con frecuencia.

Otra norma yóguica importante con respecto a la dieta es comer con conciencia. A continuación exponemos algunas sugerencias para cambiar los hábitos mecánicos o no yóguicos:

✔ Si estás alterado, cálmate antes de comer.

✔ Mantén tu atención a la hora de comer.

✔ Come lentamente y mastica bien la comida.

✔ Paladea y saborea los alimentos, disfruta de esa maravillosa sensación.

✔ Respira.

✔ Siéntete agradecido por los alimentos.

✔ Adquiere cada vez más conciencia de tus pensamientos, sentimientos y sensaciones.

✔ Interésate por tus sueños.

✔ Levántate un par de horas antes que de costumbre y haz tus tareas cotidianas.

✔ Vuelve a la cama y emplea 30 minutos en pensar acerca del sueño lúcido y qué tipo de sueño te gustaría crear.

✔ Permítete al menos dos horas para soñar antes de levantarte.

✔ Entra en el sueño lúcido mediante el ejercicio de relajación profunda *(yoga nidra)*, que describimos en el capítulo 4.

Tal vez no lo consigas la primera o la segunda vez que lo intentes, pero ¡no tardarás mucho en encontrarte con la buena sorpresa!

Incrementar la conciencia con el despertar lúcido

Más importante que el sueño lúcido es el despertar lúcido, el arte de estar presente en el momento, de vivir con conciencia durante el día. De cierta manera, el sueño lúcido es una extensión del despertar lúcido. Si le coges el tranquillo a estar consciente durante el sueño, pero sigues dormido durante el tiempo que estás despierto, no esperes obtener muchos resultados. De igual forma, si estás consciente pero te falta el entendimiento o la sabiduría durante la vigilia, también te faltará durante el sueño. El yoga se ocupa en primer lugar y de forma más importante del despertar lúcido, que consiste en sobrellevar las ilusiones y los desengaños de la vida corriente con la ayuda de la luz de la conciencia total. Una vez que hayas aclarado la mente y hayas eliminado los conceptos erróneos y los prejuicios, podrás llevar la misma claridad a los estados de conciencia menos comunes, como el sueño y el sueño profundo.

La atención consciente durante el sueño profundo

Para los practicantes de yoga serios, incluso el sueño profundo es terreno conocido. El descanso sin sueños es una excelente oportunidad para llegar a niveles de conciencia más elevados. Después de ser capaz de mantener la conciencia durante el sueño, podrás extenderla a esos períodos en los que la mente se vacía de contenido. Los grandes maestros de yoga están en estado de conciencia permanente, día y noche. Nunca están inconscientes porque han llegado al espíritu o Ser, que es la conciencia pura.

Si el estado de conciencia permanente te parece agotador, ten en cuenta la profunda tranquilidad que son capaces de alcanzar los maestros de yoga. La conciencia pura es la cosa más sencilla del mundo. Por eso se conoce como *estado natural* o *sahaja abasta*. Sin embargo, la mente es

Swami Rama desconcierta a la comunidad científica

En 1969, Swami Rama se ofreció voluntario para que sus habilidades yóguicas fueran probadas en la Fundación Menninger de Topeka (Kansas, Estados Unidos). Entre otras cosas, demostró su habilidad para producir todo tipo de ondas cerebrales a voluntad. Permaneció totalmente consciente incluso cuando se produjeron las lentísimas ondas delta del sueño profundo. De hecho, fue capaz de recordar qué ocurrió durante ese supuesto sueño profundo mucho mejor que los propios investigadores. Dos años después, Swami Rama fundó el Instituto del Himalaya en Honesdale (Pensilvania, Estados Unidos), donde actualmente se imparten sus enseñanzas.

infinitamente complicada. Basta con que recuerdes lo increíblemente cansado que es pensar (sobre todo cuando nos obsesionamos con las cosas).

Encuentra tu ser superior al descubrir el verdadero yo

Al margen de si logran o no su objetivo, todas las escuelas de yoga pretenden abrir la puerta a tu verdadera naturaleza, que conocemos con el nombre de *espíritu* o *Ser Superior*. Podrás encontrar tantas vías hacia la realización (o iluminación) como seres humanos existen en la Tierra. El viaje espiritual de cada uno es único, aunque nuestra evolución interior sigue ciertos principios universales. Ese proceso fundamental está marcado por las prácticas interconectadas de observación, entendimiento, disciplina y trascendencia de uno mismo. El principio más significativo es que para descubrir la naturaleza esencial debes superar la fuerza de atracción de los hábitos de conducta (grabados a fuego en el cerebro como senderos neuronales).

Obsérvate a ti mismo

En el yoga, simplemente empiezas a observarte. Estar sintonizado contigo es diferente a observarse de forma neurótica, que es tan solo una manera de relacionarse con uno mismo. Observarse implica tener conciencia del modo en que se piense y se actúa, pero sin juzgarse por ello.

La observación de uno mismo implica darse cuenta (sin juzgarse) de cómo se reacciona ante las personas y las situaciones. Por ejemplo, quizá descubras que muchas veces eres demasiado crítico o demasiado crédulo y acomodaticio. O quizá llegues a la conclusión de que eres más bien introvertido y asustadizo ante la idea de comprometerte en la vida, o que nunca piensas antes de actuar. La calma natural que creas a través de los ejercicios físicos de yoga puede ayudarte a empezar a descubrir tus propensiones, aunque sin caer en el reproche hacia ti mismo ni explotar de rabia con los demás.

Entiéndete a ti mismo

El entendimiento se basa en la observación, y consiste en descubrir las razones profundas de los hábitos. En última instancia, entenderse a uno mismo es comprender que todos los pensamientos y los comportamientos giran en torno al ego, un polo psicológico artificial. Tu ego te permite identificarte de una manera muy concreta. Por ejemplo:

> "Soy Carlota, tengo 35 años, soy blanca y nací en Burgos. Mido 1 m 68 cm, peso 60 kg, tengo los ojos azules y el pelo castaño. Estoy casada, tengo dos hijos y soy ingeniera electrónica. Me gusta el paracaidismo. Soy capitalista, bastante ambiciosa, aunque no muy religiosa".

Estas identificaciones del ego son útiles en tu vida diaria, siempre que no te alejen de tu centro espiritual ni levanten barreras ante los demás.

Debes tener mucho cuidado y no tomarte muy en serio el ego, porque no es más que una manera de identificarte rápidamente, tanto verbal como psicológicamente. No es tu verdadera naturaleza, el espíritu o el ser. Y lo más importante, no es una entidad real con derecho propio, sino tan solo algo que haces con frecuencia. El ego se basa en el proceso de contracción del ser *(atma samcoka)*. El símbolo del ego es un puño apretado. El yoga te enseña a abrir la mano y engancharte a la vida desde el punto de vista del espíritu o del Ser, que es una relación armoniosa con todos y con todo.

Practica la autodisciplina

Cuando una semilla germina, el brote debe abrirse paso entre la tierra antes de recibir la luz solar. De forma similar, antes de experimentar los niveles más elevados del yoga, deberás superar el letargo característico de la personalidad guiada por el ego, que no desea cambiar. La observación y el entendimiento de uno mismo se vuelven cada más efectivos mediante la práctica de la autodisciplina, esto es, el cultivo regular de las prácticas espirituales.

Al ejercer el autocontrol voluntario sobre los pensamientos, comportamientos y energías, podrás transformar de forma gradual el cuerpo y la mente en instrumentos sintonizados con precisión para llegar a entendimientos espirituales más elevados y llevar una vida más armoniosa. Es imposible practicar la autodisciplina sin que el ego sufra siquiera un poquito, porque el ego siempre tenderá a salirse del camino para coger el atajo. La práctica yóguica crea esa resistencia necesaria para encender la chispa que te hará crecer.

Trasciéndete a ti mismo

La trascendencia de uno mismo es el corazón del proceso espiritual. Este impulso y esta práctica de ir más allá de la contracción del ego en cada momento –mediante la observación, el entendimiento y la disciplina de uno mismo– alcanza su plenitud en el momento de la iluminación, cuando todo tu ser se transforma en espíritu (*véase* el capítulo 21).

Caminar por el sendero óctuple con disciplina moral

El sendero óctuple del yoga, como señalamos en el capítulo 1, es un modelo útil para entender las fases del proceso yóguico. En los siguientes apartados explicamos la primera rama del sendero con más detalle porque, junto con la segunda rama, te proporcionará unos fundamentos morales esenciales para practicar el yoga con éxito. Empezamos con las cinco prácticas de la disciplina moral (*yama*), que según el yoga deben practicarse en todas las circunstancias. Son las mismas virtudes morales que difunden todas las tradiciones religiosas del mundo:

✔ No hacer daño *(ahimsa)*.

✔ Decir la verdad *(satya)*.

✔ No robar *(asteya)*.

✔ Vivir en castidad *(brahmacharya)*.

✔ No sentir codicia *(parigraha)*.

Estas cinco disciplinas tienen como fin armonizar tus relaciones, y son especialmente importantes en el complejo mundo en que vivimos. Gran parte del caos social que sufrimos se debe al colapso de un sistema común de valores morales básicos. El yoga te recuerda que no podrás alcanzar la plenitud aislado de los demás. No puedes esperar conseguir tu naturaleza más elevada sin fomentar cosas buenas y bellas en tu vida diaria al interactuar con la familia, los amigos, los compañeros de trabajo, los profesores y los alumnos. Así, las virtudes morales reconocidas universalmente son el suelo en el que plantas todos los otros esfuerzos hacia el sendero interior del crecimiento y la realización plena o iluminación.

El yoga entiende que estas virtudes lo abarcan todo y se extienden no solo a tus acciones, sino también a tu lenguaje e incluso a tus pensamientos. En otras palabras, estás llamado a no hacer daño a los demás, a no hablar mal de ellos ni envenenarlos con tus pensamientos.

Prometer no hacer daño

La práctica de no hacer daño tiene lugar –o debería– cientos de veces al día. Cuanto más sensible te vuelves frente al efecto que tienes sobre los demás, más consciente eres de ello. ¿Cómo practicas la virtud de no hacer daño en tu vida? Quizá piensas que eres un individuo bastante inofensivo porque no abusas de nadie verbal ni físicamente, pero... ¿te has parado alguna vez a chismear? ¿Has tenido sentimientos negativos hacia algún cliente pesado o hacia algún conductor desconsiderado que te ha robado el aparcamiento?

No hacer daño no se reduce a abstenerse de actuar, hablar o pensar de forma ofensiva, sino que también implica hacer lo que está bien en un momento dado y evitar el daño innecesario a los demás. Por ejemplo, dejar de sonreír o de tener un gesto amable con alguien que lo necesita también es una manera de hacer daño.

Para vivir, los humanos hacen daño e incluso matan a otros seres de forma involuntaria. Piensa en los miles de millones de microorganismos que habitan en la comida e incluso en tu cuerpo y dan sus vidas para que sigas vivo y sano. El ideal de no hacer daño es simplemente ese: un ideal al que aspirar. El concepto consiste en no hacer daño a otros seres de forma deliberada. Haz el siguiente ejercicio, muy útil. Formúlate las siguientes preguntas:

✔ ¿Cuántas veces durante el día de hoy he hablado con dureza?

✔ ¿Cuándo fue la última vez que maté a una araña inofensiva en vez de dejarla tranquila o llevarla a otro sitio?

✔ ¿Mis pensamientos con respecto a las personas y las cosas que me rodean son casi siempre pesimistas, demasiado optimistas o simplemente realistas?

✔ Cuando tengo que corregir el comportamiento de alguien, ¿me limito a criticar o lo animo a cambiar?

En definitiva, el yoga espera que controles la ira y los pensamientos violentos, lo cual no quiere decir que te limites a reprimir los sentimientos (tampoco funciona). El yoga te anima a cultivar, paso a paso, mejores hábitos y disposiciones mentales. A medida que te conviertas en una persona más tranquila y feliz, dejarás de reaccionar de manera tan fuerte e irracional ante las presiones de la vida. En vez de eso, serás cada vez más capaz de fluir con la corriente con conciencia, una sonrisa y una mano amiga. Según el yoga, una persona que crece en la cultura de no hacer daño está rodeada de un aura de paz ante la cual incluso las fieras más salvajes se apaciguan.

Si caes en la cuenta del daño que puedes hacer a los demás con tus pensamientos, palabras y acciones, no te sientas presionado ni desbordado por la culpa. Esa respuesta negativa es precisamente otra manera de perpetuar la violencia. Simplemente date por enterado, arrepiéntete y toma la decisión de comportarte de otra manera. El siguiente paso es activar ese cambio mental, verbal y físico en tu comportamiento.

Decir siempre la verdad

Hoy en día la idea de que la verdad es relativa está bastante generalizada. Sin embargo, el yoga insiste en que los hechos y las perspectivas son muy variadas, pero la verdad es única y la veracidad *(satya)* es una virtud moral suprema. La verdad es el cemento que mantiene unidas las buenas relaciones y las sociedades.

El lamentable estado de la sociedad moderna nos deja ver a las claras cuál es el compromiso de la sociedad con la verdad (o más bien, la ausencia de tal compromiso). Vamos a extraer un ejemplo a través de la respuesta a estas preguntas:

✔ ¿Alguna vez has dicho una mentira piadosa, no porque quisieras proteger a alguien, sino porque te pareció más conveniente que decir la verdad?

✔ ¿Alguna vez has maquillado u omitido algunos puntos del currículum para parecer más apto para un puesto ante los ojos de un entrevistador?

✔ ¿Has defraudado alguna vez a Hacienda (aunque fuera una pequeña cantidad que nadie pudiera percibir)?

✔ ¿Alguna vez le has pedido a tu pareja que dijera que no estabas en casa al recibir una llamada no deseada?

✔ ¿Has mentido alguna vez acerca de la edad?

✔ ¿Has incumplido alguna vez una promesa? (Esta pregunta es obligada para los políticos.)

Es bastante probable que poquísima gente pueda responder con un rotundo no a todas estas preguntas, a no ser que, claro, se estén mintiendo a sí mismos. Aunque debemos admitir que el grado de severidad varía. Quizá consideres que estos ejemplos son algo insignificantes, y desde un punto de vista convencional, lo son. Pero el yoga no va a ponértelo tan fácil. La práctica yóguica valora la simplicidad y la claridad, mientras que el acto de mentir siempre termina en algo complicado y confuso. El yoga también se ocupa de los caminos que creas en la mente. Si te acostumbras a mentir en aspectos poco importantes, al final terminarás por no distinguir la verdad de la mentira en temas de más envergadura.

La verdad es una herramienta maravillosa para conservar la pureza de la energía y la firmeza de la voluntad. Pero no olvides que en los intentos por ser honesto deberás tener en mente la virtud moral de no hacer daño (descrita en el apartado anterior). En la vida no todo es blanco o negro; también hay muchos tonos grises. Si decir la verdad puede hacer daño a alguien, es mejor guardar silencio. Como sucede con la virtud de no hacer daño, la intención es lo que cuenta.

Robar es algo más que quitar lo material

No robar (*asteya*) es la tercera disciplina moral, y no es tan sencilla como aparenta. Para incumplir esta norma no hace falta robar carteras, robar en tiendas, asaltar un banco ni timar a nadie. Desde el punto de vista del yoga, privar a alguien de una recompensa merecida o manchar su reputación también es robar. También lo es apropiarse de las ideas de alguien sin ponerlo en su conocimiento, quedarse con el novio o la novia de alguien o negarle a tu hijo la ayuda adecuada como padre.

Quizá estas preguntas te ayuden a reflexionar sobre la virtud de no robar:

- ✔ ¿Qué porcentaje de ingresos dedicas a causas humanitarias o caritativas?
- ✔ ¿Alguna vez has utilizado el tiempo de aparcamiento sobrante de algún otro usuario a sabiendas de que es una acción punible?
- ✔ ¿Tienes programas pirata en el ordenador (lo cual es delito)?
- ✔ ¿Alguna vez has negado una demostración de cariño a un familiar o a un amigo para que recibiera su merecido?

Suele ocurrir que las personas que viven según el principio de no robar tienen siempre todo lo que necesitan y nos les falta nada para crecer. El mejor antídoto para el vicio de robar es la generosidad. Una vida plena es aquella en la que existe un equilibrio entre dar y recibir.

Las sociedades occidentales son muy competitivas y están diseñadas para promover el egocentrismo, hasta el punto de que las personas a menudo no cumplen los principios de no hacer daño, decir la verdad y no robar. Los dos apartados anteriores hablan de los dos primeros valores. El tipo de competitividad agresiva desenfrenada propia del mundo de los negocios consiste en dar el codazo para llegar al punto más alto, derribando al que está al lado, si es necesario, utilizar todos los medios para ser más astuto y ganar así el juego a toda costa.

Practicar la castidad de pensamiento y de acto

La castidad (*brahmacharya*), que es una virtud muy valorada en todas las sociedades tradicionales, significa abstenerse de comportamientos sexuales inapropiados. Según el yoga, solo los adultos que están comprometidos mediante matrimonio o una relación deberían mantener relaciones sexuales; quienes no estén en estas circunstancias, deberían practicar la abstinencia sexual. Para muchos occidentales, cumplir con este requisito es muy difícil.

Si hablamos desde la perspectiva del yoga, este ideal debe extenderse a los actos, a la forma de hablar e, incluso, a los pensamientos. Dejamos a tu criterio el determinar si, en tu caso, debes modificar tu comportamiento para que esté más en línea con la orientación moral del yoga. Ten en cuenta que el yoga no te pide que vayas en contra de tu naturaleza, que implica la sexualidad. Más bien, el yoga te invita a considerar tu potencial espiritual superior. Los maestros de yoga recomiendan practicar la castidad, pero no por rigidez ni puritanismo, sino porque es una manera de aprovechar la energía vital del cuerpo. El practicante que respeta la castidad con firmeza se supone que atesora más vigor o vitalidad.

Si adoptas el yoga como estilo de vida o disciplina espiritual, hacer recuento de tus virtudes y vicios te ayudará a construir el camino hacia tu ser superior. Cuando vayas a analizar tus circunstancias con respecto a la sexualidad, formúlate estas preguntas:

✔ ¿Suelo utilizar un lenguaje sexualmente sugerente o explícito?

✔ ¿Utilizo el sexo para obtener seguridad emocional o poder personal?

✔ ¿Suelo tontear o coquetear? Si la respuesta es sí, ¿por qué?

✔ ¿Sé cuál es la diferencia entre sexo y amor?

✔ ¿Soy capaz de tener una relación de intimidad verdadera, o trato a mi pareja como un objeto sexual?

Tener más al vivir con menos

La codicia es un vicio inseparable del consumismo moderno. Según el yoga, es la búsqueda fallida de la felicidad, porque por más posesiones que se tengan, nunca se está del todo satisfecho. Al contrario, cuantas más cosas nos rodeen, menos probable es que se deje de sentir ese vacío en el alma. En esencia, el dinero y las posesiones no son algo negativo, pero muy pocas personas consiguen dominar el arte de relacionarse con lo material de forma adecuada. En vez de poseer las cosas, las cosas nos controlan.

El yoga ensalza el ideal de la simplicidad voluntaria, la opción de llevar una vida sencilla. ¿Crees que puedes estar a la altura? Intenta responder a estas preguntas con franqueza:

✔ ¿Alguna vez te han llamado tacaño?

✔ ¿Tienes demasiadas cosas?

✔ ¿Esperas que siempre te estén regalando y halagando?

✔ ¿Sueles comer más de la cuenta?

✔ ¿Acumulas posesiones y dinero porque te preocupa el futuro?

✔ ¿Tienes un apego excesivo hacia tus hijos o tu pareja?

✔ ¿Te gusta ser el centro de atención?

✔ ¿Sientes envidia de tus vecinos?

El yoga nos anima a cultivar la virtud de vivir sin codicia en todos los aspectos. La palabra sánscrita para este valor es *aparigraha*, que significa 'no aferrarse a nada'. Se dice que el practicante de yoga que está bien aleccionado en el arte de vivir sin codicia comprende la razón profunda de su existencia. En esta sabiduría tradicional reside una experiencia profunda: a medida que se pierde la dependencia de lo material, también se abandona el ego, que es lo que genera ese sentimiento de supeditación y sumisión. Cuando la contracción del ego se relaja, entramos más en contacto con la felicidad continua de nuestro verdadero ser. De esa manera nos damos cuenta de que no nos hace falta nada para ser felices. No tenemos miedo al futuro y vivimos el presente, y así ya no tememos ser generosos con los demás y compartimos con ellos nuestra abundancia interior.

Añadir otras prácticas morales

Además de las cinco prácticas morales que el maestro Patanjali recogió en su *Sutra Yoga*, otros textos de yoga mencionan las siguientes como parte perteneciente a la primera rama del sendero óctuple:

✔ Empatía *(daya)*.

✔ Compasión *(karuna)*.

✔ Integridad *(arjava)*.

✔ Paciencia *(kshama)*.

✔ Perseverancia *(dhriti)*.

✔ Generosidad *(vairagya)*.

✔ Modestia *(hri)*.

✔ Humildad *(amanitva)*.

Como puedes ver, el yoga confía en recibir lo máximo de los practicantes serios. Sin embargo, el objetivo no es convertirse en un santo, sino encontrar la libertad y la felicidad. Las virtudes morales del yoga son los efectos secundarios naturales de una vida dedicada a la realización o iluminación espiritual (de la cual hablamos en el capítulo 21).

Ejercer la autodisciplina yóguica

La segunda rama o categoría del sendero óctuple es la restricción *(niyama)*, también traducida como 'autocontrol'. La explicamos en este capítulo porque es parte integral de la orientación moral yóguica, aunque la mayoría de occidentales suelen desestimarla sin muchos miramientos. Según Patanjali, el control de uno mismo consiste en cinco prácticas:

✔ Pureza *(sauca)*.

✔ Satisfacción *(samtosha)*.

✔ Austeridad *(tapas)*.

✔ Estudio *(svadhyaya)*.

✔ Dedicación a un principio superior *(ishvara pranidhama)*.

Purificar cuerpo y mente

Un viejo refrán de la tradición puritana dice que "la limpieza está al lado de la divinidad". El yoga va más allá y afirma que la pureza y la divinidad perfectas son una misma cosa. En realidad, el yoga es un proceso de purificación de uno mismo. Empieza con la purificación mental (a través de la práctica de las disciplinas morales descritas anteriormente en este capítulo); sigue con la limpieza corporal (mediante varias técnicas de purificación, entre las cuales están las posturas y el control de la respiración); a continuación tiene lugar una purificación mental más profunda (basada en la inhibición sensorial, la concentración, la meditación y el estado de éxtasis); y termina al lograr la pureza perfecta del espíritu en sí mismo.

La palabra sánscrita para designar *pureza* es *sauca*, el significado de cuya raíz es 'estar radiante'. La realidad absoluta o espíritu, es luminosidad pura. Al limpiar las ventanas de tu alma y tu cuerpo, entra cada vez más luz en tu espíritu. Los maestros de yoga que han llegado al final del proceso de purificación parecen brillar.

Calmar la búsqueda mediante la satisfacción

La satisfacción, *samtosha,* se define tradicionalmente como el estado en que se está satisfecho con lo que la vida presenta. Cuando estamos satisfechos, la felicidad inunda nuestro corazón y no necesitamos nada más. Podemos enfrentarnos a la vida con mucha calma. Eso no quiere decir, sin embargo, que debamos evitar mejorar nuestra situación, como buscar un trabajo mejor o estudiar para tener una carrera o un diploma. Simplemente quiere decir que la búsqueda de una mejora no proviene de la necesidad ni de la insatisfacción.

Concentrarse con austeridad

La austeridad, o *tapas*, abarca todo tipo de prácticas creadas para poner a prueba el poder de la voluntad y despertar la energía adormecida en el cuerpo. Tradicionalmente, estas pruebas consistían en regímenes estrictos o largos ayunos, mantenimiento del estado de vigilia durante varios días o permanecer con la más absoluta quietud en meditación bajo el intenso sol de la India. Muy pocas de estas prácticas son posibles en el mundo occidental, pero el principio básico de la *tapas* (que literalmente significa 'calor') es tan válido hoy como lo era hace miles de años: si quieres progresar en el sendero del yoga, deberás evitar consumir energía en cosas que son irrelevantes para tu desarrollo interior. Si regulas tu comportamiento mental y físico, generarás más energía para la práctica yóguica.

Sin embargo, el progreso implica superar todo tipo de resistencias internas. *Tapas* te exige un gran esfuerzo, lo que genera cierta cantidad de calor interior. El cambio nunca es fácil, y para muchas personas, la autodisciplina es un gran impedimento, por lo que suelen abandonar pronto. Aunque con fuerza de voluntad se puede imponer la autodisciplina. Persiste y observa cómo tus metas se acercan. Por ejemplo, tu esfuerzo para superar la pereza y practicar yoga más a menudo es una forma de *tapas*, que poco a poco fortalece tu poder de voluntad.

Una buena manera de practicar esta virtud es retirarse a un lugar con regularidad, un sitio donde no haya nada que pueda distraerte de tu labor interior. Los retiros son una excelente oportunidad para ver con claridad y a todo color cuáles son tus tendencias y empezar a cambiarlas por nuevos patrones de pensamiento y comportamiento. La austeridad no tiene su traducción en la castración de uno mismo, sino que es una forma inteligente de probarse y fortalecer el poder de la voluntad. Recuerda, el yoga no pretende aumentar el sufrimiento ni el dolor, sino eliminarlo. Sé siempre amable contigo mismo y, a medida que crezca tu compromiso de crecimiento interior, no dudes en retarte con firmeza.

Compaginar la investigación y el estudio personal

El estudio de uno mismo, o *svadhyaya*, es una parte importante del yoga tradicional, aunque los practicantes occidentales de hoy en día no logren comprender el valor que entraña y lo dejen de lado. Esta virtud significa estudiar para uno mismo y estudiarse a sí mismo. En las prácticas tradicionales, este compromiso consistía en estudiar los textos sagrados, recitarlos y meditar acerca de su significado. De esta manera, los practicantes estaban en contacto con la tradición y también avanzaban en la comprensión de sí mismos, porque el estudio de las escrituras siempre nos enfrenta a nosotros mismos. Para el estudio básico, recomendamos los siguientes textos de yoga, todos disponibles en castellano; en el capítulo 1 encontrarás más información sobre las ramas específicas del yoga:

✔ *Sutra Yoga* de Patanjali, el texto estándar de Raja Yoga.

✔ *Bhagavad gita*, el primer texto sánscrito sobre Jnana Yoga, Karma Yoga y Bhakti Yoga del que se tiene noticia.

✔ *Hatha yoga pradipika*, uno de los manuales clásicos de Hatha Yoga.

✔ *Yoga vasishtha*, una obra maravillosa sobre el Jnana Yoga; está repleta de historias tradicionales y de imágenes poéticas bellísimas.

✔ *Bhakti sutra* de Narada, un texto clásico sobre Bhakti Yoga.

¿Por qué es importante estudiar las escrituras del yoga? Porque son un conjunto de investigaciones y experiencias reunidas durante miles de años. Si te tomas el yoga en serio, ¿por qué no beneficiarte de la sabiduría que nos aportan los adeptos expertos en esta tradición?

Hoy en día puedes ampliar tus estudios no solo con las importantes escrituras del yoga, sino también con conocimientos contemporáneos que pueden ayudarte a comprender tu ser. El practicante de yoga que reconoce las buenas ideas y las fuerzas que están dando forma a la civilización moderna, está mejor equipado para estudiarse a sí mismo. Además, para entenderte a ti mismo debes comprender el mundo que te rodea. No es necesario que te conviertas en un intelectual (a no ser que ya lo seas), pero estudiar los elementos que componen la naturaleza humana es un entrenamiento mental fabuloso, y puede ayudarte a comprender en profundidad la sabiduría del yoga.

Relacionarse con un principio superior

El quinto elemento del autocontrol *(niyama)* es la devoción por un principio superior. El término en sánscrito es *ishvara pranidhana*; la palabra *ishvara* significa 'Señor' y hace referencia a la Divinidad. Nosotros lo traducimos por 'principio superior' para dejar claro que no es necesario que pienses en un Dios superior para llevar a cabo esta práctica. La devoción por un principio superior significa, básicamente, mantener la mirada en conseguir el objetivo espiritual más elevado. Si crees en un Dios personal, puedes emplear la práctica tradicional de repetir el nombre de la Divinidad hasta que la mente entre en un estado contemplativo. O puedes recitar oraciones e invocaciones para sentirte cerca de ese Dios. Sin embargo, recuerda siempre que, según el yoga, lo divino no es un ser al margen, sino la esencia de todo.

Capítulo 21

La meditación y las cotas más altas del yoga

En este capítulo

▶ Concentrarse en hallar el centro

▶ Extraer el máximo provecho de la meditación

▶ Explorar los estados de éxtasis e iluminación

Quizá hayas oído que uno recoge lo que siembra. Con el yoga sucede lo mismo. Adoptar algunas posturas de vez en cuando te aportará algún que otro beneficio. Sin embargo, para recibir todos los regalos que nos ofrece el yoga es necesario llevar un estilo de vida yóguico, que abarque las vertientes física, mental y espiritual.

Las posturas son una manera estupenda de empezar. Si las combinas con una dieta equilibrada, las posturas cuidarán del 80% del bienestar físico y también tendrán un efecto positivo en la salud emocional; el 20% restante lo proporcionan un sueño adecuado, un trabajo con sentido y una vida familiar bastante feliz.

Más allá de los beneficios para la salud corporal, la práctica física del yoga puede ayudarte a seguir investigando tu profundo potencial mental y espiritual. De hecho, un cuerpo sano y lleno de vida es el mejor comienzo para la meditación (la concentración yóguica) y para alcanzar las más altas cotas del yoga. Intenta meditar con la congestión nasal de un resfriado, cuando tengas fiebre o cuando el dolor de espalda te esté matando. La incomodidad y el dolor sacan el filósofo que hay en ti ("¿por qué me pasa esto a mí?"), pero no te ayudan a estar mentalmente relajado. Y por esa razón necesitas la meditación.

Muchos de los capítulos de este libro tratan de manera específica acerca de las posturas, que están diseñadas para relajar el cuerpo y así preparar la mente para las fases superiores del yoga. En este capítulo te explicamos cómo añadir la meditación a tu vida cotidiana, de manera que puedas llegar al peldaño más alto de la escalera del yoga.

Qué es la concentración

¿Cómo de ocupada está tu mente? ¿Puedes concentrarte con facilidad? Con los siguientes ejercicios breves podrás calcular tu coeficiente de concentración (CQ).

Piensa en un precioso cisne blanco. No mira ni a la izquierda ni a la derecha, simplemente se desliza lentamente sobre la superficie de una laguna. Apenas produce algunas ondas en el agua. Sigue pensando en el cisne. Intenta formarte una idea clara y luego mantenla en la mente, tan quieta como sea posible mientras cuentas, lentamente, de 100 a 0. ¿Hasta qué número has llegado antes de que se desvaneciera la imagen del cisne u otro pensamiento cruzara tu mente? ¿Al 97 o al 96? Quizá hayas perdido la concentración en el 99. O quizá hayas seguido contando algunos números más, pero la mayoría de los principiantes no suelen pasar del 96. Si lo has conseguido, tu poder de concentración es bueno; solo un yogui puede contar hasta el final y pensar en el cisne.

Si crees que no lo has hecho bien con este ejercicio porque visualizar o imaginar cosas no es tu fuerte, intenta con este otro. Siéntate tranquilo y respira profundamente varias veces. A continuación, deja que la mente se quede totalmente en blanco. Sin pensamientos, sin imágenes, sin contar números, sin ondas de ningún tipo en tu laguna mental. Simplemente permanece sentado, limítate a existir. ¿Qué tal te ha salido? No te sientas mal si tu ejercicio de concentración ha sido algo parecido a esto: "Bueno, no estoy pensando. Vaya, eso es un pensamiento, ¿no? Voy a intentarlo otra vez... Así está mejor, ¿ves? No pensar en imágenes no es tan difícil. ¿Y lo de contar? No me ha salido muy bien la prueba de contar, pero es que odio las pruebas. ¡Vaya hombre, ya estoy pensando otra vez! Vamos a ver, no debo pensar...".

No te desanimes si tu mente es una verdadera locomotora en marcha y tu concentración es demasiado lenta para frenarla. Que tu mente funcione solo es sinónimo de que puedes mejorar, y lo conseguirás gracias a la práctica. La distracción en sí misma no es negativa. En vez de eso, observa tu evidente falta de concentración como una oportunidad para volver a centrar tu atención. Si la centras repetidamente, tu mente será cada vez más obediente. Piensa en ella como en un potrillo lleno de vida que de un momento a otro recorrerá la pradera a galope. Con un poco de entre-

Las ramas internas del yoga

Según el Raja Yoga, tal y como se describe en el *Sutra Yoga* de Patanjali, la senda yóguica comprende ocho ramas *(anga)*. Las cinco primeras son las externas: disciplina moral, autocontrol, postura, control de la respiración e inhibición sensorial. Estas prácticas son la entrada a la colosal mansión del yoga. En el interior encontrarás la concentración, la meditación y el éxtasis, las tres ramas internas. Tan solo podrás practicar estas ramas internas con éxito si has alcanzado cierto grado de dominio en las cinco prácticas o ramas externas.

namiento, ese potro revoltoso podrá convertirse en un excelente caballo de carreras. En los siguientes apartados explicaremos cómo funciona la concentración y qué puede hacer por ti.

Descubrir tu esencia

La capacidad de concentración es una bendición para todo lo que hagas. Sin ella, te golpearías con el martillo, calcularías mal tu presupuesto y tus gastos, y serías incapaz de comprender la lógica de Sherlock Holmes.

La concentración yóguica es mucho más exigente que el tipo de concentración que se aplica a la vida diaria; aunque la recompensa que se recibe también es mayor. El yoga puede ayudarte a abrir las habitaciones cerradas de tu mente. Cuando seas capaz de centrar la atención en tu mundo interior como un rayo láser, descubrirás los aspectos más sutiles de la mente. Por encima de todo, la concentración te permite llegar a tu esencia espiritual.

La concentración lleva a la meditación (de la cual hablamos más adelante) y te aporta claridad y paz mental, dos cualidades útiles en cualquier situación, porque te permiten vivir con más plenitud, sentido y capacidad. No importa si eres una madre o un ama de casa ajetreada o un alto ejecutivo: la tranquilidad mental que produzcas gracias a la concentración y a los ejercicios de meditación habituales podrán transformarte el día por entero.

Centrarse cada vez más

La concentración y la meditación son momentos especiales de esa misma atención consciente que debes aplicar en tu día a día. La palabra sánscrita para *concentración* es *dharana*, que significa literalmente 'mantener'. Mantienes la atención cuando te centras en un proceso corporal concreto (como la respiración), en un pensamiento, en una imagen o en un sonido (como comentamos más adelante, en el apartado "Practicar la meditación"). El propósito de la concentración es que te conviertas en un ser concéntrico, en una persona debidamente centrada y en armonía consigo misma. Cuando se está fuera del centro (excéntrico) o fuera de contacto con el núcleo espiritual, todos los pensamientos y las acciones pierden sincronía, no fluyen del núcleo más interno, y por lo tanto, hacen que la persona se sienta ajena, incómoda e infeliz.

Puedes comprobar si eres concéntrico o excéntrico mediante el cuerpo. ¿Cómo te sientes? ¿Cómo te hace sentir una decisión que debes tomar? ¿Qué sientes ante una determinada relación? ¿Qué te dice el cuerpo sobre la actividad presente o tu trabajo? ¿Cómo sientes la vida en general? A ese tipo de conciencia nos referimos con el término *centrarse*, y no es otra cosa que prestar cuidadosa atención a la manera en la que el cuerpo registra lo que sucede en la mente. El cuerpo y la mente van de la mano, así que debes mantener el uno en contacto con la otra porque es vital y fundamental para una buena práctica postural.

Al centrarte también podrás darte cuenta de tus propios fantasmas: viejos resentimientos, decepciones, miedos y esperanzas. Las personas tienden a almacenar las experiencias negativas en el cuerpo, y de esa manera se predisponen ante las enfermedades. Tarde o temprano, todos necesitamos desahogarnos y liberar estos recuerdos, por nuestra propia salud y para compartir nuevos sentimientos con los que nos rodean.

Una manera de empezar es repasar las experiencias negativas que se hayan grabado en el cuerpo para eliminarlas mediante un par de preguntas: ¿Hay algo que me impida sentirme bien y feliz ahora mismo? ¿Qué, si es que hay algo, me impide ser feliz? Tu cuerpo tiene las respuestas: una sensación de tirantez en el pecho, un sentimiento de vacío alrededor del corazón, un calambre en la boca del estómago, un miedo que pulula por la cabeza... Todas estas reacciones son expresiones físicas que corresponden a estados emocionales.

Cuando pongas en práctica este tipo de ejercicio, no te quedes con la primera respuesta que se te pase por la cabeza. En vez de eso, pregúntate: ¿Hay algo más que me impida ser feliz y sentirme bien? Si al adentrarte en el ejercicio sientes que hay mucho dolor interior, quizá quieras hacerlo en compañía de un buen amigo o con la ayuda de un terapeuta o consejero con experiencia.

Practicar la meditación

La meditación es el proceso mental que consiste en centrar la atención; también se denomina conciencia tranquila o atención consciente. Muchas personas creen que la meditación consiste en interrumpir los pensamientos, pero ese es solo un tipo de meditación (bastante avanzado). En principio, la meditación es simplemente darse cuenta de la inagotable corriente de pensamientos que parpadean en la pantalla mental; considera tus observaciones como parte importante de tu esfuerzo por estar consciente o atento.

Existen muchas formas y estilos de meditación, pero hay un enfoque básico que destaca sobre los demás y consiste en diferenciar si la meditación se realiza con un objetivo específico o sin él. Esta última es la atención consciente pura, que no está vinculada a ningún tipo de sensación, idea ni fenómeno concreto. Muchos principiantes opinan que esta meditación es muy difícil, aunque algunos consiguen ponerla en práctica. Nuestra recomendación es que empieces con la que se centra en un objetivo. Los siguientes puntos te darán ideas sobre en qué puedes centrar tu meditación:

✔ Una sensación corporal, como la respiración.

✔ Una parte del cuerpo, como alguno de los siete chacras o centros de energía que comentaremos en el siguiente apartado.

✔ Un proceso o acción, como comer, caminar o fregar los platos.

✔ Un objeto externo, como la llama de una vela.

✔ Un mantra (que puede ser un sonido, una frase o un cántico).

✔ Un pensamiento, como la idea de la paz, la felicidad, el amor o la compasión.

✔ Una visualización de luz, el vacío, un santo o alguna de las muchas deidades del yoga hindú o del yoga budista.

Ve experimentando la meditación con ayuda de esas ideas hasta que descubras cuál te funciona mejor. Después, concéntrate. Por ejemplo, si escoges la visualización de un santo o una deidad en particular, utilízala siempre para la práctica diaria.

En los siguientes apartados te damos más información para llegar a dominar el arte de la meditación.

Familiarizarse con los chacras, tus ruedas de la fortuna

Si escoges centrar la meditación en un chacra (una de las opciones de la lista anterior), primero deberás entender qué significa. Según el yoga, el cuerpo físico tiene un equivalente energéticamente más sutil, formado por una red de canales energéticos llamados *nadis*, a través de los cuales circula la fuerza vital *(prana)*. El canal más importante se llama *susmna nadi*, 'canal supremo', y recorre el eje del cuerpo, desde la base de la columna hasta la coronilla. Se dice que en las personas normales este canal permanece casi siempre inactivo. El objetivo de muchos de los ejercicios de Hatha Yoga es eliminar cualquier obstrucción que pudiera haber en el canal, de manera que la energía vital pueda fluir libremente, lo cual mejora la salud y además nos eleva a estados superiores de la conciencia.

Cuando el canal central está activo, también activa los siete centros psicoenergéticos del cuerpo. Estos centros son los chacras y están alineados con el canal central. La palabra se traduce por 'rueda' y hace referencia a estas zonas o vórtices de energía que mantienen el cuerpo vivo y en perfecto funcionamiento. En orden ascendente, los siete chacras son:

✔ *Muladhara* ('raíz'). Se encuentra en la base de la columna, entre el recto y los genitales; este centro es lugar de descanso del poder de la serpiente aletargado, la gran energía psicoespiritual que el Hatha Yoga pretende despertar. Este centro está conectado con la eliminación y con el miedo.

✔ *Svadhishthana* ('sitio propio'). Está situado en los genitales y está relacionado con las funciones urogenitales y con el deseo.

✔ *Manipura* ('ciudad de las gemas'). Está en el ombligo; este centro distribuye la fuerza vital a todas las zonas del cuerpo y tiene especial influencia sobre el proceso digestivo y el poder de la voluntad.

✔ *Anahata* ('sonido místico'). Este centro está situado en la mitad del pecho, por eso también se le llama chacra del corazón; en este punto puede oírse el sonido interior o místico durante la meditación. Está relacionado con el amor.

✔ *Visuddha* ('pureza'). Localizado en la garganta, este centro está relacionado con el habla y la codicia.

✔ *Ajna* ('mando'). Este centro se encuentra en mitad de la cabeza, en el entrecejo; es el lugar de contacto telepático entre el gurú y los discípulos; también guarda relación con los estados superiores de la conciencia.

✔ *Sahasrara* ('mil pétalos'). Este chacra especial está situado en la coronilla y se asocia a los estados de la conciencia más elevados, sobre todo con el éxtasis (que explicamos más adelante en el apartado "Trabajar hacia el éxtasis").

Instrucciones breves para una meditación provechosa

Piensa en tu meditación como si fuera un árbol que debes regar a diario, ni mucho ni poco. Confía en que un día tu voluntad y tus cuidados harán que del árbol broten flores preciosas y frutos deliciosos.

A continuación te damos algunos consejos vitales para ayudarte a establecer el hábito de la meditación:

✔ **Practica con regularidad.** Intenta meditar cada día. Si no es posible, hazlo al menos varias veces a la semana.

✔ **Cultiva la motivación correcta.** Puedes estar motivado por muchas razones: salud, integridad, paz mental, claridad o crecimiento espiritual, entre otros. Sé claro y date la respuesta de por qué vas a meditar. La mejor motivación para la meditación (y para el yoga en general) es vivir con todo tu potencial y ayudar a los demás con tus logros.

En el budismo, esta motivación se llama el *ideal de bodhisatva*. El *bodhisatva*, 'ser de la iluminación', pretende alcanzar la iluminación (el estado espiritual absoluto) para beneficiar a todos los demás seres. Como ser iluminado podrás ayudar mucho mejor a los demás para que encuentren la unidad y la felicidad.

✔ **Medita siempre a la misma hora.** Aprovecha la ventaja de que el cuerpo y la mente es un instrumento magnífico que se adapta a los hábitos. Después de haber meditado durante unas semanas a la misma hora del día o de la noche, estarás deseando que ese momento llegue. Los practicantes de yoga prefieren la hora de la salida del Sol, pero no siempre es un momento práctico (consulta el capítulo 18 para saber más sobre la meditación matinal).

Inevitablemente, habrá momentos en los que la meditación sea lo último que quieras hacer. En ese caso, siéntate tranquilamente durante unos minutos; a veces, este simple descanso te pondrá de buen humor para meditar como siempre. Si no es así, no te martirices, haz otra cosa e inténtalo más tarde o al día siguiente.

✔ **Medita siempre en el mismo sitio.** Escoge el mismo lugar, igual que siempre meditas a la misma hora: el hombre es un animal de costumbres. Aprovecha esa ventaja para meditar siempre en la misma habitación o en el mismo rincón que la mente pueda asociar a la meditación.

✔ **Escoge una postura apropiada para meditar y adóptala correctamente.** Siéntate con la espalda recta, el pecho abierto y el cuello relajado (en el siguiente apartado encontrarás instrucciones sobre las posturas). Para evitar quedarte dormido, no te recuestes en la cama al meditar, aunque sea sentado, porque la mente asociará la experiencia con el acto de dormir. Si no estás acostumbrado a sentarte en el suelo, utiliza una silla con respaldo recto o un sofá con un cojín detrás. Si puedes sentarte en el suelo, existen muchas posturas entre las que podrás escoger (consulta el capítulo 7).

✔ **Selecciona una técnica de meditación y concéntrate.** Al principio querrás probar las diferentes técnicas para ver cuál es la que mejor te funciona. Pero cuando hayas encontrado la adecuada, utilízala siempre hasta que consigas resultado (mayor paz mental y felicidad), hasta que un profesor de meditación te aconseje cambiar de técnica o si te llama la atención probar una técnica nueva.

Cuando hayas organizado la práctica, ten en cuenta estas sugerencias para hacer crecer tu árbol de la meditación:

✔ **Empieza con sesiones cortas.** Al principio, medita solo entre 10 y 20 minutos. Si la meditación se alarga de forma natural, simplemente disfrútala. Pero nunca te fuerces si el tiempo genera un conflicto o infelicidad. Además, no medites más de lo debido. A menudo, los principiantes confunden la meditación larga y placentera con la ensoñación autoindulgente. Así pues, asegúrate de meditar con cierto estado de alerta. Si empiezas a perderte poco a poco en un espacio cómodo, querrá decir que ya no estarás meditando. Como ocurre con la práctica de las posturas, la meditación tiene un límite (en otras palabras: deshazte de las limitaciones de tu mente, pero sin sentirte frustrado).

✔ **Mantente alerta, pero relajado.** El estado de alerta interior o atención consciente no es lo mismo que la tensión ni el estrés. Los gatos son un buen ejemplo de este estado, porque incluso cuando están completamente relajados, mueven las orejas como un radar al percibir el más mínimo sonido de un ambiente. Cuanto más relajado estés, más alerta podrá estar la mente, así que asegúrate de relajar el cuerpo con alguna de las técnicas de relajación descritas en el capítulo 4.

✔ **No te angusties por las expectativas.** Es normal que empieces la meditación con el deseo de crecer espiritualmente para sacar provecho de la experiencia. No obstante, no esperes que cada sesión sea maravillosa y placentera.

✔ **Prepárate correctamente para la meditación.** Como principiante, no te será fácil pasar directamente de las actividades cotidianas a la meditación. Deja que la mente se relaje antes de la sesión. Tomar un baño o una ducha, o, al menos, lavarte la cara y las manos; te ayudará.

✔ **Al final de la meditación, integra la experiencia en el resto de tu vida.** De la misma manera que no es prudente pasar de la quinta marcha a la primera, evita empezar tus actividades cotidianas inmediatamente después de la sesión. En vez de eso, haz una transición consciente, antes de la meditación y después de ella. Al terminar, recuerda brevemente las razones para hacerlo y la motivación general. Siéntete agradecido por toda la energía y el aprendizaje que genere la meditación. De igual modo, es importante que no encajes con pesimismo una sesión difícil. Al contrario, agradece cualquier experiencia. A veces, los aprendizajes importantes salen a la superficie durante la meditación, y luego tu reto consiste en traducir esos mensajes a la vida diaria. Cuando llevas a cabo esa integración con regularidad, la meditación también se vuelve más profunda.

✔ **Ten disposición para practicar la meditación durante toda la vida.** Un árbol no crece de la noche a la mañana. En el camino del yoga no se desperdicia ningún esfuerzo. Por lo tanto, no abandones la meditación si crees que debes conseguirlo en uno o dos meses. No llegues a la rápida conclusión de que la meditación no funciona o de que la técnica que empleas no es efectiva. En lugar de eso, corrige tu idea sobre la naturaleza de la meditación y sigue adelante. Cada esfuerzo cuenta.

Ten cuidado con los talleres de fin de semana que prometen el éxito inmediato, o incluso la iluminación. La meditación y la iluminación son procesos que pueden llevar toda una vida.

No hay rosas sin espinas

Si eres principiante y las sesiones de meditación son agradables por sistema, tienes bastantes motivos para sospechar que hay algo que no haces bien. El objetivo de la meditación es aclarar la mente, y hacerlo supone arrancar las malas hierbas (o lo que un profesor solía calificar como los sapos en lo más profundo del pozo).

Al principio, la meditación consiste en gran medida en descubrir cómo es de incontrolable la mente. Si la meditación tiene éxito, encontrarás tu lado oscuro, todos los aspectos de tu carácter en los que prefieres no pensar. Con el tiempo, descubrirás cosas de tu carácter aún más profundas, por lo que te verás en la necesidad de cambiar tus actitudes y comportamientos.

Unas pocas sesiones de meditación dan resultados espectaculares, aunque también es cierto que no se trata de que lo sean. Incluso una meditación aparentemente negativa es buena, porque estarás aplicando la atención consciente. No te sorprendas si un día tu meditación es tranquila y estimulante y la siguiente, sin motivo aparente, turbulenta y distraída. Hasta que tu mente no alcance claridad y calma, esa fluctuación será normal. Simplemente conserva el sentido del humor y acepta de buen grado cualquier cosa que suceda durante la meditación.

Mantener la postura corporal adecuada

Adoptar una postura correcta es importante para la meditación. A continuación te mostramos una lista con siete puntos que te ayudarán a desarrollar buenos hábitos al sentarte.

✔ **Espalda.** La posición de la espalda es el punto más importante de la meditación. Debe estar recta, pero relajada; el pecho debe estar abierto y el cuello libre. Una postura correcta permite que la energía corporal fluya más libremente, lo que prevendrá el adormecimiento (consulta el apartado "Familiarizarse con los chacras, tus ruedas de la fortuna" de este capítulo para tener más información sobre la energía corporal). La mayoría de los occidentales necesitan un cojín firme para los isquiones (los huesos de las nalgas) a fin de adoptar una postura correcta durante la meditación y para evitar que las piernas se duerman. Sin embargo, evita que la pelvis se incline demasiado hacia delante. También puedes sentarte en una silla. Cualquier postura es buena si es cómoda para el tiempo que vas a adoptarla.

✔ **Cabeza.** Para mantener la cabeza en posición correcta, imagina que de la coronilla sale un cordel que se eleva hacia el techo. Así, la cabeza está derecha, pero ligeramente inclinada hacia delante. Si se inclina demasiado, te dará sueño, y si está demasiado erguida, te distraerás.

✔ **Lengua.** Deja que la punta de la lengua toque el paladar, justo detrás de los dientes superiores. Esta posición reduce la saliva y el número de veces que tendrás que tragar, lo cual puede distraer a algunos principiantes.

✔ **Dientes.** No aprietes los dientes y mantén las mandíbulas relajadas; además, asegúrate de que la boca no se quede abierta.

✔ **Piernas.** Si puedes mantener las piernas cruzadas durante un buen rato sin estar incómodo, te recomendamos que adoptes la postura perfecta *(siddhasana)*, descrita en el capítulo 6. Las piernas flexionadas forman un circuito cerrado, lo cual te ayuda a concentrarte. En caso contrario, medita en una silla.

✔ **Brazos.** Mantén los brazos sobre la falda, con las palmas hacia arriba y con la mano derecha sobre la izquierda. Relaja los brazos y los hombros. Deja unos centímetros entre el torso y los brazos para permitir que el aire circule y evitar la somnolencia.

✔ **Ojos.** Muchos principiantes prefieren cerrar los ojos, lo cual está bien. Sin embargo, a medida que desarrolles el poder de concentración, querrás experimentar con los ojos entreabiertos y mirar al suelo; de esa manera indicarás al cerebro que no tienes intención de dormirte. Los practicantes avanzados son capaces de mantener los ojos bien abiertos sin distraerse. Sea cual sea tu elección, asegúrate de que los músculos de los ojos estén relajados.

Superar los obstáculos de la meditación

Siempre que uno se enfrenta al cambio, también se enfrenta a la resistencia al cambio. Así, el camino de la meditación está salpicado de obstáculos que pueden confundirte. Estos son algunos de los que pueden distraerte: la duda (acerca del camino yóguico o sobre ti mismo); los pensamientos negativos (sobre ti mismo, los demás y la vida); las prisas; el aburrimiento; la pretensión y las ganas de tener una experiencia espiritual. El ego está siempre al acecho, pero sobre todo en el camino del yoga.

Añadir sonidos a la meditación

Utilizar un sonido o una frase para centrar la mente es algo popular en muchas tradiciones espirituales, como el hinduismo, el budismo, el cristianismo, el judaísmo y el sufismo. En sánscrito, estos sonidos especiales reciben el nombre de *mantras* y se enseñan para ayudar a centrar la atención. El Mantra Yoga llegó a Occidente a finales de la década de 1960, gracias al movimiento de la meditación trascendental, fundado por el yogui Maharishi Mahesh, cuyos discípulos más conocidos fueron Los Beatles.

Estos son algunos de los mantras más conocidos:

✔ La sílaba *om* se compone de tres letras, *a*, *u* y *m*, que hacen referencia al estado despierto, al de ensueño y al sueño profundo, respectivamente. Los hindúes consideran que esta sílaba es sagrada porque simboliza la realidad absoluta o Ser Supremo *(atman)*. El sonido empieza en el abdomen y sube; el sonido vibrante y nasalizado de la *m* representa la realidad absoluta.

✔ El mantra *so'ham* significa 'yo soy él', es decir, 'yo soy el Ser Universal'. Se repite sincronizado con la respiración: se pronuncia *so* al inhalar y *ham* al exhalar.

✔ El yoga budista suele emplear la frase mántrica *om mani padme hum*. Significa 'om, la joya del loto, hum'; con ella se pretende hacer saber que la realidad superior está presente aquí y ahora.

✔ La oración mántrica *om namah shivaya* es una de las frases preferidas de los devotos hindúes de la Divinidad en forma de Shiva. Significa 'om, saludo a Shiva'.

✔ El mantra *hare krishna* se hizo famoso en Occidente gracias a los miembros del Movimiento para la Conciencia de Krishna. Con él se invoca a la Divinidad en forma de Krishna, que también recibe el nombre de Hari.

Según la tradición yóguica, los sonidos se consideran mantras solo después de que un gurú haya transmitido el sonido a un discípulo que lo merezca. De esta forma, la sílaba *om*, sin la iniciación apropiada, no es un mantra. Sin embargo, muchos profesores de yoga occidentales no son tan estrictos y recomiendan palabras tradicionales y contemporáneas para practicar el mantra.

Recitar un mantra

Tanto si escoges tu mantra como uno que te haya sido transmitido, para que surta efecto deberás repetirlo una y otra vez, tanto mental como oralmente (en un susurro o en voz alta).

Esta práctica de recitar el mantra se llama *japa*, 'pronunciación'. Así pues, ¿qué ocurre si recitas el mantra mil, diez mil o cien mil veces? Al repetir el sonido, la atención se centra cada vez más y la conciencia se ve absorbida por el sonido. El mantra empieza a recitarse por sí solo, y sirve de ancla a la mente, siempre que no necesites centrar tus pensamientos en tareas concretas. Este cambio simplifica la vida interior y te proporciona una sensación de paz. En última instancia, el mantra puede guiarte hacia la iluminación. Por supuesto, para lograr la iluminación también deberás cumplir con otros requisitos yóguicos, en especial las disciplinas morales (consulta el capítulo 18). En el último apartado de este capítulo explicamos con más detalle el camino hacia la iluminación.

Si eres principiante, te recomendamos que recites el mantra en voz alta y con ritmo lento y uniforme. Después de haber experimentado esta forma de meditación podrás empezar a susurrar el mantra para que solo tú puedas oírlo. Tradicionalmente, la forma más potente de recitar el mantra es en silencio o mentalmente. Sin embargo, este ejercicio exige cierto grado de habilidad para mantener la concentración, por lo que será mejor que empieces un mantra vocal.

Utilizar un rosario

Hay algunos practicantes de yoga que utilizan un rosario para recitar los mantras, ya que puede ayudar a centrar la mente. El típico rosario o *mala* está formado por 108 cuentas y una más de mayor tamaño, que representa el monte cósmico Meru. Para pasar las cuentas, utiliza el pulgar y el dedo medio, pero ten en cuenta que los dedos no deben pasar la cuenta maestra o Meru. Al terminar las 108 cuentas, dale la vuelta al rosario y empieza a contar otra vez.

Respirar de forma consciente

La observación consciente de la respiración es un ejercicio de meditación que se enseña sobre todo en los círculos budistas y que puede probar cualquier principiante. Como apuntamos en el capítulo 5, la respiración es el nexo entre el cuerpo y la mente y desde tiempos muy remotos, los maestros de yoga han hecho buen uso de esta conexión. La respiración consciente o meditación con la respiración es una manera simple y efectiva de probar el efecto relajante de la respiración consciente. Estos son los pasos que debes seguir:

1. **Siéntate con la espalda recta y relájate.**

2. **Recuerda el motivo de la meditación y proponte meditar durante un período de tiempo concreto.**

   Te recomendamos que realices este ejercicio durante 5 minutos. Poco a poco y a medida que practiques más, alarga el tiempo.

3. **Cierra los ojos o mantenlos entreabiertos; si los abres, mantén la mirada fija en un punto del suelo.**

4. **Respira con normalidad y suavidad, centra la atención en la sensación creada por el flujo del aire que entra y sale de la nariz.**

   Con cuidado, observa el proceso completo de inhalación y exhalación que se produce en las aletas de la nariz.

5. **Para evitar que la mente se distraiga, puedes contar los ciclos de inhalaciones y espiraciones del 1 al 10.**

No te preocupes si notas que has perdido la atención. Sobre todo, no te juzgues si algún pensamiento te salta a la cabeza. En vez de ello, presta atención al proceso de observar la respiración.

Meditar y caminar

La atención consciente puede darse en cualquier circunstancia. Puedes comer, conducir, fregar platos, charlar, ver la televisión o hacer el amor mientras mantienes una atención consciente. Para los principiantes, mantener la atención consciente y caminar al mismo tiempo es una forma excelente de meditación. Estos son los pasos para empezar:

1. **Recuerda cuál es el motivo que te lleva a meditar y decide meditar durante un período de tiempo concreto.**

   Te recomendamos que al principio pruebes con 5 minutos.

2. **Mantén los ojos abiertos pero desenfocados; mira hacia el suelo y unos pasos por delante.**

   No bajes la cabeza, pero mantén el cuello relajado.

3. **Quédate de pie sin moverte y siente todo el cuerpo.**

4. **Centra la atención en el pie derecho, sobre todo en los dedos y la planta.**

5. **Levanta el pie derecho lentamente y da el primer paso.**

   Fíjate en la sensación de presión que va del pie derecho y la pierna hacia la pierna y el pie contrarios.

6. **Mientras pones el pie derecho lentamente en el suelo, sé consciente del contacto entre la planta y el suelo.**

   Percibe también el resto del cuerpo: los brazos que se mueven y te mantienen en equilibrio, el cuello y la cabeza, y la pelvis.

Plegaria y meditación

Existe una relación muy cercana entre la plegaria y la meditación. En la oración, la atención consciente se practica en relación con un ser superior al participante (un gurú, un gran maestro que esté vivo o ya haya fallecido, una deidad o la realidad espiritual absoluta en sí misma). La oración, como la meditación, implica un sentimiento de reverencia.

7. **Reconoce cada pensamiento que cruce tu mente sin juzgarlo; vuelve a centrar tu atención en el cuerpo, pero no te limites a una extremidad ni a un movimiento.**

8. **Al final de la meditación en forma de pequeño paseo, permanece de pie y quieto durante unos segundos; observa la claridad y calma que hay en tu interior.**

Trabajar hacia el éxtasis

Cuando se empieza a meditar se es bien consciente de que el yo, es decir, el sujeto, es diferente del objeto. Se experimenta que la luz blanca o azul de la deidad visualizada es distinta a uno. Sin embargo, a medida que se profundiza en la meditación, la barrera entre el sujeto y el objeto (la conciencia y sus contenidos) se empieza a difuminar. Entonces, en un punto, ambos se fusionan completamente. Uno es la deidad o la luz. Este punto es el conocido estado de éxtasis que en sánscrito recibe el nombre de *samadhi*.

El yoga hace la distinción entre dos tipos o niveles de éxtasis. En el nivel inferior, el estado de éxtasis se asocia a cierta forma o contenido mental. El nivel superior es un estado de conciencia sin forma.

Muchos practicantes no experimentarán nunca ese estado, pero algunos lo encuentran en el transcurso de su vida. Lo importante no es con qué frecuencia o durante cuánto tiempo se entra en *samadhi*, sino si plasmas los principios espirituales en tu vida diaria y con qué frecuencia. ¿Eres compasivo y amable? ¿Consideras que los demás son personas extrañas, o los tratas como a compañeros que siguen la misma senda que tú hacia la realización personal? ¿Puedes amar de forma incondicional? ¿Puedes perdonar y animar a los demás?

Donde quiera que vayas, allí estarás

Sri Ramana Maharshi fue uno de los grandes maestros del yoga del siglo XX. Cuando estaba en su lecho de muerte, sus discípulos mostraban su pesar al perderlo, y dijo de forma calmada: "Dicen que me estoy muriendo, pero en realidad no me estoy yendo. ¿Dónde podría ir? Estoy aquí". Había alcanzado el ser eterno, que está en todas partes. Todavía hoy puede sentirse su presencia en la ermita que sus discípulos le construyeron hace ya mucho tiempo.

Samadhi no es exactamente lo mismo que iluminación, que es el objetivo real del yoga. Puedes alcanzar la iluminación sin ni siquiera experimentar *samadhi*. En el apartado siguiente se aclara el concepto de iluminación.

Alcanzar la iluminación

Por lo general, se asocia la palabra iluminación a un aprendizaje intelectual profundo. Sin embargo, en yoga esa palabra hace referencia a la realización permanente de la verdadera naturaleza de uno mismo, que es el ser trascendental o absoluto *(atman)*. La palabra sánscrita para iluminación es *bodha*. La misma realización también recibe el nombre de *liberación* porque libera de la falsa creencia de que se es un ser separado, al que se llama *yo*, que vive en un único cuerpo y con una mente desconectada del resto de cosas.

Capítulo 22

Terapia de yoga:
el Dr. Yoga te visita

En este capítulo

▶ Entender en qué consiste una terapia de yoga

▶ Seguir el plan en cinco pasos para mantener la espalda en orden

▶ Probar las rutinas de yoga para la zona lumbar, la parte superior de la espalda y el cuello

La terapia yóguica aplica los principios del yoga a las personas con necesidades físicas, psicológicas o espirituales que no acostumbran a acudir a clases en grupo. Un terapeuta de yoga es un profesor con formación avanzada, capaz de adaptar el yoga a las necesidades especiales del cliente. La práctica habitual y consciente de posturas adaptadas cuidadosamente puede aliviar el dolor, aumentar la movilidad y la fuerza, y aportar una sensación de bienestar general.

En este capítulo te presentamos esta faceta del yoga, te ayudará a decidir qué tipo de terapia es la adecuada para ti y te ayudará a saber qué cualidades debe reunir un terapeuta de yoga. Si tu espalda necesita algo más de cariño, pero no rabias de dolor como para ir al médico (si es intenso, acude a tu médico), con las sugerencias y posturas de este capítulo sabrás cuáles son tus necesidades para calmar la espalda.

Lo que necesitas saber sobre la terapia de yoga

No eres la única persona a quien alguna vez le ha dolido la espalda. Más del 80% de la población recurre a la ayuda profesional en algún momento

Todo lo viejo se vuelve nuevo: la evolución del yoga hacia la terapia

El uso terapéutico del yoga se remonta a miles de años atrás, como componente del ayurveda. El ayurveda (de *ayus*, 'vida', y *veda*, 'relacionado con el conocimiento o la ciencia') es un sistema de medicina indio de raíces antiguas que cada vez se conoce más en Occidente. Está muy centrado en la prevención de enfermedades con un enfoque integral. La terapia yóguica alcanzó su mayor popularidad en la India a principios del siglo XX. Sri T. Krishnamacharya, maestro de T.K.V. Desikachar, B.K.S. Iyengar y Pattabhi Jois, utilizó su propia combinación de yoga y ayurveda. El Kaivalyadhama Yoga Hospitalin Lonovola (www.kdham.com) y el Yoga Institute de Santacruz, en Bombay (www.theyogainstitute.org), empezaron a funcionar hace casi un siglo y permanecen activos.

La terapia de yoga ha seguido evolucionando en Occidente, a veces combinada con el ayurveda pero cada vez más como complemento de una medicina occidental de tipo integrado. Entre los precursores en este campo podemos encontrar al Dr. Dean Ornish, a Nischala Devi, a la fisioterapeuta Judith Lasater, al ATS Gary Kraftsow, a los modestos coautores de este libro (doctores Georg Feuerstein y Larry Payne), a Michael Lee, al Dr. Richard Miller y a Makunda Stiles. La Asociación Internacional de Terapeutas de Yoga (www.iayt.org), fundada en 1989 por Richard Miller y por mí (Larry), ofrece apoyo a la investigación y a la educación en el mundo del yoga y sirve como organización profesional a más de 2.600 profesores y terapeutas de todo el mundo.

de sus vidas por ese motivo. También es la segunda causa de ausencia laboral después del resfriado común. Los expertos recomiendan que cada uno aprenda a prevenir los dolores de espalda y a tratárselos cuando eso sea posible de manera inocua.

Así pues, la terapia yóguica es útil para personas con dolor crónico o en proceso de rehabilitación (después de que el dolor intenso haya pasado) y, por lo general, complementa los cuidados médicos y quiroprácticos. El dolor intenso es un síntoma de agotamiento corporal y no debería ser ignorado. Lo que a simple vista puede parecer un dolor musculoesquelético, podría ser, en realidad, un grave problema médico que afectara a un órgano o el pinzamiento de un nervio que exigiera un ajuste de la columna. Quien sufra un dolor de espalda intenso debe acudir a un médico, un quiropráctico, un osteópata o un fisioterapeuta.

Además de la aplicación común a los problemas de espalda, la terapia de yoga es útil para combatir los problemas de las rodillas y la cadera, la artritis y el síndrome del túnel carpiano. También es beneficioso para aquellas personas que sufren otros problemas como: enfermedades del corazón, hipertensión, insomnio, dolores menstruales y sofocos, depresión, ansiedad, dolores de cabeza, diabetes, problemas digestivos, dolor crónico, enfermedad de Parkinson o esclerosis múltiple, entre otros. Aunque su objetivo principal no es curar, la terapia de yoga puede contribuir a mejorar la calidad de vida de las personas que viven en condiciones crónicas graves y degenerativas.

Si crees que eres un buen candidato para esta variante del yoga, el siguiente paso es encontrar un terapeuta con formación y experiencia que se ajuste a tus necesidades. En los apartados siguientes encontrarás toda la información para esta búsqueda y las claves de lo que puedes esperar de la terapia de yoga.

Cómo encontrar un buen terapeuta de yoga

Encontrar un buen terapeuta que se adapte a tus necesidades requiere un poco de búsqueda. A continuación te damos algunos consejos que podrán serte de ayuda:

✔ **Investiga dónde se ha formado.** Intenta encontrar a alguien que haya cursado un programa de formación con cierto prestigio.

✔ **Busca en fuentes fiables de información.** Los terapeutas de yoga suelen trabajar con muchos profesionales del mundo de la salud, así que te aconsejamos que pidas algunas referencias a un profesional conocido.

✔ **Visita la web de un programa de formación que tenga buena fama.** Muchos programas de formación publican los nombres y los datos de contacto de los terapeutas a los que han formado. Es muy probable que también encuentres allí la descripción de los cursos de formación para poder evaluar qué se adapta más a tus necesidades.

Qué esperar de un terapeuta de yoga

Para que no te resulte difícil tener una primera reunión con el profesional en cuestión, en este apartado te proporcionamos las pistas para que puedas informarle de qué buscas, cuál es tu objetivo, y el tiempo y el dinero que quieres invertir en el tratamiento.

Una terapia personalizada

La terapia de yoga se fija en la persona como una entidad completa. Aunque tu queja principal sea el dolor de espalda, en el transcurso de las sesiones el terapeuta observará, te preguntará y tendrá en cuenta factores relacionados con el cuerpo que irán más allá de si tensas o no los músculos. Por ejemplo, observará cómo y cuánto te mueves y te sientas en un día normal; el grado general de estrés (aunque sin convertirse en tu psicoterapeuta); cómo respiras; cómo te alimentas y cómo duermes, entre otras cosas. Además de organizarte un programa de coordinación de movimiento y respiración, te pedirá que lo mantengas informado de tu estilo de vida y cómo te afecta el dolor, y te sugerirá que modifiques algunos aspectos de las actividades cotidianas para conseguir la meta propuesta.

Una serie de sesiones para empezar y seguir

Por lo general, unas seis sesiones suelen ser útiles para empezar una terapia de yoga. Esta duración te permitirá familiarizarte con el programa personalizado y el terapeuta podrá observar y ajustar el movimiento y la respiración de manera que el programa funcione.

El objetivo es desarrollar una práctica personalizada que puedas seguir por ti mismo para mejorar la movilidad, la fuerza y el bienestar general, y, quizá, participar en clases colectivas más adelante, si quieres. Las puestas a punto periódicas son una buena idea, sobre todo si no asistes a clases en grupo en las que un profesor de yoga cualificado pueda ayudarte a modificar las posturas cuando sea necesario.

Plan en cinco pasos para tener una espalda sana

La mejor manera de prevenir los problemas de espalda o de evitar que se conviertan en un dolor crónico es utilizar el yoga como parte de un plan en cinco pasos.

✔ **Reeduca tu biomecánica.** Cómo te sientas, estás de pie, caminas, te levantas, duermes y trabajas, todo ello puede causarte dolor o ayudarte a aliviarlo.

✔ **Practica tu programa de yoga o de ejercicios para la espalda con regularidad.** Sé realista sobre cuánto tiempo puedes dedicar; y cúmplelo.

✔ **Haz un seguimiento del estado de la espalda.** Descubrirás cómo el estilo de vida diario afecta a la espalda (cómo duermes, cómo te levantas y cómo te sientas).

✔ **Aliméntate de forma sana.** Los expertos en nutrición recomiendan una dieta equilibrada rica en fruta, verdura, alimentos integrales, legumbres, productos bajos en grasas, pescado y cantidades de carne magra limitadas (si es que comes carne).

✔ **Descansa y relájate de forma consciente.** Sé consciente de a qué te expones durante las horas que preceden a la hora de dormir. La última cosa que oímos o vemos antes de acostarnos afecta al subconsciente y puede alterar el sueño.

Terapia de yoga como tratamiento para la zona lumbar

La zona lumbar es, en realidad, la sección de vértebras lumbares de la columna vertebral. El movimiento de la columna genera una circulación muy necesaria en los discos vertebrales y ayuda a mantenerlos flexibles. La salud de los ligamentos de las corvas y de los músculos psoas (los flexores de las caderas), así como la fuerza de los músculos abdominales y de los de la zona central del torso también afectan a la zona lumbar. Las posturas útiles de la terapia yóguica te permiten estiran y fortalecer los grupos musculares clave, relajar la tensión y armonizar toda la zona posterior del cuerpo. En los siguientes apartados te damos las pautas generales sobre qué tipo de movimientos de yoga son los adecuados para los diferentes problemas de la zona lumbar; también te proporcionamos una rutina para ayudarte en la transición de las sesiones individuales a las colectivas.

Zonas lumbares que necesitan arquearse más

Si una flexión hacia delante o arqueada te resulta muy dolorosa, es posible que hayas forzado los músculos lumbares o que tengas un problema discal o de ciática. Si es así, actúa con inteligencia: no lo hagas y sigue estos consejos:

✔ **Evita todo tipo de flexiones hacia delante.** Si vas a intentar inclinarte hacia delante mantén la espalda recta, no curvada. Recuerda el concepto de las articulaciones relajadas del capítulo 3 y flexiona las rodillas cuanto sea necesario.

✔ **Intenta aquellas posturas que te permitan arquearte, como la cobra y sus variantes (descritas en el capítulo 11), en vez de las flexiones hacia delante.** Los estiramientos suaves, como los de la transición de la postura del guerrero I a la postura de la montaña, también son útiles (consulta el capítulo 7).

✔ **Utiliza la rutina para la zona lumbar que enseñamos en este capítulo.** En el apéndice también encontrarás otros recursos en DVD.

Zonas lumbares que necesitan doblarse más

Algunos trastornos de la espalda, como la artritis y la espondilolistesis (deslizamiento de una vértebra sobre la contigua), pueden provocar que las vértebras se bloqueen, lo cual hace que el gesto de doblarse sea muy doloroso. Como destacamos en el apartado anterior, si te duele, no lo hagas; sigue estos consejos cuando practiques yoga:

✔ Evita las posturas que estiran la espalda, como la postura de la cobra y sus variantes, las posturas que requieren mucho esfuerzo y las secuencia de ejercicios que te obliguen a saltar.

✔ Intenta aquellas posturas que alargan la espalda suavemente, como las flexiones hacia delante suaves, el perro invertido y el gato encorvado (en el capítulo 7 encontrarás más información sobre estas posturas).

¿Y qué hay de la escoliosis?

La escoliosis es un trastorno consistente en que la columna se desvía; puede ser estructural o funcional. Si crees que tienes escoliosis, consulta a un médico o a un quiropráctico.

✔ La escoliosis estructural es hereditaria y es más común en niñas que en niños.

✔ La escoliosis funcional puede ser el resultado de un problema en alguna otra zona del cuerpo, como una pierna que sea más corta que la otra; incluso puede derivarse

de mantener con mucha frecuencia una posición que provoque tener la columna torcida. Las posturas que estiran solo un lado de la columna cada vez, como las flexiones hacia delante asimétricas, las flexiones laterales o las torsiones, suelen ser útiles y pueden reducir o eliminar la curva al cabo del tiempo. En los capítulos 11 y 12 se describen con más detalle este tipo de posturas.

Rutina para la zona lumbar

Los ejercicios que describimos a continuación no son adecuados para los problemas de espalda intensos. Si alguna parte de esta rutina te provoca dolor de espalda o de cuello, salta esa parte y consulta a un médico o a un quiropráctico antes de continuar.

Una o dos sesiones de yoga o de ejercicios para la espalda a la semana no te servirán de mucho si el resto del tiempo descuidas o fuerzas los movimientos que haces con la espalda.

Una simple rutina de yoga no es suficiente para todos los tipos de problemas de espalda. Cuando tu médico considere que puedes empezar las clases en grupo, la siguiente rutina te ayudará a hacer la transición. Ten en cuenta que la respiración yóguica que recomendamos para esta rutina (en el capítulo 5 encontrarás los detalles de la respiración por etapas y la abdominal) es tan importante como las posturas. Inhala y espira lentamente por la nariz, con una breve pausa después de la inhalación y de la exhalación. Te damos varias opciones para muchas de las posturas, de manera que puedas descubrir qué movimientos son los adecuados a tu situación. Y recuerda que es muy importante adoptar las posturas con la secuencia apropiada.

Postura del cadáver con piernas flexionadas: variante de la savasana

La relajación y la respiración son elementos importantes para mantener una espalda sana. La postura del cadáver es un clásico para empezar.

Si sientes dolor en la espalda, coloca una almohada o una manta enrollada bajo las rodillas. Si notas que la cabeza se inclina hacia atrás, coloca una manta doblada o un cojín pequeño debajo.

1. **Túmbate de espaldas con los brazos relajados a ambos lados del cuerpo y las palmas hacia arriba.**
2. **Flexiona las rodillas y apoya los pies en el suelo, alineados con las caderas.**
3. **Cierra los ojos y relájate (fíjate en la figura 22-1)**
4. **Permanece en esta posición entre 8 y 10 respiraciones.**

Figura 22-1:
Postura del cadáver con piernas flexionadas

Postura de la rodilla sobre el pecho: ekapada apanasana

Mantener la espalda sana es como afinar un piano. La postura de la rodilla sobre el pecho te ayuda a poner a punto la zona lumbar y a relajarla. Si tienes problemas de rodillas, sujeta la pierna por la parte posterior del muslo. Recuerda que esta postura no es un ejercicio de bíceps, bastará con que sujetes la rodilla, respires y te relajes.

1. **Túmbate de espaldas (en tendido supino) con las rodillas flexionadas, las palmas hacia abajo y los pies apoyados en el suelo.**

2. Al exhalar, lleva la rodilla derecha hacia el pecho y sujeta la pierna por debajo de la rodilla, como se muestra en la figura 22-2.

3. Permanece en esta postura entre 6 y 8 respiraciones.

4. Repite los pasos del 1 al 3 con la pierna izquierda.

Figura 22-2:
Postura de
la rodilla
sobre el
pecho

Postura de brazos estirados con la pierna flexionada: variante de la savasana

Muchas personas que sufren de dolores de espalda lo sienten más en un lado del torso que en el otro. Esta postura es segura y una forma clásica de estirar suavemente y preparar cada lado del cuerpo, desde la espalda hasta el cuello y para el resto de la rutina.

1. Adopta la postura del cadáver (consulta el capítulo 14) con los brazos relajados a ambos lados del cuerpo y las palmas hacia abajo; flexiona la pierna izquierda y apoya el pie izquierdo en el suelo, como se muestra en la figura 22-3a.

2. Al inhalar, alza los brazos por encima de la cabeza lentamente y llévalos hacia atrás hasta tocar el suelo con las palmas hacia arriba (fíjate en la figura 22-3b); haz una breve pausa.

3. Al exhalar, coloca de nuevo los brazos en la posición anterior, como en el paso 1.

4. Repite entre seis y ocho veces los pasos 2 y 3; luego repite los pasos del 1 al 3 con la rodilla derecha flexionada y la izquierda estirada.

Figura 22-3:
Postura
de brazos
estirados
con pierna
flexionada

Ejercicio de presión I: urdhva padasana I

Te recomendamos que empieces con esta postura y la reemplaces por el ejercicio de presión II (en el apartado siguiente) cuando estés listo para avanzar.

El abdomen se considera la parte frontal de la espalda (se explica este concepto en el capítulo 9). Si quieres prevenir los dolores de espalda, mantén esta zona fuerte y tonificada. Los ejercicios de presión son una buena forma de empezar la fiesta, porque fortalecen los abdominales sin que el cuello sufra y mejoran la fuerza del torso.

1. **Túmbate de espaldas (en tendido supino) con las rodillas flexionadas y los pies en el suelo, alineados con las caderas. Deja que los
brazos descansen a ambos lados del cuerpo con las palmas hacia
abajo.**

2. **Al exhalar, haz presión entre 3 y 5 segundos contra el suelo con la
zona lumbar, como se muestra en la figura 22-4; luego inhala.**

   Al inhalar, deja de presionar con la espalda.

3. **Repite entre seis y ocho veces el paso 2.**

Figura 22-4:
Ejercicios
de presión I

Ejercicios de presión II: urdhva padasana II

Cuando estés listo para los ejercicios de presión II (la versión avanzada de los ejercicios de presión I del apartado anterior), mueve la pierna flexionada muy lentamente. No cedas a la tentación de acelerar el ritmo.

1. **Túmbate de espaldas (en tendido supino) con las rodillas flexionadas y los pies en el suelo, alineados con las caderas. Deja que los brazos descansen a ambos lados del cuerpo con las palmas hacia abajo.**

2. **Al inhalar, eleva la rodilla derecha flexionada y llévala en dirección al pecho; mantén las palmas en el suelo, como se muestra en la figura 22-5.**

3. **Al exhalar, haz presión contra el suelo con la zona lumbar y mueve lentamente la rodilla derecha hasta que el pie toque de nuevo el suelo.**

Repite entre seis y ocho veces los pasos 2 y 3; alterna lentamente ambas piernas.

Figura 22-5:
Ejercicios
de presión II

Para que los ejercicios de presión II sean más provechosos, alza ambas rodillas a la vez en dirección al pecho durante la inhalación; luego presiona la zona lumbar contra el suelo al tiempo que vuelves a apoyar los pies lentamente durante la exhalación. Asegúrate de que mantienes las palmas de las manos hacia abajo todo el ejercicio.

Puente dinámico: dvipada pitham

La acción suave del puente compensa los abdominales y relaja la espalda para el estiramiento de los ligamentos de las corvas del apartado siguiente (consulta el capítulo 15 para más información sobre secuenciación y compensación).

1. **Túmbate de espaldas (en tendido supino) con las rodillas flexionadas y los pies apoyados en el suelo, alineados con las caderas.**

2. **Coloca los brazos a ambos lados del cuerpo y con las palmas hacia abajo.**

3. **Al inhalar, alza las caderas hasta una altura que te resulte cómoda, como se muestra en la figura 22-6.**

4. **Al exhalar, vuelve a la posición anterior.**

   Repite entre seis y ocho veces los pasos 3 y 4.

Figura 22-6:
El puente
dinámico

Si el puente te da problemas, intenta inclinar la pelvis hacia la barbilla al exhalar; luego intenta hacerlo, más tarde, cuando estés listo.

Estiramiento de las corvas: variante de supta padangustasana

Un factor clave en muchos casos crónicos de dolores de espalda son los desgarros de los ligamentos de las corvas. Existe una pequeña diferencia entre estirar los ligamentos de las corvas y evitar que un problema de espalda crónico se agrave. Por eso te recomendamos que mantengas una pierna flexionada y con el pie apoyado en el suelo para no forzar tanto la espalda.

1. **Túmbate de espaldas (en tendido supino) con las piernas estiradas; los brazos deben estar a ambos lados del cuerpo con las palmas hacia abajo.**

2. **Flexiona solo la rodilla izquierda y apoya el pie en el suelo, como se muestra en la figura 22-7a.**

3. **Al exhalar, alza la pierna derecha hasta que quede perpendicular al suelo (o tanto como puedas).**

4. **Al inhalar, vuelve a apoyar la pierna en el suelo y mantén la cabeza y las caderas apoyadas en todo momento.**

   Repite entre tres y cuatro veces los pasos del 1 al 4; luego sujeta la parte posterior del muslo, justo debajo de la rodilla, entre 6 y 8 respiraciones, como en la figura 22-7b.

5. **Repite los pasos del 1 al 4 con la otra pierna (la rodilla derecha flexionada y la izquierda estirada).**

Asegúrate de que sean los ligamentos de las corvas los que se estiren, y no la espalda.

Figura 22-7:
Estiramiento
de los
ligamentos
de las
corvas

Si notas tirones en la parte posterior del cuello o en la garganta cada vez que levantas o bajas la pierna, coloca una manta doblada o un cojín pequeño bajo la cabeza.

El gato en equilibrio: variante 1 de chakravakasana

Está comprobado que esta postura fortalece los músculos del torso a lo largo de toda la columna, por lo que supone un ejercicio excelente para la espalda.

1. **Ponte a gatas, de manera que las caderas queden alineadas con las rodillas y los hombros con las manos; los brazos deben estar estirados y los dedos apuntan hacia delante, como se muestra en la figura 22-8a.**

2. **Al exhalar, desliza el brazo derecho hacia delante y la pierna izquierda hacia atrás, pero mantén los dedos de los pies y la mano de las extremidades contrarias apoyados en el suelo.**

3. Al inhalar, alza el brazo derecho y la pierna izquierda hasta una altura que te resulte cómoda, como en la figura 22-8b.

4. Permanece entre 6 y 8 respiraciones en la posición del paso 3; luego repite los pasos del 1 al 3 con las extremidades contrarias (brazo izquierdo y pierna derecha).

Figura 22-8:
El gato en
equilibrio

a

b

Para hacer esta postura más fácil, mantén ambas manos en el suelo mientras estiras la pierna que toque hacia atrás.

Postura del niño con los brazos hacia delante: variante 1 de balasana

Si escuchas lo que el cuerpo tiene que decirte después de haber hecho algunas flexiones hacia atrás, oirás que te pide una flexión o un doblamiento hacia delante como compensación (consulta el capítulo 15). La postura del niño es una manera suave y fácil de doblarse tras realizar las posturas sobre pies y manos o de las flexiones hacia atrás. Esta variante con brazos hacia delante distribuye el estiramiento entre la zona superior de la espalda y la zona lumbar.

1. **Empieza en la posición a gatas (las caderas alineadas con las rodillas y los hombros con las manos, pero sin bloquear los codos).**

2. **Al exhalar, siéntate sobre los talones, deja que el torso descanse sobre los muslos y apoya la frente en el suelo.**

3. **Deja que los brazos descansen cómodamente sobre el suelo que está frente a ti y con las palmas hacia abajo, como se muestra en la figura 22-9.**

Cierra los ojos y respira con tranquilidad. Permanece en esta posición entre 6 y 8 respiraciones.

Figura 22-9:
Variante de
la postura
del niño

 También puedes realizar la postura del niño con los brazos hacia atrás, cerca de las caderas y con las palmas hacia arriba. Sentirás que la espalda se estira un poco menos, así que escoge la que te resulte más cómoda según el momento.

 Si tienes problemas de rodillas o de cadera, túmbate de espaldas y adopta, en vez de la postura del niño, la de las rodillas sobre el pecho que enseñamos más adelante en esta rutina.

Medio guerrero: variante de ardha virabhadrasana

Esta postura estira los flexores principales de la cadera (los músculos iliopsoas), uno de los grupos musculares clave para mantener una zona lumbar saludable.

1. **Empieza de rodillas, con las caderas alineadas con estas y el torso recto; a continuación, da un paso largo hacia delante con la pierna derecha y mantén la rodilla izquierda en el suelo; alinea las caderas hacia delante y apoya las manos en el muslo izquierdo (los dedos sobre la rodilla, como en la figura 22-10a).**

2. **Al exhalar, inclina las caderas hacia delante y hacia abajo, como se muestra en la figura 22-10b.**

   Asegúrate de que formas un ángulo aproximado de 90° con respecto del suelo con la pierna que está adelantada.

3. **Al inhalar, vuelve a la posición del paso 1.**

4. **Repite los pasos 2 y 3 cuatro veces y luego permanece en la posición del paso 2 entre 6 y 8 respiraciones.**

5. **Repite los pasos del 1 al 4 con la pierna contraria.**

Figura 22-10:
Variante
de medio
guerrero

a

b

La cobra II: bujangasana

Te recomendamos que adoptes esta postura o la cobra I, pero no ambas. La cobra I es menos exigente que la cobra II, de manera que si no te sientes muy seguro, mejor adoptar la primera variante. En el capítulo 11 encontrarás más detalles acerca de estas posturas.

Como explicamos en el capítulo 11, hay muchas personas que hacen demasiadas inclinaciones hacia delante, por lo que es importante encontrar una forma de compensar con alguna flexión hacia atrás.

1. **Túmbate boca abajo (en tendido prono), con las piernas alineadas con las caderas y las puntas de los pies apoyadas en el suelo.**

   También puedes separar las piernas y abrir los talones hacia fuera, con las puntas de los dedos hacia dentro.

2. **Flexiona los codos y sitúa las palmas boca abajo con los pulgares cerca de las axilas.**

   Deja que la frente descanse en el suelo y relaja los hombros (fíjate en la figura 22-11a).

3. **Al inhalar, presiona el suelo con las palmas y levanta el pecho y la cabeza hacia delante y arriba (como una tortuga sacando la cabeza del caparazón); no aprietes las nalgas.**

4. **Mira hacia delante, como en la figura 22-11b.**

   Mantén la pelvis apoyada en el suelo y los hombros relajados. A menos que tengas mucha flexibilidad, mantén los codos ligeramente flexionados y cerca del tronco.

5. **Al exhalar, baja el torso y la cabeza muy lentamente.**

   Repite entre seis y ocho veces los pasos del 3 al 5.

Figura 22-11:
La cobra II

Muévete despacio y con precaución en todas las variantes de la postura de la cobra. Si sientes dolor en la zona lumbar, en la parte superior de la espalda o en el cuello, evita todas estas posturas. Si la cobra II te resulta muy exigente, mejor haz la cobra I, que explicamos en el siguiente apartado, o bien repite la postura de brazos estirados con pierna flexionada que explicamos al principio de la rutina.

La cobra I: la esfinge

Te recomendamos que escojas una de las posturas de la cobra, pero no adoptes las dos. La cobra I es más fácil que la cobra II.

Si la cobra y todas sus variantes agravan el problema de la zona lumbar, separa las piernas de manera que dejen de estar alineadas con las caderas, abre los talones y coloca las puntas de los pies hacia dentro. Además, si apoyas las manos un poco más adelante, esta postura es más sencilla.

1. **Túmbate boca abajo (en tendido prono) con las piernas alineadas con las caderas y las puntas de los pies apoyadas en el suelo.**

2. **Apoya la frente en el suelo y relaja los hombros.**

   Flexiona los codos y apoya los antebrazos en el suelo, con las palmas hacia abajo y a ambos lados de la cabeza.

3. **Al inhalar, pon en funcionamiento los músculos de la espalda, presiona el suelo con los antebrazos y eleva el pecho y la cabeza, como se muestra en la figura 22-12.**

   Mira hacia delante y mantén los antebrazos y la pelvis apoyados en el suelo. Los hombros deben estar relajados.

4. **Al exhalar, baja el torso y la cabeza muy lentamente.**

5. **Repite entre seis y ocho veces los pasos del 2 al 4.**

Figura 22-12:
La cobra I

Postura de descanso boca abajo: variante de advasana

Descansar en los momentos adecuados es una parte importante de la secuencia yóguica, y quizá las flexiones hacia atrás sean la parte más exigente de esta rutina. Recuerda que nunca debes pensar que tienes que darte prisa mientras practiques el yoga.

1. **Túmbate boca abajo (en tendido prono) con las piernas alineadas con las caderas y las puntas de los pies apoyadas en el suelo.**

2. **Apoya la frente en el suelo y vuelve la cabeza hacia un lado; relaja los hombros.**

   Flexiona los codos, apoya los antebrazos a ambos lados de la cabeza y, con las palmas hacia abajo, como se muestra en la figura 22-13. Permanece en esta posición entre 6 y 8 respiraciones.

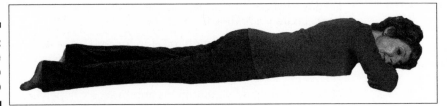

Figura 22-13:
Postura de
descanso
boca abajo

Si esta posición de descanso te resulta incómoda, adopta la postura del cadáver con rodillas flexionadas que describimos al principio del capítulo.

La langosta I: shalabhasana

Las variantes de la cobra que hemos explicado en los apartados anteriores estiran la espalda y restablecen sus curvas naturales. La postura de la langosta, sin embargo, trabaja más el fortalecimiento de la espalda. Ambas posturas son importantes para la salud de la espalda.

1. **Túmbate boca abajo (en tendido prono), alinea las piernas con las caderas y apoya las puntas de los pies en el suelo.**

   Apoya la frente en el suelo.

2. **Extiende los brazos a ambos lados del cuerpo con las palmas hacia arriba.**

3. **Al inhalar, levanta el pecho, la cabeza y la pierna derecha, como en la figura 22-14.**

4. **Al exhalar, baja el torso y la cabeza muy lentamente.**

5. **Repite tres veces los pasos 3 y 4; luego permanece entre 6 y 8 respiraciones en la postura del paso 3 (la última posición levantada).**

6. **Repite los pasos del 1 al 5 con la pierna izquierda.**

Figura 22-14:
La postura de la langosta ayuda a fortalecer la espalda y el cuello

Si sientes que esta postura te exige demasiado, inténtala de nuevo sin levantar la pierna o, simplemente, dobla la rodilla al tiempo que mantienes los muslos apoyados en el suelo.

Postura del niño con los brazos hacia atrás: variante II de balasana

Repite la postura del niño que hemos explicado anteriormente en este capítulo, pero coloca los brazos a ambos lados del cuerpo, de manera que las manos queden junto a los pies (como en la figura 22-15).

Cierra los ojos y respira tranquilamente. Permanece en esta postura entre 6 y 8 respiraciones.

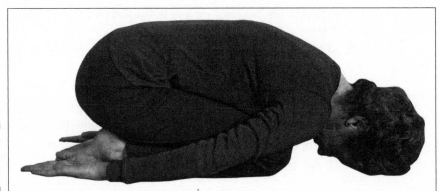

Figura 22-15:
Postura
del niño

La mariposa: variante I de jatara parvritti

Con frecuencia, las personas que sufren de dolores de espalda se olvidan de que la parte superior y la inferior (zona lumbar) de la espalda están muy ligadas. Así, una torsión de la parte superior como la de la postura de la mariposa produce un efecto tensor seguro de arriba abajo cuando no se puede realizar una torsión de la zona lumbar.

Si tienes algún problema discal, ten cuidado con las torsiones de toda la espalda. Si sientes dolor o insensibilidad en alguna zona, abandona la torsión y consulta con un médico o un fisioterapeuta antes de reincorporarla a la rutina.

1. **Túmbate sobre el lado izquierdo con las rodillas flexionadas, los brazos en paralelo, pero no más altos que los hombros; junta las palmas y apoya las manos en el suelo, como se muestra en la figura 22-16a.**

   Para obtener más estabilidad, pon una almohada o una manta doblada tanto debajo de la cabeza como entre las rodillas.

2. **Al inhalar, alza el brazo izquierdo y vuelve la cabeza de manera que sigas la mano con la mirada hasta tocar el suelo del lado contrario, como en la figura 22-16b.**

   ¡No te fuerces! Mueve la mano y la cabeza únicamente hasta que te sientas cómodo.

3. **Al exhalar, vuelve a la posición del paso 1.**

4. **Repite entre cuatro y seis veces los pasos 2 y 3.**

5. **Repite los pasos del 1 al 4 con el lado contrario.**

Figura 22-16:
La mariposa

a

b

Variante de torsión en tendido con la pierna flexionada: variante II de jatara parvritti

Una buena rutina para la espalda debe contener una torsión de la zona lumbar y la zona superior. Esta variante es apropiada en este punto del programa porque es fácil de adoptar. En el capítulo 12 encontrarás otras torsiones que también son muy útiles.

Si tienes problemas discales, ten mucho cuidado con las torsiones. Si sientes dolor o insensibilidad en alguna zona, abandona la torsión y consulta a un médico o un fisioterapeuta antes de reincorporar esta postura a la rutina.

1. **Túmbate de espaldas con las rodillas flexionadas y los pies apoyados en el suelo, alineados con las caderas; extiende los brazos hacia fuera hasta formar una T con el torso; las palmas deben estar hacia abajo y alineadas con los hombros.**

2. **Al exhalar, cruza la pierna derecha por encima de la izquierda y, muy lentamente, apoya ambas piernas en el suelo de la parte izquierda mientras vuelves la cabeza hacia la derecha, como se muestra en la figura 22-17.**

   Mantén la cabeza apoyada en el suelo.

3. **Al inhalar, lleva ambas piernas flexionadas hacia el medio; al exhalar, vuelve a llevarlas hacia el suelo de la parte izquierda.**

4. **Repite tres veces los pasos del 1 al 3; luego permanece en el lado izquierdo entre 4 y 6 respiraciones.**

5. **Repite los pasos del 1 al 4, pero cruza las piernas contrarias y apóyate en el suelo de la parte derecha.**

Si la torsión hacia el lado con las piernas cruzadas te resulta muy difícil, inténtala sin cruzarlas y apoya ambos pies en el suelo.

Figura 22-17:
Torsión
tumbada
con pierna
flexionada

Postura de las rodillas sobre el pecho: apanasana

Una de las normas de la secuenciación (que explicamos en el capítulo 15) es realizar siempre algún tipo de flexión hacia delante justo después de una torsión. La postura de las rodillas sobre el pecho es una flexión hacia delante clásica; es útil cuando la postura inmediatamente anterior ha sido una torsión en el suelo, como hemos planificado en esta rutina.

1. **Túmbate de espaldas. Flexiona las rodillas y llévalas al pecho.**

2. **Sujeta las piernas por debajo de las rodillas (como en la figura 22-18a).**

3. **Al exhalar, acerca un poco más las rodillas al pecho, como en la figura 22-18b.**

4. **Repite tres o cuatro veces más los pasos 2 y 3; luego relájate y respira, manteniendo las piernas sujetas entre 6 y 8 respiraciones.**

Si tienes problemas de rodillas, sujeta las piernas por la zona posterior de los muslos.

Figura 22-18:
Postura de rodillas sobre el pecho

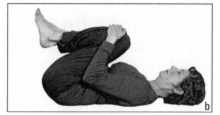

Postura del cadáver con las rodillas flexionadas, repetición

Al llegar al final de la rutina de espalda, la postura del cadáver que explicamos al principio de la rutina te dará una posición estable para que puedas respirar y relajar la espalda intensamente. No querrás saltarte esta parte. Permanece en esta postura entre 25 y 30 respiraciones. Procura que la exhalación se alargue un poco más que la inhalación.

Si te tapas los ojos, el efecto relajante será más profundo. Utiliza una bolsita para los ojos o una bufanda (en el capítulo 19 hablamos de este accesorio). Colocar los pies sobre una silla o una cama puede proporcionarte un efecto todavía más relajante, además de que mejora la circulación de las piernas. También puede ayudarte a dormir mejor.

Terapia yóguica como tratamiento para el cuello y la zona superior de la espalda

Si notas un poco de dolor en la zona superior de la espalda y en el cuello, o que tus movimientos son limitados, es posible que las posturas que adoptas en tu vida diaria y el estrés sean los causantes de esa situación. Con la siguiente rutina te ayudaremos a evitar estos problemas.

Lo que se debe y lo que no se debe hacer

En la lista siguiente te damos algunos consejos para evitar los dolores en el cuello y en la zona superior de la espalda:

✔ Márcate como objetivo adoptar la postura de la montaña a la perfección (consulta el capítulo 7) y aplica lo que aprendes en las sesiones de yoga a tu vida diaria.

✔ Descubre cómo aliviar la tensión con las técnicas de relajación que te proponemos en el capítulo 4. Las técnicas de respiración del capítulo 5 también te serán muy útiles.

✔ Utiliza la rutina que exponemos a continuación. En el apéndice encontrarás más recursos en DVD.

Estas son las cosas que debes evitar para no empeorar tus problemas de espalda:

✔ No importa cuánto quieras parecerte a las modelos que aparecen en las revistas de yoga: la postura de cabeza o la de hombros completos no es para ti. Hay muchas otras apropiadas a tu situación.

✔ Evita cualquier tipo de rutina que exija mover el cuello en círculos. Este movimiento puede causarte problemas graves, sobre todo si tienes antecedentes.

Rutina para la zona superior de la espalda

Si tu dolor de espalda es muy intenso, esta rutina no está hecha para ti, por lo que no te la recomendamos si tienes insensibilidad, hormigueo o debilidad en el cuello, los hombros o los brazos.

Postura en la silla

Esta postura constituye el eje central de esta rutina; asegúrate de que entiendes todos los pasos y de que te resulta estable y cómoda.

1. **Siéntate cómodamente en una silla sin reposabrazos; la espalda debe estar recta y las palmas apoyadas sobre los muslos.**

2. **Mira hacia delante y centra la cabeza hasta que las orejas, los hombros y los salientes de las caderas estén alineados, como se muestra en la figura 22-19.**

3. **Mantén los ojos abiertos o cerrados, como prefieras. Permanece en esta posición entre 6 y 8 respiraciones.**

Figura 22-19:
Postura en
la silla

Si no llegas con los pies al suelo, coloca una manta doblada, una colchoneta enrollada o algún objeto en el que puedas apoyarlos. En el capítulo 19 hablamos de todos los accesorios que pueden utilizarse en el yoga.

Secuencia de los brazos alternos en posición sedente

Muchos de los músculos que llegan al cuello parten de la zona de los hombros. Esta secuencia es una buena manera de que la sangre circule por esta zona. Asegúrate de que realizas las dos partes de la secuencia, el brazo levantado y la cabeza girada, para obtener los mejores resultados.

1. Empieza en la postura de la silla (consulta el apartado anterior).

2. Al inhalar, levanta el brazo ligeramente flexionado como se muestra en la figura 22-20a.

3. Al exhalar, baja de nuevo el brazo; repite los pasos 2 y 3 alternando los brazos entre dos y tres veces.

4. Sigue la alternancia de brazos, pero añade el giro de cabeza hacia el lado contrario al brazo que se levanta, como se muestra en la figura 22-20b; haz dos o tres rondas más.

 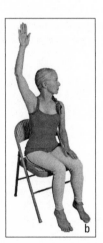

Figura 22-20:
Secuencia de brazos alternos en posición sedente

Giros con los hombros en posición sedente

Los hombros y el cuello son zonas donde suele acumularse la tensión. Los giros de hombros en posición sedente liberan la tensión y el estrés acumulados de forma inmediata.

1. Empieza en la postura de la silla.

2. Deja que los brazos cuelguen a ambos lados del cuerpo. Eleva los hombros y llévalos hacia atrás al tiempo que inhalas (fíjate en la figura 22-21).

3. Al exhalar, termina el giro y baja los hombros.

4. Repite entre cuatro y seis veces los pasos 2 y 3; luego invierte la dirección de los giros y repite entre cuatro y seis veces.

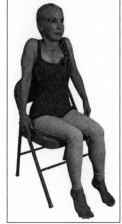

Figura 22-21:
Giros de
hombros
en posición
sedente

Secuencia de alas y oraciones

Imagina que la zona superior de la espalda y el cuello forman un armazón que es un añadido en el cuerpo; esta secuencia (y las que vienen a continuación en la rutina) te ayudará a mantener ese armazón en equilibrio.

1. Empieza en la postura de la silla.

2. Junta las palmas en posición de oración, como en la figura 22-22a.

3. Al inhalar, alza los brazos cómodamente por encima de la cabeza; mantén las palmas en posición de oración, como en la figura 22-22b.

4. Al exhalar, baja de nuevo los brazos y las manos, todavía en posición de oración.

5. Al inhalar, separa las manos y extiende los brazos a ambos lados, alinéalos con los hombros como si fueran alas; eleva el pecho y mira hacia delante, como se muestra en la figura 22-22c.

6. Al exhalar, coloca de nuevo los brazos y las manos como en el paso 2.

7. Repite los pasos del 1 al 6 entre cuatro y seis veces.

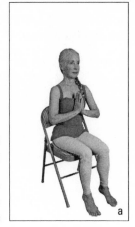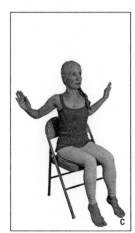

Figura 22-22:
Secuencia
de alas y
oraciones

Secuencia del espejo en la mano

Esta secuencia estira sin forzarlos los músculos más imperceptibles del cuello y los hombros.

1. **Empieza en la postura de la silla.**

2. **Al inhalar, alza la mano derecha con la palma hacia delante hasta la altura de los ojos, como se muestra en la figura 22-23a.**

3. **Al exhalar, coloca la palma de la mano derecha sobre el hombro izquierdo, al tiempo que vuelves los ojos y la cabeza hacia la izquierda y abajo (observa la figura 22-23b).**

   Si te cuesta torcer el cuello a la izquierda y a la derecha, tuércelo poco, sin forzar.

4. **Al inhalar, lleva de nuevo la mano a la altura de los ojos y desplázala en el aire hacia la derecha, tan lejos como puedas (fíjate en la figura 22-23c).**

5. **Al exhalar, coloca de nuevo la mano frente a ti a la altura de los ojos.**

6. **Sigue espirando mientras apoyas la mano derecha de nuevo sobre la pierna.**

7. **Repite los pasos del 1 al 6. Alterna los lados y realiza el ejercicio entre tres y cuatro veces cada uno.**

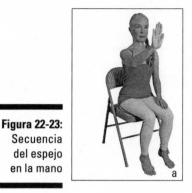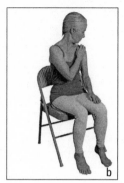

Figura 22-23:
Secuencia
del espejo
en la mano

a   b   c

Secuencia del periódico

Esta es la secuencia más difícil de coordinar. Date tiempo hasta que te acostumbres a ella y se convertirá en una de tus preferidas.

1. **Empieza en la postura de la silla.**

2. **Inhala. A continuación, cuando espires, pon ambas manos con las palmas hacia a ti y a la altura de los ojos, como si leyeras un periódico (como en la figura 22-24a).**

3. **Al inhalar, sube las manos y síguelas con la mirada y la cabeza hasta que estén por encima de la frente, como en la figura 22-24b.**

   Intenta no inclinar demasiado la cabeza hacia atrás. Piensa que la rotación debe hacerse desde las orejas, no desde el cuello.

4. **Al exhalar, lleva la barbilla al pecho sin mover los brazos, como en la figura 22-24c.**

5. **Al inhalar, separa las manos y mueve los brazos hacia fuera, alinéalos con los hombros, como si fueran alas. Eleva el pecho y mira hacia delante, como en la figura 22-24d.**

6. **Al exhalar, extiende los brazos hacia delante, como si fueras a tirarte de cabeza en una piscina y curva la espalda como un camello mientras miras hacia abajo (observa la figura 22-24e).**

7. **Al inhalar, alza el pecho; gira los codos y las palmas para que miren hacia ti, a la altura de los ojos, como en el paso 2 (vuelve a la figura 22-24a).**

8. **Repite entre cuatro y seis veces los pasos del 1 al 7.**

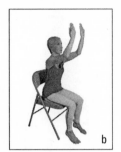

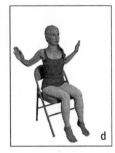

Figura 22-24:
Secuencia
del periódico

Torsión del sabio en posición sedente

Esta torsión rejuvenece la parte superior de la espalda, así como toda la columna. También tonifica el abdomen.

No inicies esta torsión con brusquedad; como siempre, haz movimientos lentos y cuidadosos. Si notas dolor o incomodidad, abandona la torsión y consulta con un médico o un quiropráctico antes de intentarla otra vez.

1. **Empieza sentado de lado en una silla, de manera que el respaldo quede a la derecha; sostén el respaldo con ambas manos, como se muestra en la figura 22-25.**

2. **Al inhalar, endereza la columna y la cabeza.**

3. **Al exhalar, tuerce el torso y la cabeza hacia la derecha.**

4. **Repite los pasos 2 y 3, pero acentúa un poco más la tensión sin que deje de resultarte cómodo; permanece en esa posición entre 4 y 6 respiraciones.**

5. **Repite los pasos del 1 al 4 con el lado izquierdo.**

Figura 22-25:
Torsión del
sabio en
posición
sedente

Variante de la flexión hacia delante en posición sedente

La postura que suele seguir a una torsión es casi siempre una flexión hacia delante, porque de esta manera la columna y las caderas vuelven a equilibrarse.

1. **Siéntate de lado en la silla (no importa si el respaldo queda a la izquierda o a la derecha).**

2. **Al exhalar, inclínate hacia delante a partir de las caderas y desliza las manos por las piernas hasta que la cabeza, el pecho y los brazos queden colgando con comodidad, como se muestra en la figura 22-26.**

3. **Permanece entre 6 y 8 respiraciones en la postura del paso 2.**

Figura 22-26:
Variante
sedente de
flexión hacia
delante

Masaje de hombros y cuello en posición sedente

Esta sencilla técnica es muy buena para relajar esas pequeñas minas que se alojan en la zona entre el cuello y los hombros.

Sujetar, apretar o comprimir estos puntos agarrotados se llama compresión isquémica y muchos profesionales de la salud la utilizan para liberar los puntos gatillo o las zonas sensibles del cuerpo.

1. **Empieza en la postura de la silla y lleva el brazo derecho a la parte entre el cuello y el hueso del hombro del lado izquierdo, como se muestra en la figura 22-27.**

2. **Con lentitud y suavidad, realiza un masaje en la superficie de esta zona con movimientos circulares (empieza en dirección al cuello) entre seis y ocho veces, de manera que puedas notar los puntos gatillo.**

3. **Encuentra los puntos gatillos identificados en el paso 2 y sujétalos o apriétalos con firmeza, uno a uno, entre seis y ocho veces.**

4. **Para terminar el masaje, repite entre seis y ocho veces el paso 2.**

5. **Repite los pasos del 1 al 4 con la mano izquierda sobre el lado derecho.**

Figura 22-27:
Masaje de hombros y cuello en posición sedente

Relajación sedente

Toda la concentración, la respiración y el movimiento te llevan a este momento. También puedes reemplazar este ejercicio de respiración por cualquiera de las técnicas de relajación del capítulo 4.

1. Empieza en la postura de la silla con los ojos cerrados, como en la figura 22-28.

2. Utiliza la respiración abdominal (consulta el capítulo 5) e incrementa gradualmente la duración de las espiraciones todo lo que puedas.

3. Realiza entre 20 y 30 respiraciones abdominales; luego vuelve poco a poco a la respiración normal de descanso.

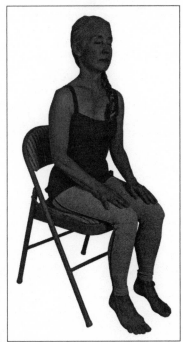

Figura 22-28:
Relajación
sedente

Parte V
Los decálogos

"¡AY, QUÉ BIEN! ¡UN CD PARA MIS EJERCICIOS DE YOGA! SUDA CON MAHARISHI."

En esta parte...

Si quieres aclarar algunas ideas y saber por qué estás practicando, qué deberías estar practicando o cómo deberías empezar la práctica del yoga, este es el lugar adecuado. Aquí encontrarás pequeños y entretenidos fragmentos de información que te recordarán lo maravilloso que es practicar yoga. Además, si estás pensando en apuntarte a una clase o a un taller, te proporcionamos un listado de algunos centros de yoga donde podrás empezar.

Capítulo 23

Diez trucos para una excelente práctica del yoga

- -

En este capítulo

▶ Prepararse para una práctica adecuada

▶ Crear un buen entorno para la práctica

- -

Para tener éxito en cualquier terreno, hay dos cosas que deberías saber: las normas del juego y quién es el jugador (tú mismo). En este capítulo te enseñamos diez trucos útiles para convertir la práctica del yoga en un árbol robusto y cargado de frutos. Si tienes en cuenta estos puntos, podrás recoger los beneficios de tu esfuerzo antes de lo que crees. Aunque no podemos prometer milagros, sí tenemos confianza en que la práctica regular y correcta del yoga te aportará muchas ventajas físicas, mentales y espirituales.

Entender el yoga

Para implicarte en el yoga con éxito, primero debes entender qué es y cómo funciona. A veces, hay personas que se adentran con rapidez en esta disciplina y empiezan a practicarla sin saber absolutamente nada de ella, y después se encuentran con la sorpresa de que deben superar unos cuantos prejuicios erróneos antes de sacar provecho.

En este libro presentamos una comprensión básica de la naturaleza y los principios de esta antigua disciplina, lo cual es suficiente para empezar. No obstante, te recomendamos que leas también otros libros sobre yoga para profundizar en los conocimientos (consulta el apéndice al final del libro).

El yoga tradicional fomenta el estudio, un aspecto clave en la práctica de esta disciplina durante miles de años. Te recomendamos encarecidamente que te familiarices con la bibliografía original del yoga, sobre todo con el *Sutra Yoga* de Patanjali y el *Bhagavad gita*, obras de las que disponemos en diversas traducciones. La tradición yóguica es extensa y muy diversa. Descubre qué enfoque te interesa más.

Sé claro (y realista) con tus metas y necesidades

Si quieres que la práctica yóguica te resulte beneficiosa, tómate tiempo para evaluar tu situación personal con detenimiento, y establece las metas en función de tus posibilidades y tus necesidades. Pregúntate, por ejemplo: "¿De cuánto tiempo libre dispongo o cuánto tiempo quiero dedicar al yoga? ¿Cuáles son mis expectativas? ¿Quiero ponerme en forma o mantenerme? ¿Quiero llegar a ser capaz de relajarme más y descubrir el arte de la meditación? ¿Quiero que el yoga impregne mi nuevo estilo de vida o explorar la dimensión espiritual de la vida?". Si te planteas estas cuestiones de forma realista, será menos probable que te sientas culpable o decepcionado si tu agenda parece demasiado apretada.

Si tienes problemas de salud o algún impedimento físico, consulta a un médico antes de iniciar la práctica del yoga.

Comprométete a crecer

Incluso si el yoga no va a ser tu nuevo estilo de vida, procura mantener la mente abierta respecto a los cambios que introducirá en ella. Permítete cambiar no solo el cuerpo, sino también la mente. No le pongas techo a tu progreso ni des por sentado que eres incapaz de conseguir una postura de yoga o de aprender a meditar. Deja que el yoga trabaje discretamente con tus limitaciones físicas y mentales, que amplíe tus habilidades y te ayude a quebrar los pensamientos negativos y las actitudes inútiles para descubrir nuevos horizontes.

Persevera en este largo camino

Debido a la mala influencia de las sociedades consumistas, muchas personas esperan siempre resultados rápidos. Aunque el yoga puede obrar milagros en poco tiempo, no funciona como el café instantáneo. Para obtener todos los beneficios del yoga es necesario ser disciplinado y diligente, lo cual fortalece el carácter. Cuando más tiempo lo practiques, más lo disfrutarás y más provecho obtendrás. Intenta probar por lo menos un año, te aseguramos que no te arrepentirás. De hecho, cuando ese año haya pasado, quizá lo hagas con el compromiso duradero de crecer con el yoga.

Buenos hábitos desde el principio

Los malos hábitos, como las malas hierbas, nunca mueren. O casi nunca, de modo que es bueno cultivar los buenos hábitos desde el principio de la práctica. Si puedes, asiste a dos o tres clases con un profesor de yoga con formación y experiencia, no importa si son privadas o colectivas. Lee con atención, al menos, este libro (y otro sobre práctica yóguica) antes de empezar a probar posturas y ejercicios de respiración.

¡Puedes hacerte daño si practicas de forma incorrecta! Evítalo moviéndote lentamente y sigue las instrucciones paso a paso. Peca de prudente y, si tienes dudas, consulta siempre al profesor o a un practicante con mucha experiencia.

Varía la rutina para evitar el aburrimiento

Después de haber superado la etapa de entusiasmo inicial, es posible que la mente quiera jugarte malas pasadas con ideas como estas: "Quizá el yoga no funciona", "A mí no me funciona", "Tengo cosas más importantes que hacer" u "Hoy no tengo ganas de practicar". Si te aburres con facilidad, varía el programa con periodicidad para conservar el interés. No tiene sentido practicar el yoga ni ningún programa de ejercicios si se hace a disgusto. Cultiva lo que los budistas zen llaman *mente de principiante*: empieza las sesiones de yoga (y de hecho, todo) con la misma intensidad y frescura que aplicaste a la primera sesión. Si te concentras de forma adecuada en cada ejercicio, la mente no tendrá tiempo para pensar en el aburrimiento. Además, cuanto más te empapes del espíritu del yoga, más concentrado estarás, y esa necesidad de ejercicios surtidos disminuirá.

La segunda edición de *Yoga para Dummies* te proporciona una fórmula probada para crear muchas rutinas eficaces y para diferentes situaciones. Podrás crear programas tan diversos y exigentes como quieras. En el capítulo 15 encontrarás las claves.

Convierte la atención y la respiración en tus aliadas

La práctica yóguica es tan poderosa porque, si se practica de manera correcta, combina los movimientos físicos, la atención y la respiración adecuada. La atención y la respiración son las armas secretas del yoga. Cuanto antes captes este concepto, antes disfrutarás de los resultados. Si centras la atención de forma automática en la rutina de ejercicios también fortalecerás automáticamente toda la capacidad de concentración y de conciencia (consulta el capítulo 21). Trabajarás mejor y apreciarás más el tiempo libre. Sobre todo, la respiración consciente durante los ejercicios incrementa los efectos de la práctica sobre el cuerpo y la mente, y proporciona la vitalidad necesaria para llevar adelante una vida cotidiana llena de obligaciones.

Hazlo lo mejor que puedas y olvídate de lo demás

Hay personas que observan con ansiedad su progreso. Pero el progreso no es lineal; a veces parece que uno da un paso atrás, cuando en realidad es para dar un gran salto hacia delante en la carrera. Sé diligente con la práctica, pero relajado. El perfeccionismo no vale más que para crear frustración y para molestar a los demás. Cuando intentes conseguir una meta, sé amable contigo mismo (y con los demás), que no te preocupe lo que podría o no podría pasar en el transcurso. Céntrate en la práctica del momento y deja que el poder del yoga, la providencia y tu buen karma (*véase* el capítulo 1) hagan el resto.

Deja que el cuerpo hable

El cuerpo es tu mejor amigo y consejero, y escucharlo es un arte que vale la pena cultivar. Si sientes que algo va mal, es probable que no te equivoques. Confía en los instintos y en las intuiciones del cuerpo, y no solo en la práctica, sino también en la vida diaria. Con bastante frecuencia nuestro cuerpo dice una cosa y la mente, otra. Aprende a ir con el cuerpo.

Cuando practiques el Hatha Yoga sé especialmente cuidadoso de no dejarte llevar por el deseo de conseguir resultados rápidos, en vez de aplicar el sentido común y la sabiduría del cuerpo. Por ejemplo, si alguna flexión hacia delante o hacia atrás parece arriesgada, no la intentes. O si el cuerpo te dice que no estás preparado para la postura sobre la cabeza (que nosotros no recomendamos a los principiantes), no te conviertas en una víctima de tu ambición.

Comparte el yoga

Al principio, piensa en practicar el yoga con otras personas hasta que encuentres el ritmo. A veces todos necesitamos un poco de ánimo, y un ambiente de apoyo es un gran paso. Si no asistes a clases de yoga con frecuencia, proponle a algún familiar o a un amigo interesado que te acompañe. Asegúrate, sin embargo, de no actuar como un predicador. El yoga es un regalo maravilloso para todos, pero debes ofrecerlo como algo atractivo, con amor y entusiasmo comedido.

Capítulo 24

Diez buenas razones para practicar yoga

En este capítulo

▶ Centrarse en la salud física

▶ Prestar atención al estado mental

▶ Buscar el equilibrio emocional, la conciencia y el entendimiento

*E*l viaje de descubrimiento del mundo del yoga no solo es apasionante, sino que también está repleto de recompensas. En este capítulo te presentamos diez razones excelentes para empezar ese viaje ahora y seguir adelante.

Los efectos de la práctica regular de yoga son asombrosos y de gran calado; además los resultados se perciben muy rápidamente. Si practicas el Hatha Yoga (la forma de yoga que se ocupa específicamente del cuerpo), es muy probable que primero notes una mejora en la flexibilidad, el tono muscular y el estado físico general; y, por supuesto, te sentirás mejor anímicamente. Si continúas con la práctica regular y profundizas en el yoga, se empezarán a manifestar otros efectos beneficiosos. ¡Tienes a tu alcance todos los motivos para seguir con confianza!

El yoga te ayuda a mantener, recuperar y mejorar la salud

El yoga es un sorprendente reductor de estrés. Si tenemos en cuenta que entre el 75 y el 90% de las visitas al médico están relacionadas con el estrés, el enfoque holístico del yoga se presenta como remedio preferente para ganar bienestar. Gracias a sus ejercicios de relajación, posturales, y de respiración y meditación, acompañados por unos hábitos alimentarios sanos, el yoga puede reducir eficazmente el grado de tensión y ansiedad. De esta manera, la práctica del yoga estimula el sistema inmunitario, que ayuda a mantener las enfermedades a raya y facilita el proceso de curación. Hay estudios que demuestran que el yoga es un medio muy eficaz para tratar gran variedad de problemas de salud, como, por ejemplo, la hipertensión, la diabetes en los adultos, y algunas enfermedades respiratorias, como el asma, los trastornos del sueño, los dolores de cabeza crónicos o el dolor de la zona lumbar. El yoga es bueno para mejorar las funciones cardiovasculares, la digestión y la vista, e, incluso, permite controlar el dolor. Puedes utilizar el yoga tanto como una medicina curativa como preventiva. ¡No encontrarás una póliza de seguro médico más barata que el yoga! Además, no es un tratamiento doloroso; al contrario, ayuda a superar todo tipo de dolores (*véase* el capítulo 20).

El yoga te mantiene en forma y te aporta energía

El yoga relaja el cuerpo y la mente, lo que te permite movilizar toda la energía que necesitas para llevar a cabo las tareas del hogar y el trabajo de manera eficaz. El yoga puede potenciar la flexibilidad del cuerpo, el estado físico, la fuerza y la energía. Además, puede ayudarte a perder ese peso sobrante.

El yoga equilibra la mente

El yoga no solo te ayuda a mantener o recuperar el bienestar físico (*véase* el apartado anterior "El yoga te ayuda a mantener, recuperar y mejorar la salud"), sino que también puede influir en la mente de forma muy profunda. Muchos problemas tienen su origen en la mente, y, tarde o temprano, el cuerpo refleja esas actitudes perjudiciales, esos pensamientos negativos y otros desequilibrios emocionales. Es una potente herramienta para aclarar la mente y liberarla de los cambios anímicos; su práctica aporta mejores resultados que cualquier tranquilizante, y sin los indeseables efectos secundarios. Te equilibra sin atontar la mente, lo que te permitirá estar alerta, pero relajado.

El yoga es una potente ayuda para el crecimiento personal

El yoga puede ayudarte a encontrar tu potencial oculto. El cuerpo es un instrumento maravilloso, pero hay que tocarlo de la forma adecuada para que produzca melodías bonitas y armoniosas. También puede guiarte con seguridad para explorar los aspectos ocultos de la mente, en especial los más altos estados de conciencia (como el éxtasis y la iluminación, explicados en el capítulo 21). De forma progresiva, aclara las ideas preconcebidas que uno tiene de sí mismo y sobre la vida en general, y abre el camino a la verdadera naturaleza del ser, que está llena de felicidad y libre de complicaciones.

El yoga es completo y motivador

El yoga propone un estilo de vida sensato y orientado hacia el crecimiento, que cubre todos los aspectos de la vida, desde la cuna hasta la tumba. Su práctica proporciona técnicas para desarrollar tanto la salud física como la mental, para desenvolverse creativamente ante los retos de la vida moderna, para transformar la vida sexual e, incluso, para utilizar los sueños con creatividad, gracias al arte del sueño lúcido (consulta el capítulo 20). El yoga te permitirá sentirte cómodo con el cuerpo, mejorará la imagen y la estima de ti mismo, y estimulará la capacidad de concentración y la memoria. Por último, el yoga te da fuerza para descubrir tu esencia espiritual, así como para vivir sin miedos ni otras limitaciones emocionales y de pensamiento.

El yoga ayuda a armonizar las relaciones personales

Con la nueva perspectiva que te ofrece el yoga podrás mejorar las relaciones con tus familiares, amigos y compañeros de trabajo; también con las personas que te encuentres ocasionalmente. Te proporciona los medios para desarrollar las virtudes de la paciencia, la tolerancia, la compasión y el perdón. Mediante las técnicas del yoga adquirirás control sobre la mente y te librarás de obsesiones y hábitos negativos que puedan obstaculizar el camino hacia las buenas relaciones. También te enseña a vivir en paz con el mundo y en sintonía con tu naturaleza esencial, el espíritu o ser. En definitiva, te facilita todo lo necesario para que la vida sea más armoniosa y bella.

El yoga estimula la conciencia

El yoga permite aumentar la capacidad de conciencia, como comentamos en el capítulo 1. De ese modo, la práctica del yoga te prepara para enfrentarte a las situaciones de la vida, incluso a las crisis, con serenidad y claridad. Además, hace a las personas más sensibles a los ritmos del cuerpo, estimula los cinco sentidos y hasta desarrolla la facultad intuitiva (el sexto sentido). Y lo que es todavía más importante, te pone en contacto con la realidad espiritual que es la fuente de la mente y la conciencia.

El yoga encaja bien con otras disciplinas

Aunque es una disciplina lo suficientemente completa, puedes combinarla fácilmente con cualquier deporte o trabajo físico, incluso con ejercicios aeróbicos o de levantamiento de pesas. También puedes practicarlo y cultivarlo al mismo tiempo que otras disciplinas mentales, como la mnemotecnia (memorización) o el ajedrez. No solo es compatible con estas actividades, sino que también puede mejorar el rendimiento en ellas.

El yoga es una actividad sencilla y práctica

El yoga no te hará sudar (a menos que practiques algún tipo de yoga aeróbico moderno), es decir, ¡que siempre tendrás un buen aspecto en las sesiones! Puedes practicarlo en la comodidad de tu casa o, de hecho, en cualquier sitio. Aunque no es necesario emplear tiempo en desplazarse de un sitio a otro, nuestra recomendación es que los principiantes contemplen la posibilidad de asistir a clases colectivas; el viaje de ida y vuelta puede ser una experiencia más dentro de la actividad yóguica. Más que consumir tiempo, el yoga lo crea, ¡lo cual supone una ventaja muy importante en las ocupadísimas y estresantes vidas de los occidentales!

El yoga es liberador

El yoga te pondrá más en contacto con tu naturaleza, porque sentirás la plenitud, el valor interior y la confianza. Al reducir las emociones y los pensamientos egocéntricos y negativos, el yoga tiene el poder de acercarte a la felicidad duradera. Desarrolla el poder de la voluntad y te pone a cargo de la vida.

Apéndice

Otras fuentes sobre el yoga

• •

En esta última parte del libro hemos recopilado todos los recursos a los que no hemos podido hacer referencia a lo largo del libro. Esperamos que los medios que ofrecemos aquí te ayuden a dar un paso más en tu camino del yoga.

Organizaciones

España

✔ **Asociación de Yoga Cuatro Caminos.** Fundada en 1998 por Isabel Ramírez Lorente y dirigida actualmente por Concha Cruzado Casas. Se trata de una asociación sin ánimo de lucro que ofrece clases de Hatha Yoga y Raja Yoga, además de retiros de fin de semana.

Dirección: c/ Guipúzcoa 11, 1.º D, 28020 Madrid. Teléfonos: 646 891 272 y 626 127 296. Correo electrónico: info@yogacuatrocaminos.es. Página web: www.yogacuatrocaminos.es.

✔ **Asociación Española de Practicantes de Yoga.** En la página web de esta asociación sin ánimo de lucro podrás encontrar una base de datos de profesores, gran cantidad de artículos, enlaces e información sobre cursos de formación y congresos.

Dirección: c/ Nil Fabra 36, ent. 2.ª B, 08012 Barcelona. Teléfono: 932 374 241. Correo electrónico: web@aepy.org. Página web: www.aepy.org.

✔ **Asociación Española de Iyengar Yoga.** Esta asociación se constituyó en 1996 y es el órgano representativo de los practicantes de yoga que siguen la enseñanza de Yogacharya Sri B. K. S. Iyengar.

Dirección: c/ Gran Vía 40, 9.º 4.ª, 28013, Madrid. Teléfono y fax: 915 319 095. Correo electrónico: aeyi@aeyi.org. Página web: `aeyi.org/j`.

✔ **Asociación ETY Viniyoga España.** Asociación sin ánimo de lucro con sede en Denia, Alicante. En su página web podrás encontrar información sobre talleres, cursos de formación para profesores, noticias y artículos, así como los números atrasados de la revista *Viniyoga*.

Correo electrónico: contacto@etyviniyoga.es. Página web: `www.etyviniyoga.es`.

✔ **Centro de Yogaterapia Asanga.** Fundado y dirigido por el Dr. Miguel Fraile desde 1982. Ofrece sesiones de Hatha Yoga, de terapia de yoga y de meditación budista, entre otras actividades. Además, imparte cursos de formación para terapeutas de yoga.

Dirección: c/ Alcalá 155, 28009 Madrid. Teléfono y fax: 914 317 132. Correo electrónico: asanga@ctv.es. Página web: `www.yogaterapiaasanga.com`.

Latinoamérica

✔ **Federación Mexicana de Yoga.** Asociación creada para la difusión del yoga en México; a través de su revista en línea `www.federacionyoga.com` ofrece todo tipo de recursos, un directorio de profesores, cursos y escuelas en todo el país.

✔ **Fundación Indra Devi.** Creada por David Lifar, esta institución argentina es el mayor centro de Hatha Yoga en Sudamérica. Cuenta con más de 2.000 estudiantes por semana en tres sedes distintas. Tiene su propio boletín informativo y ofrece cursos de formación para profesores.

Dirección: c/ Azuenaga 762, Buenos Aires, 1029 Argentina. Correo electrónico: contactenos@fundacion-indra-devi.org. Página web: `www.fundacion-indra-devi.org`.

✔ **Unión Latinoamericana de Yoga.** Fundada en 1985, organiza congresos anuales de yoga y promueve los deportes artísticos y olímpicos de yoga. También publica la revista *Yoga Integral*.

Dirección: c/ Piedras 3364 esq. Rivera, Fray Bentos (Río Negro), Uruguay. Teléfono: 00598 562 3340. Correo electrónico: info@union-latinoamericanadeyoga.org. Página web: `www.unionlatinoamericanadeyoga.org`.

Estados Unidos

✔ **International Association of Yoga Therapists.** Fundada en 1979 por los doctores Larry Payne y Richard Miller; actualmente está dirigida por John Kepner. Esta asociación cuenta con más de 2.500 miembros, edita una revista anual y una publicación cada tres años (*véase* el apartado "Publicaciones periódicas" más adelante), y organiza una reunión anual. En su página web se puede consultar mucho material sobre el uso terapéutico del yoga.

Dirección: PO Box 12890, Prescott, AZ 86304, Estados Unidos. Teléfono: 928 541 0004. Página web: www.iayt.org.

✔ **Gary Kraftsow American Viniyoga Institute.** Este instituto, dirigido por Gary y Mirka Kraftsow, ofrece clases y sesiones personales, así como retiros y programas de formación en terapia de yoga según las directrices del estilo viniyoga.

Dirección: Oakland, CA, Estados Unidos. Teléfono: 808 572 1414. Correo electrónico: info@viniyoga.com. Página web: www.viniyoga.com.

✔ **Phoenix Rising Yoga Therapy.** Fundado y dirigido por Michael Lee, este programa ofrece gran variedad de clases y talleres, así como cursos de formación para profesores (en el siguiente apartado encontrarás más información al respecto).

Dirección: 5 Mountain Street, PO Box 200, Bristol, VT 05443, Estados Unidos. Teléfono: 800 453 6444. Correo electrónico: info@pryt.com. Página web: www.pryt.com.

✔ **Yoga Therapy Rx en la Universidad Loyola Marymount.** El Dr. Larry Payne es el fundador y director de este programa, que ofrece una formación de tres años en yoga terapéutico y en medicina integradora.

Dirección: LMU Extension Programs, One LMU drive, Los Ángeles, CA 90045, Estados Unidos. Teléfono: 310 338 2358. Página web: www.lmu.edu/academics/extension.htm.

Programas académicos y cursos de formación de profesores

Si quieres dar un paso más allá y estás interesado en convertirte en profesor de yoga, te recomendamos que te informes mediante estas organizaciones. Tanto la AEPY (ver apartado anterior) como Sadhana son las dos únicas organizaciones que, tras cuatro años de estudio, dispensan una titulación reconocida por la Unión Europea de Yoga.

España

✔ **Federación Nacional de Yoga Sadhana.** Miembro de la Unión Europea de Yoga; imparte cursos de formación en Barcelona, Madrid, San Sebastián, Sevilla, Valencia e Italia. Cuenta con un amplísimo directorio de profesores federados de toda España.

Página web: www.sadhana.es.

✔ **Casa Asia.** Esta institución dependiente de la Generalitat de Catalunya tiene como objetivo principal la comunicación entre Asia y Occidente. Ofrece múltiples actividades relacionadas con el yoga y la India en general. Posee, además, una extensa mediateca.

Dirección en Barcelona: avda. Diagonal, 373, 08008 Barcelona. Teléfono: 933 680 322. Dirección en Madrid: Carrera de San Jerónimo, 15, 1.º, 28014 Madrid. Teléfono: 914 202 303. Página web: www.casaasia.es.

✔ **Casa de la India.** Entidad que colabora con la Universidad de Valladolid, la Embajada de la India en España y el Ayuntamiento de Valladolid. Ofrece cursos de hindi, talleres artísticos y de medicina natural, noches temáticas y ciclos de cine, entre otras actividades. Posee una biblioteca bien surtida.

Dirección: c/ Puente colgante, 13, Valladolid. Teléfono: 983 228 711. Correo electrónico: info@casadelaindia.org. Página web: www.casadelaindia.org.

Latinoamérica

✔ **Federación Mexicana de Yoga.** Asociación creada para la difusión del yoga en México, y que través de su revista en línea www.federacionyoga.com ofrece todo tipo de recursos, un directorio de profesores, cursos y escuelas en todo el país.

✔ **Fundación Indra Devi:** creada por David Lifar, esta institución argentina es el mayor centro de Hatha Yoga en Sudamérica. Cuenta con más de 2.000 estudiantes por semana en tres sedes distintas. Tiene su propio boletín informativo y ofrece cursos de formación para profesores.

Dirección: c/ Azuenaga 762, Buenos Aires, 1029 Argentina. Correo electrónico: contactenos@fundacion-indra-devi.org. Página web: www.fundacion-indra-devi.org.

Estados Unidos y Canadá

✔ **American Sanskrit Institute.** Este instituto, dirigido por Vyaas Houston, ofrece cursos de extensión y de introducción a la lengua sánscrita; también dispone de recursos en audio para el estudio.

Dirección: 980 Ridge Road, Brick, NJ 08724, Estados Unidos. Teléfono: 800 459 4176 / 732 840 4104. Correo electrónico: vyaas.houston@ gmail.com. Página web: www.americansanskrit.com.

✔ **American Institute of Vedic Studies.** Esta organización ofrece cursos a distancia para profundizar en el estudio y en la formación del yoga, el veda y el ayurveda. Está dirigido por el Dr. David Frawley (Vamadeva Shastri).

Dirección: PO Box 8357, Santa Fe, NM 87504, Estados Unidos. Teléfono: 505 983 9385. Correo electrónico: vedicinst@aol.com. Página web: www.vedanet.com.

✔ **International Yoga Studies.** Fundado y dirigido por Sandra Summerfield Kozak. Este programa ofrece una formación completa para el futuro profesor, basada en los estándares desarrollados por la Unión Europea de Yoga.

Dirección: 692, Andrew Court, Benicia, CA 94510, Estados Unidos. Teléfono: 707 745 5224. Correo electrónico: iysusa@internationalyogastudies.com. Página web: www.internationalyogastudies.com.

✔ **Integrative Yoga Therapy.** Esta organización, fundada y dirigida por Joseph LePage, tiene un programa de formación profesional que conjuga las enseñanzas del yoga y los últimos avances en la sanación del cuerpo y la mente. También ofrece cursos de formación continuada y avanzada.

Dirección: 5345 Darrow Rd. #4, Hudson, OH 44236, Estados Unidos. Teléfonos: 800 750 9642 / 415 670 9642. Correo electrónico: info@ iytyogatherapy.com. Página web: www.iytyogatherapy.com.

✔ **Traditional Yoga Studies.** Fundado en Canadá por Brenda Feuerstein, este programa de estudios ofrece varios cursos a distancia sobre filosofía e historia del yoga, creados e impartidos por Georg Feuerstein, profesor de historia y filosofía del yoga, y que están compuestos por un manual de formación, algunos libros y grabaciones.

Dirección: PO Box 661, Eastend, Saskatchewan, S0N 0T0, Canadá. Correo electrónico: tyslearning@sasktel.net. Página web: www.traditionalyogastudies.com.

✔ **Yoga Ed.** Esta organización desarrolla programas y cursos de formación para profesores, padres, niños y para profesionales del mundo de la salud que mejoran el nivel académico, el mantenimiento físico, la inteligencia emocional y la gestión del estrés. También ofrece programas de salud y bienestar.

Teléfono: 310 471 1742. Página web: www.yogaed.com.

Otras organizaciones importantes

A través de las organizaciones que se reseñan a continuación encontrarás recursos muy interesantes.

España

✔ **Asociación Espiritual Mundial Brahma Kumaris.** Organización no gubernamental y sin ánimo de lucro cuyo principal objetivo es fomentar un cambio positivo en todos los niveles de la sociedad. Está presente en más de 100 países, donde ofrece programas y cursos educativos sobre crecimiento personal, pensamiento positivo y meditación. En España cuenta con centros en varias ciudades, aunque la sede central está en Barcelona.

Dirección: c/ Diputación 329, pral., 08009 Barcelona. Teléfono: 934 877 667. Fax: 934 877 638. Correo electrónico: barcelona@es.bkwsu.org. Página web: www.bkwsu.org.

✔ **Fundación Centro Sri Aurobindo.** Se fundó en 1978 y su principal objetivo es dar a conocer las enseñanzas de Sri Aurobindo y la Madre, así como facilitar la práctica del yoga integral y supramental. Dispone de una biblioteca con las obras completas de Sri Aurobindo y la Madre; publica la revista *Savitri*; y celebra sesiones semanales de lectura-coloquio y meditaciones.

Dirección: c/ Galileo, 281-285, ático 2.ª, 08028 Barcelona. Teléfono:
934 902 127. Fax: 933 309 113. Correo electrónico: aurobindobcn@
fundacionaurobindo.com. Página web:
www.fundacionaurobindobcn.com.

Estados Unidos y Canadá

✔ **The Hard and the Soft Yoga Institute.** Dirigido por Beryl Bender
Birch, este instituto ofrece clases de yoga dinámico, una variante
precisa y atlética del Hatha Yoga.

Dirección: PO Box 5009, East Hampton, NY 11937, Estados Unidos.
Teléfono: 631 324 8409. Correo electrónico: info@power-yoga.com.
Página web: www.power-yoga.com/.

✔ **Moksha Yoga.** Fundado por Ted Grand y Jessica Robertson, este
grupo de estudios independientes de Hot Yoga (una variante de yoga
que se practica en salas con temperatura elevada) está comprometi-
do con un tipo de vida ético, compasivo y concienciado con el medio
ambiente.

Dirección: 68 Hogarth Avenue, Toronto, Ontario, M4K 1K3, Canadá.
Teléfono: 416 778 9898. Correo electrónico: info@mokshayoga.ca.
Página web: www.mokshayoga.ca.

✔ **The Movement Center.** Esta organización gestiona un centro de yoga
que ofrece todo tipo de servicios y es una editora independiente
importante, pues lanza al mercado gran cantidad de libros, casetes y
vídeos relacionados con el yoga en Estados Unidos. Está dirigida por
Swami Chetanananda.

Dirección: PO Box 13310, Portland, OR 97232, Estados Unidos. Teléfono: 503 231 0383. Fax: 1 503 236 9878. Correo electrónico: info@
themovementcenter.com. Página web: www.mcyoga.com.

✔ **White Lotus Foundation.** Creada en 1967 y codirigida por Ganga
White y Tracey Rich. Esta fundación ofrece una síntesis de los estilos
clásicos y contemporáneos de yoga, así como programas de formación de profesores y retiros.

Dirección: 2500 San Marcos Pass, Santa Barbara, CA 93105, Estados
Unidos. Teléfono: 805 964 1944. Fax: 805 964 9617. Correo electrónico:
info@whitelotus.org. Página web: www.whitelotus.org.

Europa

✔ **The British Wheel of Yoga.** Fundada en 1965, esta asociación reúne cerca de 4.000 miembros y profesores de yoga y publica la revista *Spectrum*.

Dirección: 25 Jermyn Street, Sleaford, Lincolnshire, NG34 7RU, Inglaterra, RU. Teléfono: 91529-306851. Fax: 01529-303233. Correo electrónico: office@bwy.org.uk. Página web: `www.bwy.org.uk`.

✔ **Life Fundation.** Esta importante organización dedicada al servicio del yoga fue fundada por el Dr. Manushkh Patel. Se dedica principalmente al *dru* yoga (una combinación de enseñanzas basadas en los antiguos principios del yoga) a través de marchas pacíficas internacionales, y tiene un centro de ayuda y terapias para enfermos de cáncer. También posee un amplio fondo documental de libros, recursos de audio y vídeo.

Dirección: Nant Francon, Bangor, Gales del Norte, LL57 3LX, RU. Teléfono: (0)1248 602 900. Fax: (0)1248 602 004. Correo electrónico: enquiries@lifefoundation.org.uk. Página web: `www.lifefoundation.com`.

✔ **Weg Der Mitte.** Fundada por Daya Mullins, esta organización ofrece cursos certificados para profesores de yoga y practicantes avanzados. Tiene su sede en Berlín y un centro de retiro en Gerode, Alemania.

Dirección: Weg Der Mitte, Ahornstrasse 18, D-14163, Berlín, Alemania. Teléfono: 30 813 1040. Fax: 30 813 8281. Correo electrónico: berlin@wegdermitte.de. Página web: `www.wegdermitte.de`.

Australia y Nueva Zelanda

La International Yoga Teachers Association, dirigida por Susan Kirkham, cuenta con aproximadamente un centenar de miembros profesores de yoga en Nueva Zelanda y Australia, y ofrece cursos de formación para profesores. También publica un boletín informativo.

Dirección: GPO Box 1380, Sydney NSW 2001, Australia. Teléfono: 294 899 851. Correo electrónico: info@iyta.org.au. Página web: `www.iyta.org.au`.

La India

✔ **Bihar School of Yoga.** Fundada en 1963, en la actualidad está dirigida por Swami Niranjananda Sarasvati. Esta escuela es conocida por sus altos estándares de formación de profesores y por sus programas avanzados, especialmente en yoga kriya y en Kundalini Yoga. También tiene una universidad de yoga.

Dirección: Ganda Darshan, Fort, Munger, Bihar 811201, la India. Teléfono: 344 222 430. Fax: 344 220 169. Página web: `www.yogavision.net`.

✔ **Gitananda Ashram.** Fundada por el fallecido Dr. Swami Gitananda Giri y dirigida en la actualidad por Meenakshi Devi, esta escuela goza de mucha actividad y ofrece diversos programas, entre ellos también uno a distancia, y publica la revista mensual *Yoga Life* (*véase* el apartado "Publicaciones periódicas" más adelante).

Dirección: 16A Mettu Street, Chinnamudaliarchavady, Kottukuppam (Via Pondicherry) 605 104 Tamil Nadu, la India. Página web: `www.icyer.com`.

✔ **Krishnamacharya Yoga Mandiram.** Este instituto sin ánimo de lucro fundado por T. K. V. Desikachar (hijo de T. Krishnamacharya) tiene su sede en la India y se dedica a transmitir las enseñanzas de T. Krishnamacharya, con su enfoque holístico y secular del yoga adaptado a las necesidades individuales. Sus programas de formación de profesores y de yoga terapéutico están abiertos a todos los estudiantes del mundo. En su página web ofrece semanalmente un *sutra*, una *asana*, y una "respuesta del experto". También cuenta con un espacio donde pueden comprarse libros.

Dirección: New no. 31 (Old #13) Fourth Cross Street, R K Nagar, Chenai 600 028, la India. Teléfonos: 4424 937 998 / 24 933 092. Correo electrónico: admin.@kym.org. Página web: `www.kym.org`.

✔ **Ramamani Iyengar Memorial Yoga Institute (RIMYI).** Fundado y dirigido por B. K. S. Iyengar, este instituto es el centro mundial del estilo de Hatha Yoga más divulgado, el Iyengar Yoga (consulta el capítulo 1 para más información). El instituto ha formado miles de profesores de yoga.

Dirección: 1107 B/1 Hare Krishna Mandir Road, Model Colony, Shivaji Nagar, Pune 411 016, Maharashtra, la India. Teléfono 2025 656 134. Correo electrónico: info@bksiyengar.com. Página web: `www.bksiyengar.com`.

Accesorios de yoga

En el capítulo 19 hablamos de cómo utilizar accesorios en la práctica del yoga. A continuación te ofrecemos algunas direcciones para que puedas investigar. La publicación *Yoga Journal* es una fuente excelente para saber cuáles son las compañías especializadas en la venta de productos como

colchonetas, bloques, cinturones y otros accesorios similares para la
práctica yóguica.

España

✔ **Mundo Yoga.** En esta tienda podrás adquirir todo tipo de accesorios
para las sesiones de yoga, incluidos los recipientes para las limpie-
zas nasales.

Dirección: avda. Montseny 6, 08812 Les Roquetes (Barcelona). Teléfono: 938 115 515. Correo electrónico: soporte@mundoyoga.com.
Página web: `www.mundoyoga.com`.

✔ **Yoga Burgos.** Venta por Internet de accesorios artesanales, ropa y
complementos para yoga.

Página web: `www.yogaburgos.com/tienda`.

Estados Unidos

✔ **Yoga Props.** 3055 23rd Street, San Francisco, CA 94110, Estados
Unidos. Teléfonos: 888 856-YOGA (9642) o 415 285-YOGA (9642).
Fax: 1 415 920-YOGA (9642). Correo electrónico: service@yogaprops.
net. Página web: `www.yogaprops.net`.

✔ **Hugger Mugger.** 1190 S Pioneer Rd, Salt Lake City, UT 84104, Estados
Unidos. Teléfono: 800 473 4888. Correo electrónico: comments@hug-
germugger.com. Página web: `www.huggermugger.com`.

Páginas web

La presencia del yoga en Internet crece a pasos agigantados, por ello te
mostramos algunas de las mejores páginas web. Muchas de ellas contienen enlaces a otras que también son interesantes.

En español

✔ **Ananda.** Versión en español del portal de Swami Kriyananda (Donald
Walters), discípulo de Paramahansa Yogananda.
`www.anandaespanol.org`.

✔ **Asociación de Sivananda Yoga.** Versión en español de la página inglesa www.sivananda.org, ganadora de varios premios. En ella encontrarás información sobre cursos o una selección de artículos, fotografías y vídeos, entre otros. www.sivananda.org/montevideo.

✔ **Hispayoga.** Versión en español del portal Kundalini Yoga de Yogui Bhajan. www.hispayoga.com.

✔ **Instituto Yoga Kai de Palermo, en Buenos Aires.** En esta página encontrarás artículos y explicaciones que darán respuesta a tus primeras dudas acerca del yoga. www.yogakai.com.

✔ **Yoga y meditación.** Esta es una página web personal excelente para investigar los aspectos teóricos y filosóficos del yoga, gracias a la cantidad de artículos, textos, enlaces, bibliografía y otras explicaciones recopiladas y puestas al día por José Antonio, su autor. www.yoga-darshana.com.

En inglés

✔ **Hindu Tantrik.** Una buena página de Tantra Yoga actualizada por el traductor de sánscrito Michael Magee. www.shivashakti.com.

✔ **Samata International.** Fuente de recursos de Larry Payne, donde podrás encontrar información sobre sus DVD, libros, cursos, clases y retiros, incluido el Tratamiento de Yoga y el Yoga de la Flor de la Vida. www.samata.com.

✔ **Traditional Yoga Studies.** En este sitio encontrarás textos y artículos escritos por Georg Feuerstein. www.traditionalyogastudies.com.

✔ **Yoga Minded.** Página web que ofrece materiales educativos para adolescentes. www.yogaminded.com.

Bibliografía sobre yoga

El siguiente listado es una pequeña selección de libros sobre yoga y otros temas afines de entre un amplio cuerpo bibliográfico. Puedes comprar muchos de ellos en Internet o en librerías especializadas.

Obras de referencia e introducciones generales

✔ CALLE, Ramiro. *Los 7 yogas: hatha, radja, karma, bhakti, gana, mantra, kundalini*, RBA Libros, Barcelona, 2000.

✔ FEUERSTEIN, Georg. *The Shambhala Guide to Yoga*, Shambhala Publications, Boston, MA, Estados Unidos, 1996.

✔ FEUERSTEIN, Georg. *The Shambhala encyclopedia of yoga*, Shambhala Publications, Boston, MA, Estados Unidos, 1997.

✔ FEUERSTEIN, Georg. *The yoga tradition: its history, literature, philosophy, and practice*, Hohm Press, Prescott, AZ, Estados Unidos, 2001.

✔ FEUERSTEIN, Georg. *Yoga. Introducción a los principios y a la práctica de una antiquísima tradición*, Ediciones Oniro, Barcelona, 2005.

✔ IYENGAR, B. K. S. *El árbol del yoga: yoga vriksa*, Kairós, Barcelona, 2000.

Hatha Yoga (principiantes y avanzados)

✔ BENDER BIRCH, Beryl. *Power yoga: el entrenamiento más completo de fuerza y flexibilidad*, Gaia, Madrid, 2010.

✔ DESIKACHAR, T.K.V. *El corazón del yoga: desarrollando una práctica personal*, Inner Traditions International, Estados Unidos, 2003.

✔ FEUERSTEIN, Georg. *The Deeper Dimensions of Yoga,* Shambhala Publications, Boston, MA, Estados Unidos, 2003.

✔ IYENGAR, B. K. S. *Luz sobre el pranayama*, Kairós, Barcelona, 1997.

✔ IYENGAR, B. K. S. *Luz sobre el yoga*, Kairós, Barcelona, 2005.

✔ MOHAN, A. G. *Practica yoga para el cuerpo y la mente*, Hispano Europea, L'Hospitalet (Barcelona), 1997.

✔ SATYANANDA SARASWATI, Swami. *A systematic course in the ancient tantric techniques of yoga and kriya*, Bihar School of Yoga, 2004.

✔ SIVANANDA RADHA, Swami. *Hatha yoga: the hidden language: symbols, secrets, and metaphor*, Timeless Books, 1995.

✔ SOUTO, Alicia, *Los orígenes del Hatha Yoga,* Librería Argentina (Uni Yoga), Madrid, 2009.

Raja Yoga (clásico), jnana, bhakti y karma

✔ BALLESTEROS, Ernesto. *Las enseñanzas de Ramana Maharshi,* Kairós, Barcelona, 1998.

✔ FEUERSTEIN, Georg. *The Yoga-Sutra of Patanjali: A new translation and commentary,* Inner Traditions.

✔ PRAKASH, Prem. *The yoga of spiritual devotion: A modern translation of the Narada Bhakti sutras,* Inner Traditions International.

✔ VIVEKANANDA, Swami. *Karma yoga,* Editorial Kier, Buenos Aires, 1990.

✔ VIVEKANANDA, Swami. *Raya yoga (conquista de la naturaleza interior).* Editorial Kier, Buenos Aires, 2000.

✔ VIVEKANANDA, Swami. *Bhakti yoga,* Editorial Kier, Buenos Aires, 2005.

Tantra Yoga y kundalini

✔ CALLE, Ramiro. *El tantra contado con sencillez,* Maeva, Madrid, 2008.

✔ DATTA, Siri. *Guía práctica de kundalini yoga,* Robin Book, Barcelona, 2004.

✔ FEUERSTEIN, Georg. *Tantra: The path of ecstasy,* Shambhala Publications, Boston, MA, Estados Unidos, 1998.

✔ KRISHNA, Gopi. *Kundalini: el yoga de la energía,* Kairós, Barcelona, 1999.

✔ SIVANANDA RADHA, Swami. *Kundalini Yoga for the West,* Timeless Books.

✔ SUNDAR GOSWAMI, Shyam. *Layayoga: The definitive guide to the chakras and Kundalini,* Inner Traditions, Estados Unidos, 1999.

Meditación, mantras y oración

✔ BODIAN, Stephan. *Meditación para Dummies,* Granica, Barcelona, 2009.

✔ DEVANANDA, Suami Vishnu. *Meditación y mantras,* de Alianza Editorial, Madrid, 2001.

✔ DOSSEY, Larry. *Palabras que curan: el poder de la plegaria y la práctica de la medicina,* Obelisco, Barcelona, 1997.

✔ ESWASARAN, Eknath. *El libro de los mantras*, RBA Libros, Barcelona, 2000.

✔ PUNDALIK PANDIT, Madhav. *La meditación*, Fundación Centro Sri Aurobindo, Barcelona, 2002.

✔ SIVANANDA, Swami. *Concentración y meditación*, Librería Argentina (Uni Yoga), Madrid, 2009.

Yoga para el embarazo y los niños

✔ GIAMMARINARO, Martine y LAMURE, Dominique. *Yoga para niños*, Robin Book, Barcelona, 2006.

✔ HERNÁNDEZ DE PRONO, Aixa. *Yoga con fisiobalones: ejercicios amenos y terapéuticos*, Editorial Kier, Buenos Aires, 2007.

✔ KAUR KHALSA, Gurmukh. *Kundalini yoga para el embarazo*, Pearson Educación, Madrid, 2005.

✔ JACQUEMART, Pierre; ELKEFI, Saïda. *El yoga terapéutico*, Robin Book, Barcelona, 1994.

✔ MCCALL, Timothy. *Yoga y medicina: prescripción del yoga para la salud,* Paidotribo, Barcelona, 2010.

✔ MOHAN, A. G.; MOHAN, Indra. *La terapia del yoga: guía práctica de yoga y ayurveda para el cuerpo y la mente*, Oniro, Barcelona, 2007.

✔ PAYNE, Larry; USATINE, Richard. *Yoga RX: A step-by-step program to promote health, wellness, and healing for common aliments*, Broadway Books, Nueva York, Estados Unidos, 2002.

✔ PUROERHART, Helen. *El yoga, una nueva aventura para niños. Actividades de yoga para niños en grupo*, Neo-Person, Madrid, 2008.

Terapia de yoga

Temas generales de yoga

✔ ALBALAT, Nacho. *Enseñanzas de Sri Aurobindo y la Madre*, Babaji Kriya Yoga and Publication, Quebec, Canadá, 2009.

✔ AÏVANHOV, Omraam Mikhaël. *Reglas de oro para la vida cotidiana*, Asociación Prosveta Española, Barcelona, 2001.

✔ BENSON, Herbert. *The relaxation response,* Harper Paperbacks, Estados Unidos, 2000.

✔ DURGANANDA, Swami. *Los yoga sutras de Patanjali*, Librería Argentina (Uni Yoga), Buenos Aires, 2006.

✔ FEUERSTEIN, Georg. *Lucid waking: Mindfulness and the spiritual potentail of humanity,* Inner Traditions, Estados Unidos, 1997.

✔ FEUERSTEIN, Georg. *Yoga morality*, Hohm Press, Estados Unidos.

✔ FEUERSTEIN, Georg; FEUERSTEIN, Brenda. *Green yoga*, Traditional Yoga Studies, Estados Unidos, 2007.

✔ FEUERSTEIN, Georg; FEUERSTEIN, Brenda. *Green Dharma*, Traditional Yoga Studies, Estados Unidos, 2008.

✔ HERNÁNDEZ DE PRONO, Aixa. *Yoga para menopausia y adultos mayores,* Editorial Kier, Buenos Aires, 2008.

✔ TOLA, Fernando; DRAGONETTI, Carmen. *La filosofía yoga: un camino místico universal,* Kairós, Barcelona, 2006.

Publicaciones periódicas

Reseñamos los más conocidos y aquellos que se acercan al yoga desde puntos de vista diferentes.

En español

✔ *Savitri*. Revista editada por la Fundación Centro Sri Aurobindo de Barcelona.

Dirección: c/ Galileo 281-285, ático 2.ª, 08028 Barcelona. Teléfono: 934 902 127. Fax: 933 309 113. Correo electrónico: aurobindobcn@fundacionaurobindo.com. Página web: `www.fundacionaurobindobcn.com`.

✔ *Viniyoga*. Revista publicada por la asociación ETY Viniyoga España. Hasta el momento se han publicado 100 números, y aunque hay que ser socio para recibirla, en su página web se puede consultar el sumario de cada número.

Correo electrónico: contacto@etyviniyoga.es. Página web: `www.etyviniyoga.es`.

✔ *Yoga*. Revista publicada por la Asociación Española de Practicantes de Yoga (AEPY) desde la década de 1980: ha sabido adaptarse al paso del papel a Internet. En su página web podrás consultar gratuitamente la gran mayoría de los artículos por materias o por autor.

Correo electrónico: web@aepy.org. Página web: `www.aepy.org/activ-yoga.html`.

✔ *Yoga Jwala*. Revista anual publicada por la Asociación Española de Iyengar Yoga (AEYI), gratuita para los socios.

Dirección: c/ Gran Vía 40, 9.º 4.ª, 28013 Madrid. Teléfono y fax: 915 319 095. Correo electrónico: aeyi@aeyi.org. Página web: `www.aeyi.org/j`.

✔ *Yoga Rahasya*. Revista oficial del Ramamani Iyengar Memorial Yoga Institute (RIMYI) de Pune. Se traduce por encargo de los subscriptores de la AEYI.

Dirección: c/ Gran Vía 40, 9.º 4.ª, 28013 Madrid. Teléfono y fax: 915 319 095. Correo electrónico: aeyi@aeyi.org. Página web: `www.aeyi.org/j`.

En inglés

✔ *Hinduism Today*. Revista mensual para estudiantes de yoga y de hinduismo. Existe una versión en línea y una copia de pago en papel, mediante suscripción.

Dirección: 107 Kaholalele Road, Kapaa, HI 96746. Página web: `www.hinduismtoday.com`.

✔ *International Journal of Yoga Therapy* (antes *Journal of the International Association of Yoga Therapists*). Publicación anual para profesionales interesados en las aplicaciones reconstituyentes del yoga y una publicación que se edita cada tres años titulada *Yoga Therapy Today*.

Dirección: International Association of Yoga Therapists, 115 S. McCormick, Suite 3, Prescott, AZ 86304, Estados Unidos. Teléfono: 928 541 0004. Página web: `www.iayt.org`.

✔ *Yoga & Health*. Revista mensual sobre yoga.

Página web: `www.yogaandhealthmag.co.uk`.

✔ *Yoga and Total Health*. Revista mensual que trata los aspectos prácticos del yoga.

Página web: `www.theyogainstitute.org/magazine.htm`.

✔ *Yoga + Joyful Living*. Revista trimestral publicada por el International Himalayan Institute.

Página web: www.himalayaninstitute.org/yogaplus.

✔ *Yoga Journal*. La revista bimensual sobre yoga más distribuida en todo el mundo.

Página web: www.yogajournal.com.

Ver y oír: recursos en vídeo, DVD y audio

Hay muchos profesores de yoga que han producido sus propios DVD y cintas de vídeo y, anteriormente, de casete, de calidad muy variada. Aquí te presentamos una pequeña selección (¡entre los que están los nuestros!). En Internet también podrás encontrar muchos recursos y en formatos muy diversos. En iTunes, la plataforma de la empresa informática Apple, hay muchos audiolibros y pistas de música para la meditación y la relajación muy baratos o, incluso, gratuitos.

Recursos de audio

✔ COLOMER, Jordi. *Yoga nidra* (contiene dos discos; también disponible en casete). Puede adquirirse en: www.anandayogainstituto.com/audio.html.

✔ FEUERSTEIN, Georg. *The lost teachings of yoga* (en inglés).

✔ FEUERSTEIN, Brenda. *Yoga nidra/yoga sleep* (en inglés).

✔ FEUERSTEIN, Georg. *Yoga wisdom* (en inglés).

✔ VÁZQUEZ, José Manuel. *Los secretos de la respiración* (CD doble). Puede adquirirse en www.yogaes.com.

DVD y vídeos de Hatha Yoga y meditación

✔ CALLE, Ramiro. *Practico yoga* (libro y DVD), Librería Argentina, Barcelona, 2006.

✔ GOVITRIKAR, Aditi; TIWARI, Avneesh. *El yoga y la tensión arterial + Yoga para el corazón* (DVD), SAV, S.A. del Vídeo, 2005.

✔ GOVITRIKAR, Aditi; TIWARI, Avneesh. *Yoga durante el embarazo +
Yoga postparto* (DVD), SAV, S.A. del Vídeo, 2005.

✔ GOVITRIKAR, Aditi; TIWARI, Avneesh. *Yoga para el asma* (DVD), SAV,
S.A. del Vídeo, 2005.

✔ GOVITRIKAR, Aditi; TIWARI, Avneesh. *Yoga para principiantes* (DVD),
SAV, S.A. del Vídeo, 2005.

✔ HENRI, Tom. *Yoga para la fertilidad* (DVD, 63 min), Divisa Red, S.A.,
2001.

✔ KENNY, Gena. *Programa básico de yoga* (libro y DVD), Tutor, Madrid,
2010.

✔ LLOYD, Lucy. *Hatha yoga* (DVD, 52 min), Divisa Red, S.A., 2001.

✔ RODRIGO, Rod. *Técnicas de meditación* (DVD, 50 min), Divisa Red,
S.A., 2002.

✔ RODRIGO, Rod. *Especial yoga: prenatal y postparto* (DVD, 84 min),
Divisa Red, S.A., 2005.

✔ SMITH, Penny; NAPPER, Howard. *Guía básica de yoga* (DVD, 70 min),
SAV, S.A. del Vídeo, 2001.

✔ ULF, Thomas. *Power yoga: nivel básico* (DVD, 60 min), SAV, S.A. del
Vídeo, 2004.

DVD de terapia de yoga y puesta en forma general de Larry Payne (en inglés)

✔ Classic beginner's yoga for men and women.

✔ Common lower back problems.

✔ Common upper neck and back problems.

✔ Immune booster & general conditioning, levels one and two.

✔ Restorative health for women.

✔ Weight management for people with curves.

Índice

• A •

abdomen
    descripción, 142
    embarazadas, 259
    flexiones hacia delante, 177
    flexiones laterales, 173-176
    fórmula de programa clásico, 244, 247
    importancia, 141
    náuseas, 141
    posturas, 143-149
abdominal transverso, 142
abdominales, 146-145
    con pierna extendida, 146-147
    yóguicos, 144, 267
aburrimiento, 52, 407
accesorios
    artículos caseros, 322-323
    beneficios, 319
    de tipo comercial, 323-327, 427
    de tipo tradicional, 319
    postura sedente, 104
    ventajas y desventajas, 320-321
actitud
    definición, 46
    gestión del estrés, 56
    preparación para la práctica, 45-46
    yoga de la flor de la vida, 295
actividad creativa, 283
adepto, 14, 109
adhimukha svanasana, 129-130
afirmación, 333, 334, 336
ahimsa, 284, 342
aislamiento social, 341, 413
ajna chakra, 79, 359

ajo, 42
alarma, 55-56
alfombra, 39
alimentarse conscientemente, 337
almohada, 321
alzamiento de brazos en pie, 228
amanecer, 333-340
amanitva, 348
ambiente de oficina, 84, 312
American Institute of Vedic Studies, 421
American Sanskrit Institute, 421
amor, 358
anahata, 358
ananda (estilo de yoga), 22
Ananda (web), 426
andropausia, 295
anusara (estilo de yoga), 21
apanasana. Véase postura de rodilla al pecho
aparigraha, 342, 346-347
ardha utkatasana, 128-129, 266
ardha uttanasana, 119-120
ardha virabhadrasana, 383-384
arjava, 347
arqueo, 374
artritis, 374
asana. Véase postura
ashtanga (rama del yoga)
    ashtanga (estilo de yoga), 17, 20
    asma, 78
    asteya, 342, 345
    astronomía, 75
    definición, 14
    descripción, 17-18
    libros, 429
Asociación de *Sivananda Yoga* (web), 427

Asociación de Yoga Cuatro Caminos, 417
Asociación Española de Practicantes de Yoga, 417
Asociación Española de *Iyengar Yoga*, 417
Asociación Espiritual Mundial *Brahma Kumaris*, 422
Asociación ETY *Viniyoga* España, 418
atardecer, 41
austeridad, 349-350
Australia, 424
autismo, niños con, 272
autocontrol, 349-351
autodisciplina, 341
autoestudio, 349, 350-351
autotrascendencia, 340, 341
ayurveda, 370

● *B* ●

badda konasana, 262-262, 267
balasana, 175, 241, 382, 388
Benson, Herbert
    The Relaxation Response, 59
Bhajan, Yogui (practicante de yoga), 22-23
bhakti (rama del yoga)
    definición, 14
    descripción, 15
    libros, 429
bhastrika, 97, 260
bhujangasana. Véase postura de la cobra
Bihar School of Yoga, 424
bikram (estilo de yoga), 22
bioenergía, 93
bloque, 325
bodhisatva, 359
Body Slant (accesorio), 322, 326-327
bolster, 325
botella de agua, 40
brahma muhurta, 332
brahmacharya, 342, 345-346

brazos en alto (postura con los) 226, 228
Briscoe, Chris (practicante de yoga), 78
British Wheel of Yoga (programa) 424
budismo (religión), 359

● *C* ●

calcetines, 42
calentamiento
    beneficios, 219
    fórmula de programa clásico, 245, 248-250, 253
    pierna levantada, 224-225
    postura de flexión, 220-221
    posturas complejas, 222-223
    posturas en pie, 227-230
    posturas reclinadas, 223-227
    posturas sedentes, 230-233
Canadá, 423
canal central
    columna, 164
    definición, 164
    flexiones hacia delante, 164, 176-182
    meditación, 176
cáncer, 334
cansancio, 56
Casa Asia, 420
Casa de la India, 420
castidad, 345-346
celibato, 110
Centro de Yogaterapia Asanga, 418
cerebro, 96, 164
chakra del corazón, 358
chakra, 358
chakravakasana. Véase postura del gato en equilibrio, 135, 138
chi, 93
Choudhury, Bikram (practicante de yoga), 22
ciática, 374
cinturón, 323
circulación, mejora, 152-160

clase (de yoga)
   alternativas, 42-43
   comer antes, 44
   compromiso con, 43
   coste, 37
   duración, 37
   embarazadas, 257-268
   en casa, 37
   en estudio, 37
   grupal, 31-32
   grupal vs. particular, 36-37
   introductoria, 33
   materiales, 39-40
   mixta, 38
   normas de educación, 41
   particular, 36-38
   pautas de las posturas, 49-52
   personas mayores, 304
   preparación, 45-48
   principiantes, 35, 213
   selección, 32-36, 304
   sexo de los participantes, 38
   vestimenta, 38-39
codicia
   meditación, 358
   sendero óctuple, 345, 346-347
colchoneta, 39-40
colegio (yoga en el), 284
columna vertebral. *Véase también*
   dolor de espalda
   descripción, 164-165
   ejercicios respiratorios, 84-85
   flexiones hacia atrás, 166-173
   flexiones hacia delante, 176-182
   flexiones laterales, 173-176
   función, 163
   mecánica de los movimientos, 173
   Saludo al Sol, beneficios, 199
comida basura, 285
compasión, 347
competición
   actitud ante la práctica, 47-48
   enfoques yóguicos, 23-24
   no robar, 345
   rutina para principiante, 204
compromiso

cambios en el estilo de vida, 331-332
   clase de yoga, 43
   importancia, 406
conciencia
   beneficios del yoga, 412-414
   de uno mismo, 336
   descripción, 26
   importancia, 407-409
   movimientos lentos, 51
   pura, 338
   sueño, 337-338
conexión cuerpo y mente
   beneficios del yoga, 13
   descripción, 113
   disciplina integradora, 12
   estrategias de gestión del estrés,
     56, 57
   observación de uno mismo, 50-51
   pautas para la práctica, 48
   requisitos de la postura, 50
   respiración, 76, 81, 84
   Saludo al Sol, beneficios, 199
   sintonización, 244
conexión mente-cuerpo
   consejos de meditación, 359-361
   definición, 357
   respiración, 365
confianza, 56
consumismo, 346
contaminación, 77, 78
contracción del ser, 340
conversación (durante la clase),
   41
cráneo reluciente (ejercicio), 96
crecimiento personal, 13, 413
Criswell, Eleanor (practicante de
   yoga), 22
cuestiones de salud de las mujeres,
   294-295
culpable, 342
culto al Sol, 193
curvarse, 374
curvarse hacia delante, 117, 118,
   231

• D •

daya, 347
dedicación, 348
deidad, 19, 357
deporte, 23-24, 79
depresión, 294
Desai, Amrit (practicante de yoga), 21
desapego, 59
deseo, 358
desgarro muscular, 51, 221
Desikachar, T.K.V. (practicante de yoga), 20, 84, 286, 428
despertar lúcido, 338
Devananda, Vishnu (practicante de yoga), 194
dharana, 18
dhriti, 347
dhyana, 18
diafragma, 81-82
dientes, 363
dieta
    alimentarse conscientemente, 337
    comer antes de la clase, 44
    forma física (adolescentes), 283
    ganar peso, 285-286
    problemas abdominales, 141, 142
    salud en la flor de la vida, 295
    terapia yóguica, 373
    virtud de no hacer daño, 342
digestión, 169, 358
disciplina
    espiritual, 26
    moral, 341-347
disco intervertebral, 183
divinidad, 348
doble extensión de piernas, 224
dolor abdominal, 148
    clase académica, 284
dolor de espalda. *Véase también* columna vertebral,
    abdomen débil, 141
    abdominales yóguicos, 146

ejercicios de inversiones, 152
embarazo, 262
flexión inapropiada, 166
flexiones hacia delante, 177, 230
frecuencia, 141
nalgas apretadas, 170
postura de la cobra, 166
postura de la langosta, 166, 169, 170, 172
postura sedente, 104
Saludo al Sol, 199
terapia de la zona lumbar, 373-391
terapia de la zona superior de la espalda, 392-401
torsiones, 183
dolor en el cuello
    accesorios, 326
    ejercicios abdominales, 146
    personas mayores, 316
    postura de la langosta, 166, 169, 170, 172
    postura del triángulo invertido, 210
    postura dinámica de la cabeza a la rodilla, 227-228
    posturas invertidas, 157, 249
    terapia yóguica, 392-420
dolor. *Véase también* otros tipos de dolor específicos
    actitud competitiva, 48
    cuerpo, escuchar, 409
    de cabeza, 118, 149
    de dientes, 96
    de rodilla, 233
    embarazadas, 259
    negativo, 40
    postura sentada, 104
    rutina para principiantes, 204
    selección de clase de yoga, 32
    terapia yóguica, 369-370
    yoga de la flor de la vida, 295
dru yoga, 424
DVD, yoga, 433
dvipada pitha. Véase postura del puente,

• E •

ego, 57, 340

ejercicio
de doble respiración, 222-223
de elevación de brazos en posición tendida, 206, 223
de levantamiento de peso, 295
de los triángulos mágicos, 65-66
de presión, 143, 378-379

ejercicio de inversión
accesorios, 323, 326-327
descripción, 151-152
fórmula de programa clásico, 248-249
tipos, 152-161
yoga posparto, 267

ekapada apanasana. Véase postura de rodilla al pecho,

eliminación, 157, 358

embarazo. *Véase* mujeres, embarazadas,

emoción, 10-11

energía, 122, 124, 126

enfado, 342

enfermedad
abdomen, 141, 142
beneficios del yoga, 411-413
posturas invertidas, 157, 248

entendimiento de uno mismo, 341

entrenamiento para mantenerse en forma
beneficios del yoga, 414-415
enfoques yóguicos, 23
yoga para adolescentes, 285-286

equilibrio
actitud, 46
beneficios del yoga, 412
descripción, 29
estrés, problemas relacionados, 56
fórmula de programa clásico, 246-247
importancia, 29, 132
mental, 132
posturas para lograr, 29, 132-139

Saludo al Sol, beneficios, 199

escoliosis, 375

escritura, 350-351

espacio social, 132

exhalación
respiración controlada, 80, 92-96
sonidos, 91
técnicas respiratorias, 82-92

espíritu, 26, 340-341

espondilolistesis, 374

estabilidads
definición, 132
importancia, 114
posturas de equilibrio, 131-139

estado de alerta, 56, 59, 67, 360
interior, 360

estado natural, 338

esternón, 197

estilo de vida
aspectos sanitarios, 27
beneficios del yoga, 29, 332, 413
componentes de buena salud, 353
compromiso con el yoga, 43, 331-332
consejos de meditación, 359-360
enfoques del yoga, 26-27
horario para practicar el yoga, 41
moderación, 337
problemas de estrés, 56, 57
sueño, 333, 337-338
terapia yóguica, 372
yoga matinal, 332-334
yoga nocturno, 335-336
yoga por la tarde, 335-336

estiramiento de los ligamentos de las corvas
calentamientos, 224-225
fórmula de programa clásico, 251, 252
terapia yóguica, 379-380

estiramiento del perro, 129

estrés
adolescentes, 283-284
beneficios, 413
bueno, 55
clase posparto, 268

descripción, 55-56
disciplina integradora, 12
embarazo, 258
estrategias de gestión, 56-59
horarios frenéticos, 57
malo vs. bueno, 55
malos hábitos respiratorios, 74-75
pérdida de masa corporal, 295
rutina de tarde, 336
rutina matinal, 335
técnicas de relajación, 59-71
estructura del árbol, 132-133
Europa, 424
éxtasis, 359, 367-368
extensión, 86, 177

• *F* •

fabricante del yo, 57
facilitación neuromuscular
propioceptiva (FNP), 88
familia, 409, 413
Federación Mexicana de Yoga, 418,
420
Federación Nacional de Yoga Sadhana,
420
felicidad
beneficios del yoga, 29, 414
sendero óctuple, 347-348
fijación de metas
compromiso con el yoga, 43
importancia, 406
pautas para, 31-32
secuenciación de posturas, 218
firmeza, 350
flexibilidad
beneficios del yoga, 32
flexiones, 166-168, 181
posturas en pie, 116
yoga antes del parto, 260-261
yoga de la flor de la vida, 295
yoga para niños, 280
flexión 87, 187
flexión hacia atrás
calentamientos, 222

de tendido prono, 255
fórmula de programa clásico, 250
función, 166
flexión hacia delante. *Véase también*
posturas específicas
calentamientos
descripción, 176
ejercicios de inversión, 151-152
fórmula de programa clásico,
251-253
personas de mediana edad, 299, 301
personas mayores, 310, 317
terapia yóguica
tipos, 118-122, 127-128, 177-181
flexión hacia delante con piernas
estiradas en posición en pie
descripción, 127-128
personas de mediana edad, 299, 301
postura estática, 90
rutina para principiante, 211
rutinas para principiantes, 286
yoga antes del parto, 265
flexión hacia delante en pie
descripción, 117-118
personas de mediana edad, 298,
299
rutina para principiante, 209-210
flexión hacia delante sedente
con pierna extendida, 252
con piernas abiertas, 181-182, 289
descripción, 177-178
estiramiento de los ligamentos de
las corvas, 252
personas mayores, 310, 317
rutina para adolescentes, 289
terapia yóguica, 399
flexión lateral 87, 173-176, 187
curvada, 175
sedente, 174-175
flexiones. *Véase también* posturas
específicas
calentamientos, 220-222
dolor de espalda, 166
labores cotidianas, 165-166
respiración yóguica, 163
rutinas para adolescentes, 291-293

flow (estilo de yoga), 21
Folan, Lilias (practicante de yoga), 1
formación (pura profesores), 420-421
fórmula clásica (rutina de yoga), 242
Friend, John (practicante de yoga), 21
fuerza vital, 93
función urogenital, 358
Fundación Indra Devi, 418, 420, 424
Fundación Centro Sri Aurobindo, 422

● *G* ●

Gary Kraftsow (*American Viniyoga Institute*), 419
gestión del tiempo, 33, 40
gimnasta
    atma samkoca, 340
    enfoques yóguicos, 23-24
    proceso de envejecimiento, 286
    técnicas respiratorias, 79
giro de hombros
    descripción, 229-230
    en posición sedente, 394-395
    terapia yóguica, 394-395
Gitananda Ashram School, 425
glándula suprarrenal, 56
gravedad, 151
gurú (rama del yoga), 14, 19

● *H* ●

hacer daño a los demás, 342
hamsa danda, 319
hare krishna, 364
hatha (estilo de yoga)
    columna, 164
    control de la respiración, 92-96
    definición, 3, 14
    estilos, 20-23
    libros, 428
    número de posturas, 46
    ramas del yoga, 14-15
hernia de hiato, 157, 249, 327

higiene, 41
Hinduism Today (revista), 432
hipertensión, 157, 249
hiperventilación, 76
Hispayoga (web), 427
Hittleman, Richard (practicante de yoga), holomovimiento, 1, 92
hombres
    cambios en la edad madura, 295
    estiramientos de ligamentos de las corvas, 252
honradez, 343
hora de acostarse, 66-67
hormonas, 285, 260
Hot Yoga (estilo de yoga), 423
hri, 348
hueso fractura, 304
Hugger Mugger (tienda de yoga), 426
humildad, 348
humor, 332

● *I* ●

iconos (explicación), 6
ictus, 327
iluminación
    alcanzar, 274-276
    definición, 26
    descripción, 15
    meditación, 366, 369
    metas del yoga, 15
    sensación de consecución, 15
imagen de uno mismo, 413
imbibición, 183
India, la, 424-425
infertilidad, 258
insomnio, 66-67
inhalación
    flexiones yóguicas, 163
    respiración nasal, 78-79
    respiración controlada, 80, 92-96
    técnicas respiratorias, 82-92
Instituto Nacional del Envejecimiento, 304

Instituto Yoga Kai de Palermo (web), 427

instrucciones
en casete, 42, 433
en vídeo, 43

integral (estilo de yoga), 21

Integrative Yoga Therapy (organización), 421

integridad, 347

intención diaria, 335, 336

International Association of Yoga Therapists, 370, 419

International Journal of Yoga Therapy, 432

International Yoga Studies (programa), 421

International Yoga Teachers Association, 424

ión (negativo y positivo), 77

ishvara pranidhana, 351

isquiones, 117, 181

Iyengar (estilo de yoga), 20-21, 200

Iyengar, B. K. S. (practicante de yoga), 20, 322

• J •

Jacobs, Larry (practicante de yoga), 322, 326

janu sirsana, 177-179

japa, 364

jarra neti, 319

jathara parivritti
descripción, 190-191
terapia yóguica, 388-390
variantes, 189

jnana (rama del yoga), 15-16, 429

jnana mudra, 109

Jois, K. Pattabhi (practicante de yoga), 20

• K •

Kaivalyadhama Yoga Hospitalin Lonovola (organización), 370

kaki mudra, 95

kapalabhati, 96, 260

karma, 16

karma (rama del yoga), 15-16, 429

karuna, 347

Kinney, Shelly (terapeuta de yoga), 305

Kraftsow, Gary (practicante de yoga), 20

kripalu (estilo de yoga), 21

Kripalvananda, Swami (practicante de yoga), 21

Krishnamacharya Yoga Mandiram (instituto), 425

Krishnamacharya, Shri (practicante de yoga), 20, 78, 84

Kriyananda, Swami (practicante de yoga), 22

kshama, 347

kundalini (estilo de *Hatha Yoga*)
descripción, 20-21
libros, 429-430
vs. tradición *kundalini*, 19

kundalini (tradición). *Véase tantra*

kundalini-shakti, 164, 178

• L •

Latinoamérica, 420-421

laya (rama del yoga), 15

lección grupal, 36-37

lengua, 363

lenguaje oculto (estilo de yoga), 22

libro (de yoga), 42, 427-431

Life Foundation, 424

Lilias, *Yoga and You* (programa de TV), 1

límite, practicar al, 50

limpieza del cerebro frontal, 96

linfa, 151, 157

loquios, 267
luz ultravioleta, 334

• *M* •

mahamudra, 180-181
mal aliento, 74
malos hábitos, 58-59
manipura, 358
manipura chakra, 143
manta, 39, 321
mantener la postura. *Véase* postura
    estática,
mantra (rama del yoga), 15, 17
mantra
    definición, 17, 357, 363
    libros, 429-430
    más conocidos, 17
    meditación, 364-366
mañana, 40, 333-335
mareo, 97
maricyasana, 188
masaje de hombros y cuello en
    posición sedente, 400
materiales
    accesorios, 104, 326-327
    requisitos básicos, 39-40, 59
matrimonio, 346
McKenzie, Robin (fisioterapeuta),
    170
media flexión hacia delante en pie,
    119-120
medicación, 28, 78
médico, 31
medio hombro al revés sobre la pared,
    158-159
Meditación Trascendental (MT), 1
meditación
    autoestudio, 350
    beneficios, 353
    caminar, 366-367
    concentración, 354-357
    consejos para triunfar, 361-363
    definición, 357

DVD, 433-434
educación en la clase, 41
éxtasis, 367-368
formas, 357
fórmula de programa clásico, 255,
    256
iluminación, 367, 368
libros, 429-430
oración, 367
postura fácil, 105
postura perfecta, 109-111
postura, 361-363
respiración por etapas, 85
respiración yóguica, 365
rutina matinal, 332
sonidos, 364-366
y pasear, 366-367
médula espinal, 164
menopausia, 294
menstruación
    cambios en la edad madura, 295
    ejercicios abdominales, 142-149
    ejercicios de inversión, 152-156
metabolismo, 77
milagro del yoga, 88-89
mitahara, 337
moderación, 337
modestia, 348
moksha (estilo de yoga), 22, 423
monte Meru (montaña simbólica),
    165
motivación, 359
movimiento
    isométrico, 88
    isotónico, 88
    lento, 51-52
    parecido al de los animales, 129,
    271
mritasana. *Véase* postura del cadáver
MT (Meditación Trascendental), 1
mudras, 103
muerte, 57, 368
mujeres (embarazadas)
    accesorios, 325
    beneficios del yoga, 257
    libros, 430

posturas invertidas, 157, 249
posturas prenatales, 260-267
práctica posnatal, 267-268
seguridad prenatal, 257-258, 260
selección de clase, 259
valor del ejercicio, 257
muladhara, 358
Mundo Yoga (tienda), 426
músculo
abdominal, 67-85, 142
aductor, 127, 144, 181
estomacal, 142
intercostal, 81, 122
mecánica de la respiración, 81-82
mialgia, 221
oblicuo externo, 142
oblicuo interno, 142
oblicuo, 142
paraespinal, 134, 188, 123-124,
120-122, 177-178
posición de la columna, 164
posturas estáticas, 88
recto abdominal, 142

• N •

nadhi sodhana, 94
nadis, 358
nalgas, 170
namaskara mudra, 193
naturaleza, 57
navasana, 145, 146
nidra yoga, 59-71
niños (*véase* yoga para niños),
269
con necesidades especiales, 272
de preescolar, 270
hiperactivos, 272
niyama, 17, 348-351
no dualismo, 16
no robar, 345
normas de educación (yoga), 41
Nueva Zelanda, 424

• O •

obras de referencia, 428
observación de uno mismo, 42-43,
50-51, 340
oído interno, 132
ojos
bolsas, 325
consejos para la meditación, 363
problemas, 249, 327
om (mantra), 18, 364
om mani padme hum (mantra), 364
om namah shivaya (mantra), 364
ombligo, 143, 358
oración, 351, 364, 367, 395, 429
organizaciones (de yoga), 417-425
osteoporosis, 295

• P •

paciencia, 347
páginas web, 426-427
pared, 321
con espejos, 157
parto. *Véase* mujeres embarazadas
pasar al suelo, 42
Patanjali
pausa durante la respiración, 85
sutra yoga, 17, 347, 406
pecho
ejercicios respiratorios, 84-85
malos hábitos respiratorios, 76
postura de la langosta (seguridad),
172
pérdida de masa ósea, 295, 304
perfección, 46, 56, 408
perfume, 42
perimenopausia, 294
Perry, Leroy R. (médico), 322
persona de mediana edad
beneficios del yoga, 294, 295
cambios en la edad madura, 294,
295
consejos para triunfar, 295

rutinas, 295-303
rutinas para adolescentes, 286
seguridad, 296
persona mayor
beneficios del yoga, 294, 304
descripción, 304
rutinas, 305, 311
seguridad, 305
selección de clase, 304
peso saludable, 285, 337
Phoenix Rising Yoga Therapy
    program, 419
piernas
cruzadas, 363
elevaciones, 172, 224
postura de la pared, 153-154
postura de la silla, 152-153
postura invertida, 152-156
placer de la tarde, ejercicio, 62-64
plexo solar, 143
pliegue en posición sedente, 232
poder
de la serpiente, 164
de la voluntad, 349-350, 358
porte, 132
posición de articulaciones relajadas,
    52-53, 230
posición supina
calentamientos, 223
relajación, 60
torsiones, 189-191
postura. *Véase también* posturas
    específicas
'abraza-rodillas', 281
adopción, 113
beneficios, 101
buenos hábitos, 407
consejos de meditación, 360, 362-
    363
de cabeza a la rodilla, 177-179
de hombros en pie, 156-160, 221
de la esfinge, 166-167, 385-386
de la espalda arqueada, 147
de la navaja suiza, 189, 303
de la palmera, 116, 240
de la paloma, 314

de la paloma sedente, 314
de la rana, 275
de la rana saltarina, 275
de la rueda, 280-281
de manos, 129
de medio arco, 302
de medio hombro en pie, 157-160
de Supermán, 172-173
de toda la vida, 182
definición, 18, 101
del arco de elevación, 138-139
del bebé feliz, 154-155
del camello, 316-317
del león, 277
del medio guerrero, 383-384
del muerto. *Véase* postura del
    cadáver
del oso, 274
del pez, 234
del rayo, 107-108, 238
del sastre, 105-107
del volcán, 180-181
del zapatero, 261-262, 267
descripción, 101
en tendido de lado, 261
en tendido (*véase también* posturas
    específicas), 223-227
estilo de vida equilibrado, 29
instrucciones a uno mismo, 41-42
número, 46
pautas para la práctica, 50-52
perfección, 46, 49
perfecta, 109-111
posturas adaptativas, 53-54
practicante avanzado vs.
    principiante, 46-47
principal, 222, 233-238
propósito, 103-104
próspera, 108-109
requisitos, 49
rutina para principiantes,
    204-213
secuenciación, 233
sobre la cabeza, 47, 129, 151
técnicas de respiración, 85-91
técnicas de visualización, 48

temblores, 51
postura asimétrica
 posturas de flexión, 120-121
 problema, 170
 rutina de puesta en forma general, 243
 terapia yóguica, 374
postura de alas y oraciones
 personas mayores, 307-308
 terapia yóguica, 394-396
postura de alas y oraciones sedente
 descripción, 307-308
 personas mayores, 307-308
 terapia yóguica, 394-395
postura de compensación
 fórmula de programa clásico, 248, 249-250, 253
 tipos, 233-238
postura de descanso
 en tendido prono, 385, 386
 fórmula de programa clásico, 244, 247, 254
 sintonización, 244
 terapia yóguica, 386
 tipos, 239-209
postura de estiramiento
 accesorios, 323
 embarazadas, 260
 personas de mediana edad, 299
 rebotes, precauciones con, 90
postura de la cobra
 accesorios, 166
 adaptación para postura en pie, 115
 descripción, 166-169
 fórmula de programa clásico, 250
 función, 166
 nalgas apretadas, 170
 posturas de compensación, 234
 precauciones, 166
 terapia yóguica, 384-386
 yoga para niños, 277-278
postura de la langosta
 accesorios, 166
 descripción, 166
 nalgas apretadas, 170

precauciones, 166
terapia yóguica, 388
tipos, 170-173
postura de la mariposa, 308, 388
 sedente, 308
postura de la montaña
 descanso y relajación, 240
 descripción, 117-118
 personas de mediana edad, 297, 306
 personas mayores, 305-306, 312-313
 rutinas para adolescentes, 286
 rutinas para niños, 272
 variantes, 305-306
 yoga antes del parto, 263-264
postura de la montaña sedente
 descripción, 305-306
 posturas exigentes, 311-313
postura de la sentadilla, 128-129
 con silla, 266
postura de la silla, 104-105
 sedente, 393
postura de rodilla al pecho
 calentamientos, 223
 descanso y relajación, 239
 descripción, 206-207
 fórmula de programa clásico, 251
 personas de mediana edad, 302
 posturas de compensación, 237, 251
 terapia yóguica, 377, 390-391
postura del árbol
 descripción, 135-136
 equilibrio vital, 29
 yoga para niños, 270
postura del cadáver
 descanso y relajación, 239-240
 descripción, 61-62
 embarazadas, 261
 fórmula de programa clásico, 249-250
 personas de mediana edad, 299, 303
 rutina para principiante, 205-206, 212
 terapia yóguica, 376-378, 392
 yoga para niños, 282-283
postura del gato en equilibrio
 descripción, 134-135

personas de mediana edad, 298
terapia yóguica, 381
postura del guerrero
invertido, 301
personas de mediana edad, 297, 300
personas mayores, 309, 315-316
posturas de equilibrio, 134-135
posturas en pie, 124-126
rutina para principiante, 208-209
rutinas para adolescentes, 287
terapia yóguica, 383-384
yoga antes del parto, 264-265
yoga para niños, 273
postura del niño
descanso y relajación, 207
personas de mediana edad, 299, 302
rutina para principiante, 207
terapia yóguica, 381, 3104-388
variantes, 175
yoga para niños, 279
postura del perro invertido
descripción, 129-130
rutina para principiante, 207
yoga para niños, 278
postura del puente
descripción, 226-227
personas de mediana edad, 302
terapia yóguica, 379-380
yoga para niños, 278-279
postura del triángulo
descripción, 122-123
personas mayores, 314
sedente, 314
yoga antes del parto, 266
postura del triángulo invertido
descripción, 123-124
rutinas para adolescentes, 287
rutinas para principiantes, 210-211
postura dinámica. *Véase también*
posturas específicas
calentamientos, 219, 225-227
descripción, 90
flexión hacia delante en pie,
230-231
fórmula de programa clásico,
245-246, 248

postura de cabeza a la rodilla,
226-227
postura del gato, 236-237
posturas de compensación,
236-237
postura en pie. *Véase también*
posturas específicas
adopción, 117
alineamiento al levantarse, 113
beneficios, 115
calentamientos, 227-231
consejos para triunfar, 116-117
flexibilidad, 116
fórmula de programa clásico,
245-246
función, 115
importancia, 115
postura humana típica, 113
posturas adaptadas, 115
rutinas para adolescentes, 286-288
tipos, 117-130
postura estática
definición, 87
duración de las posturas, 90
rutina para principiante, 205
técnicas de respiración, 87-88
yoga para niños, 273
postura fácil
definición, 50
descanso y relajación, 240
descripción, 106-107
yoga para niños, 281
postura firme, 50
postura de *karate kid*
descripción, 136-137
personas mayores, 307
rutina del principiante, 212
sedente, 307
postura sedente. *Véase también*
posturas específicas
accesorios, 323
calentamientos, 230-233
diferencias culturales, 102, 104
personas de mediana edad, 302-303
rutina para adolescentes, 291-293
tipos, 104-111

postural (estilo de yoga), 23
posturas del gato y de la vaca
  yoga antes del parto, 261
  yoga para niños, 274-275
power (estilo de yoga)
  libros, 200
  organizaciones, 422
Power Yoga For Dummies (Swenson),
  200
práctica
  de no hacer daño, 276, 277
  oportuna, 414
  posparto, 267-268
practicante de yoga
  clase para principiante, 203
  compromiso con el yoga, 43
  credenciales, 36
  definición, 13
  gurús occidentales, 13
  niños con necesidades especiales,
    272
  programas de formación, 420-422
  selección de clase de yoga, 35-36
prana, 73, 93, 109, 110
pranayama
  definición, 18
  descripción, 93
  fórmula de programa clásico, 253
  respiración yóguica, 74, 93
prasarita pada uttanasana. *Véase*
  flexión hacia delante con piernas
  abiertas
pratyahara, 18
preparación para la postura. *Véase*
  calentamiento
principiante
  accesorios, 325
  adolescencia vs. mediana edad, 286
  clases, 36, 213
  DVD, 433
  ejercicios de ampliación, 213
  meditación, 358, 361, 363
  posturas de compensación, 234
  rutina recomendada, 204-213
problema de salud
  cardíaco, 249, 327

causa del, 56
estrés, 55
pautas para posturas, 50
planes de ejercicios, 31
respiratorio, 75, 76, 77, 78
problema medioambiental, 29
profesor. *Véase* practicante de yoga
programa de yoga terapéutico como
    tratamiento, 372, 418
programa de yoga. *Véase*
    secuenciación de posturas
programa diario
  adolescentes, 283, 284
  clases de yoga, 32
  meditación, 359, 360
  normas de secuenciación, 218
  personas ocupadas, 256
  problemas de estrés, 57, 283-284
  rutina de tarde, 336
  rutina matinal, 332
  rutina nocturna, 336
prostatitis, 152
prótesis de cadera, 314
psicosomático (estilo de yoga), 22
psoas, 373
puesta en forma general
  rutina corta, 254-256
  rutina larga, 242-254
pulmones
  beneficios del Saludo al Sol, 199
  posturas de flexión, 165
  respiración yóguica, 81-82
pureza, 348

• *R* •

raja (rama del yoga)
  definición, 15
  descripción, 17-18
  libros, 429
Rama, Swami (practicante de yoga),
    339
Ramamani Iyengar (*Memorial Yoga
    Institute*), 425

realidad absoluta, 92
recién nacido, 267
relajación
  accesorios, 326
  activa/dinámica, 58
  beneficios, 60
  descripción, 26
  fórmula de programa clásico,
    253
  libros, 430
  pasiva/receptiva, 58
  rutina matinal, 333
  Saludo al Sol, beneficios, 199
  secuenciación de posturas, 239
  sedente, 398-399
  terapia yóguica, 392, 418-419
  yoga para niños, 282-283
  yoga posparto, 267
  yoga prenatal, 267
relleno, 326
resistencia, 55-56
resolución diaria, 333, 334, 336
respiración
  abdominal, 82-83
  de fuego, 260
  del vientre al pecho, 83-84
  nasal, 78-79
  por etapas, 84-85, 358-412
  por la boca, 79, 95
  por orificios nasales alternos, 93-94
  refrescante, 95-96
  superficial, 75
respiración yóguica
  aplicaciones, 74
  beneficios, 77-79
  buenos hábitos, 407
  conexión cuerpo y mente, 75
  control de la respiración
    tradicional, 92-96
  descripción, 76
  embarazadas, 259, 267
  estudiantes occidentales, 84
  evaluación de uno mismo, 74
  fórmula de programa clásico,
    254-256
  impedimentos físicos para, 79

importancia, 73-74, 408
mecánica física, 81-82
meditación, 366
método, 82-85
movimientos posturales, 86-89
niños hiperactivos, 272
partes, 80
pautas seguras, 77, 81
postura fácil, 105
posturas abdominales, 144
preguntas frecuentes, 89-91
respiraciones compartidas, 93-97
rutina para principiante, 204
Saludos al Sol, 195-201
sintonización, 243
sonidos, 91-92
técnicas de relajación, 76-77
vs. respiración pectoral, 76
respuesta de la relajación, 59
retención, 80
retiro, 350
revista, 42, 431
riñón, 166
ropa, 38-39, 41
rosario, 75, 365
rotación, 86, 173
rutina
  de la secuencia de la postura de
    toda la vida, 292-293
  de suelo, 280-293

sahaja abasta, 338
sahasrara, 359
sakti, 93
salabhasana, 170-172, 387
salud
  beneficios del yoga, 29, 411-412
  descripción, 28-29
  posturas para principiantes, 47-48
  selección de la clase de yoga, 35
Saludo al Sol
  beneficios, 199

de rodillas, 198-200
descripción, 193
fórmula de programa clásico, 246
historia, 193, 194
postura original, 193
rutinas matinales, 332
secuencia en 12 pasos, 199-201
secuencia en 7 pasos, 196-198
secuencia en 9 pasos, 194-196
variantes exigentes, 200
samadhi, 19, 367
Samata International (página web),
    427
samata/samatva. Véase equilibrio
samkalpa, 333, 336
samtosha, 348
Sapolsky, *¿Por qué las cebras no tienen
    úlcera?*, 285-286
sarvangasana, 160
Satchidananda, Swami (practicante de
    yoga), 21
satisfacción, 348
satya, 341, 343
sauca, 348
savasana. Véase postura del cadáver
secuencia
    de brazos alternos en posición
        sedente, 394-395
    de giros de la cabeza, 228-229
    de mecer al bebé, 232-233
    del espejo en la mano, 396-397
    del periódico, 397-398
secuenciación, posturas
    categorías de posturas, 218
    descanso y relajación, 239-209
    descripción, 217
    ejercicios de calentamiento, 219-232
    fórmula de programa clásico,
        242-256
    normas, 218-219
    posturas de compensación, 233-238
    posturas principales, 233-238
    rutina de 15 minutos, 254-256
    rutina de 30 minutos, 242-254
    rutina de 5 minutos, 256
    rutina de 60 minutos, 242-254

seguridad
    accesorios, 321
    actitud competitiva, 48-49
    adolescentes, 284
    función sobre la forma, 52
    importancia, 40
    instrucciones a uno mismo, 41
    movimientos lentos, 51
    normas de secuenciación, 218
    personas mayores, 305
    postura de cabeza (precauciones),
        151
    postura de la cobra, 166
    postura de la langosta, 169, 170, 172
    posturas invertidas, 249, 327
    problemas de salud, 40-41
    respiración yóguica, 77, 80
    selección de clase de yoga, 36
    terapia yóguica, 392
    tipos de dolor, 40
    torsiones, 183
    yoga antes del parto, 257-258, 259
    yoga de la flor de la vida, 295
    yoga posparto, 267
sendero óctuple, 341-347
ser supremo, 26, 274-276
sexo
    cambios en los hombres de
        mediana edad, 295
    castidad, 342, 345-346
    tantra yoga (ideas erróneas), 19
shaithilya, 59
Shivananda, Swami (practicante de
    yoga), 194
siddhasana, 109-111
siesta, 62, 67
silla como accesorio, 323
simetría, 171
sintonización
    descripción, 244-245
    rutina corta, 256
    rutina larga, 244-245
sistema
    inmunológico, 412
    nervioso, 164, 181
sitali, 95-96

sitkari, 96
sivananda (estilo de yoga), 21
Sivananda, Swami (practicante de
	yoga), 20, 21
so'ham (mantra), 364
somnolencia, 61-62
sonido
	de la garganta, 92
	definición, 91
	ejercicios abdominales, 146, 149
	meditación, 364-366
	respiración yóguica, 91-92
spanda, 92
sueño
	descripción, 332, 337-338
	insomnio (soluciones), 66-67
	profundo, 339-340
	recursos de yoga, 430-431
	relajación antes de dormir, 66
	somnolencia durante la relajación,
		60
	yóguico. *Véase* nidra yoga, 59-71
sueños, 332, 337-338
sukhasana, 105, 321
supta padangustasana. Véase
	estiramientos de las corvas,
surya namaskara, 193
susumna nadi, 164, 358
sutra yoga (*Patanjali*), 17, 347, 406
svadhishthana, 358
svadhyaya, 348, 350
svastikasana, 108-109

• T •

tadasana. Véase postura de la
	montaña,
taller, 361
talones en las nalgas en posición en
	pie, 137-138
tantra (rama del yoga)
	columna, 164
	definición, 15
	descripción, 19

libros, 429-430
tapas, 349-350
tarde (yoga por la), 335-336
TDAH, niños con, 272
técnica
	del pico de cuervo, 95
	McKenzie, la (postura), 170
técnicas de relajación
	descripción, 60-71
	ejercicio respiratorio, 76-77
	material, 60
	programa para relajación, 59
	tipos, 60
telepatía, 358
temblores, 51
temor, 358
tensión, 59
terapia. *Véase* terapia yóguica
terapia yóguica
	descripción, 370-372
	DVD, 433
	enfoques de tratamiento, 24,
		372-373
	escoger terapeuta, 372
	historia, 369
	libros, 430
	organizaciones, 417
	revistas, 431
	seguridad, 392
	zona lumbar, 373-392
	zona superior de la espalda y
		cuello, 393-400
tercer ojo, el, 94
texto sagrado, 350
The Hard and The Soft Yoga Institute,
	423
The Movement Center (organización),
	423
The Relaxation Response (Benson),
	59
The Yoga Tradition (Feuerstein),
	428
tirtha. Véase postura,
toalla, 39
torsión. *Véase* torsión yóguica
	en la silla, 184-185

fácil en el suelo, 185-186
fácil en la silla, 184-185
supina con piernas extendidas, 190-191
supina con piernas flexionadas, 188-189, 389-390
torsión del sabio
descripción, 186-187
personas mayores, 309-310
sedente, 398-399
terapia yóguica, 398-399
torsión yóguica
beneficios, 183, 184
calentamientos, 221
descripción, 183
embarazadas, 260
fórmula de programa clásico, 253, 254
posturas en pie, 123
terapia yóguica, 389-391, 398-399
tipos, 123, 184-191
Traditional Yoga Studies (programa), 422

vajrasana, 107-108, 238
verdad, 343
vértebras lumbares, 373
vértigo, 80
vibración, 91
vídeos, yoga, 433
viniyoga (estilo de yoga), 20
vinyasa (estilo de yoga), 21
vinyasa krama, 217
violencia, 342
viparita karani, 157-160
virabhadrasana. Véase postura del guerrero
virtud, 341-347
Vishnudevananda, Swami (practicante de yoga), 21
vishuddha, 358
visualización, 357
vitalidad, 346
vriksasana, 135-136
Weg Der Mitte (organización), 424
White Lotus Foundation, 423

• U •

ujjayi, 92, 244
unidad, 12-13, 42
Unión Lationamericana de Yoga, 418
Universidad Loyola Marymount, 2, 419
upavista konasana, 181-182
urdhva prasarita padasana, 152, 153, 154, 378
uttanasana, 118-121, 127
utthita hasta padangustasana (variante), 136-137
utthita trikonasana, 122-123, 266

• V •

vairagya, 59, 348

• Y •

yama, 17, 276-347
Yoga & Health (revista), 432
Yoga + Joyful Living (revista), 432
Yoga and Total Health (revista), 432
Yoga Ed (programa), 422
Yoga for Health (programa de TV), 1
Yoga Institute of Santacruz, Bombay, 370
Yoga Journal, 433
Yoga Minded (página web), 427
yoga para adolescentes
beneficios, 283-286
consejos para triunfar, 286, 289
páginas web, 426
rutinas, 286-293
seguridad, 284
yoga para niños
beneficios, 270-272

consejos para el éxito, 274
libros, 430
postura estática, 273
posturas, 273-283
práctica imaginativa, 272, 273
rutina matinal, 335
yoga tradicional
definición, 24
enfoques yóguicos, 26
postura fácil, 105
prácticas fundamentales, 26-27
yoga. *Véase también* ramas específicas
acrobático (deporte), 24
beneficios, 13, 31, 32, 413-415
definición, 12

descripción, 11-12
ecológico, 26, 29
enfoques, 26-27
estudios profundos, 405
metas, 12-13, 16
nocturno, 335-336
popularidad, 1
ramas, 14-19, 32
recursos adicionales, 420-433
Yoga Burgos (tienda), 426
Yoga y meditación (web), 427
Yogananda, Paramahansa (practicante
de yoga), 22
yogui, 3, 13, 43
yoguini, 3, 13, 43